21世纪经济与管理应用型本科规划教材

工商管理系列

管理运筹学

Management Operations Re

常相全　李同宁　主编

北京大学出版社
PEKING UNIVERSITY PRESS

图书在版编目(CIP)数据

管理运筹学/常相全，李同宁主编. —北京:北京大学出版社，2013.2
(21世纪经济与管理应用型本科规划教材·工商管理系列)
ISBN 978-7-301-22052-8

Ⅰ. ①管… Ⅱ. ①常… ②李… Ⅲ. ①管理学-运筹学-高等学校-教材 Ⅳ. ①C931.1

中国版本图书馆CIP数据核字(2013)第019443号

书　　名	管理运筹学
著作责任者	常相全　李同宁　主编　孙树垒　彭伟华　赵淑海　邢丽云　副主编
策划编辑	李　娟
责任编辑	马　霄
标准书号	ISBN 978-7-301-22052-8
出版发行	北京大学出版社
地　　址	北京市海淀区成府路205号　100871
网　　址	http://www.pup.cn
电子信箱	编辑部：em@pup.cn　总编室：zpup@pup.cn
新浪微博	@北京大学出版社　@北京大学出版社经管图书
电　　话	邮购部62752015　发行部62750672　编辑部62752926
印 刷 者	北京虎彩文化传播有限公司
经 销 者	新华书店
	787毫米×1092毫米　16开本　17.75印张　426千字
	2013年2月第1版　2023年7月第6次印刷
定　　价	33.00元

丛书出版前言

《国家中长期教育改革和发展规划纲要(2010—2020年)》指出,目前我国高等教育还不能完全适应国家经济社会发展的要求,学生适应社会和就业创业能力不强,创新型、实用型、复合型人才紧缺。所以,在此背景下,北京大学出版社响应教育部号召,在整合和优化课程、推进课程精品化与网络化的基础上,积极构建与实践接轨、与研究生教育接轨、与国际接轨的本科教材体系,特策划出版《21世纪经济与管理应用型本科规划教材》。

《21世纪经济与管理应用型本科规划教材》注重系统性与综合性,注重加强学生分析能力、人文素养及应用性技能的培养。本系列包含三类课程教材:通识课程教材,如《大学生创业指导》等,着重于提高学生的全面素质;基础课程教材,如《经济学原理》《管理学基础》等,着重于培养学生建立宽厚的学科知识基础;专业课程教材,如《组织行为学》《市场营销学》等,着重于培养学生扎实的学科专业知识以及动手能力和创新意识。

本系列教材在编写中注重增加相关内容以支持教师在课堂中使用先进的教学手段和多元化的教学方法,如用课堂讨论资料帮助教师进行启发式教学,增加案例及相关资料引发学生的学习兴趣等;并坚持用精品课程建设的标准来要求各门课程教材的编写,力求配套多元的教辅资料,如电子课件、习题答案和案例分析要点等。

为使本系列教材具有持续的生命力,我们每隔三年左右会对教材进行一次修订。我们欢迎所有使用本系列教材的师生给我们提出宝贵的意见和建议(我们的电子邮箱是 em@pup.cn),您的关注就是我们不断进取的动力。

在此,感谢所有参与编写和为我们出谋划策提供帮助的专家学者,以及广大使用本系列教材的师生,希望本系列教材能够为我国高等院校经管专业的教育贡献绵薄之力。

北京大学出版社

经济与管理图书事业部

前　言

本书是主要针对管理类专业应用型本科生的教材。

运筹学是用数学方法研究各种系统优化问题的科学,运用数学模型求得合理运用现有条件的最优方案,为决策者提供科学决策的依据。作为一门起源于战争、扎根于数学、应用于管理的科学,运筹学具有广阔的应用空间和发展空间。

运筹学研究的内容广博、分支众多,应用的领域非常广泛。一本运筹学的教材不可能面面俱到、同时适合各类学生学习的需要。管理类专业本科生对运筹学的学习,强调的是理论方法在现实中的应用,并不过度强调其理论与方法的数学原理和数学基础,因此在讲授过程中,对于需要较深数学基础的部分内容一般不予讲授。

作为一本主要针对管理类专业应用型本科生的教材,本书尽量简化运筹学相关模型方法的数学原理与推导,着重强调运筹学相关方法模型在各类经济、管理等实际问题优化中的具体运用。

本书的内容包括十一章,主要介绍了线性规划、对偶理论、灵敏度分析、运输问题、整数规划、目标规划、动态规划、图与网络分析,同时还对排队论、存储论、对策论、决策论、非线性规划、数据包络分析、模糊规划、启发式算法等进行了简要介绍。鉴于本书的写作目的,重点放在了前九章内容上。同时,本书还对运筹学常用软件如 LINGO(LINDO)、WinQSB、EXCEL、MATLAB 优化工具箱等进行了介绍。

本书概念清晰、重点突出、通俗易懂、实践性强。可以作为经济管理、工商管理、财务管理、信息管理、工程管理、项目管理等管理类专业本科生的教材,也可供从事管理科学、系统工程、优化设计等专业的本专科生及相关科研人员参考。

本书的主要参编人员还有李同宁、孙树垒、彭伟华、赵淑海、邢丽云等教师,感谢他们付出的辛苦和努力。在编写过程中参阅的许多优秀著作均在参考文献中列出,对于这些著作的作者及出版社致以由衷的感谢!最后,向所有关心和支持本书出版的人们致以敬意!

由于编者水平和经验有限,本书在编写及出版工作中可能还存在着很多的不足和缺点,恳切希望使用本书的教师、学生和专家学者提出批评建议。

编　者

2012.11

目录 Contents

第一章

绪　论

知识目标

1. 理解并掌握运筹学的来源及其概念。
2. 了解运筹学的发展过程。
3. 掌握运筹学研究的主要内容与分支。
4. 掌握运筹学的模型化方法的研究思想。
5. 了解运筹学的主要应用领域。
6. 了解运筹学常用的软件。

第一节　运筹学的起源与发展

运筹学(operations research)是系统工程的最重要的理论基础之一,在美国有人把运筹学称为管理科学(management science)。运筹学所研究的问题,可以简单地归结为一句话:"依照给定条件和目标,从众多方案中选择最佳方案",因此也有人称其为最优化技术。

一、运筹学释义

1. 运筹

在现代汉语词典中,运筹是筹划、制定策略进行谋划的意思,主要有两层含义:

(1) 制定策略,筹划

汉王褒《圣主得贤臣颂》:"及其遇明君遭圣主也,运筹合上意,谏诤则见听。"唐孟浩然《送告八从军》诗:"运筹将入幕,养拙就闲居。"明无名氏《鸣凤记 · 夏公命将》:"亏祖宗之洪图,实臣子之大罪,敢此运筹,潜图恢复。"

(2) 用算筹进行计算

宋沈括《梦溪笔谈·技艺》:“(卫朴)大乘除皆不下,照位运筹如飞,人眼不能逐。”宋文莹《玉壶清话》卷八:“太宗居晋邸,知客押衙陈从信者心计精敏,掌功官帑,轮指节以代运筹,丝忽无差。”清俞樾《茶香室三钞·吴中陆叟》:“吴有陆叟,富甲江左,沈万三出其门,为运筹典计。”

2. 运筹学

由于运筹学研究的广泛性和复杂性,人们至今没有形成一个统一的定义。不同专家学者从不同角度给出不同的定义,下面是一些有代表性的定义。

钱学森等:“由一支综合性的队伍,采用科学的方法,为一些涉及有机系统(人—机)的控制系统问题提供解答,为该系统的总目标服务的学科。”

Morse(第二次世界大战期间美国海军反潜运筹小组领导人):“执行部门为所控制的业务做出决策提供数量上的依据的一门科学或利用所有应用科学、执行部门为其所属业务做出决策提供数量上的依据的一门科学。”

1976 年美国运筹学会的定义:“运筹学是研究用科学方法来决定在资源不充分的情况下如何最好地设计人—机系统,并使之最好地运行的一门学科。”这从一个侧面描写了运筹学的特点。

1978 年联邦德国科学辞典①上的定义:“运筹学是从事决策模型的数学解法的一门科学。”

英国《运筹学》杂志:“运筹学是运用科学方法(特别是数学)来解决那些在工业、商业、政府和国防部门中,有关人力、机器、物质、金钱等大型系统的指挥和管理方面出现的问题的科学,目的是帮助管理者科学地决策其策略和行动。”

《大英百科全书》:“运筹学是一门应用于管理组织系统的科学。……运筹学为掌管这类系统的人提供决策目标和数量分析的工具。”

《中国大百科全书》:“用数学方法研究经济、民政和国防等部门在内外环境的约束条件下合理分配人力、物力、财力等资源,使实际系统有效运行的技术科学。它可以用来预测发展趋势、制定行动规划或优选可行方案。”

《辞海》(1979 年版):“主要研究经济活动与军事活动中能用数量来表达的有关运用、筹划与管理方面的问题。它根据问题的要求,通过数学的分析与运算,做出综合性的合理安排,以达到较经济较有效地使用人力物力。”

《中国企业管理百科全书》:“应用分析、试验、量化的方法,对经济管理系统中人、财、物等有限资源进行统筹安排,为决策者提供有依据的最优方案,以实现最有效的管理。”

近代一些运筹学工作者:“运筹学是应用系统的、科学的、数学分析的方法,通过建模、检验和求解数学模型而获得最优决策的科学。”

总之,运筹学是用数学方法研究各种系统中最优化问题的科学,它主要用数学模型来求得合理运用现有条件的最优方案,为决策者提供科学决策的依据。制定决策是运筹学应用的核心,而建立模型则是运筹学方法的精髓。运筹学可用“寻优科学”来进行概括。

---

① 转引自:徐玖平,《运筹学:数据模型决策》,科学出版社,2009 年。

二、运筹学起源

1. 名称来源

运筹学一词在英国称为 operational research，在美国称为 operations research（缩写为 O. R.），可直译为“运作研究”或“作业研究”。

1957 年，我国学者钱学森、许国志等人从“夫运筹帷幄之中，决胜千里之外”（《史记·高祖本纪》）这句古语中抽取“运筹”二字，将 O. R. 正式译为运筹学，包含运用筹划、以策略取胜等意义，比较恰当地反映了这门学科的性质和内涵。

2. 运筹学的思想起源

虽然运筹学作为一门学科，是在第二次世界大战后逐渐形成的，但朴素的运筹学思想自古有之，运筹的思想源远流长。阿基米德为迦太基人设计的用于粉碎罗马海军攻占西那库斯城的设防方案，我国战争时期“田忌赛马”的故事，李冰父子主持修建的由“鱼嘴”岷江分洪工程、“飞沙堰”分洪排沙工程和“宝瓶口”引水工程巧妙结合而成的都江堰水利工程，宋真宗皇宫失火、大臣丁渭提出的一举三得重建皇宫的方案，《梦溪笔谈》所记录的军粮供应与用兵进退的关系等事例无不闪耀着运筹帷幄、整体优化的朴素思想。

我国春秋末期军事家孙武的《孙子兵法·形篇》中，就有许多关于军事运筹的论述，他把度、量、数、称等数学概念引入军事领域，通过双方对比计算，进行战争胜负的预测分析。《孙子兵法·计篇》中说：“夫未战而庙算胜者，得算多也；未战而庙算不胜者，得算少也。多算胜，少算不胜，而况于无算乎！”这里的“算”就是计算筹划之意。此外，《孙膑兵法》《尉缭子》《百战奇法》等历代军事名著及有关史籍中，都有不少关于运筹思想的记载。

丁渭修皇宫的故事讲的是宋代真宗年间，一场大火烧掉皇宫，真宗皇帝命令大臣丁渭修复皇宫。面临烧砖无土、大型建筑材料无法运输、清墟无处排放等重重困难，丁渭第一件事是将皇宫周围的大街小巷挖成河道，与河流相通。挖出来的土烧砖制瓦，解决了取土问题，这是短期目标，为修皇宫服务。全国各地建筑材料水运到京城，由开挖的河道直接运到工地，省去二次运输，节约了一大笔资金，解决了运输问题。几年以后，皇宫修复了，建筑垃圾成山，他又叫人将垃圾填到挖的河道中去，恢复了原来的大街小巷。结果，皇宫修成了，街道恢复了，资金节省了，可谓“一石三鸟”。这是一个典型的长短联系的好决策，这种综合解决问题的思想便是出色的系统工程思想。

《史记·孙子吴起列传》载，战国齐将田忌与齐威王赛马，二人各拥有上、中、下三个等级的马，但齐王各等级的马均略优于田忌同等级的马，如依次按同等级的马对赛，田忌必连负三局。田忌根据孙膑的运筹，以自己的下、上、中马分别与齐王的上、中、下马对赛，结果是二胜一负。这反映了在总体劣势条件下，以己之长击敌之短，以最小的代价换取最大胜利的古典运筹思想，也是对策论的最早渊源。

成功运用运筹思想而取胜的战例很多，如齐鲁长勺之战中曹刿对反攻时机的运筹，齐魏马陵之战中孙膑对出兵时间、决战时机、决战地点的运筹等。此外，在中国历史上还有不少善于运用运筹思想的人物，如张良、曹操、诸葛亮、李靖、刘基等。

3. 运筹学的形成

(1) 探索

早在第一次世界大战期间的1914—1915年间，兰彻斯特为研究战争的胜负与兵力多寡、火力强弱之间的关系发表了若干军事论文；爱迪生在研究反潜战的项目中，汇编各项典型统计数据，用于选择回避或击毁潜艇的最佳方法，使用“战术对策演示盘”解决了如何免受潜艇攻击的问题。但当时这些方法尚处于探索阶段，未能直接用于军事斗争。

(2) 形成

运筹学名称的正式使用是在20世纪30年代后期的第二次世界大战期间。

1935—1938年间，为了对付德国空军越来越严重的威胁，英国科学家研制出了雷达系统，并成立了由科学家、军事人员组成的小组，研究如何将这一系统应用于实际作战中去，协调雷达系统内部以及与整个防空系统的配合以达到有效的防空目的。operations research一词就出自小组负责人A. P. Rowe之口。

(3) 应用

第二次世界大战中，英国海、陆、空军都建立了运筹组织，主要研究如何提高防御和进攻作战的效果，他们通过科学的方法成功地解决了许多非常复杂的战略和战术问题。

例如，当时面对德国空军的空袭和海军潜艇的攻击，联军面临着应如何合理运用雷达有效对付德国空袭，以及如何对商船队进行编队护航，在船队遭受德国潜艇攻击时使船队损失最少等问题。为了解决这些问题，英、美各自成立了相应的运筹小组。

英国第一个运筹小组由著名的物理学家M. S. Blackett(后来因在宇宙射线方面的研究成果而获得诺贝尔物理学奖)担任领导人，其组员由两位数学家、两位普通物理学家、一位理论物理学家、一位天体物理学家、一位测量员、三位生理学家、一位军官组成，人们戏称之为“Blackett杂技团”。

美国也成立了一个运筹小组，其领导人由物理学家Philip W. Morse(美国运筹学会第一届主席)担任。组员与英国相似，大多为自然科学家，包括数学家、物理学家，其中还有一位象棋大师。

Blackett小组所研究的具体问题主要是如何设计将雷达信息传送给指挥系统及武器系统的最佳方式，以及雷达与防空武器的最佳配置。由于该雷达站成功地进行了探测、信息传递、作战指挥、战斗机与防空火力的协调，大大提高了英国本土的防空能力，不久以后在对抗德国对英伦三岛的狂轰滥炸中发挥了极大的作用。雷达站研究工作的重要作用称得上是运筹学的典范。

大西洋反潜战是第二次世界大战期间Morse小组的重要工作，1942年麻省理工学院的Morse教授应美国大西洋舰队反潜战官员Baker舰长的请求担任反潜战运筹组的计划与监督工作，其最出色的工作之一是协助英国打破了德国对英吉利海峡的海上封锁，研究所提出的两条重要建议是：将反潜攻击由反潜艇投掷水雷改为飞机投掷深水炸弹，起爆深度由100米改为25米左右，即当德方潜艇刚下潜时攻击效果最佳；运送物资的船队及护航舰艇的编队由小规模、多批次改为大规模、少批次，从而减少了损失率。结果，丘吉尔采纳了Morse的建议，打破了德国的封锁，重创了德国潜艇部队，使德国潜艇被摧毁率增加到400%，船只受敌机攻击时中弹率由47%降到29%。Morse同时获得英国及美国战时最高勋章。

值得注意的是:当时许多实际问题的解决,仅应用了初等概率和统计的方法。直到第二次世界大战以后,运筹学才得到了快速的发展。一方面,运筹学得到了广泛应用,它几乎涉及经济管理的所有领域;另一方面,在理论方面发展了一些数学分支,例如数学规划、应用概率、应用组合论、博弈论、数理经济学、系统科学等。

三、运筹学理论的发展

1. 早期理论

古典管理学派对运筹学的发展产生过很大影响,主要思想是寻求一些方法,使人们自愿地联合与协作,保持个人的首创精神和创造能力,达到增加效率的目的。例如,动作研究与泰勒工作制,切削效率与车速、进刀量等因素的数学关系——优选问题,管理的基本原则,机构设置、权限、工厂布局、计划等问题,举世闻名的刺激性工资制,用于生产活动分析和计划安排的甘特黑道图,并由此进一步发展成为统筹方法等。

运筹学的早期工作可追溯到 1914 年,军事运筹学中的兰彻斯特(Lanchester)战斗方程是在 1914 年提出的。排队论的先驱者丹麦工程师爱尔朗(Erlang)1917 年在哥本哈根电话公司研究电话通信系统时,提出了排队论的一些著名公式。存储论的最优批量公式是在 20 世纪 20 年代初提出的。在商业方面列温逊在 20 世纪 30 年代已用运筹思想分析商业广告、顾客心理。

2. 理论体系形成

1939 年,苏联科学家康特洛维奇(Л. В. Контрович)对生产中提出的大量组织与计划问题进行了研究,发表了著名的《生产组织与计划中的数学方法》,这是运筹学在理论、方法上较为完整的最早著作。研究的具体问题包括生产配置问题、原材料的合理利用问题、运输计划、播种面积的分配等,该研究不仅给出了数学模型,而且可以确定最优方案。康特洛维奇的贡献在于使运筹学的理论方法形成体系,其确定极值的方法超出了经典数学分析方法的范畴,遗憾的是研究成果未被重视,直到 1960 年康托洛维奇再次发表《最佳资源利用的经济计算》一文后,才受到国内外的一致重视。为此康托洛维奇得到了诺贝尔经济学奖。

线性规划是由 G. B. 丹齐克(G. B. Dantzig)在 1947 年发表的成果。所解决的问题是美国制定空军军事规划时提出的,并提出了求解线性规划问题的单纯形法。

冯 · 诺依曼和 O. 摩根斯坦(O. Morgenstern)合著的《对策论与经济行为》(1944 年)是对策论的奠基之作,同时该书已隐约地指出了对策论与线性规划对偶理论的紧密联系。线性规划提出后很快受到经济学家的重视,如在第二次世界大战中从事运输模型研究的美国经济学家 T. C. 库普曼斯(T. C. Koopmans),他很快看到了线性规划在经济中应用的意义,并呼吁年轻的经济学家要关注线性规划。

此后,运筹学理论得以迅速发展,1950—1956 年间线性规划对偶理论诞生,1951 年 Knhn-Tuker 定理奠定了非线性规划理论的基础,1954 年网络流理论建立,1955 年创立随机规划,1958 年创立整数规划及割平面解法,同年求解动态规划的 Bellman 原理发表,1960 年 G. B. Dantzig-Wolfe 建立大 LP 分解算法。运筹学各个分支得到了不断的充实和完善并形成体系。

3. 运筹学会的发展

最早建立运筹学会的国家是英国(1948年),接着是美国(1952年)、法国(1956年)、日本和印度(1957年),到20世纪五六十年代,运筹工作者的队伍开始迅速壮大,纷纷成立学会、创办刊物并开始在高校开设运筹学课程。到2005年为止,国际上已有48个国家和地区建立了运筹学会或类似的组织。我国的运筹学会成立于1980年。1959年,由英、美、法三国的运筹学会发起成立了国际运筹学联合会(IFORS),而后各国的运筹学会纷纷加入。我国于1956年由中国科学院成立了运筹学小组,并于1980年成立了运筹学会,1982年加入国际运筹学联合会。此外还有一些地区性组织,如欧洲运筹学协会(EURO)成立于1975年,亚太运筹学协会(APORS)成立于1985年。

4. 运筹学学术期刊的发展

第一本运筹学杂志《运筹学季刊》(O. R. Quarterly)于1950年在英国创刊。

20世纪60年代以后,运筹学进一步细分为多个分支,专业学术团体迅速增多,运筹学期刊大量创办,运筹学书籍大量出版。

目前国际上著名的运筹学刊物有:*Management Science*(《管理科学》),*Operations Research*(《运筹学》),*Interfaces*(《交互关系》),*Journal of Operational Research Society*(《英国运筹学研究学会期刊》),*European Journal of Operations Research*(《欧洲运筹学杂志》)。

国内比较著名的运筹学刊物有《运筹学学报》《管理科学学报》《中国管理科学》《运筹与管理》《系统工程》等。

四、运筹学在中国的发展

中国第一个运筹学小组在钱学森、许国志先生的推动下于1956年在中国科学院力学研究所成立。1959年,第二个运筹学部门在中国科学院数学研究所成立。力学所小组与数学所小组于1960年合并成为数学研究所的一个研究室,当时的主要研究方向是排队论、非线性规划和图论。

20世纪50年代后期,运筹学在中国的应用集中在运输问题上。如"打麦场选址问题"、"中国邮路问题"(管梅谷)等。中国运筹学的早期研究是由华罗庚发起的。他在《统筹方法》一文中,以家里来客人要沏茶,怎样安排才能尽快让客人喝上茶为例,讨论如何用优化的思想选择合理、快捷的解决问题的方法。

中国运筹学会作为中国数学会的一个分会,于1980年成立,1982年成为国际运筹学联合会(IFORS)的成员。1992年中国运筹学会从中国数学会独立出来成为国家一级学会,是学会发展史上的一个重要事件。

近二十年来,中国运筹学工作者在信息科学、生命科学等现代高科技领域都做出了突出的贡献。例如,将全局最优化、图论、神经网络等运筹学理论及方法应用于分子生物信息学中的DNA与蛋白质序列比较、芯片测试、生物进化分析、蛋白质结构预测等问题的研究;在金融管理方面,将优化及决策分析方法应用于金融风险控制与管理、资产评估与定价分析模型等;在网络管理上,利用随机过程方法,研究排队网络的数量指标分析;在供应链管理问题上,利用随机动态规划模型,研究多重决策最优策略的计算方法。

第二节 运筹学的基本特征

运筹学是一门应用科学,它广泛应用现有的科学技术知识和数学方法,解决实际问题。运筹学研究的对象是经济、军事及科学技术等活动中能用数量关系来描述的有关决策、筹划与管理等方面的问题。运筹学着重以管理、经济活动方面的问题及解决这些问题的原理和方法作为研究对象。

一、运筹学研究的基本特征

1. 系统的整体性

系统的整体优化是运筹学的根本。任何系统都是由相互关联、相互制约、相互作用的子系统组成的具有某种功能的有机整体。例如,一个企业的经营管理是由很多子系统组成的,包括生产、销售、技术、供应、财务等,各子系统的工作好坏直接影响企业经营管理的好坏。运筹学不是对每一个决策行为孤立地进行评价,而是把它同系统内所有其他重要的相互作用结合起来做出评价,把相互影响的各方面作为一个统一体,从总体利益出发,寻找出一个优化协调的方案。

2. 多学科的综合性

运筹学是一门应用于管理决策和系统优化领域的应用科学,它必须与社会、经济、管理、科学技术和工程领域的知识相结合。一个企业的有效管理涉及很多方面,运筹学研究吸收了来自不同领域、具有不同经验和技能的专家。这种多学科的协调配合在研究的初期,在分析和确定问题的主要方面以及在选定和探索解决问题的途径时,显得特别重要。

3. 模型方法的应用

各门学科的研究小组广泛使用实验的方法,但运筹学研究的系统往往不能搬到实验中来,代替的方法是建立这个问题的数学模型或模拟模型。如果说辅助决策是运筹学应用的核心,建立模型则是运筹学方法的精髓。

二、运筹学的应用原则

由于运筹学具有广泛的应用性,为了有效地应用运筹学,英国运筹学会前会长汤姆林森(Tomlinson)提出了以下6条原则。

(1) 合作原则:运筹学工作要和各方面的人士尤其是同实际部门工作者合作。

(2) 催化原则:在多学科共同解决某问题时,要引导人们改变一些常规的看法。

(3) 互相渗透原则:要求多部门彼此渗透地考虑问题,而不是只局限于本部门。

(4) 独立原则:在研究问题时,不应受某人或某部门的特殊政策左右,应独立工作。

(5) 宽容原则:解决问题的思路要宽,方法要多,而不是局限于某种特定的方法。

(6) 平衡原则:要考虑各种矛盾的平衡、关系的平衡。

三、运筹学的研究步骤

1. 分析与表述问题

首先对研究的问题和系统进行观察分析,归纳出决策的目标及制定决策时在行动和时间等方面的限制。分析时往往先提出一个初步的目标,通过对系统中各种因素和相互关系的研究,使这个目标进一步明确化。此外还需要与有关人员进一步讨论,明确有关研究问题的过去与未来,问题的边界、环境以及包含这个问题在内的更大系统的有关情况,以便在对问题的表述中明确要不要把整个问题分成若干较小的子问题,确定问题中哪些是可控的决策变量,哪些是不可控的变量,确定限制变量取值的工艺技术条件及对目标的有效度量等。

2. 建立模型

即把问题中可控变量、参数和目标与约束之间的关系用一定的模型表示出来。模型的正确建立是运筹学研究中的关键一步。一般建模时应尽可能选择建立数学模型,但有时问题中的各种关系难以用数学语言描绘,或问题中包含的随机因素较多时,也可以建立起一个模拟的模型,即将问题的因素、目标及运行时的关系用逻辑框图的形式表示出来。

3. 对问题求解

即用数学方法或其他工具对模型求解,根据问题的要求,可分别求出最优解、次优解或满意解;依据对解的精度的要求及算法上实现的可能性,又可分为精确解和近似解。

4. 对模型和由模型导出的解进行检验

将实际问题的数据资料代入模型,找出精确的或近似的解。为了检验得到的解是否正常,采用回溯的方法,即将历史的资料输入模型,研究得到的解与历史实际的符合程度,以判断模型是否正确。当发现有较大误差时,要将实际问题与模型重新对比,检查实际问题中的重要因素在模型中是否已考虑,检查模型中各公式的表达是否前后一致,检查模型中各参数取极值情况时问题的解,以便发现问题并进行修正。

5. 建立起对解的有效控制

任何模型都有一定的适用范围,模型的解是否有效,首先注意模型是否有效,并依据灵敏度分析的方法,确定最优解保持稳定时的参数变化范围。一旦外界条件参数变化超出这个范围,要及时对模型及导出的解进行修正。

6. 方案的实施

这是很关键也是很困难的一步。只有实施方案后,研究成果才能有收获。这一步要求明确:方案由谁去实施,什么时间实施,如何实施,要求估计实施过程中可能遇到的阻力,并为此制订相应的克服困难的方案。

四、运筹学的模型化方法

模型是真实系统的代表,是对实际问题的抽象概括和严格的逻辑表达。模型表达了问题中可控的决策变量、不可控变量、工艺技术条件及目标有效度量之间的相互关系。

模型的正确建立是运筹学研究中的关键一步。对模型的研制是一项艺术,它是将实际问题、经验、科学方法三者有机结合的创造性的工作。

一个典型的运筹学模型包括以下部分:

（1）一组需要通过求解模型确定的决策变量。

（2）一个反映决策目标的目标函数。

（3）一组反映系统复杂逻辑和约束关系的约束方程。

（4）模型要使用的各种参数。

1. 模型化方法的优点

（1）使问题的描述高度规范化，如管理中，对人力、设备、材料、资金的利用安排都可以归纳为所谓资源的分配利用问题，可以建立起一个统一的规划模型，而对规划模型的研究代替了对一个个具体问题的分析研究。

（2）建立模型后，可以通过输入各种数据资料，分析各种因素同系统整体目标之间的因果关系，从而确立一套有逻辑的分析问题的程序方法。

（3）建立系统的模型为应用计算机解决实际问题架设起桥梁。建立模型时既要尽可能包含系统的各种信息资料，又要抓住本质的因素。

2. 构造模型的方法和思路

构造模型是一种创造性劳动，成功的模型往往是科学和艺术的结晶，构造模型的方法和思路有以下五种：

（1）直接分析法。按研究者对问题内在机理的认识直接构造出模型。运筹学中已有不少现存的模型，如线性规划模型、投入产出模型、排队模型、存储模型、决策和对策模型等。这些模型都有很好的求解方法及求解的软件，但用这些现存的模型研究问题时，要注意不能生搬硬套。

（2）类比法。有些问题可以用不同方法构造出模型，而这些模型的结构性质是类同的，这就可以互相类比。如物理学中的机械系统、气体动力学系统、水力学系统、热力学系统及电路系统之间就有不少彼此类同的现象。甚至有些经济系统、社会系统也可以用物理系统来类比。在分析一些经济、社会问题时，不同国家之间有时也可以找出某些类比的现象。

（3）数据分析法。对有些问题的机理尚未了解清楚，若能搜集到与此问题密切相关的大量数据，或通过某些试验获得大量数据，就可以用统计分析法建模。

（4）试验分析法。当有些问题的机理不清，又不能做大量试验来获得数据时，只能通过做局部试验所得的数据加上分析来构造模型。

（5）想定（构想）法。当有些问题的机理不清，又缺少数据，且不能通过试验来获得数据时，例如一些社会、经济、军事问题，人们只能在已有的知识、经验和某些研究的基础上，对于将来可能发生的情况给出逻辑上合理的设想和描述。然后用已有的方法构造模型，并不断修正完善，直至比较满意为止。

3. 模型的类型

（1）按呈现和表达的方式可以分成实物模型、符号模型和计算机模型。实物模型是指规模缩小或放大的由实物制成的模型，如建筑模型、飞机模型、原子模型等。符号模型是指用数学符号表示的模型。计算机模型是指可以在计算机上执行的由计算机语言表达的程序。

（2）按描述方法的特点可以分成：描述性模型、规范化模型和启发式模型。描述性模型仅仅描述实际发生的具体过程而不探讨过程背后的原因。许多统计模型、模拟模型和排队模型都是这类模型。规范化模型使用规范化的方法,对影响系统的内在规律进行探索,并详细描述系统的变量、目标和约束。大部分最优化模型属于这类模型。启发式模型是一种经验模型,它主要由一些直观的经验和规则构成。

(3) 按模型变量和参数性质可以分成确定性模型和随机性模型。确定性模型的变量和参数都是确定的,如线性规划、整数规划、网络规划等。随机性模型的变量和参数都是随机的,如排队模型、决策模型和对策模型等。

(4) 按模型是否考虑时间因素可分成静态模型和动态模型。静态模型只反映某一个固定时间点的系统状态,变量、参数与时间无关。动态模型反映一段时间内系统变化的状态,变量、参数与时间有关,如动态规划模型等。

第三节　运筹学的研究内容

随着科学技术和生产的发展,运筹学已渗入很多领域,发挥了越来越重要的作用。运筹学本身也在不断发展,现在已经是一个包括许多分支的科学部门了。比如:数学规划(又包含线性规划、非线性规划、整数规划)、组合规划、图论、网络流、决策分析、排队论、可靠性数学理论、库存论、博弈论、搜索论、模拟等。

运筹学有广阔的应用领域,它已渗透到诸如服务、库存、搜索、人口、对抗、控制、时间表、资源分配、厂址定位、能源、设计、生产、可靠性等各个方面。

一、运筹学的主要分支

1. 线性规划

线性规划是运筹学最基础的分支,同时也是运筹学研究最早的分支之一。早在 1939 年,苏联的康托洛维奇和美国的 F. L. 希奇柯克(F. L. Hitchcock)等人就在生产组织管理和制订交通运输方案方面首先研究和应用了线性规划方法。1947 年,丹齐克等人提出了求解线性规划问题的单纯形方法,为线性规划的理论与计算奠定了基础,特别是电子计算机的出现和日益完善,更使规划理论得到迅速发展。规划理论主要研究如何有效利用现有人力、物力等资源完成尽可能多的任务,以及在现有任务目标的前提下,如何耗用最少的人力、物力等资源去完成的问题。它可以表示成求函数在满足约束条件下的极大极小值问题。如果约束条件和目标函数都是呈线性关系的,就是线性规划问题。要解决线性规划问题,从理论上讲都要解线性方程组,因此解线性方程组的方法,以及关于行列式、矩阵的知识,就是线性规划中非常必要的工具。

2. 非线性规划

非线性规划是线性规划的进一步发展和继续。当线性规划模型中的目标函数或约束条件不全是线性时,该规划就成为一个非线性规划问题。许多实际问题如设计问题、经济平衡问题都属于非线性规划的范畴。非线性规划扩大了数学规划的应用范围,同时也给数学工作者提出了许多基本理论问题,使数学中的凸分析、数值分析等也得到了发展。

3. 动态规划

动态规划是研究多阶段决策过程最优化的运筹学分支,是解决多阶段决策过程最优化的一种数量化方法。动态规划将系统运行过程划分为若干相互联系的阶段(或若干步),将多阶段决策问题转化成一系列比较简单的最优化问题,并在每个阶段(或每一步)都做出决策,以使系统的整体达到最优。实践证明,动态规划在工程技术、企业管理、工农业生产及军事等部门都有广泛的应用。

4. 图论

图论是一个古老但又十分活跃的分支,是网络技术的基础。图论的创始人是数学家欧拉。1736 年他发表了图论方面的第一篇论文,解决了著名的哥尼斯堡七桥难题,相隔一百多年后,在 1847 年基尔霍夫第一次应用图论的原理分析电网,从而把图论引进到工程技术领域。20 世纪 50 年代以来,图论的理论得到了进一步发展,将复杂庞大的工程系统和管理问题用图描述,可以解决很多工程设计和管理决策的最优化问题,例如,完成工程任务的时间最少、距离最短、费用最省等。图论越来越受到数学、工程技术及经营管理等各方面的广泛重视。

5. 库存论

库存论是一种研究物质最优存储及存储控制的理论,物质存储是工业生产和经济运转的必然现象。如果物质存储过多,则会占用大量仓储空间,增加保管费用,使物质过时报废从而造成经济损失;如果存储过少,则会因失去销售时机而减少利润,或因原料短缺而造成停产。如何寻求一个恰当的采购、存储方案,就成为库存论研究的对象。

6. 排队论

排队论又叫随机服务系统理论。排队论主要研究各种系统的排队队长、排队的等待时间以及所提供的服务等各种参数,以便求得更好的服务。它是研究系统随机聚散现象的理论。排队论的研究目的是要回答如何改进服务机构或组织被服务的对象,使得某种指标达到最优的问题。排队论在日常生活中的应用是相当广泛的,比如水库水量的调节、生产流水线的安排、铁路分成场的调度、电网的设计等。

7. 对策论

对策论也叫博弈论,是研究多个个体或团队之间在特定条件制约下的对局中利用相关方的策略而实施对应策略的学科。它是应用数学的一个分支,既是现代数学的一个新分支,也是运筹学的一个重要学科。目前在生物学、经济学、国际关系学、计算机科学、政治学、军事战略和其他很多学科都有广泛的应用。近年来,随着人工智能研究的进一步发展,对博弈论提出了更多新的要求。

8. 决策论

决策论是在概率论的基础上发展起来的。决策论是根据信息和评价准则,用数量方法寻找或选取最优决策方案的科学,是运筹学的一个分支和决策分析的理论基础。在实际生活与生产中对同一个问题所面临的几种自然情况或状态,又有几种可选方案,就构成一个决策,而决策者为对付这些情况所采取的对策方案就组成决策方案或策略。决策论在包括安全生产在内的许多领域都有着重要应用。

二、运筹学的应用领域

运筹学在早期的应用,主要在军事领域。第二次世界大战后运筹学的应用转向民用。

运筹学是一门解决实际问题的新兴学科,它在国民经济和科学技术的各个领域有着广泛的应用,特别是在企业经营管理、产品营销、资源分配、财政金融、优化服务等方面产生了巨大的经济效益,也极大地促进了各学科的发展。

(1) 市场营销。主要应用在广告预算和媒介的选择、竞争性定价、新产品开发、销售计划的制订等方面。如美国杜邦公司从20世纪50年代起就非常重视将运筹学用于研究如何做好广告工作、产品定价和新产品的引入。

(2) 生产计划。在总体计划方面主要用于总体确定生产、存储和劳动力的配合等计划,以适应波动的需求计划,用线性规划和模拟方法等。如巴基斯坦某一重型制造厂用线性规划安排生产计划,节省10%的生产费用。还可用于生产作业计划、日程表的编排等。此外,还有在合理下料、配料问题、物料管理等方面的应用。

(3) 库存管理。主要应用于多种物资库存量的管理,确定某些设备的能力或容量,如停车场的大小、新增发电设备的容量大小、电子计算机的内存量、合理的水库容量等。目前国外新动向是将库存理论与计算机的物资管理信息系统相结合。如美国西电公司,从1971年起用5年时间建立了"西电物资管理系统",使公司节省了大量物资存储费用和运费,而且减少了管理人员。

(4) 运输问题。涉及空运、水运、公路运输、铁路运输、管道运输、厂内运输。空运问题涉及飞行航班和飞行机组人员服务时间安排等。为此在国际运筹学协会中设有航空组,专门研究空运中的运筹学问题。水运有船舶航运计划、港口装卸设备的配置和船到港后的运行安排。公路运输除了汽车调度计划外,还有公路网的设计和分析,市内公共汽车路线的选择和行车时刻表的安排,出租汽车的调度和停车场的设立。铁路运输方面的运筹学应用就更多了。

(5) 财政和会计。涉及预算、贷款、成本分析、定价、投资、证券管理、现金管理等。用得较多的方法是统计分析、数学规划、决策分析。此外还有盈亏点分析法、价值分析法等。

(6) 人事管理。涉及六个方面,第一是人员的获得和需求估计;第二是人才的开发,即进行教育和训练;第三是人员的分配,主要是各种指派问题;第四是各类人员的合理利用问题;第五是人才的评价,其中有如何测定一个人对组织、社会的贡献;第六是工资和津贴的确定等。

(7) 计算机和信息系统。可将运筹学用于计算机的内存分配,研究不同排队规则对磁盘工作性能的影响。有人利用整数规划寻找满足一组需求文件的寻找次序,利用图论、数学规划等方法研究计算机信息系统的自动设计。

(8) 城市管理。这里有各种紧急服务系统的设计和运用,如救火站、救护车、警车等分布点的设立。美国曾用排队论方法来确定纽约市紧急电话站的值班人数。加拿大曾研究一城市的警车配置和负责范围、出事故后警车应走的路线。此外还有城市垃圾的清扫、搬运和处理,城市供水和污水处理系统的规划等。

第四节　运筹学常用软件

运筹学是广泛应用现代科学技术知识与数学方法，解决实际中的问题，为决策者选择最优决策提供定量依据的一门软科学。由于运筹学主要是用于解决复杂大系统的各种最优化问题，涉及的变量非常多，约束条件非常复杂，实际的运筹学模型往往非常庞大，因此必须借助计算机才能够完成问题的求解。可以说，计算机是运筹学研究与应用发展的技术动力，因此必须注重运筹学常用软件的学习。

运筹学常用软件主要有 LINGO、LINDO、WinQSB、Excel、Spreadsheet 与 MATLAB 优化工具箱等，下面重点介绍目前应用较广泛的 LINGO、WinQSB、MATLAB 优化工具箱与 Spreadsheet。

一、LINGO 使用简介

LINGO(Linear Interactive and General Optimizer)的基本含义是交互式线性和通用优化求解器，目前已经有 13.0 版本。它是美国芝加哥大学的 Linus Schrage 教授于 1980 年开发的一套用于求解最优化问题的工具包，后来经过完善、扩充，还成立了 LINDO 系统公司。这套软件的主要产品有：LINDO、LINGO、LINDOAPI 和 What's Best，它们在求解最优化问题上，与同类软件相比有着绝对的优势。软件有演示版和正式版，正式版包括求解包(solver suite)、高级版(super)、超级版(hyper)、工业版(industrial)、扩展版(extended)。不同版本的 LINGO 对求解问题的规模有限制，详情见表 1-1。

表 1-1　各版本 LINGO 的求解的限制数　（单位：个）

版本类型	总变量数	整数变量数	非线性变量数	约束数
演示版	300	30	30	150
求解包	500	50	50	250
高级版	2 000	200	200	1 000
超级版	8 000	800	800	4 000
工业版	32 000	3 200	32 000	16 000
扩展版	无限	无限	无限	无限

LINGO 的主要功能包括：求解线性规划、非线性规划、整数规划和二次规划，以及一些线性和非线性方程组的求解等。LINGO 软件的最大特色在于它允许优化模型中的决策变量为整数，即可以求解整数规划，而且执行速度快。LINGO 提供强大的语言和快速的求解引擎来阐述和求解模型。

二、WinQSB 使用简介

QSB(Quantitative Systems for Business)早期的版本是在 DOS 操作系统下运行的，后来发展成为在 Windows 操作系统下运行的 WinQSB 软件，目前已经有 3.0 版本。该软件是由美籍华人 Yin-Long Chang 和 Kiran Desai 共同开发的，界面友好、使用简单。表 1-2 为 WinQSB 的各种模块及其含义的说明。

表 1-2　WinQSB 各模块及其含义

序号	模块	文件名	含义
1	Acceptance Sampling Analysis	ASA	抽样分析
2	Aggregate Planning	AP	综合计划编制
3	Decision Analysis	DA	决策分析
4	Dynamic Programming	DP	动态规划
5	Facility Locating and Layout	FLL	设备场地布局
6	Forecasting	FC	预测
7	Linear Goal Programming and Integer Goal Programming	GP-IGP	目标规划与整数目标规划
8	Inventory Theory and Systems	ITS	存储论与存储控制系统
9	Job Scheduling	JOB	作业调度,编制工作进度
10	Linear Programming and Inte-ger Linear Programming	LP-ILP	线性规划与整数规划
11	Markov Process	MKPA	马尔科夫过程
12	Material Requirements Planning	MPR	物料需求计划
13	Network Modeling	NET	网络模型
14	Nonlinear Programming	NLP	非线性规划
15	Project Scheduling	PERT-CPM	网络计划
16	Quadratic Programming and Integer Quadratic Programming	QP-IQP	二次规划
17	Queuing Analysis	QA	排队分析
18	Queuing System Simulation	QSS	排队系统模拟
19	Quality Control Charts	QCC	质量控制

WinQSB 实际上是一种教学软件,对于非大型的问题一般都能计算,较小的问题还能演示中间的计算过程。该软件可用于管理科学、决策科学、运筹学及生产运作管理等领域的问题求解。

三、MATLAB 优化工具箱使用简介

MATLAB(MATrix LABoratory)的基本含义是矩阵实验室,它是由美国 MathWorks 公司研制开发的一套高性能的集数值计算、信息处理、图形显示等于一体的可视化数学工具软件。MATLAB 的基本数据单位是矩阵,它的指令表达式与数学、工程中常用的形式十分相似,故用 MATLAB 来解算问题要比用 C 语言或 FORTRAN 语言简捷得多。MATLAB 还包含功能强大的多个“工具箱”,如优化工具箱、统计工具箱、样条函数工具箱、数据拟合工具箱等,都是优化计算的有力工具。在这里仅介绍与运筹学紧密相关的优化工具箱。优化工具箱的基本功能有:求解线性规划和二次规划问题;求解无约束条件非线性规划的极小值问题;求解带约束条件非线性规划的极小值问题;求解非线性方程组;求解带约束的线性最小二乘问题;求解非线性最小二乘逼近和曲线拟合问题。

四、Spreadsheet 使用简介

Spreadsheet 是近年来美国各大学乃至企业推广的一种管理科学教学与应用的有效方法。Spreadsheet 方法提供了一种描述问题、处理数据、建立模型与求解的有效工具,使得管理科学的理论和方法被理解与掌握。Spreadsheet 是在 Excel 或者 Lotus1-2-3 等平台下对所

需解决的问题进行描述与展开,建立相应的数学模型,使用 Excel 或者 Lotus1-2-3 的命令和功能进行预测、决策、模拟、优化等运算与分析。Excel 或者 Lotus1-2-3 的工作表用于表述问题与建立模型,就被称为 Spreadsheet。在当今的运筹学领域,在 Excel 上建模并求解已经日益成为一种流行的求解方式。

以上软件中,WinQSB 与 LINGO 软件操作简便、应用广泛,LINGO 适用于求解大型问题,而 WinQSB 更适合课堂教学演示;MATLAB 优化工具箱功能非常强大,但操作较为复杂;Spreadsheet 方法正在日益成为在 Excel 上建模进而求解运筹学问题的有效工具。

思考题

1-1 运筹的概念。

1-2 运筹学的思想起源。

1-3 运筹学的基本特征。

1-4 运筹学的研究步骤。

1-5 运筹学的主要分支。

第二章

线性规划模型与单纯形法

知识目标

1. 理解并掌握线性规划问题的基本概念和基本定理。
2. 熟练掌握线性规划数学模型的建立方法。
3. 熟练掌握单纯形法的基本原理及计算步骤。
4. 掌握人工变量法和两阶段法。

技能目标

1. 能够把一般线性规划问题化为标准型。
2. 能够运用单纯形法解决标准线性规划问题。
3. 能够建立常见问题的线性规划模型。
4. 能够运用运筹学软件求解线性规划的典型问题。

引导案例

张铭是某石油公司的一名部门经理，在2012年年终获得了公司发放的年终奖20万元。考虑到近期通货膨胀的现状，张铭希望找到一个合理的投资方案。经过思考，他有以下七种投资方式可供选择，包括：购买国库券、公司债券、投资房地产、购买股票、短期存款、长期储蓄、购买分红型保险。已知每种投资方式的年收益率和风险系数各不相同，其增长潜力也不一样。面对这些投资方式，张铭该如何确定他的投资方案，才能保证其资金获得最大收益呢？

第一节 线性规划概述

线性规划是运筹学中研究较早、发展较快、应用广泛、方法较成熟的一个重要分支,是运筹学的最基本方法之一,网络规划、整数规划、目标规划和多目标规划都是以线性规划为基础的。它是一种解决稀缺资源最优分配的有效方法,目的是使付出的费用最小或获得的收益最大。

一、线性规划的发展

法国数学家 J. B. J. 傅里叶和 C. 瓦莱—普森分别于 1832 年和 1911 年独立提出线性规划的想法,但未引起注意。20 世纪 30 年代,线性规划从运输问题的研究开始,在第二次世界大战中得到发展。

1939 年,苏联康托洛维奇就创立了享誉全球的线性规划问题的要点,并在《生产组织与计划中的数学方法》一书中提出了“解乘数法”,最早对线性规划问题进行了研究。

1947 年丹齐克提出了一般线性规划问题的求解方法——单纯形法,大大完善了线性规划的理论和计算方法,促进了线性规划乃至运筹学的快速发展和广泛应用。

1951 年,美国经济学家库普曼斯(J. C. Koopmans)出版《生产与配置的活动分析》一书。1950—1956 年,线性规划的对偶理论出现。

1960 年,丹兹格与沃尔夫(P. Wolfe)建立大规模线性规划问题的分解算法。

1975 年,康托洛维奇与库普曼斯因“最优资源配置理论的贡献”荣获诺贝尔经济学奖。

查恩斯(A. Charnes)与库珀(W. W. Cooper)继丹齐克之后,于 1961 年提出了目标规划,艾吉利(Y. Ijiri)提出了用优先因子来处理多目标问题,使目标规划得到发展。

1978 年,苏联数学家哈奇扬(L. G. Khachian)提出求解线性规划问题的多项式时间算法(内点算法),具有重要理论意义。

1984 年,在美国贝尔实验室工作的印度裔数学家卡玛卡(N. Karmarkar)提出可以有效求解实际线性规划问题的多项式时间算法——Karmarkar 算法。

20 世纪 70 年代,斯·姆·李(S. M. Lee)与杰斯开莱尼(V. Jaaskelainen)应用计算机处理目标规划问题,使目标规划在实际应用方面比线性规划更广泛,更为管理者所重视。

特别是在电子计算机能处理成千上万个约束条件和决策变量的线性规划问题之后,线性规划的适用领域更为广泛了。从解决技术问题的最优化设计到工业、农业、商业、交通运输业、军事、经济计划和管理决策等领域都可以发挥作用。它已是现代科学管理的重要手段之一。

小知识

从 1964 年诺贝尔奖设经济学奖后,到 1992 年的 28 年间,32 名获奖者中有 13 人(40%)从事过与线性规划有关的研究工作,其中著名的有 Simon、Samullson、Leontief、Arrow、Miller 等。

小故事

美国科学院院士丹齐克,1948 年在研究美国空军资源的优化配置时提出线性规划及其通用解法“单纯形法”,被称为线性规划之父。

丹齐克师从著名的统计学家奈曼(Neyman)教授。据说,一次上课,丹齐克迟到了,仰头看去,黑板上留了几个题目,他就抄了一下,回家后埋头苦做。几个星期之后,疲惫地去找老师说,真的对不起,作业好像太难了,所以现在才交,言下之意很是惭愧。几天之后,他的老师就把他叫了过去,兴奋地说他太兴奋了。丹齐克很不解,后来才知道原来黑板上的题目根本就不是什么家庭作业,而是老师说的本领域未解决的问题,他给出的那个解法也就是单纯形法。这个方法是 20 世纪位列前十位的算法。

二、线性规划的研究内容

线性规划是合理地利用、调配资源的一种应用数学方法。它的基本思路就是在满足一定的约束条件下,使预定的目标达到最优。

线性规划的研究内容可归纳为两个方面:

(1) 系统的任务已定,如何合理筹划、精细安排,用最少的资源(人力、物力和财力等)去实现这个任务。

(2) 资源的数量已定,如何合理利用、调配资源,使任务完成最多。

这实际上是一个问题的两个方面,前者是求成本极小化,后者是求收益极大化。

线性规划是在满足企业内、外部条件的情况下,实现管理目标和极值(极小值和极大值)的问题,就是要以尽量少的资源输入来实现更多的产出。因此,线性规划是辅助企业“转轨”、“变型”的十分有利的工具,它在辅助企业经营决策、计划优化等方面具有重要的作用。

三、线性规划的应用

在企业的各项管理活动中,线性规划都得到了广泛的应用,例如在计划、生产、运输、技术等问题的优化方面。

1. 应用领域

线性规划常用在以下管理领域中:

(1) 市场营销(广告预算和媒介选择,竞争性定价,新产品开发,制订销售计划)。

(2) 生产计划制订(合理下料,配料,“生产计划、库存、劳力综合”)。

(3) 库存管理(合理物资库存量,停车场大小,设备容量)。

(4) 运输问题。

(5) 财政、会计(预算,贷款,成本分析,投资,证券管理)。

(6) 人事(人员分配,人才评价,工资和奖金的确定)。

(7) 设备管理(维修计划,设备更新)。

(8) 城市管理(供水,污水管理,服务系统设计、运用)。

2. 典型应用

在企业生产管理中,线性规划使用较多的是下述几个方面的问题:

(1) 投资问题。从不同的投资项目中选出一个投资方案,使投资的回报最大。

(2) 计划安排问题。合理充分地利用厂里现有的人力、物力、财力,确定生产产品的品种和数量,使产值或利润最大。

(3) 任务分配问题。分配不同的工作给各个对象(劳动力或机床),使产量最多、效率最高,如生产安排问题。

(4) 下料问题。如何下料,既满足生产的需要,又使得边角料损失最小。

(5) 运输问题。根据各生产单位的产量及销售单位的需求,如何制订调运方案,将产品运到各需求单位而总运费最小。

(6) 库存问题。如何确定最佳库存量,做到既保证生产又节约资金等。

(7) 配比问题。用若干种不同价格、不同成分含量的原料,用不同的配比混合调配出不同价格的产品,在原料供应量的限制和保证产品成分含量的前提下,如何获取最大的利润。

第二节　线性规划的数学模型

企业是一个复杂的系统,要研究它必须将其抽象出来形成模型。将系统内部因素的相互关系和它们活动的规律用数学的形式描述出来,就称为数学模型。

应用线性规划方法解决实际问题的思路是:

(1) 明确问题,确定问题,列出约束条件。

(2) 收集资料,建立模型。

(3) 模型求解(最优解),进行优化后分析。

其中,线性规划最困难的是建立模型,而建立模型的关键是明确问题、确定目标,在建立模型过程中花时间、花精力最大的是收集资料。

一、两个引例

例 2-1　生产计划问题

现有云天公司计划生产 A、B 两种产品。已知 A、B 各生产一件时所使用的煤、劳动日和占用的仓库面积以及煤、劳动日和仓库面积的总量、各售出一件产品时的获利情况如表 2-1 所示。试求该公司应制造 A、B 两种产品各多少件,才能在现有资源条件下使获取的利润最大。

表 2-1　生产 A、B 两种产品所需资源及获利情况

资源＼产品	产品 A	产品 B	资源总量
煤(吨)	1	2	30
劳动日(天)	3	2	60
仓库(平方米)	0	2	24
利润(千元)	40	50	

分析　由题意可知,该问题需要确定的量是 A、B 两种产品的产量,因此,设 A、B 两种产品的产量分别为 x_1、x_2 件。

由于生产所用的资源总量是确定的,在生产时不能超出拥有的资源总量,即生产所使用的煤的总量(x_1+2x_2)不能超过 30 吨,所使用的劳动日总量($3x_1+2x_2$)不能超过 60 天,所占用的仓库总面积($2x_2$)不能超过仓库总面积 24 平方米。

该公司的目标是在现有资源条件下使利润最大,即求总利润($40x_1+50x_2$)的最大值。

根据以上分析,建立该问题的数学模型。

解　1. 确定决策变量:设产品 A、B 的产量分别为 x_1、x_2 件。

2. 明确目标函数:求 $40x_1+50x_2$ 的最大值。

3. 所满足的约束条件,即

煤限制:$x_1+2x_2\leqslant 30$

劳动日限制:$3x_1+2x_2\leqslant 60$

仓库限制:$2x_2\leqslant 24$

基本要求:$x_1,x_2\geqslant 0$

用 max 表示最大化,s. t. (subject to 的简写)表示约束条件,则该模型可记为:

$$\max z = 40x_1+50x_2$$
$$\text{s. t.}\begin{cases}x_1+2x_2\leqslant 30\\3x_1+2x_2\leqslant 60\\2x_2\leqslant 24\\x_1,x_2\geqslant 0\end{cases}$$

例 2-2　混合配料问题

某添加剂由四种原料混合搭配而成。根据对添加剂营养的要求,单位添加剂中维生素 A、B、C 的最低含量分别为 12 毫克、14 毫克、8 毫克。已知单位原料中维生素的储量及单位成本如表 2-2 所示,试求使添加剂成本最低的混合配料方案。

表 2-2　单位原料维生素储量及成本

原料＼维生素	维生素 A(毫克)	维生素 B(毫克)	维生素 C(毫克)	单位成本(元)
原料 1	4	1	0	2
原料 2	6	1	2	5
原料 3	1	7	1	6
原料 4	2	5	3	8
单位添加剂中维生素最低含量(毫克)	12	14	8	

分析　设每单位添加剂中原料 i 的用量为 $x_i(i=1,2,3,4)$,则单位该添加剂的成本为:$z=2x_1+5x_2+6x_3+8x_4$,求使添加剂成本最低的混合配料方案,则目标函数为:$\min z=2x_1+5x_2+6x_3+8x_4$。同时,添加剂的配料受到维生素含量要求的限制。由此,该问题的数学模型可以表示为:

$$\min z = 2x_1+5x_2+6x_3+8x_4$$

$$
\text{s.t.}\begin{cases}4x_1+6x_2+x_3+2x_4\geqslant 12\\ x_1+x_2+7x_3+5x_4\geqslant 14\\ 2x_2+x_3+3x_4\geqslant 8\\ x_1+x_2+x_3+x_4=1\\ x_1,x_2,x_3,x_4\geqslant 0\end{cases}
$$

二、线性规划模型

1. 线性规划模型的基本要素

线性规划的目的是求一组变量的值,在满足一组约束条件的情况下,使得目标函数达到最优。由上面的例子可以总结出线性规划模型的三个基本要素:

(1) 决策变量。变量又叫未知数,它是实际系统的未知因素,也是决策系统中的可控因素,一般称为决策变量,常用英文字母加下标来表示,如 x_1、x_2、x_{11}、x_{12}等。决策变量的一组值表示一种方案,决策变量一般是非负的。

(2) 目标函数。将实际系统的目标,用数学形式表现出来,就称为目标函数,如 $z=f(x_1,x_2,\cdots,x_n)$,它是决策变量的线性式。线性规划的目标函数是系统目标的极值,可以是极大值(如产值、利润等),也可以是极小值(如成本、费用、损耗等)。

(3) 约束条件。是线性等式或不等式。约束条件是指实现系统目标的限制因素,它涉及企业内部条件和外部环境的各个方面,如原材料供应、设备能力、计划指标、产品质量要求和市场销售状态等,这些因素都对模型的变量起约束作用,故称为约束条件。

2. 线性规划模型的建立步骤

从实际问题中建立线性规划的数学模型一般有以下三个步骤:

(1) 根据影响所要达到目的的因素找到决策变量。

(2) 由决策变量和所要达到的目的之间的函数关系确定目标函数。

(3) 由决策变量所受的限制条件确定决策变量所要满足的约束条件。

3. 关于线性的界定

线性(linear),指量与量之间按比例、成直线的关系,在数学上可以理解为一阶导数为常数的函数;非线性(non-linear),则指不按比例、不成直线的关系,一阶导数不为常数。

如果规划问题的数学模型中,决策变量的取值可以是连续的,目标函数是决策变量的线性函数,约束条件是含决策变量的线性等式或不等式,则该类规划问题的数学模型称为线性规划的数学模型。

4. 线性规划模型的表示

(1) 线性规划的一般型

$$
\max(\min)z=c_1x_1+c_2x_2+\cdots+c_nx_n
$$

$$
\text{s.t.}\begin{cases}a_{11}x_1+a_{12}x_2+\cdots+a_{1n}x_n\geqslant(=,\leqslant)b_1\\ a_{21}x_1+a_{22}x_2+\cdots+a_{2n}x_n\geqslant(=,\leqslant)b_2\\ \qquad\vdots\\ a_{m1}x_1+a_{m2}x_2+\cdots+a_{mn}x_n\geqslant(=,\leqslant)b_m\\ x_j\geqslant 0(j=1,\cdots,n)\end{cases}\tag{2.1}
$$

在式(2.1)中,x_j 是决策变量;c_j 称为价值系数,表示单位第 j 种产品所带来的利润或花费的成本;b_i 表示第 i 种资源的拥有量;a_{ij}称为工艺系数或技术系数,表示生产单位第 j 种产品所消耗的第 i 种资源的数量。

式(2.1)可以简写为:

$$\max(\min) z = \sum_{j=1}^{n} c_j x_j$$

$$\text{st.}\begin{cases} \sum_{j=1}^{n} a_{ij} x_j \geqslant (= \leqslant) b_i (i = 1,2,\cdots,m) \\ x_j \geqslant 0 (j = 1,2,\cdots,n) \end{cases} \tag{2.2}$$

(2) 线性规划的向量表示式

$$\max(\min) z = \boldsymbol{CX}$$

$$\text{st.}\begin{cases} \sum_{j=1}^{n} \boldsymbol{P}_j x_j \leqslant (=, \geqslant) \boldsymbol{b} \\ \boldsymbol{X} \geqslant 0 \end{cases} \tag{2.3}$$

其中, $\boldsymbol{C} = (c_1, c_2, \cdots, c_n)$, $\boldsymbol{X} = \begin{bmatrix} x_1 \\ x_2 \\ \vdots \\ x_n \end{bmatrix}$, $\boldsymbol{P}_j = \begin{bmatrix} a_{1j} \\ a_{2j} \\ \vdots \\ a_{mj} \end{bmatrix}$, $\boldsymbol{b} = \begin{bmatrix} b_1 \\ b_2 \\ \vdots \\ b_m \end{bmatrix}$

(3) 线性规划的矩阵表示式

$$\max(\min) z = \boldsymbol{CX}$$

$$\text{s. t.}\begin{cases} \boldsymbol{AX} \leqslant (=, \geqslant) \boldsymbol{b} \\ \boldsymbol{X} \geqslant 0 \end{cases} \tag{2.4}$$

其中,$\boldsymbol{A} = \begin{bmatrix} a_{11} & a_{12} & \cdots & a_{1n} \\ a_{21} & a_{22} & \cdots & a_{2n} \\ \vdots & \vdots & \cdots & \vdots \\ a_{m1} & a_{m2} & \cdots & a_{mn} \end{bmatrix}$,$\boldsymbol{A}$ 称为系数矩阵。

5. 应用条件

线性规划模型的应用至少要有以下三个基本条件:

(1) 要解决的问题的目标可以用数值指标反映。

(2) 对于要实现的目标有多种方案可选择。

(3) 有影响决策的若干约束条件。

三、线性规划模型的标准型

1. 线性规划标准型

在线性规划的一般型中,目标函数可以取极大,也可以取极小;约束条件可以是大于,也可以是小于或等于;变量的符号可以大于零,也可以小于零,甚至可以无约束。因此线性规划模型有多种表达形式。为了方便后文的讨论和分析,对线性规划问题的标准型设定为:目

标函数只能取极大,约束条件全为等式,变量的取值全为非负值,右端资源项全为非负值。则线性规划模型的标准型为:

$$\max z = \sum_{j=1}^{n} c_j x_j$$

$$\text{s.t.} \begin{cases} \sum_{j=1}^{n} a_{ij} x_j = b_i (i = 1,2,\cdots,m) \\ x_j \geqslant 0 (j = 1,2,\cdots,n), b_i \geqslant 0 \end{cases} \tag{2.5}$$

标准型的矩阵形式为:

$$\max z = \boldsymbol{CX}$$

$$\text{s.t.} \begin{cases} \boldsymbol{AX} = \boldsymbol{b} \\ \boldsymbol{X} \geqslant 0, \boldsymbol{b} \geqslant 0 \end{cases} \tag{2.6}$$

2. 一般型化标准型

把线性规划问题的一般型化为标准型主要从以下几个方面化简。

(1) 目标函数

如果目标函数为求极小值,即:

$$\min z = \sum_{j=1}^{n} c_j x_j$$

则令 $z' = -z$,目标函数变为:

$$\min(-z') = \sum_{j=1}^{n} c_j x_j$$

两边同乘 -1,

$$\max z' = -\sum_{j=1}^{n} c_j x_j$$

极小化问题转化为极大化问题。

(2) 约束条件

如果约束条件为"≤",则在不等式左边加上一个非负变量,约束条件变为等式。该变量称为松弛变量,表示没有被利用的资源的数量。如果约束条件为"≥",则在不等式左边减去一个非负变量,约束条件变为等式。该变量称为剩余变量,表示实际应用的资源超出资源拥有量的值。

如,$3x_1 + 5x_2 \leqslant 14$,可转化为:$3x_1 + 5x_2 + x_3 = 14$。x_3 为松弛变量。

$5x_1 + 7x_2 \geqslant 21$,可转化为:$5x_1 + 7x_2 - x_4 = 21$。x_4 为剩余变量。

松弛变量或剩余变量在实际问题中分别表示未被充分利用的资源和超出的资源数,均未转化为价值和利润,所以引进模型后它们在目标函数中的系数均为零。

例 2-3 把下列线性规划化为标准型。

(1) $\max z = 40x_1 + 50x_2$

$$\text{s.t.} \begin{cases} x_1 + 2x_2 \leqslant 30 \\ 3x_1 + 2x_2 \leqslant 60 \\ 2x_2 \leqslant 24 \\ x_1, x_2 \geqslant 0 \end{cases}$$

(2) $\max z = 2x_1 + 5x_2 + 4x_3 + x_4$

$$\text{s.t.} \begin{cases} 4x_1 + 6x_2 + x_3 + 2x_4 \geqslant 12 \\ x_1 + x_2 + 7x_3 + 5x_4 \geqslant 14 \\ 2x_2 + x_3 + 3x_4 \geqslant 8 \\ x_1, x_2, x_3, x_4 \geqslant 0 \end{cases}$$

解 规划(1)添加松弛变量后,模型转化为:

$$\max z = 40x_1 + 50x_2 + 0 \cdot x_3 + 0 \cdot x_4 + 0 \cdot x_5$$

$$\text{s.t.} \begin{cases} x_1 + 2x_2 + x_3 = 30 \\ 3x_1 + 2x_2 + x_4 = 60 \\ 2x_2 + x_5 = 24 \\ x_1, x_2, x_3, x_4, x_5 \geqslant 0 \end{cases}$$

规划(2)添加剩余变量后,模型转化为:

$$\max z = 2x_1 + 5x_2 + 4x_3 + x_4 + 0 \cdot x_5 + 0 \cdot x_6 + 0 \cdot x_7$$

$$\text{s.t.} \begin{cases} 4x_1 + 6x_2 + x_3 + 2x_4 - x_5 = 12 \\ x_1 + x_2 + 7x_3 + 5x_4 - x_6 = 14 \\ 2x_2 + x_3 + 3x_4 - x_7 = 8 \\ x_1, x_2, x_3, x_4, x_5, x_6, x_7 \geqslant 0 \end{cases}$$

注:目标函数中的松弛变量和剩余变量可以不用写,此处是为了强调其价值系数皆为零。

(3) 变量

如果 $x \leqslant 0$,则令 $x' = -x, x' \geqslant 0$。

如 x 取值无约束,则令 $x = x' - x'', x' \geqslant 0, x'' \geqslant 0$。

例 2-4 把 $\begin{cases} 3x_1 + 2x_2 \leqslant 8 \\ x_1 - 4x_2 \leqslant 14 \\ x_2 \geqslant 0 \end{cases}$ 化为标准型。

解 令 $x_1 = x_1' - x_1''$,加上松弛变量,约束变为:

$$\begin{cases} 3x_1' - 3x_1'' + 2x_2 + x_3 = 8 \\ x_1' - x_1'' - 4x_2 + x_4 = 14 \\ x_1', x_1'', x_2, x_3, x_4 \geqslant 0 \end{cases}$$

例 2-5 把 $\begin{cases} x_1 + x_2 \leqslant 5 \\ -6 \leqslant x_1 \leqslant 10 \\ x_2 \geqslant 0 \end{cases}$ 化为标准型。

解 令 $x_1' = x_1 + 6$,加上松弛变量,约束变为:

$$\begin{cases} x_1' + x_2 + x_3 = 11 \\ x_1' + x_4 = 16 \\ x_1', x_2, x_3, x_4 \geqslant 0 \end{cases}$$

(4) 右端常数

右端项 $b < 0$ 时,只需将等式或不等式两端同乘(-1),则等式右端项必大于零。

第三节 线性规划问题的相关概念与定理

一、基本概念

对于线性规划问题

$$\max z = CX$$
$$\text{s.t.} \begin{cases} AX = b \\ X \geq 0 \end{cases} \tag{2.7}$$

系数矩阵 A 是一个 $m \times n$ 的满秩矩阵。

小知识

矩阵的行向量组的秩,也就是行向量组中最大线性无关组所含向量的个数,称为矩阵的行秩;矩阵的列向量组的秩,也就是列向量组中最大线性无关组所含向量的个数,称为矩阵的列秩,可以证明,矩阵的行秩等于矩阵的列秩。

若矩阵中不等于0的子式的最高阶数是 r,则称 r 为矩阵的秩,记作 $R(A) = r$。

满秩阵指矩阵的秩等于矩阵的行数和列数中最小的一个。设 A 是 n 阶矩阵,若秩$(A) = n$,则称 A 为满秩矩阵,或非奇异的,或非退化的。仅当矩阵是方阵时,满秩阵才是可逆阵。

定义 2.1 基(基阵)——设 A 为约束方程组的 $m \times n$ 阶系数矩阵设($n > m$),其秩为 m,B 是矩阵 A 中的一个 $m \times m$ 阶的满秩子矩阵,称 B 是线性规划问题的一个基。

$$A = \begin{bmatrix} \overbrace{a_{11} \quad a_{12} \quad \cdots \quad a_{1m}}^{P_1 \; P_2 \quad\quad P_m} & \vdots & \overbrace{a_{1n}}^{P_n} \\ a_{21} \quad a_{22} \quad \cdots \quad a_{2m} & \vdots & a_{2n} \\ \vdots \quad \vdots \quad \cdots \quad \vdots & \vdots & \vdots \\ a_{m1} \quad a_{m2} \quad \cdots \quad a_{mm} & \vdots & a_{mn} \end{bmatrix}$$
$$\underbrace{}_{B} \qquad\qquad\qquad \underbrace{}_{N}$$

B 中的每一个列向量 P_j 称为基向量,与基向量对应的变量称为基变量,其他变量称为非基变量。

$$A = (\underbrace{P_1 \cdots P_m}_{\text{基 } B} \mid \underbrace{P_{m+1} \cdots P_n}_{\text{非基矩阵 } N}) = (BN)$$

$$X = (\underbrace{x_1 \cdots x_m}_{\text{基变量 } X_B} \mid \underbrace{x_{m+1} \cdots x_n}_{\text{非基变量 } X_N})^{\mathrm{T}} = (X_B X_N)^{\mathrm{T}}$$

因此,线性规划模型的约束条件 $AX = b$ 可化为:$(BN)\begin{bmatrix} X_B \\ X_N \end{bmatrix} = b$

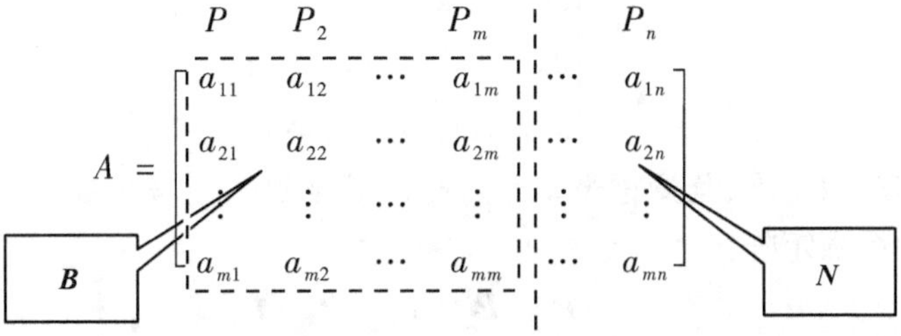

即：
$$BX_B + NX_N = b$$
移项，得：
$$X_B = B^{-1}b - B^{-1}NX_N$$
若 B 为单位矩阵
$$X_B = b - NX_N$$
若 $X_N = 0$
$$X_B = B^{-1}b$$
由此，得到线性规划问题的一个解：$X = (X_B, X_N)^T = (B^{-1}b, 0)^T$。

定义 2.2 可行解——满足所有约束条件的解 $X = (x_1, x_2, \cdots, x_n)^T$，称为线性规划问题的可行解。全部可行解的集合称为**可行域**。

定义 2.3 最优解——使目标函数达到最大值的可行解，称为线性规划问题的最优解。

定义 2.4 基本解——对应于基 B，$X = \begin{bmatrix} B^{-1}b \\ \mathbf{0} \end{bmatrix}$ 为 $AX = b$ 的一个解，则 X 为线性规划问题的基本解，也称基解。

※ 基本解中最多有 m 个非零分量。

※ 基本解的数目不超过 $C_m^n = \dfrac{n!}{m!(n-m)!}$。

定义 2.5 基本可行解——对应于基 B 的基解 $X = \begin{bmatrix} B^{-1}b \\ 0 \end{bmatrix}$，若 $B^{-1}b \geqslant \mathbf{0}$，则称该基解为基本可行解，也称基可行解。

定义 2.6 可行基——对应于基可行解的基称为可行基。

例 2-6 给定线性规划

$$\max z = x_1 + 4x_2 + 3x_3$$
$$\text{s.t.} \begin{cases} x_1 + 2x_2 + x_3 = 30 \\ 3x_1 + 2x_2 + x_4 = 60 \\ 2x_2 + x_5 = 24 \\ x_1, x_2, x_3, x_4, x_5 \geqslant 0 \end{cases}$$

写出该规划的系数矩阵、基变量是 x_3, x_4, x_5 的基本解。

解 该规划的系数矩阵：

$$\begin{matrix} & P_1 & P_2 & P_3 & P_4 & P_5 \end{matrix}$$
$$A = \begin{bmatrix} 1 & 2 & 1 & 0 & 0 \\ 3 & 2 & 0 & 1 & 0 \\ 0 & 2 & 0 & 0 & 1 \end{bmatrix}$$

基 $B = (P_3, P_4, P_5) = I$ 是满秩子矩阵，非基矩阵 $N = (P_1, P_2)$。

由约束方程组得：

$$\begin{cases} x_3 = 30 - (x_1 + 2x_2) \\ x_4 = 60 - (3x_1 + 2x_2) \\ x_5 = 24 - 2x_2 \end{cases}$$

令 $x_1 = x_2 = 0$，则 $x_3 = 30, x_4 = 60, x_5 = 24$。

即基本解为：$X=\begin{bmatrix} x_N \\ x_B \end{bmatrix}=\begin{bmatrix} 0 \\ B^{-1}b \end{bmatrix}=\begin{bmatrix} 0 \\ 0 \\ 30 \\ 60 \\ 24 \end{bmatrix}$

例 2-7　给定约束条件

$$\text{s.t.}\begin{cases} -x_3+x_4=0 \\ x_2+x_3+x_4=3 \\ -x_1+x_2+x_3+x_4=2 \\ x_1,x_2,x_3,x_4\geqslant 0 \end{cases}$$

求出基变量是 x_1,x_3,x_4 的基本解，是不是可行解？

解　基变量 x_1,x_3,x_4 对应的基：

$$B=(P_1,P_3,P_4)=\begin{bmatrix} 0 & -1 & 1 \\ 0 & 1 & 1 \\ -1 & 1 & 1 \end{bmatrix}$$

$$B^{-1}=\begin{bmatrix} 0 & 1 & -1 \\ -1/2 & 1/2 & 0 \\ 1/2 & 1/2 & 0 \end{bmatrix},\quad b=\begin{bmatrix} 0 \\ 3 \\ 2 \end{bmatrix}$$

$$X_B=\begin{bmatrix} x_1 \\ x_3 \\ x_4 \end{bmatrix}=B^{-1}b=\begin{bmatrix} 0 & 1 & -1 \\ -1/2 & 1/2 & 0 \\ 1/2 & 1/2 & 0 \end{bmatrix}\begin{bmatrix} 0 \\ 3 \\ 2 \end{bmatrix}=\begin{bmatrix} 1 \\ 3/2 \\ 3/2 \end{bmatrix}$$

$\therefore$ $X=(1,0,3/2,3/2)^{\mathrm{T}}$，该基解是可行解。

二、图解法

对于原始模型中只有两个决策变量的线性规划问题，可以用图解法求解。

图解法求解的目的：一是判别线性规划问题的求解结局；二是在存在最优解的条件下，把问题的最优解找出来。

图解法的步骤：① 在平面上建立直角坐标系；② 图示约束条件，找出可行域；③ 图示目标函数和寻找最优解。

例 2-8　用图解法找出下列线性规划问题的最优解。

（1）$\max z=40x_1+50x_2$

$$\begin{cases} x_1+2x_2\leqslant 30 \\ 3x_1+2x_2\leqslant 60 \\ 2x_2\leqslant 24 \\ x_1,x_2\geqslant 0 \end{cases}$$

（2）$\max z=40x_1+80x_2$

$$\begin{cases} x_1+2x_2\leqslant 30 \\ 3x_1+2x_2\leqslant 60 \\ 2x_2\leqslant 24 \\ x_1,x_2\geqslant 0 \end{cases}$$

（3）$\max z=2x_1+4x_2$

$$\begin{cases} 2x_1+x_2\geqslant 8 \\ -2x_1+x_2\leqslant 2 \\ x_1,x_2\geqslant 0 \end{cases}$$

（4）$\max z=3x_1+2x_2$

$$\begin{cases} -x_1-x_2\geqslant 1 \\ x_1,x_2\geqslant 0 \end{cases}$$

解 画出四个线性规划问题的平面图，如图 2-1 至图 2-4。

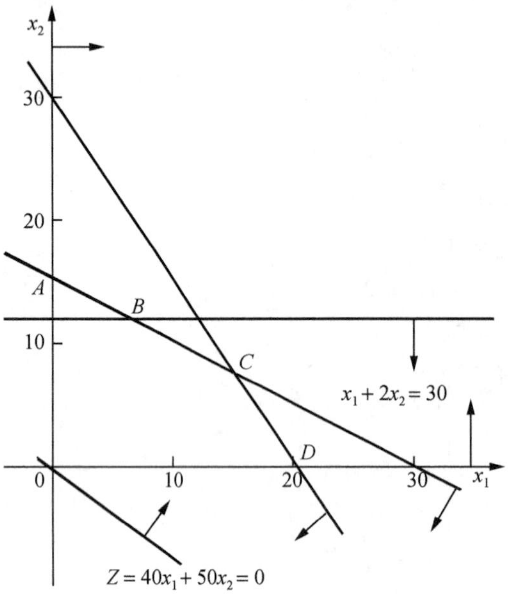

图 2-1

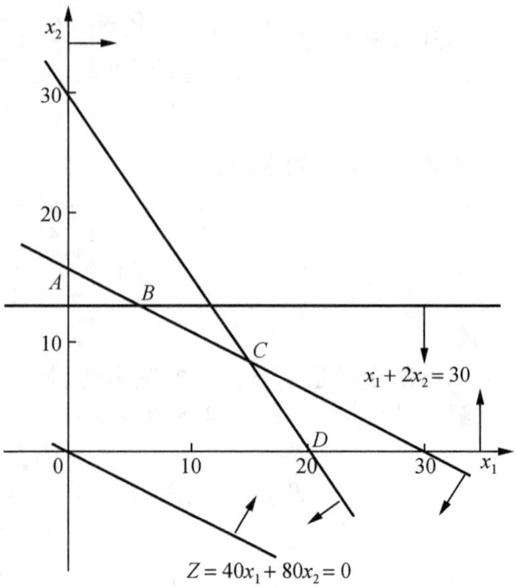

图 2-2

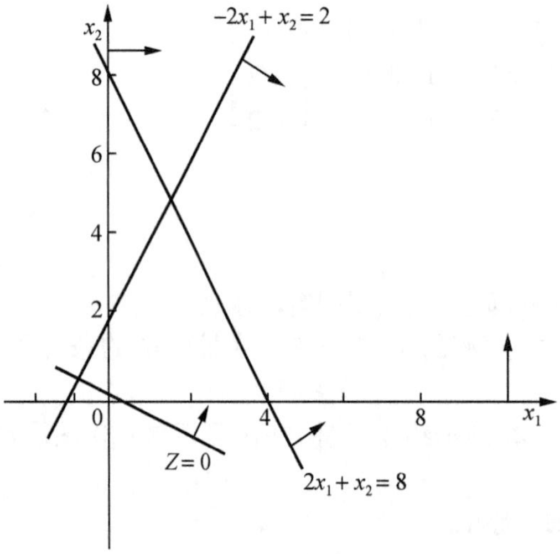

图 2-3

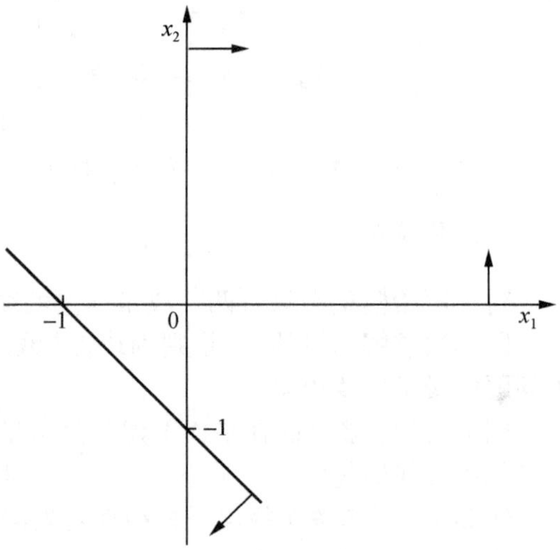

图 2-4

（1）最优解为 C 点，$\boldsymbol{X}^* = (15, 7.5)$，$z_{\max} = 975$。

（2）最优解为线段 BC 上的所有点，$\boldsymbol{X}^{(1)} = (6, 12)$，$\boldsymbol{X}^{(2)} = (15, 7.5)$

$$\boldsymbol{X} = a\boldsymbol{X}^{(1)} + (1-a)\boldsymbol{X}^{(2)} = \begin{bmatrix} 6a + (1-a) \cdot 15 \\ 12a + (1-a) \cdot 7.5 \end{bmatrix} \quad (0 \leqslant a \leqslant 1)$$

$z_{\max} = 1\,200$

（3）可行域向右上方无限伸展，无最优解，无界解。

（4）约束条件无公共可行域，无可行解。

由以上图解法可得到如下启示：

(1) 线性规划问题解的情况有四种：唯一最优解；无穷多最优解；无界解；无可行解。

(2) 若线性规划可行域存在，则可行域是一个凸集。

(3) 若有最优解，定可在可行域的顶点得到。

(4) 解题思路是找出凸集的各顶点的最大目标函数值。

线性规划问题解的情况如下所示：

- 有解
  - 唯一解
  - 无穷多解　　当目标函数的直线族与某约束条件平行，且该问题有解时。
- 无界解　　有解但可行域可伸展到无穷时。
- 无可行解　　约束条件无公共区域时。

上面介绍的图解法虽然简单直观，但只有在变量为两个的情况下才能实现；当变量数增多时，图解法就无法满足了。这时，就要用解析计算的方法——单纯形法来求解。

为了介绍单纯形法，先了解线性规划问题的几个定理。

三、线性规划问题的基本定理

1. 相关概念

定义 2.7　凸集——如果集合 $\boldsymbol{D}$ 中任意两个点，其连线上的所有点也都是集合 $\boldsymbol{D}$ 中的点，则称 $\boldsymbol{D}$ 为凸集。即，设 $\boldsymbol{D}$ 是 n 维空间的一个集合，$\boldsymbol{X}^{(1)},\boldsymbol{X}^{(2)}\in\boldsymbol{D}$，若对任何 $\boldsymbol{X}^{(1)},\boldsymbol{X}^{(2)}$，有 $\boldsymbol{X}=a\boldsymbol{X}^{(1)}+(1-a)\boldsymbol{X}^{(2)}\in\boldsymbol{D}(0\leqslant a\leqslant 1)$，则 $\boldsymbol{D}$ 为凸集。

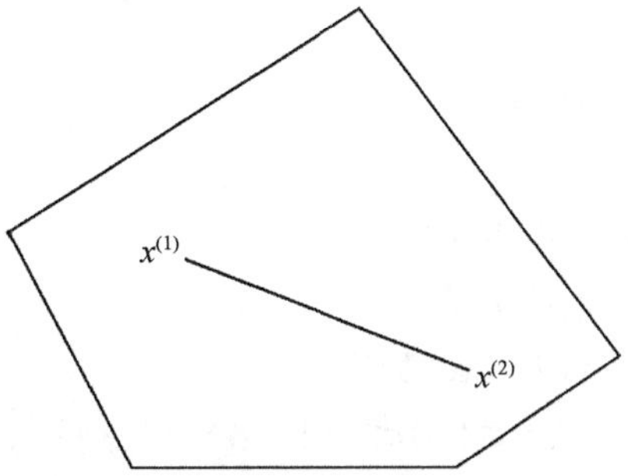

图　2-5

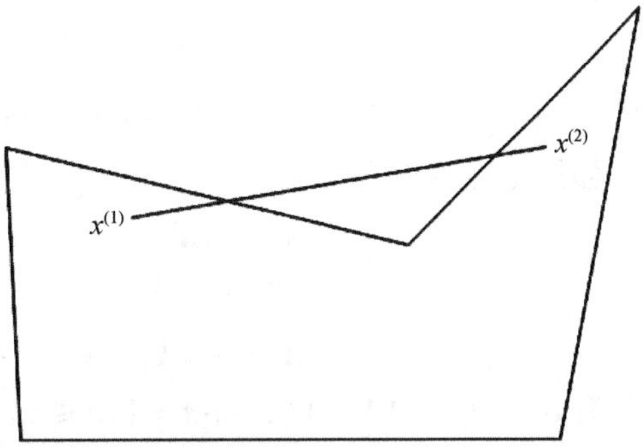

图　2-6

定义 2.8　凸组合——$\boldsymbol{X}^{(1)},\boldsymbol{X}^{(2)},\cdots,\boldsymbol{X}^{(k)}$ 是 n 维欧氏空间中的 k 个点，若有一组数 μ_1，$\mu_2,\cdots,\mu_k$ 满足 $0\leqslant u_i\leqslant 1(i=1,\cdots,k)$ 且 $\sum\limits_{i=1}^{k}u_i=1$。

如果存在点 $\boldsymbol{X}=\mu_1\boldsymbol{X}^{(1)}+\cdots+\mu_k\boldsymbol{X}^{(k)}$，则称点 $\boldsymbol{X}$ 为 $\boldsymbol{X}^{(1)},\boldsymbol{X}^{(2)},\cdots,\boldsymbol{X}^{(k)}$ 的凸组合。

定义 2.9　顶点——凸集 $\boldsymbol{D}$，点 $\boldsymbol{X}\in\boldsymbol{D}$，若找不到两个不同的点 $\boldsymbol{X}^{(1)},\boldsymbol{X}^{(2)}\in\boldsymbol{D}$，使得 $\boldsymbol{X}=a\boldsymbol{X}^{(1)}+(1-a)\boldsymbol{X}^{(2)}\in\boldsymbol{D}(0<a<1)$，则称点 $\boldsymbol{X}$ 为 $\boldsymbol{D}$ 的顶点。

2. 基本定理

定理 2.1　LP 问题的可行解域一定是凸集。

证明　设 LP 问题的可行解域为集合 $\boldsymbol{D}$

$\boldsymbol{D}=\{\boldsymbol{X}|\boldsymbol{AX}=\boldsymbol{b};\boldsymbol{X}\geqslant 0\}$，任取 $\boldsymbol{X}^{(1)},\boldsymbol{X}^{(2)}\in\boldsymbol{D}$，则有

$$\boldsymbol{X}=a\boldsymbol{X}^{(1)}+(1-a)\boldsymbol{X}^{(2)}\geqslant 0\quad(0\leqslant a\leqslant 1)$$

又因为 $\boldsymbol{AX}^{(1)}=\boldsymbol{b},\boldsymbol{AX}^{(2)}=\boldsymbol{b}$，

从而 $\boldsymbol{AX}=\boldsymbol{A}[a\boldsymbol{X}^{(1)}+(1-a)\boldsymbol{X}^{(2)}]=\alpha\boldsymbol{b}+(1-\alpha)\boldsymbol{b}=\boldsymbol{b}$，

所以 $\boldsymbol{X}\in\boldsymbol{D}$，$\boldsymbol{D}$ 为凸集。

引理 2.1 $\boldsymbol{D}$ 为有界凸多面集，$\boldsymbol{X}\in\boldsymbol{D}$，$\boldsymbol{X}$ 必可表为 $\boldsymbol{D}$ 的顶点的凸组合。

只需证明：$\boldsymbol{D}$ 的 k 个顶点 $\boldsymbol{X}^{(1)},\cdots,\boldsymbol{X}^{(k)}$，存在

$$0\leqslant u_i\leqslant 1(i=1,\cdots,k)\quad 且\quad \sum_{i=1}^{k}u_i=1$$

使 $\boldsymbol{X}=\mu_1\boldsymbol{X}^{(1)}+\cdots+\mu_k\boldsymbol{X}^{(k)}$。

证明 可用归纳法(略)。

如果 x' 在边界上，如图 2-7，则：

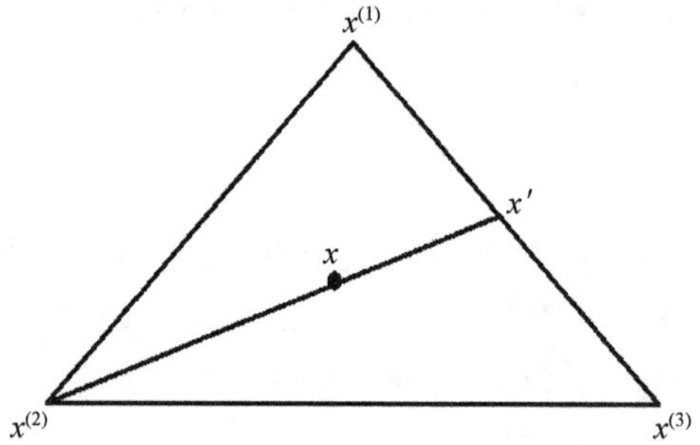

图 2-7

$$\boldsymbol{X}'=\alpha\boldsymbol{X}^{(1)}+0\boldsymbol{X}^{(2)}+(1-\alpha)\boldsymbol{X}^{(3)}$$

如果 x 在内部，

$$\boldsymbol{X}=\lambda\boldsymbol{X}'+(1-\lambda)\boldsymbol{X}^{(2)}\quad(0\leqslant\lambda\leqslant 1)$$
$$\boldsymbol{X}'=\alpha\boldsymbol{X}^{(1)}+(1-\alpha)\boldsymbol{X}^{(3)}\quad(0\leqslant a\leqslant 1)$$
$$\boldsymbol{X}=\alpha\lambda\boldsymbol{X}^{(1)}+(1-\lambda)\boldsymbol{X}^{(2)}+\lambda(1-\alpha)\boldsymbol{X}^{(3)}$$

有 $\alpha\lambda+(1-\lambda)+\lambda(1-\alpha)=1,0\leqslant\alpha\lambda\leqslant 1,0\leqslant(1-\lambda)\leqslant 1,0\leqslant\lambda(1-\alpha)\leqslant 1$，得证。

定理 2.2 若 LP 的可行域有界，最优值必可在顶点得到。

证明(反证法) 设 $\boldsymbol{X}^{(1)},\cdots,\boldsymbol{X}^{(k)}$ 为可行域顶点，若 $\boldsymbol{X}^*$ 不是顶点，但 $\max z=\boldsymbol{CX}^*$。

由引理 2.1 可知，$\boldsymbol{X}^*$ 必可表示为可行域顶点的凸组合，即

$$\boldsymbol{X}^*=\sum_{i=1}^{k}u_i\boldsymbol{X}^{(i)},\quad\sum_{i=1}^{k}u_i=1,\quad 0\leqslant u_i\leqslant 1(i=1,\cdots,k)$$

因此，$\boldsymbol{CX}^*=\sum_{i=1}^{k}u_i\boldsymbol{CX}^{(i)}\leqslant\sum_{i=1}^{k}u_i\boldsymbol{CX}^{(m)}=\boldsymbol{CX}^{(m)}$，其中，$\boldsymbol{CX}^{(m)}=\max\limits_{0\leqslant i\leqslant k}(\boldsymbol{CX}^{(i)})$

所以，$\boldsymbol{X}^*$ 不是最优点，最优点必可在顶点得到。

引理 2.2 LP 问题的可行解 $\boldsymbol{X}$ 是基可行解的充要条件是，$\boldsymbol{X}$ 的非 0 分量对应的系数列向量线性无关。

证明 (1) 必要性。由基可行解的定义显然。

(2) 充分性。若向量 $\boldsymbol{P}_1,\boldsymbol{P}_2,\cdots,\boldsymbol{P}_k$ 线性独立,则必有 $k\leqslant m$。

当 $k=m$ 时,它们恰好构成一个基,$\boldsymbol{X}=(\boldsymbol{X}_1,\boldsymbol{X}_2,\cdots,\boldsymbol{X}_m,0,\cdots,0)$ 为相应的基可行解。

当 $k<m$ 时,则一定可从其余列向量中找出 $(m-k)$ 个与 $\boldsymbol{P}_1,\boldsymbol{P}_2,\cdots,\boldsymbol{P}_k$ 构成一个基,其对应的解恰为 $\boldsymbol{X}$,所以据定义它是基可行解。

定理 2.3　线性规划问题的基可行解对应于线性规划问题可行域(凸集)的顶点。

证明　采用反证法,即证明 $\boldsymbol{X}$ 不是基可行解,对应于可行域 C 中的点 $\boldsymbol{X}$ 不是顶点。

(1) 必要性,即如果 $\boldsymbol{X}$ 不是基可行解,那么可行域 C 中的点 $\boldsymbol{X}$ 不是顶点。

假设 $\boldsymbol{X}$ 不是基可行解,假设变量 $\boldsymbol{X}=(x_1,\cdots,x_n)^{\mathrm{T}}$ 中,

$$\begin{cases} x_j \geqslant 0 & j=1,\cdots,k \\ x_j = 0 & j=k+1,\cdots,n \end{cases}$$

由引理 2.2 知,$\boldsymbol{P}_1,\boldsymbol{P}_2,\cdots,\boldsymbol{P}_k$ 线性相关

必有不全为 0 的 $\delta_1,\cdots,\delta_k$ 使 $\delta_1\boldsymbol{P}_1+\cdots+\delta_k\boldsymbol{P}_k=0$

令 $$\boldsymbol{\delta}=(\delta_1,\cdots,\delta_k,0,\cdots,0)^{\mathrm{T}}$$

则有 $$\boldsymbol{A\delta}=\delta_1\boldsymbol{P}_1+\cdots+\delta_k\boldsymbol{P}_k=0$$

选任一不为零的数 θ

令 $$\boldsymbol{X}^{(1)}=\boldsymbol{X}+\theta\boldsymbol{\delta}\geqslant 0,\quad \boldsymbol{X}^{(2)}=\boldsymbol{X}-\theta\boldsymbol{\delta}\geqslant 0$$

又 $$\boldsymbol{AX}^{(1)}=\boldsymbol{AX}+\theta\boldsymbol{A\delta}=\boldsymbol{b}\quad\therefore\ \boldsymbol{X}^{(1)}\in\boldsymbol{C}$$

$$\boldsymbol{AX}^{(1)}=\boldsymbol{AX}-\theta\boldsymbol{A\delta}=\boldsymbol{b}\quad\therefore\ \boldsymbol{X}^{(2)}\in\boldsymbol{C}$$

因为 $$\boldsymbol{X}=\frac{1}{2}\boldsymbol{X}^{(1)}+\frac{1}{2}\boldsymbol{X}^{(2)}$$

所以 $\boldsymbol{X}$ 不是可行域的顶点。

(2) 充分性,即如果可行域 C 中的点 $\boldsymbol{X}$ 不是顶点,那么 $\boldsymbol{X}$ 不是基可行解。

设 $\boldsymbol{X}$ 为可行解,假设

$$\begin{cases} x_j \geqslant 0 & j=1,\cdots,k \\ x_j = 0 & j=k+1,\cdots,n \end{cases}$$

若 $\boldsymbol{X}$ 不是顶点,则有 $\boldsymbol{X}^{(1)}\neq\boldsymbol{X}^{(2)}\in\boldsymbol{C}$,使得:$\boldsymbol{X}=a\boldsymbol{X}^{(1)}+(1-a)\boldsymbol{X}^{(2)}\ (0<a<1)$

则有: $$x_j=ax_j^{(1)}+(1-a)x_j^{(2)}\quad(j=1,\cdots,k)$$

$$0=ax_j^{(1)}+(1-a)x_j^{(2)}\quad(j=k+1,\cdots,n)$$

因为 $$a>0,\quad 1-a>0,\quad x_j^{(1)}\geqslant 0,\quad x_j^{(2)}\geqslant 0$$

所以 $$x_j^{(1)}=x_j^{(2)}=0\quad(j=k+1,\cdots,n)$$

又因为 $$\boldsymbol{AX}^{(1)}=\boldsymbol{b},\quad \boldsymbol{AX}^{(2)}=\boldsymbol{b}$$

所以 $$\sum_{j=1}^{n}\boldsymbol{P}_jx_j^{(1)}=\boldsymbol{b},\quad \sum_{j=1}^{n}\boldsymbol{P}_jx_j^{(2)}=\boldsymbol{b}$$

即 $$\boldsymbol{P}_1x_1^{(1)}+\cdots+\boldsymbol{P}_kx_k^{(1)}=\boldsymbol{b}\tag{a}$$

$$\boldsymbol{P}_1x_1^{(2)}+\cdots+\boldsymbol{P}_kx_k^{(2)}=\boldsymbol{b}\tag{b}$$

由(a)-(b)得 $$(x_1^{(1)}-x_1^{(2)})\boldsymbol{P}_1+\cdots+(x_k^{(1)}-x_k^{(2)})\boldsymbol{P}_k=0$$

所以 $\boldsymbol{P}_1,\boldsymbol{P}_2,\cdots,\boldsymbol{P}_k$ 线性相关。

即 x 不是基可行解。

定理 2.4 若线性规划问题有最优解,一定存在一个基可行解是最优解。

证明 根据定理 2.2,若线性规划问题有最优解,则最优解一定在顶点达到。

根据定理 2.3,线性规划问题可行域的顶点对应于线性规划问题的基可行解。

得证。

四、线性规划问题解的性质

由以上分析可以得出线性规划问题的解的性质:

(1) 若线性规划问题有可行解,则可行解集(可行域)是凸集(可能有界,也可能无界),有有限个顶点。

(2) 线性规划问题的基本可行解一一对应于可行域的顶点。

(3) 若线性规划问题有最优解,必可以在基本可行解(顶点)达到。

这给了我们一个寻找线性规划问题最优解的方法,即求出线性规划问题的所有顶点,比较各顶点的目标函数值,目标函数值最大者(目标函数为求极大)对应的点即为最优解。

第四节 单纯形法

一、单纯形法的迭代原理(基本思路)

单纯形法的基本思路是:根据线性规划问题的标准型,从可行域中一个基可行解(顶点)开始,判断此解是否是最优解;如不是,则再找另一个使得其目标函数值更优的顶点,称之为迭代,再判断此点是否是最优解。直到找到一个顶点为其最优解,就是使得其目标函数值最优的解,或者能判断出线性规划问题无最优解为止。

1. 确定初始基可行解

对于标准型的线性规划问题

$$\max z = \sum_{j=1}^{n} c_j x_j$$

$$\text{s.t.}\begin{cases}\sum_{j=1}^{n} a_{ij}x_j = b_i(i = 1,2,\cdots,m)\\ x_j \geqslant 0(j = 1,2,\cdots,n),b_i \geqslant 0\end{cases}$$

在约束条件的系数矩阵 $\boldsymbol{A}$ 中总可以构造一个单位矩阵

$$(\boldsymbol{P}_1,\boldsymbol{P}_2,\cdots,\boldsymbol{P}_m) = \begin{bmatrix}1 & 0 & \cdots & 0\\ 0 & 1 & \cdots & 0\\ \vdots & \vdots & & \vdots\\ 0 & 0 & \cdots & 1\end{bmatrix}$$

(1) 当约束条件均为≤时,加上松弛变量的系数矩阵即为单位矩阵。如例 2-3(1)松弛变量 x_3,x_4,x_5 对应的系数矩阵即为单位矩阵。

(2) 当约束条件为≥或=时,通过添加人工变量,构造人工基,人为产生一个单位矩阵。

如例 2-3(2)中,添加的变量 x_8, x_9, x_{10} 对应的系数矩阵即为单位矩阵,如下所示:

$$\text{s.t.}\begin{cases}4x_1 + 6x_2 + x_3 + 2x_4 - x_5 + x_8 = 12\\ x_1 + x_2 + 7x_3 + 5x_4 - x_6 + x_9 = 14\\ 2x_2 + x_3 + 3x_4 - x_7 + x_{10} = 8\\ x_1, x_2, x_3, x_4, x_5, x_6, x_7, x_8, x_9, x_{10} \geqslant 0\end{cases}$$

把单位矩阵所对应的向量 $\boldsymbol{P}_1, \boldsymbol{P}_2, \cdots, \boldsymbol{P}_m$ 称为基向量,同其对应的变量 $x_1, \cdots, x_m$ 称为基变量。其他向量称为非基向量,同其对应的变量 $x_{m+1}, \cdots x_n$ 称为非基变量。

令非基变量等于零,即可得到线性规划问题的初始基可行解:

$$\boldsymbol{X}^{(0)} = (x_1, \cdots, x_m, x_{m+1}, \cdots x_n)^{\mathrm{T}} = (b_1, \cdots, b_m, 0, \cdots, 0)^{\mathrm{T}}$$

2. 基可行解的转换

基可行解的转换是指从一个基可行解转换为相邻的基可行解。两个基可行解相邻指的是它们之间变换且仅变换一个基变量,即有一个基变量出基变为非基变量,一个非基变量入基变为基变量。

设 $\boldsymbol{X}^{(0)} = (x_1^0, x_2^0, \cdots x_m^0, 0, \cdots 0)^{\mathrm{T}}$,则有 $\sum_{i=1}^{m} \boldsymbol{P}_i \boldsymbol{X}^{(0)} = \boldsymbol{b}$。

约束条件系数矩阵的增广矩阵为:

$$\begin{array}{cccc:ccccc|c} P_1 & P_2 & \cdots & P_m & P_{m+1} & \cdots & P_j & \cdots & P_n & b\\ 1 & 0 & \cdots & 0 & a_{1,m+1} & \cdots & a_{1,j} & \cdots & a_{1,n} & b_1\\ 0 & 1 & \cdots & 0 & a_{2,m+1} & \cdots & a_{2,j} & \cdots & a_{2,n} & b_2\\ \cdots & \cdots & \cdots & \cdots & \cdots & \cdots & \cdots & \cdots & \cdots & \cdots\\ 0 & 0 & \cdots & 1 & a_{m,m+1} & \cdots & a_{m,j} & \cdots & a_{m,n} & b_m \end{array}$$

则有:$\boldsymbol{P}_j = \sum_{i=1}^{m} a_{ij}\boldsymbol{P}_i$,即:$\boldsymbol{P}_j - \sum_{i=1}^{m} a_{ij}\boldsymbol{P}_i = 0$

两边乘上一个正数 $\theta > 0$,得 $\theta\left(\boldsymbol{P}_j - \sum_{i=1}^{m} a_{ij}\boldsymbol{P}_i\right) = 0$

同 $\sum_{i=1}^{m} \boldsymbol{P}_i x_i^{(0)} = \boldsymbol{b}$ 相加,整理得:$\sum_{i=1}^{m} (x_i^0 - \theta a_{ij})\boldsymbol{P}_i + \theta\boldsymbol{P}_j = \boldsymbol{b}$

因而有:$(x_1^0 - \theta a_{1j})\boldsymbol{P}_1 + \cdots + (x_m^0 - \theta a_{mj})\boldsymbol{P}_m + 0 \cdot \boldsymbol{P}_{m+1} + \cdots + \theta\boldsymbol{P}_j + \cdots + 0 \cdot \boldsymbol{P}_n = \boldsymbol{b}$

所以得到另一个点 $\boldsymbol{X}^{(1)} = (x_1^0 - \theta a_{1j}, \cdots, x_m^0 - \theta a_{mj}, 0, \cdots, \theta, \cdots, 0)^{\mathrm{T}}$,使 $\sum_{i=1}^{m} \boldsymbol{P}_i \boldsymbol{X}^{(1)} = \boldsymbol{b}$。

为了使点 $x^{(1)}$ 为可行解,令 $\theta = \min\left\{\frac{x_i^0}{a_{ij}} \middle| a_{ij} > 0\right\} = \frac{x_l^0}{a_{lj}}$

则有:

$$x_i^0 - \theta a_{ij}\begin{cases} = 0 (i = l)\\ \geqslant 0 (i \neq l)\end{cases}$$

所以 $\boldsymbol{X}^{(1)}$ 是可行解。

对于重新排列后不含非基向量的增广矩阵:

$$\begin{array}{ccccccccc} \boldsymbol{P}_1 & \boldsymbol{P}_2 & \cdots & \boldsymbol{P}_{l-1} & \boldsymbol{P}_j & \boldsymbol{P}_{l+1} & \cdots & \boldsymbol{P}_m & \boldsymbol{b} \end{array}$$

$$\begin{bmatrix} 1 & 0 & \cdots & 0 & a_{1,j} & 0 & \cdots & 0 & b_1 \\ 0 & 1 & \cdots & 0 & a_{2,j} & 0 & \cdots & 0 & b_2 \\ \cdots & \cdots & \cdots & \cdots & \cdots & \cdots & \cdots & \cdots & \cdots \\ 0 & 0 & \cdots & 1 & a_{l-1,j} & 0 & \cdots & 0 & b_{l-1} \\ 0 & 0 & \cdots & 0 & a_{l,j} & 0 & \cdots & 0 & b_l \\ 0 & 0 & \cdots & 0 & a_{l+1,j} & 1 & \cdots & 0 & b_{l+1} \\ \cdots & \cdots & \cdots & \cdots & \cdots & \cdots & \cdots & \cdots & \cdots \\ 0 & 0 & \cdots & 0 & a_{m,j} & 0 & \cdots & 1 & b_m \end{bmatrix}$$

因 $a_{lj}>0$,故上述矩阵元素组成的行列式不为零,$\boldsymbol{P}_1,\boldsymbol{P}_2,\cdots\boldsymbol{P}_{l-1},\boldsymbol{P}_j,\boldsymbol{P}_{l+1},\cdots,\boldsymbol{P}_m$ 是一个基。所以,$\boldsymbol{X}^{(1)}$是基可行解。

进行初等变换:

$$\boldsymbol{b} = (b_1 - \theta a_{1j},\cdots,b_{l-1} - \theta a_{l-1,j},\theta,b_{l+1} - \theta a_{l+1,j},\cdots b_m - a_{mj})^{\mathrm{T}}$$

由此 $\boldsymbol{X}^{(1)}$是 $\boldsymbol{X}^{(0)}$相邻的基可行解,且由基向量组成的矩阵仍为单位矩阵。

$$\boldsymbol{X}^{(1)} = (b_1 - \theta a_{1j},\cdots,b_{l-1} - \theta a_{l-1,j},0,b_{l+1} - \theta a_{l+1,j},\cdots,b_m - \theta a_{mj},0,\cdots,\theta,\cdots,0)^{\mathrm{T}}$$

3. 最优性检验和解的判别

将基本可行解 $\boldsymbol{X}^{(0)}$和 $\boldsymbol{X}^{(1)}$分别代入目标函数得:

$$z^{(0)} = \sum_{i=1}^{m} c_i x_i^0$$

$$\begin{aligned} z^{(1)} &= \sum_{i=1}^{m} c_i [x_i^0 - \theta a_{ij}] + \theta c_j \\ &= \sum_{i=1}^{m} c_i x_i^0 + \theta \left[c_j - \sum_{i=1}^{m} c_i a_{ij}\right] \\ &= z^{(0)} + \theta \left[c_j - \sum_{i=1}^{m} c_i a_{ij}\right] \end{aligned}$$

由此,看出 $z^{(1)}$是否比 $z^{(0)}$更优,取决于 $\theta\left[c_j - \sum_{i=1}^{m} c_i a_{ij}\right]$。

因 $\theta>0$,所以, 只要 $c_j - \sum_{i=1}^{m} c_i a_{ij} > 0$,就可以保证 $z^{(1)}$ 比 $z^{(0)}$ 的值更大。

$c_j - \sum_{i=1}^{m} c_i a_{ij}$ 通常简写为 $c_j - z_j$ 或 σ_j,是对线性规划问题的解进行最优性检验的标志,我们称之为检验数。

(1) 当所有的 $\sigma_j \leqslant 0$ 时,无论把哪个非基变量换入基中都不会使目标函数值增加,现有顶点为最优解。

(2) 当所有的 $\sigma_j \leqslant 0$ 时,又对某个非基变量 x_j,有 $c_j - z_j = 0$,且可找到 $\theta>0$,则线性规划问题有无穷多最优解。

(3) 当存在某个非基变量的检验数 $\sigma_j>0$,又 $\boldsymbol{P}_j \leqslant 0$,则线性规划问题有无界解。

二、单纯形法的计算步骤

(1) 找出初始基可行解,建立初始单纯形表(表 2-3)。

表　2-3

c_j			c_1	…	c_m	…	c_j	…	c_n	θ
C_B	X_B	b	x_1	…	x_m	…	x_j	…	x_n	
c_1	x_1	b_1	1	…	0	…	a_{1j}	…	a_{1n}	
c_2	x_2	b_2	0	…	0	…	a_{2j}	…	a_{2n}	
…	…	…	…	…	…	…	…	…	…	
c_m	x_m	b_m	0	…	1	…	a_{mj}	…	a_{mn}	
$\sigma_j = c_j - z_j$			0	…	0	…	$c_j - \sum_{i=1}^{m} c_i a_{ij}$	…	$c_n - \sum_{i=1}^{m} c_i a_{in}$	

单纯形表的结构:表中右边第一行数为目标函数中决策变量的价值系数,右边第二行为决策变量,决策变量下面是对应的系数列向量。

表中左边第二列为基变量,第三列为约束条件的右端资源项,也是非基变量等于零时基变量对应的取值,第一列为第二列基变量所对应的价值系数。

表中最后一行为检验数,某变量的检验数由变量的价值系数减去表中第一列(基变量的价值系数)与该变量的系数列向量的乘积之和。所有基变量的检验数全部为零。

(2) 求检验数 $\sigma_j = c_j - \sum_{i=1}^{m} c_i a_{i,j}$, 若 $\sigma_j \leqslant 0 (j = m+1, \cdots, n)$ 得到最优解,停止。否则,转入下一步。

(3) 若存在某非基变量的检验数 $\sigma_k > 0$,但该非基变量对应的系数列向量 $\boldsymbol{P}_k \leqslant 0$,则此问题为无界解,停止。否则,转入下一步。

(4) 根据 $\max\limits_j (\sigma_j > 0) = \sigma_k$,确定 x_k 为换入变量,x_k 进基。

按 $\theta = \min\left(\frac{b'_i}{a'_{i,k}} \middle| a'_{i,k} > 0\right) = \frac{b'_l}{a'_{l,k}}$,确定 x_l 为换出变量,x_l 出基。

(5) 以 $a'_{l,k}$ 为主元素进行旋转运算,转向(2)。

三、例题

例 2-9　用单纯形法求解下列线性规划问题。

$$\max z = 3x_1 + 5x_2 + x_4$$

$$\text{s.t.} \begin{cases} x_1 + x_2 + x_3 \leqslant 35 \\ 5x_1 + x_2 - x_4 \leqslant 12 \\ -x_3 + x_4 \leqslant 5 \\ x_1, x_2, x_3, x_4 \geqslant 0 \end{cases}$$

解　1. 先将上述问题化成标准形式:

$$\max z = 3x_1 + 5x_2 + x_4$$

$$\text{s. t.}\begin{cases}x_1+x_2+x_3+x_5=35\\5x_1+x_2-x_4+x_6=12\\-x_3+x_4+x_7=5\\x_1,x_2,x_3,x_4,x_5,x_6,x_7\geqslant 0\end{cases}$$

2. 列初始单纯形表(表 2-4):

表 2-4

c_j			3	5	0	1	0	0	0	θ
C_B	X_B	b	x_1	x_2	x_3	x_4	x_5	x_6	x_7	
0	x_5	35	1	1	1	0	1	0	0	35
0	x_6	12	5	[1]	0	-1	0	1	0	12
0	x_7	5	0	0	-1	1	0	0	1	—
$\sigma_j=c_j-z_j$			3	5	0	1	0	0	0	

因为 $\sigma_1<\sigma_2$,确定 x_2 为换入变量。因为 $\theta=\min\{35,12,—\}=12$,所以[1]为主元素,$x_6$ 为换出变量,进行迭代。

3. 列新单纯形表(表 2-5),继续求解:

表 2-5

c_j			3	5	0	1	0	0	0	θ
C_B	X_B	b	x_1	x_2	x_3	x_4	x_5	x_6	x_7	
0	x_5	23	-4	0	1	1	1	-1	0	23
5	x_2	12	5	1	0	-1	0	1	0	—
0	x_7	5	0	0	-1	[1]	0	0	1	5
$\sigma_j=c_j-z_j$			-22	0	0	6	0	-5	0	
0	x_5	18	-4	0	[2]	0	1	-1	-1	9
5	x_2	17	5	1	-1	0	0	1	1	—
1	x_4	5	0	0	-1	1	0	0	1	—
$\sigma_j=c_j-z_j$			-22	0	6	0	0	-5	-6	
0	x_3	9	-2	0	1	0	0.5	-0.5	-0.5	
5	x_2	26	3	1	0	0	0.5	0.5	0.5	
1	x_4	14	-2	0	0	1	0.5	-0.5	0.5	
$\sigma_j=c_j-z_j$			-10	0	0	0	-3	-2	-3	

因为所有的检验数 $\sigma_j=c_j-z_j\leqslant 0$,所以达到最优解。

最优解为:$X^*=(0,26,9,14,0,0,0)^{\mathrm{T}}$,目标函数值为:$z^*=144$。

第五节 单纯形法的进一步讨论

前面讨论的单纯形法主要是针对标准形式线性规划问题的,而对于不标准的线性规划问题,可以用下面的方法处理。

一、人工变量法

在应用单纯形法求解线性规划问题的过程中,当化为标准形式后的约束条件的系数矩阵中不存在单位矩阵时,需要人为地增加人工变量以构造单位矩阵求得初始解。但是这个初始解并不是原问题的一个可行解,因为人工变量是在一个等式的左边加上去的,它的取值必须是零。这样,我们就得到了判别一个线性规划问题无可行解的标准:当线性规划问题达到最优解时,所有的检验数都非正,而人工变量的取值不为零时,线性规划问题无可行解。

为了使得人工变量在最优解中的取值必须为零,令目标函数中人工变量的系数为任意小的负值。这样,当人工变量取值不为零时,目标函数值将是一个任意小的负数,因而目标函数不可能实现最优。这个任意小的负系数我们用"$-M$"来表示,称为罚因子。其中 M 是一个任意大的数,可以当成一个数学符号参加运算,M 减去任何数都大于零,任何数减去 M 都小于零。如 $M-38>0, 23-M<0, 2M-45>M-2$。因此,人工变量法又称为大 M 法。

例 2-10　用人工变量法求下列线性规划问题的解。

$$\max z = 6x_1 + 4x_2$$

$$\text{s.t.}\begin{cases} 2x_1 + 3x_2 \leqslant 100 \\ 4x_1 + 2x_2 \leqslant 120 \\ x_1 = 14 \\ x_2 \geqslant 22 \\ x_1, x_2 \geqslant 0 \end{cases}$$

解　化成标准型

$$\max z = 6x_1 + 4x_2$$

$$\text{s.t.}\begin{cases} 2x_1 + 3x_2 + x_3 = 100 \\ 4x_1 + 2x_2 + x_4 = 120 \\ x_1 = 14 \\ x_2 - x_5 = 22 \\ x_1, x_2, x_3, x_4, x_5 \geqslant 0 \end{cases}$$

加人工变量

$$\max z = 6x_1 + 4x_2 - Mx_6 - Mx_7$$

$$\text{s.t.}\begin{cases} 2x_1 + 3x_2 + x_3 = 100 \\ 4x_1 + 2x_2 + x_4 = 120 \\ x_1 + x_6 = 14 \\ x_2 - x_5 + x_7 = 22 \\ x_1, x_2, x_3, x_4, x_5, x_6, x_7 \geqslant 0 \end{cases}$$

列单纯形表求解(见表 2-6):

表 2-6

c_j			6	4	0	0	0	$-M$	$-M$	θ
C_B	X_B	b	x_1	x_2	x_3	x_4	x_5	x_6	x_7	
0	x_3	100	2	3	1	0	0	0	0	50
0	x_4	120	4	2	0	1	0	0	0	30
$-M$	x_6	14	[1]	0	0	0	0	1	0	14
$-M$	x_7	22	0	1	0	0	-1	0	1	—
$\sigma_j=c_j-z_j$			$M+6$	$M+4$	0	0	$-M$	0	0	
0	x_3	72	0	3	1	0	0	-2	0	24
0	x_4	64	0	2	0	1	0	-4	0	32
6	x_1	14	1	0	0	0	0	1	0	—
$-M$	x_7	22	0	[1]	0	0	-1	0	1	22
$\sigma_j=c_j-z_j$			0	$M+4$	0	0	$-M$	$-6-M$	0	
0	x_3	6	0	0	1	0	[3]	-2	-3	2
0	x_4	20	0	0	0	1	2	-4	-2	10
6	x_1	14	1	0	0	0	0	1	0	—
4	x_2	22	0	1	0	0	-1	0	1	—
$\sigma_j=c_j-z_j$			0	0	0	0	4	$-6-M$	$-4-M$	
0	x_5	2	0	0	1/3	0	1	$-2/3$	-1	
0	x_4	16	0	0	$-2/3$	1	0	$-8/3$	0	
6	x_1	14	1	0	0	0	0	1	0	
4	x_2	24	0	1	1/3	0	0	$-2/3$	-2	
$\sigma_j=c_j-z_j$			0	0	$-4/3$	0	0	$-M-10/3$	0	

因为所有 $\sigma_j=c_j-z_j\leqslant 0$,且基变量不含有非零人工变量,所以达到最优解。最优解为:$\boldsymbol{X}^*=(14,22,0,16,2)^{\mathrm{T}}$。

目标函数值为:$z^*=6\times 14+4\times 24=180$。

从上面的计算可以看出,当人工变量全部从基变量中换出以后,由于其检验数一定是负值,在后面的计算中将不会再换回到基变量中去。这样就给了我们一个思路,在计算时可以先换出人工变量,当人工变量都换出后,去掉人工变量计算余下的线性规划问题。

二、两阶段法

在用大 M 法处理人工变量时,如果运用计算机进行求解,会遇到 M 难以赋值的问题。为了克服大 M 法的困难,可以对添加人工变量后的线性规划问题分两个阶段来计算,称为两阶段法。

第一阶段 解辅助问题

先求解一个目标函数中只包含人工变量的线性规划问题,即令目标函数中其他变量的系数取零,人工变量的系数取某个负的常数(一般取 -1),在保持原问题约束条件不变的情况下,求这个目标函数极大化时的解。

原问题:

$$\max z=\sum_{j=1}^{n}c_jx_j$$

$$\text{s.t.}\begin{cases}\sum_{j=1}^{n} a_{ij}x_j = b_i & (i=1,2,\cdots,m)\\ x_j \geqslant 0 & (j=1,2,\cdots,n)\end{cases}$$

作辅助问题：　$\max w = -\sum_{i=1}^{m} y_i$

$$\text{s.t.}\begin{cases}\sum_{j=1}^{n} a_{ij}x_j + y_i = b_i & (i=1,2,\cdots,m)\\ x_j, y_i \geqslant 0 & (j=1,2,\cdots,n; i=1,2,\cdots,m)\end{cases}$$

当进行到最优表时：

(1) 当人工变量取值为0时，目标函数值也为0。这时候的最优解就是原线性规划问题的一个基可行解。转入第二阶段。

(2) 若 $w<0$，则判定原问题无可行解，计算结束。

第二阶段　去除人工变量，恢复价值系数

去除人工变量，在第一阶段的最优单纯形表中恢复原问题变量的价值系数，继续求解。第一阶段的最优解为第二阶段的初始基可行解。

例 2-11　求解下列线性规划问题。

$$\max z = -x_1 + 2x_2$$

$$\text{s.t.}\begin{cases}x_1 + x_2 \geqslant 2\\ -x_1 + x_2 \geqslant 1\\ x_2 \leqslant 3\\ x_1, x_2 \geqslant 0\end{cases}$$

解　第一阶段，化为标准型，并作辅助问题：

$$\max w = -x_6 - x_7$$

$$\text{s.t.}\begin{cases}x_1 + x_2 - x_3 + x_6 = 2\\ -x_1 + x_2 - x_4 + x_7 = 1\\ x_2 + x_5 = 3\\ x_1, x_2, x_3, x_4, x_5, x_6, x_7 \geqslant 0\end{cases}$$

列单纯形表计算(表 2-7)：

表 2-7

	c_j		0	0	0	0	0	−1	−1	θ
C_B	X_B	b	x_1	x_2	x_3	x_4	x_5	x_6	x_7	
−1	x_6	2	1	1	−1	0	0	1	0	2
−1	x_7	1	−1	[1]	0	−1	0	0	1	1
0	x_5	3	0	1	0	0	1	0	0	3
	$\sigma_j = c_j - z_j$		0	2	−1	−1	0	0	0	
−1	x_6	1	[2]	0	−1	1	0	1	−1	1/2
0	x_2	1	−1	1	0	−1	0	0	1	—
0	x_5	2	1	0	0	1	1	0	−1	2
	$\sigma_j = c_j - z_j$		2	0	−1	1	0	0	−2	

（续表）

c_j			0	0	0	0	0	-1	-1	θ
$\boldsymbol{C_B}$	$\boldsymbol{X_B}$	$\boldsymbol{b}$	x_1	x_2	x_3	x_4	x_5	x_6	x_7	
0	x_1	1/2	1	0	-1/2	1/2	0	1/2	-1/2	
0	x_2	3/2	0	1	-1/2	-1/2	0	1/2	1/2	
0	x_5	3/2	0	1	1/2	1/2	1	-1/2	-1/2	
$\sigma_j = c_j - z_j$			0	0	0	0	0	-1	-1	

因为 $\sigma_j = c_j - z_j \leqslant 0$，且基变量中不含非零人工变量，所以达到最优解。最优解为：$\boldsymbol{X}^* = (1/2, 3/2, 0, 0, 3/2, 0, 0)^{\mathrm{T}}$。

目标函数值为：$w^* = 0$。

第二阶段：去除人工变量，列新单纯形表（表 2-8）求解。

表 2-8

c_j			-1	2	0	0	0	θ
$\boldsymbol{C_B}$	$\boldsymbol{X_B}$	$\boldsymbol{b}$	x_1	x_2	x_3	x_4	x_5	
-1	x_1	1/2	1	0	-1/2	[1/2]	0	1
2	x_2	3/2	0	1	-1/2	-1/2	0	—
0	x_5	3/2	0	1	1/2	1/2	1	3
$\sigma_j = c_j - z_j$			0	0	1/2	3/2	0	
0	x_4	1	2	0	-1	1	0	—
2	x_2	2	1	1	-1	0	0	—
0	x_5	1	-1	0	[1]	0	1	1
$\sigma_j = c_j - z_j$			-3	0	2	0	0	
0	x_4	2	1	0	0	1	1	
2	x_2	3	0	1	0	0	1	
0	x_3	1	-1	0	1	0	1	
$\sigma_j = c_j - z_j$			-1	0	0	0	-2	

因为 $\sigma_j = c_j - z_j \leqslant 0$，所以达到最优解。最优解为：$\boldsymbol{X}^* = (0, 3, 1, 2, 0, 0)^{\mathrm{T}}$。

目标函数值为：$z^* = 2 \times 3 + 0 \times 1 + 0 \times 2 = 6$。

三、计算中的几个问题

1. 目标函数极小化时解的最优性判别

以所有检验数 $\sigma_j \geqslant 0$ 作为判别表中解是否最优的标志。

2. 退化问题

线性规划的退化问题是指在按最小比值原则来确定换出变量时，有时出现两个或两个以上相同的最小比值，即：

$$\theta = \min\left(\frac{b_i}{a_{i,k}} \middle| a_{i,k} > 0\right) = \frac{b_{l1}}{a_{l_1,k}} = \frac{b_{l_2}}{a_{l_2,k}} = \cdots = \frac{b_{l_t}}{a_{l_t,k}}$$

从而在下一次迭代中有一个或几个基变量为零，出现退化解。退化现象在求解过程中一般不会出现问题，但在一些特殊情况下却有可能导致循环，永远达不到最优解，尽管这种可能性非常小。

对于如何解决退化问题，不少学者进行了探讨。

丹齐克给出的规则：

（1）若有两个以上检验数 $\sigma_j > 0$，$\max_j(\sigma_j > 0) = \sigma_k$，则 x_k 进基。

（2）若 $\min\left(\frac{b_i}{a_{i,k}} \middle| a_{i,k} > 0\right) = \frac{b_{l1}}{a_{l_1,k}} = \frac{b_{l_2}}{a_{l_2,k}} = \cdots = \frac{b_{l_t}}{a_{l_t,k}}$ 且 $l_1 < l_2 < \cdots < l_t$，$a_{l_1,k}$ 则为主元素，x_{l_1} 离基。

丹齐克规则可以较好地解决退化问题。不过，在 1951 年 Hoffman 给出了一个包含 3 个方程、11 个变量的反例。1955 年，E. M. L. Beale 也给出了一个包含 3 个方程、7 个变量的模型，在 6 次迭代后出现循环。后来，在 1976 年第 9 届国际数学规划大会上，布兰德（Bland）给出了一个简便有效的原则：① 若 $\min\{i \mid \sigma_i > 0\} = k$，则 x_k 进基。② 选 $\min\left(\frac{b_i}{a_{i,k}} \middle| a_{i,k} > 0\right)$ 中下标最小者的基变量离基。

3. 无可行解的判别

当线性规划问题中添加人工变量后，无论用人工变量法还是两阶段法，初始单纯形表中的解因含非零人工变量，故实质上是非可行解。当求解结果出现所有 $\sigma_j \leqslant 0$ 时，如果基变量中仍含有非零的人工变量（两阶段法求解时第一阶段目标函数值不等于零），表明问题无可行解。

例 2-12　用单纯形法求解线性规划问题。

$$\max z = 2x_1 + x_2$$

$$\text{s.t.}\begin{cases} x_1 + x_2 \leqslant 2 \\ 2x_1 + 2x_2 \geqslant 6 \\ x_1, x_2 \geqslant 0 \end{cases}$$

解　添加松弛变量和人工变量，原模型化为：

$$\max z = 2x_1 + x_2 - Mx_5$$

$$\text{s.t.}\begin{cases} x_1 + x_2 + x_3 = 2 \\ 2x_1 + 2x_2 - x_4 + x_5 = 6 \\ x_1, x_2, x_3, x_4, x_5 \geqslant 0 \end{cases}$$

以 x_3, x_5 为基变量列初始单纯形表（表 2-9），进行计算。

表　2-9

	c_j		-1	2	0	0	$-M$	θ
C_B	X_B	b	x_1	x_2	x_3	x_4	x_5	
0	x_3	2	[1]	1	1	0	0	2
$-M$	x_5	6	2	2	0	-1	1	3
	$\sigma_j = c_j - z_j$		$2+2M$	$1+2M$	0	$-M$	0	
2	x_1	2	1	1	1	0	0	
$-M$	x_5	2	0	0	-2	-1	1	
	$\sigma_j = c_j - z_j$		0	-1	$-2-2M$	$-M$	0	

所有 $\sigma_j = c_j - z_j \leqslant 0$,但在基变量中含有人工变量 x_5,其值不等于零,所以此线性规划问题无可行解。

四、单纯形法小结

(1) 对给定的线性规划问题应首先化为标准形式,选取或构造一个单位矩阵作为基,求初始基可行解并列出初始单纯形表。对各种类型线性规划问题如何化为标准形式及如何选取初始基就量可参见表 2-10。

表 2-10

<table>
<tr><th colspan="3">线性规划模型</th><th>化为标准形式</th></tr>
<tr><td colspan="2" rowspan="3">变量</td><td>$x_j \geqslant 0$</td><td>不变</td></tr>
<tr><td>$x_j \leqslant 0$</td><td>令 $x_j' = -x_j$,则 $x_j' \geqslant 0$</td></tr>
<tr><td>取值无约束</td><td>令 $x_j = x_j' - x_j''$,其中 $x' \geqslant 0, x_j'' \geqslant 0$</td></tr>
<tr><td rowspan="5">约束条件</td><td rowspan="2">右端项</td><td>$b_i \geqslant 0$</td><td>不变</td></tr>
<tr><td>$b_i < 0$</td><td>约束条件两端同乘“ -1”</td></tr>
<tr><td rowspan="3">形式</td><td>$\sum_{j=1}^{n} a_{ij}x_j \leqslant b_i$</td><td>$\sum_{j=1}^{n} a_{ij}x_j + x_{si} = b_i$</td></tr>
<tr><td>$\sum_{j=1}^{n} a_{ij}x_j = b_i$</td><td>$\sum_{j=1}^{n} a_{ij}x_j + x_{ai} = b_i$</td></tr>
<tr><td>$\sum_{j=1}^{n} a_{ij}x_j \geqslant b_i$</td><td>$\sum_{j=1}^{n} a_{ij}x_j - x_{si} + x_{ai} = b_i$</td></tr>
<tr><td rowspan="4">目标函数</td><td rowspan="2">极大或极小</td><td>$\max z = \sum_{j=1}^{n} c_jx_j$</td><td>不变</td></tr>
<tr><td>$\min z = \sum_{j=1}^{n} c_jx_j$</td><td>令 $z' = -z$,化为 $\max z' = -\sum_{j=1}^{n} c_jx_j$</td></tr>
<tr><td rowspan="2">价值系数</td><td>加松弛变量 x_{si} 时</td><td>$\max z = \sum_{j=1}^{n} c_jx_j + 0x_{si}$</td></tr>
<tr><td>加人工变量 x_{ai} 时</td><td>$\max z = \sum_{j=1}^{n} c_jx_j - Mx_{ai}$</td></tr>
</table>

(2) 单纯形法计算步骤框图见图 2-8。

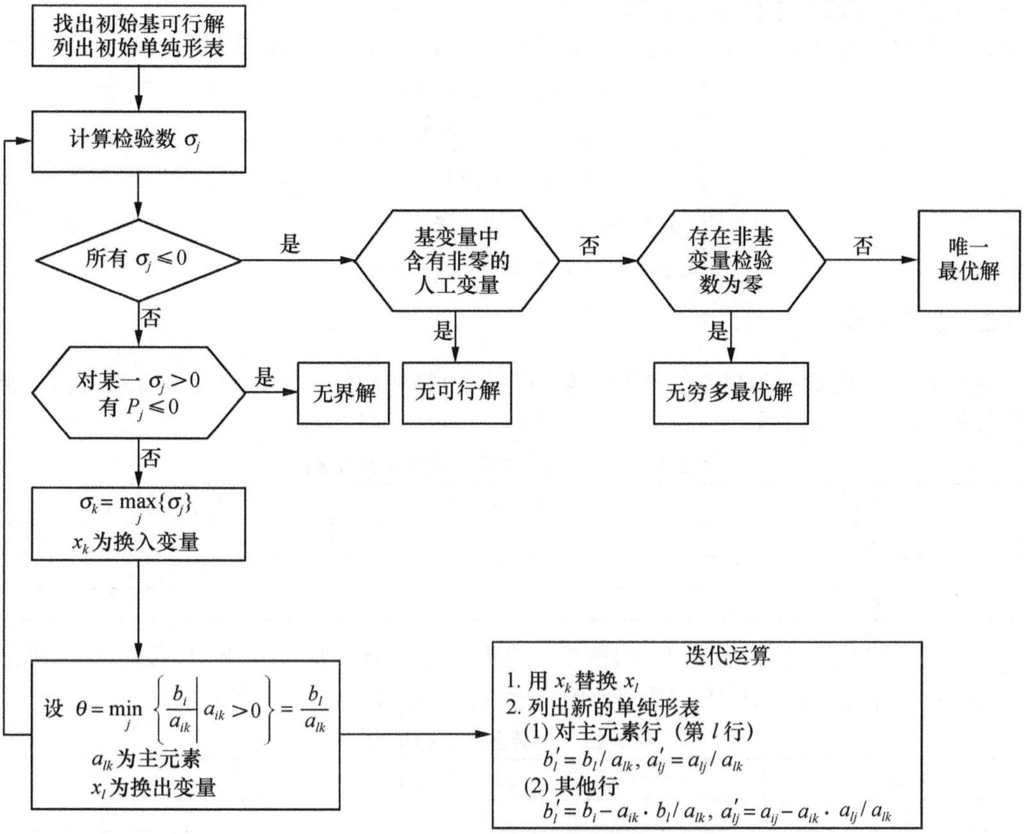

图 2-8　单纯形法计算步骤框图

第六节　应 用 举 例

一、仓库租用问题

例 2-13　捷运公司拟在下一年度的 1—4 月的 4 个月内租用仓库堆放物资。已知各月份所需仓库面积数列见表 2-11。仓库租借费用随合同期定,期限越长折扣越大。租借仓库的合同每月月初都可办理,每份合同具体规定租用面积数和期限。因此该厂可根据需要,在任何一个月月初办理租借合同。每次办理时可签一份,也可签若干份租用面积和租借期限不同的合同,试确定该公司签订租借合同的最优决策,使所付租借费用最小。

表 2-11　各月份所需仓库面积数及费用

月份	1	2	3	4
所需仓库面积(百平方米)	15	10	20	12
合同租借期限	1 个月	2 个月	3 个月	4 个月
合同期内的租费(元/百平方米)	2 800	4 500	6 000	7 300

解　设变量 x_{ij} 表示捷运公司在第 $i(i=1,\cdots,4)$ 个月初签订的租借期为 $j(j=1,\cdots,4)$ 个

月的仓库面积的合同(单位为100米^2)。

$$\min z = 2\,800(x_{11}+x_{21}+x_{31}+x_{41})+4\,500(x_{12}+x_{22}+x_{32})+6\,000(x_{13}+x_{23})+7\,300x_{14}$$

$$\text{s.t.}\begin{cases}x_{11}+x_{12}+x_{13}+x_{14}\geqslant 15\\ x_{12}+x_{13}+x_{14}+x_{21}+x_{22}+x_{23}\geqslant 10\\ x_{13}+x_{14}+x_{22}+x_{23}+x_{31}+x_{32}\geqslant 20\\ x_{14}+x_{23}+x_{32}+x_{41}\geqslant 12\\ x_{ij}\geqslant 0\quad (i=1\cdots 4;j=1\cdots 4)\end{cases}$$

二、装货问题

例 2-14 一架货运飞机有三个装货舱:前舱、中舱和后舱。这些舱对于重量与占地都有定额限制,如表 2-12 所示。

表 2-12 各装货仓重量定额与占地定额

舱位	重量定额(t)	占地定额(米^3)
前	8	50.0
中	12	70.0
后	7	30.0

此外,在各舱中货物的重量必须跟该舱的重量定额有同样的比例,以便保持飞机的平衡。在即将到来的一次飞行中,有下列四种货物要装运,如表 2-13 所示。

表 2-13 要装运的四种货物

货物	重量(t)	体积(米^3/t)	利润(元/t)
1	14	5.0	100
2	11	7.0	130
3	18	6.0	115
4	9	4.0	90

假定这些货物可承运其任何一部分。目标是要确定每种货物应当装运多少,并且放在哪个舱位才能使这次飞行的总利润最大。

解 设 x_{ij} 表示第 i 种货物放到第 j 个舱位的重量。

$$\max z = 100(x_{11}+x_{12}+x_{13})+130(x_{21}+x_{22}+x_{23})$$
$$+115(x_{31}+x_{32}+x_{33})+90(x_{41}+x_{42}+x_{43})$$

$$\text{s.t.}\begin{cases}(x_{11}+x_{21}+x_{31}+x_{41}):8=(x_{12}+x_{22}+x_{32}+x_{42}):12\\ (x_{11}+x_{21}+x_{31}+x_{41}):8=(x_{13}+x_{23}+x_{33}+x_{43}):7\\ x_{11}+x_{21}+x_{31}+x_{41}\leqslant 8\\ 5x_{11}+7x_{21}+6x_{31}+4x_{41}\leqslant 50\\ 5x_{12}+7x_{22}+6x_{32}+4x_{42}\leqslant 70\\ 5x_{13}+7x_{23}+6x_{33}+4x_{43}\leqslant 30\\ x_{11}+x_{12}+x_{13}\leqslant 14\\ x_{21}+x_{22}+x_{23}\leqslant 11\\ x_{31}+x_{32}+x_{33}\leqslant 18\\ x_{41}+x_{42}+x_{43}\leqslant 9\\ x_{ij}\geqslant 0,\quad i=1,2,3,4;j=1,2,3\end{cases}$$

三、投资问题

例 2-15　现有资金 10 万元，准备在今后 5 年中进行投资，现有下面四个投资机会。

A：从第 1 年到第 4 年每年年初投资，次年年末回收本利 1.15；

B：第 3 年年初投资，到第 5 年年末回收本利 1.25，最大投资 4 万元；

C：第 2 年年初投资，到第 5 年年末回收本利 1.40，最大投资 3 万元；

D：每年年初投资，每年年末回收本利 1.11。

求：使 5 年末总资本最大的投资方案。

分析　各方案的投资情况如表 2-14 所示。

表 2-14　各方案的投资情况

方案\年份	1	2	3	4	5
A	x_{1A}	x_{2A}	x_{3A}	x_{4A}	
B			x_{3B}		
C		x_{2C}			
D	x_{1D}	x_{2D}	x_{3D}	x_{4D}	x_{5D}

解　设 $x_{ik}(i=1,2,\cdots,5;k=A,B,C,D)$ 为第 i 年年初投资到第 k 个项目的资金数。

$$\max z = 1.15x_{4A} + 1.40x_{2C} + 1.25x_{3B} + 1.11x_{5D}$$

$$\text{s.t.}\begin{cases} x_{1A} + x_{1D} = 10 \\ x_{2A} + x_{2C} + x_{2D} = 1.11x_{1D} \\ x_{2C} \leqslant 3 \\ x_{3A} + x_{3B} + x_{3D} = 1.15x_{1A} + 1.11x_{2D} \\ x_{3B} \leqslant 4 \\ x_{4A} + x_{4D} = 1.15x_{2A} + 1.11x_{3D} \\ x_{5D} = 1.15x_{3A} + 1.11x_{4D} \\ x_{ik} \geqslant 0 \end{cases}$$

四、下料问题

例 2-16　用长 7.4 米的钢材做 100 套钢架，每套钢架需长 2.9 米、2.1 米、1.5 米的料各一根。问如何下料，使用的原料最省？

分析　可行的下料方案如表 2-15 所示。

表 2-15　下料方案

方案	Ⅰ	Ⅱ	Ⅲ	Ⅳ	Ⅴ	Ⅵ
2.9	0	0	1	1	1	2
2.1	1	2	0	1	2	0
1.5	3	2	3	1	0	1
合计	6.6	7.2	7.4	6.5	7.1	7.3
余料	0.8	0.2	0	0.9	0.3	0.1

解 设第 i 种方案用 x_i 根原料。

$$\min z = 0.8x_1 + 0.2x_2 + 0.9x_4 + 0.3x_5 + 0.1x_6$$

$$\text{s.t.}\begin{cases} x_3 + x_4 + x_5 + 2x_6 = 100 \\ x_1 + 2x_2 + x_4 + 2x_5 = 100 \\ 3x_1 + 2x_2 + 3x_3 + x_4 + x_6 = 100 \\ x_i \geqslant 0, \quad i = 1,2,\cdots,6 \end{cases}$$

解之得 $x_3 = 30, x_5 = 50, x_6 = 10$

思考:(1) 目标函数可否改为 $z = x_1 + x_2 + x_3 + x_4 + x_5 + x_6$?

(2) 若每套钢架需长 2.9 米的料一根、2.1 米的料两根、1.5 米的料五根,如何求解?

五、运输问题

例 2-17 工厂需要的原棉存放在三个仓库中,现将原棉运往工厂以满足工厂生产的需求。已知原棉运到各个工厂的单位运费如表 2-16 所示。求使总运费最小的运输方案。

表 2-16 原棉运到各工厂的单位运费

仓库\工厂	1	2	3	库存
1	2	1	3	50
2	2	2	4	30
3	3	4	2	10
需求	40	15	35	90 / 90

解 设 x_{ij} 为 i 仓库运到 j 工厂的原棉数量($i = 1,2,3, j = 1,2,3$)。

$$\min z = 2x_{11} + x_{12} + 3x_{13} + 2x_{21} + 2x_{22} + 4x_{23} + 3x_{31} + 4x_{32} + 2x_{33}$$

$$\text{s.t.}\begin{cases} x_{11} + x_{12} + x_{13} = 50 \\ x_{21} + x_{22} + x_{23} = 30 \\ x_{31} + x_{32} + x_{33} = 10 \\ x_{11} + x_{21} + x_{31} = 40 \\ x_{12} + x_{22} + x_{32} = 15 \\ x_{13} + x_{23} + x_{33} = 35 \\ x_{ij} \geqslant 0, i,j = 1,2,3 \end{cases}$$

第七节 软件求解与分析

一、EXCEL 解决线性规划问题

例 2-18 已知某工厂生产 A、B、C 三种产品,每种产品的原料消耗量、机械台时消耗量、资源限量及单位产品的利润见表 2-17。根据用户订货,三种产品的最低月需求量分别是 200

件、250 件和 100 件，又根据销售预测，三种产品的最大需求量分别为 250 件、280 件和 120 件。如何安排这三种产品的产量使该厂的利润最大？

表 2-17　各产品能耗及利润

	A	B	C	资源量
材料	1.0	1.5	4.0	2 000
机械	2.0	1.2	1.0	1 000
利润(元)	10	14	12	

解　1. 建立模型

设 $x_i(i=1,2,3)$ 分别表示生产 A、B、C 三种产品的产量，建立线性规划模型如下：

$$\max z = 10x_1 + 14x_2 + 12x_3$$

$$\text{s.t.}\begin{cases} x_1 + 1.5x_2 + 4x_3 \leqslant 2\,000 \\ 2x_1 + 1.2x_2 + x_3 \leqslant 1\,000 \\ 200 \leqslant x_1 \leqslant 250 \\ 250 \leqslant x_2 \leqslant 280 \\ 100 \leqslant x_3 \leqslant 120 \end{cases}$$

2. 将题目的表格输入到 EXCEL 表格中，如图 2-9 所示。

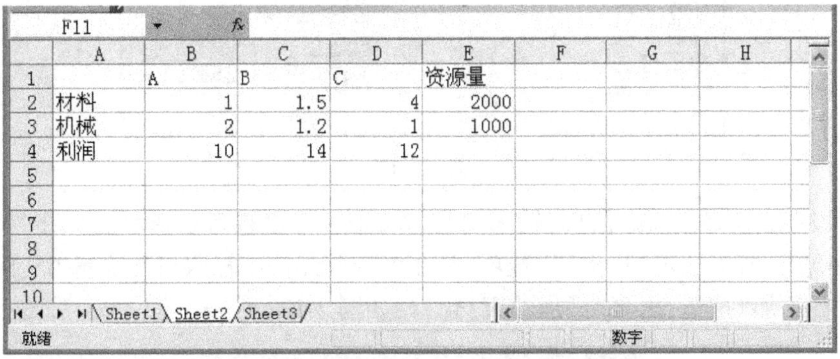

	A	B	C	D	E
1		A	B	C	资源量
2	材料	1	1.5	4	2000
3	机械	2	1.2	1	1000
4	利润	10	14	12	

图　2-9

（1）建立规划求解工作表，增加可变变量“生产数量”，并在可变单元格（B5:D5）中输入初始值（1,1,1）（注：变量 X 的数量赋为非零值时对结果无影响）。

（2）在有关单元格中输入如下公式，得到图 2-10：

D6 中输入“ = B2 * B5 + C2 * C5 + D2 * D5”

D7 中输入“ = B3 * B5 + C3 * C5 + D3 * D5”

D8 中输入“ = B4 * B5 + C4 * C5 + D4 * D5”

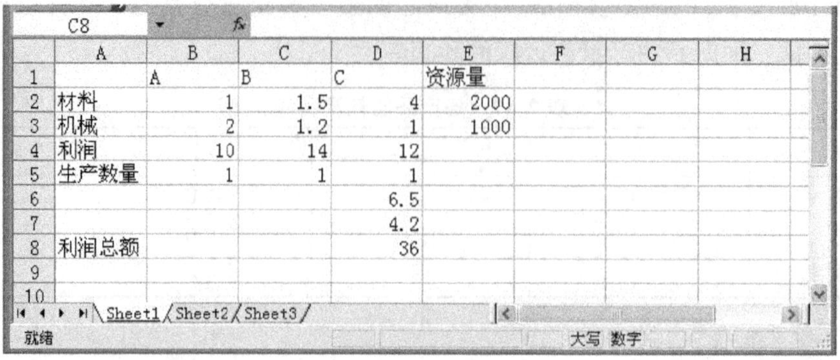

	A	B	C	D	E
1		A	B	C	资源量
2	材料	1	1.5	4	2000
3	机械	2	1.2	1	1000
4	利润	10	14	12	
5	生产数量	1	1	1	
6				6.5	
7				4.2	
8	利润总额			36	

图 2-10

(3) 求最佳组合解。

① 选取[工具]→[规划求解]出现如下对话窗(图 2-11):

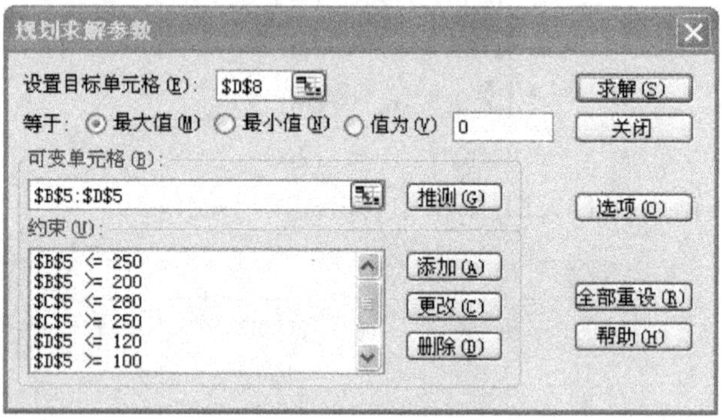

图 2-11

② 在"设置目标单元格"窗口,输入目标单元格(即输有目标函数公式的单元格)D8。因为要求最大值,所以选定"最大值"选项,并在可变单元格中输入可变变量 B5:D5。

③ 选取"添加"按钮,出现"添加约束"窗口,如图 2-12:

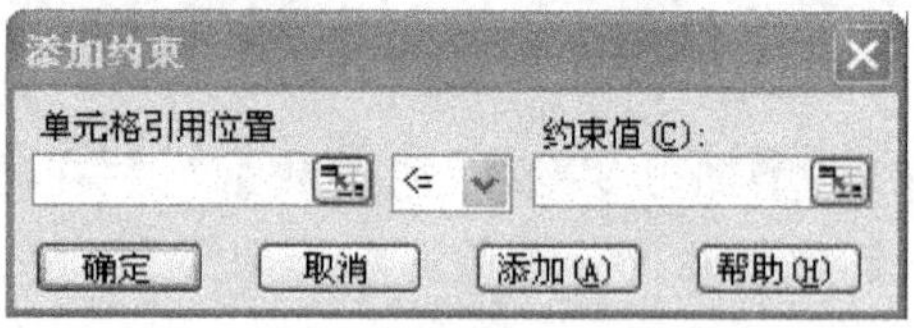

图 2-12

并在"添加约束"窗口输入如下约束条件:

D6≤2 000;D7≤1 000;B5≥200;B5≤250;C5≥250;C5≤280;D5≥100;D5≤120

最终对话窗口如图 2-13 所示:

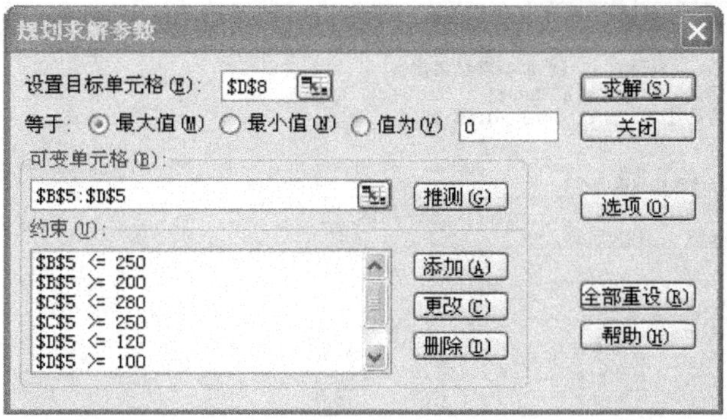

图　2-13

④ 在“规划求解参数”窗口,单击“求解”按钮。在弹出的对话框中选择“运行结果报告”,单击“确定”按钮。得到运算结果如图 2-14 所示,运算结果报告如图 2-15 所示。

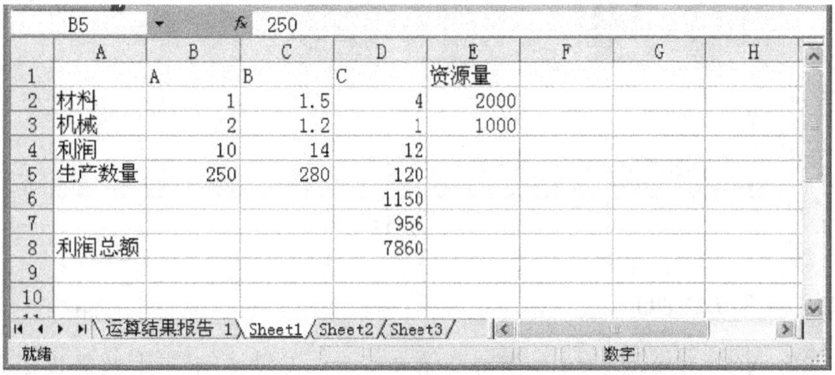

	A	B	C	D	E
1		A	B	C	资源量
2	材料	1	1.5	4	2000
3	机械	2	1.2	1	1000
4	利润	10	14	12	
5	生产数量	250	280	120	
6				1150	
7				956	
8	利润总额			7860	

图　2-14

从结果报告中可以看出:

目标函数的初值:当变量 $\boldsymbol{X}=(1,1,1)$ 时目标函数的值为 36 元。

目标函数的终值:经过运算后的目标函数的最优值为 7 860,即利润最大为 7 860 元。

本模型的最优解(终值)为(250,280,120)。

3. 结论

模型的最优解为:A 产品生产 250 件,B 产品生产 280 件,C 产品生产 120 件,既能满足要求,又能使利润达到最大 7 860 元。

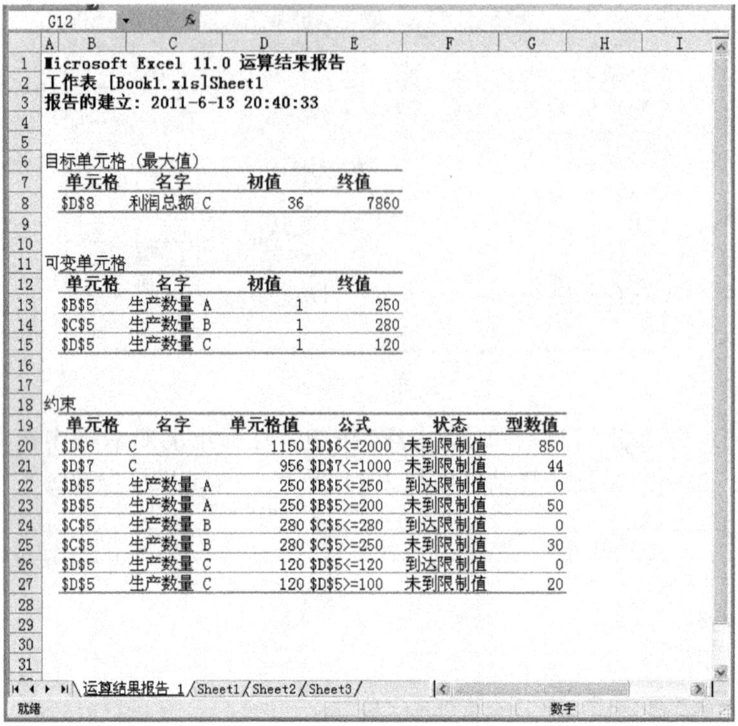

Microsoft Excel 11.0 运算结果报告
工作表 [Book1.xls]Sheet1
报告的建立: 2011-6-13 20:40:33

目标单元格 (最大值)

单元格	名字	初值	终值
D8	利润总额 C	36	7860

可变单元格

单元格	名字	初值	终值
B5	生产数量 A	1	250
C5	生产数量 B	1	280
D5	生产数量 C	1	120

约束

单元格	名字	单元格值	公式	状态	型数值
D6	C	1150	D6<=2000	未到限制值	850
D7	C	956	D7<=1000	未到限制值	44
B5	生产数量 A	250	B5<=250	到达限制值	0
B5	生产数量 A	250	B5>=200	未到限制值	50
C5	生产数量 B	280	C5<=280	到达限制值	0
C5	生产数量 B	280	C5>=250	未到限制值	30
D5	生产数量 C	120	D5<=120	到达限制值	0
D5	生产数量 C	120	D5>=100	未到限制值	20

图 2-15

二、LINGO 和 LINDO

LINDO 和 LINGO 是美国 LINDO 系统公司开发的一套专门用于求解最优化问题的软件包。LINDO 和 LINGO 软件的最大特色在于可以允许优化模型中的决策变量是整数(即整数规划),而且执行速度很快。LINGO 实际上还是最优化问题的一种建模语言,包括许多常用的函数可供使用者建立优化模型时调用,并提供与其他数据文件(如文本文件、EXCEL 电子表格文件、数据库文件等)的接口,易于输入、求解和分析大规模最优化问题。

1. LINGO 和 LINDO 能求解的优化模型如图 2-16 所示。

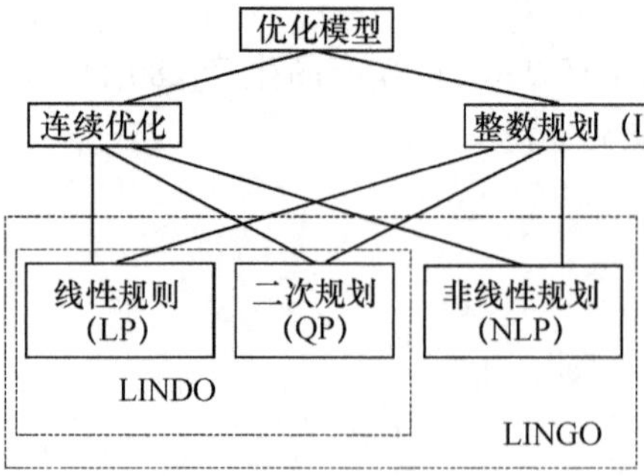

图 2-16

2. 用 LINDO 求解线性规划问题

用 LINDO 求解线性规划模型的方法非常简单,只要按照规定的输入格式输入模型,然后单击求解按钮  即可。

在 LINDO 中输入时应注意以下事项:① 变量以字母开头,下标写在后面,系数与变量之间加空格;② 不等号为:< =(<), > =(>), =, < = 与 < 等同;③ 变量非负约束可省略;④ 结束时以 end 标示。

例 2-19　用 LINDO 求解下列线性规划模型。

$$\max z = 3x_1 + 5x_2 + 4x_3$$

$$\text{s.t.} \begin{cases} 2x_1 + 3x_2 \leqslant 1\,500 \\ 2x_1 + 4x_2 \leqslant 800 \\ 3x_1 + 2x_2 + 5x_3 \leqslant 2\,000 \\ x_1, x_2, x_3 \geqslant 0 \end{cases}$$

解　输入模型

```
* * * * * * * * * * * * * * * * * * * * * * * * * * * * * * * * * *
        ! 注释内容,可用中文
        ! 目标函数:最大 - max,最小 - min,大小写不分
          max 3x1 +5x2 +4x3
        ! 约束,以 subject to 开始
          subject to
          2x1 +3x2 < =1500
          2x2 +4x3 < =800
          3x1 +2x2 +5x3 < =2000
        end
* * * * * * * * * * * * * * * * * * * * * * * * * * * * * * * * * *
```

求解结果

```
* * * * * * * * * * * * * * * * * * * * * * * * * * * * * * * * * *
 LP OPTIMUM FOUND AT STEP        3
        OBJECTIVE FUNCTION VALUE
        1)          2675.000
   VARIABLE          VALUE           REDUCED COST
        X1          375.000000         0.000000
        X2          250.000000         0.000000
        X3           75.000000         0.000000
        ROW     SLACK OR SURPLUS     DUAL PRICES
        2)            0.000000         1.050000
        3)            0.000000         0.625000
        4)            0.000000         0.300000
* * * * * * * * * * * * * * * * * * * * * * * * * * * * * * * * * *
```

3. LINGO 输入模式

LINGO 输入时的注意事项:① 目标函数中加等号;② 变量与系数之间用“ * ”;③ 条件后加“;”;④ Model:-end 可省略。

如上例用 LINGO 的输入方式如下:

```
* * * * * * * * * * * * * * * * * * * * * * * * * * * * * * * * * *
    model:
    MAX = 3 * x1 + 5 * x2 + 4 * x3;
    2 * x1 + 3 * x2 < = 1500;
    2 * x2 + 4 * x3 < = 800;
    3 * x1 + 2 * x2 + 5 * x3 < = 2000;
    end
* * * * * * * * * * * * * * * * * * * * * * * * * * * * * * * * * *
```

三、SCILAB 中 LP 问题求解

SCILAB 是由法国国家信息自动化研究院(INRIA)的科学家们开发的“开放源码”软件。SCILAB 一词来源于英文“Scientific Laboratory”(科学实验室)词头的合并。与 MATLAB 类似,SCILAB 也是一种科学工程计算软件,其数据类型丰富,可以很方便地实现各种矩阵运算与图形显示,能应用于科学计算、数学建模、信号处理、决策优化、线性/非线性控制等各个方面。可以说,就基本的功能如科学计算、矩阵处理及图形显示而言,MATLAB 能完成的工作 SCILAB 都可以实现。

SCILAB 可用于解决线性规划问题的常用命令。

1. 命令 1:[x,lagr,f] = linpro(p,C,b[,x0])

解决问题的形式　　min p′ * x

s. t. C * x < = b

2. 命令 2:[x,lagr,f] = linpro(p,C,b,ci,cs [,x0])

解决问题的形式　　min p′ * x

s. t. C * x < = b

ci < = x < = cs

3. 命令 3:[x,lagr,f] = linpro(p,C,b,ci,cs,me [,x0])

解决问题的形式　　min p′ * x

s. t. C(j,:) x = b(j),　j = 1,…,me

C(j,:) x < = b(j),　j = me + 1,…,me + md

ci < = x < = cs

4. 命令 4:[x,lagr,f] = linpro(p,C,b,ci,cs,me,x0 [,imp])

解决问题的形式　　min p′ * x

s. t. C(j,:) x = b(j),　j = 1,…,me

C(j,:) x < = b(j),　j = me + 1,…,me + md

ci < = x < = cs

指定初始可行解 x0

5. 命令 5: [x1,crit] = karmarkar(a,b,c,x0)

解决问题的形式　　min c′ * x

s. t. a * x = b

x > = 0

四、MATLAB 中线性规划问题求解

MATLAB 是美国 MathWorks 公司出品的商业数学软件，用于算法开发、数据可视化、数据分析以及数值计算的高级技术计算语言和交互式环境，主要包括 MATLAB 和 SIMULINK 两大部分。

MATLAB 是矩阵实验室(Matrix Laboratory)的简称，和 MATHEMATICA、MAPLE 并称为三大数学软件。它在数学类科技应用软件的数值计算方面首屈一指。MATLAB 可以进行矩阵运算、绘制函数和数据、实现算法、创建用户界面、连接其他编程语言的程序等，主要应用于工程计算、控制设计、信号处理与通信、图像处理、信号检测、金融建模设计与分析等领域。

MATLAB 的基本数据单位是矩阵，它的指令表达式与数学、工程中常用的形式十分相似，故用 MATLAB 来解算问题要比用 C 语言、FORTRAN 语言等简捷得多，并且 MathWorks 也吸收了 MAPLE 等软件的优点，使 MATLAB 成为一个强大的数学软件。在新的版本中也加入了对 C、FORTRAN、C++、JAVA 的支持。用户可以直接调用，也可以将自己编写的实用程序导入 MATLAB 函数库中方便以后调用。此外许多 MATLAB 爱好者还编写了一些经典的程序，用户可以直接下载使用。

用于求解线性规划问题的函数 linprog 的常用格式。

1. x=linprog(f,A,b)

   求 min f *x　sub. to　Ax<=b 线性规划的最优解。

2. x=linprog(f,A,b,Aeq,beq)

   等式约束，若没有不等式约束，则 A=[ ],b=[ ]。

3. x=linprog(f,A,b,Aeq,beq,lb,ub)

   指定 x 的范围，若没有等式约束，则 Aeq=[ ],beq=[ ]。

4. [x,fval]=linprog(f,A,b,Aeq,beq,lb,ub,x0)

   设置初值 x0

练习题

2-1　将下列线性规划问题化成标准型。

(1) $\min z=-x_1+2x_2-3x_3$

$$\text{s.t.}\begin{cases}x_1+2x_2+x_3\leqslant 7\\x_1-x_2+2x_3\geqslant 5\\x_1,x_2\geqslant 0\end{cases}$$

(2) $\min z=2x_1-x_2+2x_3$

$$\text{s.t.}\begin{cases}-x_1+x_2+x_3=4\\-x_1+x_2-x_3\leqslant 6\\x_1\leqslant 0,x_2\geqslant 0\end{cases}$$

(3) $\max z=2x_1+x_2+3x_3+x_4$

$$\text{s.t.}\begin{cases}x_1+x_2+x_3+x_4\leqslant 7\\2x_1-3x_2+x_3=-8\\x_1-2x_3+2x_4\geqslant 1\\x_1,x_3\geqslant 0,x_2\leqslant 0\end{cases}$$

(4) $\max z=3x_1+5x_2-4x_3+2x_4$

$$\text{s.t.}\begin{cases}2x_1+6x_2-x_3+3x_4\leqslant 18\\x_1-3x_2+2x_3-2x_4\geqslant 13\\x_1-3x_2+2x_3-2x_4=9\\x_1,x_2,x_4\geqslant 0\end{cases}$$

2-2 用单纯形法求解下列线性规划。

(1) $\max z = 2x_1 + 2x_2$

$$\text{s.t.}\begin{cases}3x_1 + 5x_2 \leqslant 15\\6x_1 + 2x_2 \leqslant 24\\x_1, x_2 \geqslant 0\end{cases}$$

(2) $\max z = 3x_1 + 5x_2$

$$\text{s.t.}\begin{cases}x_1 \leqslant 4\\2x_2 \leqslant 12\\3x_1 + 2x_2 \leqslant 18\\x_1, x_2 \geqslant 0\end{cases}$$

2-3 用图解法求解以下线性规划问题,并指出问题是具有唯一最优解、无穷多最优解、无界解还是无可行解。

(1) $\max z = 3x_1 - 2x_2$

$$\text{s.t.}\begin{cases}x_1 + x_2 \leqslant 1\\x_1 + 2x_2 \geqslant 4\\x_1, x_2 \geqslant 0\end{cases}$$

(2) $\min z = -x_1 + 3x_2$

$$\text{s.t.}\begin{cases}4x_1 + 7x_2 \geqslant 56\\3x_1 - 5x_2 \geqslant 15\\x_1, x_2 \geqslant 0\end{cases}$$

(3) $\max z = x_1 + 2x_2$

$$\text{s.t.}\begin{cases}2x_1 - x_2 \leqslant 6\\3x_1 + 2x_2 \leqslant 12\\x_1 \leqslant 3\\x_1, x_2 \geqslant 0\end{cases}$$

(4) $\min z = 2x_1 + 3x_2$

$$\text{s.t.}\begin{cases}4x_1 + 6x_2 \geqslant 6\\2x_1 + 2x_2 \geqslant 4\\x_1, x_2 \geqslant 0\end{cases}$$

2-4 在以下问题中,列出所有的基,指出其中的可行基、基础可行解以及最优解。

$$\max z = 2x_1 + x_2 - x_3$$

$$\text{s.t.}\begin{cases}x_1 + x_2 + 2x_3 \leqslant 6\\x_1 + 4x_2 - x_3 \leqslant 4\\x_1, x_2, x_3 \geqslant 0\end{cases}$$

2-5 用单纯形法求解以下线性规划问题。

(1) $\max z = 3x_1 + 2x_2$

$$\text{s.t.}\begin{cases}2x_1 - 3x_2 \leqslant 3\\-x_1 + x_2 \leqslant 5\\x_1, x_2 \geqslant 0\end{cases}$$

(2) $\max z = x_2 - 2x_3$

$$\text{s.t.}\begin{cases}x_1 + 3x_2 + 4x_3 = 12\\2x_2 - x_3 \leqslant 12\\x_1, x_2, x_3 \geqslant 0\end{cases}$$

(3) $\max z = x_1 - 2x_2 + x_3$

$$\text{s.t.}\begin{cases}x_1 + x_2 + x_3 \leqslant 12\\2x_1 + x_2 - x_3 \leqslant 6\\-x_1 + 3x_2 \leqslant 9\\x_1, x_2, x_3 \geqslant 0\end{cases}$$

(4) $\min z = -2x_1 - x_2 + 3x_3 - 5x_4$

$$\text{s.t.}\begin{cases}x_1 + 2x_2 + 4x_3 - x_4 \leqslant 6\\2x_1 + 3x_2 - x_3 + x_4 \leqslant 12\\x_1 + x_3 + x_4 \leqslant 4\\x_1, x_2, x_3, x_4 \geqslant 0\end{cases}$$

2-6 用大 M 法及两阶段法求解以下线性规划问题。

(1) $\min z = 3x_1 - x_2$

(2) $\max z = x_1 + 3x_2 + 4x_3$

$$\text{s.t.}\begin{cases}x_1+3x_2\geqslant 3\\2x_1-3x_2\geqslant 6\\2x_1+x_2\leqslant 8\\-4x_1+x_2\geqslant -16\\x_1,x_2\geqslant 0\end{cases}$$

$$\text{s.t.}\begin{cases}3x_1+2x_2\leqslant 13\\x_2+3x_3\leqslant 17\\2x_1+x_2+x_3=13\\x_1,x_2,x_3\geqslant 0\end{cases}$$

(3) max $z=2x_1-x_2+x_3$

$$\text{s.t.}\begin{cases}x_1+x_2-2x_3\leqslant 8\\4x_1-x_2+x_3\leqslant 2\\2x_1+3x_2-x_3\geqslant 4\\x_1,x_2,x_3\geqslant 0\end{cases}$$

(4) min $z=x_1+3x_2-x_3$

$$\text{s.t.}\begin{cases}x_1+x_2+x_3\geqslant 3\\-x_1+2x_2\geqslant 2\\-x_1+5x_2+x_3\leqslant 4\\x_1,x_2,x_3\geqslant 0\end{cases}$$

2-7　某昼夜服务的公交线路每天各时间区段内所需司机和乘务人员数如表 2-18 所示：

表 2-18

班次	时间	所需人数
1	6:00—10:00	60
2	10:00—14:00	70
3	14:00—18:00	60
4	18:00—22:00	50
5	22:00—2:00	20
6	2:00—6:00	30

设司机和乘务人员分别在各时间区段一开始时上班，并连续工作八小时，问该公交线路至少配备多少名司机和乘务人员。列出这个问题的线性规划模型。

2-8　建立下列问题的线性规划模型（连续投资问题）。

李勇拟在三年后购买一套房子，准备在今后的三年中做一些投资，现有资金 100 000 元，且每年年末有 20 000 元的固定收入。现有下面四个投资机会。

A：在三年内，投资人在每年年初投资，每年有 20% 的收益。

B：在三年内，投资人在第一年年初投资，两年后有 50% 的收益。这种投资最多不得超过 40 000 元。

C：在三年内，投资人在第二年年初投资，两年后有 60% 的收益。这种投资最多不得超过 30 000 元。

D：在三年内，投资人在第三年年初投资，一年内有 40% 的收益。这种投资最多不得超过 10 000 元。

李勇应怎样决定投资计划，才能在第三年年末获得最高收益？

2-9　福安商场是个中型的百货商场，它每天对售货员的需求情况经过统计分析如表 2-19 所示。为了保证售货人员充分休息，售货人员每周工作 5 天，休息 2 天，并要求休息的 2 天是连续的。应该如何安排售货人员的作息，才能既满足工作需要，又使配备的售货人员的人数最少？

表 2-19

时间	所需售货员人数/人	时间	所需售货员人数/人
星期一	15	星期五	31
星期二	24	星期六	28
星期三	25	星期日	28
星期四	19		

2-10 某工厂生产过程中需要长度为 3.1 米、2.5 米和 1.7 米的同种棒料毛坯分别为 200 根、100 根和 300 根。现有的原料为 9 米长棒材，如何下料可使废料最少？

2-11 有 1、2、3、4 四种零件均可在设备 A 或设备 B 上加工，已知在这两种设备上分别加工一个零件的费用如表 2-20 所示。又知设备 A 或设备 B 只要有零件加工均需要设备的启用费用，分别为 100 元和 150 元。现要求加工 1、2、3、4 零件各 3 件。问应如何安排生产使总的费用最小。试建立线性规划模型。

表 2-20

零件 设备	1	2	3	4
A/元	15	80	90	40
B/元	30	100	50	70

2-12 某厂生产三种产品 Ⅰ、Ⅱ、Ⅲ。每种产品要经过 A、B 两道工序加工。设该厂有两种规格的设备能完成 A 工序，它们以 A1、A2 表示；有三种规格的设备能完成 B 工序，它们以 B1、B2、B3 表示。产品 Ⅰ 可在 A、B 任何一种规格设备上加工；产品 Ⅱ 可在任何规格的 A 设备上加工，但完成 B 工序时，只能在 B1 设备上加工；产品 Ⅲ 只能在 A2 与 B2 设备上加工。已知各种机床设备的单件工时、原材料费、产品销售价格、各种设备有效台时以及满负荷操作时机床设备的费用如表 2-21 所示，要求安排最优的生产计划，使该厂利润最大。

表 2-21

设备	产品			设备有效台时	满负荷时的设备费用(元)
	I	II	III		
A1	5	10		6 000	300
A2	7	9	12	10 000	321
B1	6	8		4 000	250
B2	4		11	7 000	783
B3	7			4 000	200
原料费(元/件)	0.25	0.35	0.50		
单价(元/价)	1.25	2.00	2.80		

第三章

线性规划的对偶理论

知识目标

1. 理解对偶问题的基本思想，掌握原问题和对偶问题的对应关系。
2. 掌握原问题的解和检验数与对偶问题的解和检验数的对应关系。
3. 理解并掌握对偶问题的相关定理。
4. 理解影子价格的经济解释及其作用。
5. 熟练掌握对偶单纯形法的基本原理与计算步骤。

技能目标

1. 能够熟练写出一个线性规划问题的对偶问题。
2. 能够运用松紧定理解决线性规划的相关问题。
3. 能够运用对偶单纯形法解决线性规划问题。

引导案例

李云是一家汽车生产企业的物资管理人员。面对企业生产所需的各类物资，李云计划把各种物资根据它们在企业生产中的重要程度进行分类排队，以便分清重点和一般，从而有区别地进行管理，特别对生产过程中非常重要的物资加强管理措施，避免在生产过程中出现不必要的消耗。但是各类物资对生产的重要程度又如何来确定呢？以往在管理过程中都是根据经验进行判断，那么到底还有没有更好的方法来进行精确的确定呢？如果有，该如何计算？

第一节 对偶规划

一、对偶问题的提出

对于第二章例2.1中云天公司的生产计划。

计划生产A、B两种产品。已知A、B各生产一件时所使用的煤、劳动日和占用的仓库面积以及煤、劳动日和仓库面积的总量、各售出一件产品时的获利情况如表3-1所示。该公司应制造A、B两种产品各多少件,才能在现有资源条件下使获取的利润最大?

表3-1 两种产品的能耗及利润

资源 \ 产品	产品A	产品B	资源总量
煤(吨)	1	2	30
劳动日(天)	3	2	60
仓库(米^2)	0	2	24
利润(千元)	40	50	

该问题的线性规划模型为:

$$(\mathrm{LP}_1)\quad \max z = 40x_1 + 50x_2$$

$$\text{s.t.}\begin{cases} x_1 + 2x_2 \leqslant 30 \\ 3x_1 + 2x_2 \leqslant 60 \\ 2x_2 \leqslant 24 \\ x_1, x_2 \geqslant 0 \end{cases}$$

现从另一角度提出问题。假定有另一公司想把云天公司的资源收买过来,它至少应付出多大代价,才能使云天公司愿意放弃生产活动,出让自己的资源?

显然云天公司愿出让自己资源的条件是,出让代价应不低于用同等数量资源由自己组织生产活动时获取的利润。

设分别用y_1、y_2和y_3代表单位煤、劳动日和仓库的出让代价。因云天公司用1吨煤和3个劳动日可生产一件产品A,盈利40元;用2吨煤、2个劳动日及2平方米仓库可生产一件产品B,盈利50元。

由此y_1, y_2, y_3的取值应满足:
$$\begin{cases} y_1 + 3y_2 \geqslant 40 \\ 2y_1 + 2y_2 + 2y_3 \geqslant 50 \end{cases}$$

该公司希望用最小代价把云天公司的全部资源收买过来,因此有:

$$\min z = 30y_1 + 60y_2 + 24y_3$$

因此,线性规划模型为:

$$(\mathrm{LP}_2)\quad \min z = 30y_1 + 60y_2 + 24y_3$$

$$\text{s.t.}\begin{cases} y_1 + 3y_2 \geqslant 40 \\ 2y_1 + 2y_2 + 2y_3 \geqslant 50 \\ y_1, y_2, y_3 \geqslant 0 \end{cases}$$

模型(LP_2)即为(LP_1)的对偶问题。

例 3-1　写出下列问题的原问题与对偶问题:

已知某企业计划生产的产品、单位产品的销售收入及已有的设备加工能力如表 3-2 所示。问该企业的最优生产计划。

表 3-2　企业生产所需设备及销售收入

设备＼产品	Ⅰ	Ⅱ	加工能力(小时/天)
A	2	2	12
B	1	2	8
C	4	0	16
D	0	4	12
销售收入(元)	2	3	

原问题:设 x_1、x_2 为产品Ⅰ、Ⅱ的产量,则原问题的数学模型为:

$$\max z = 2x_1 + 3x_2$$

$$\text{s.t.}\begin{cases} 2x_1 + 2x_2 \leqslant 12 \\ x_1 + 2x_2 \leqslant 8 \\ 4x_1 \leqslant 16 \\ 4x_2 \leqslant 12 \\ x_1, x_2 \geqslant 0 \end{cases}$$

对偶问题:设 y_1、y_2、y_3、y_4 分别为 A、B、C、D 设备的单价,则其对偶问题的数学模型为:

$$\min w = 12y_1 + 8y_2 + 16y_3 + 12y_4$$

$$\text{s.t.}\begin{cases} 2y_1 + y_2 + 4y_3 \geqslant 2 \\ 2y_1 + 2y_2 + 4y_4 \geqslant 3 \\ y_1, y_2, y_3, y_4 \geqslant 0 \end{cases}$$

把原问题与对偶问题写成矩阵式,进行对比,可以看出两者系数之间的对应关系。

$$\max z = (2 \quad 3)\begin{bmatrix} x_1 \\ x_2 \end{bmatrix} \qquad \min w = (12 \quad 8 \quad 16 \quad 12)\begin{bmatrix} y_1 \\ y_2 \\ y_3 \\ y_4 \end{bmatrix}$$

$$\text{s.t.}\begin{bmatrix} 2 & 2 \\ 1 & 2 \\ 4 & 0 \\ 0 & 4 \end{bmatrix}\begin{bmatrix} x_1 \\ x_2 \end{bmatrix} \leqslant \begin{bmatrix} 12 \\ 8 \\ 16 \\ 12 \end{bmatrix} \qquad \text{s.t.}\begin{bmatrix} 2 & 1 & 4 & 0 \\ 2 & 2 & 0 & 4 \end{bmatrix}\begin{bmatrix} y_1 \\ y_2 \\ y_3 \\ y_4 \end{bmatrix} \geqslant \begin{bmatrix} 2 \\ 3 \end{bmatrix}$$

二、对称形式下对偶问题的一般形式

对称的含义:满足下列条件的线性规划问题具有对称形式:其变量均具有非负约束,其约束条件当目标函数求极大时均取“≤”号，当目标函数求极小时均取“≥”号。

对称形式下线性规划原问题的一般形式为：

$$\max z = c_1x_1 + c_2x_2 + \cdots + c_nx_n$$

$$\text{s. t.}\begin{cases} a_{11}x_1 + a_{12}x_2 + \cdots + a_{1n}x_n \leqslant b_1 \\ a_{21}x_1 + a_{22}x_2 + \cdots + a_{2n}x_n \leqslant b_2 \\ \vdots \\ a_{m1}x_1 + a_{m2}x_2 + \cdots + a_{mn}x_n \leqslant b_m \\ x_1, x_2, \cdots, x_n \geqslant 0 \end{cases} \tag{3.1}$$

用 $y_i(i=1,2,\cdots,m)$ 代表第 i 种资源的估价，则其对偶问题的一般形式为：

$$\min w = b_1y_1 + b_2y_2 + \cdots + b_my_m$$

$$\text{s. t.}\begin{cases} a_{11}y_1 + a_{21}y_2 + \cdots + a_{m1}y_m \geqslant c_1 \\ a_{12}y_1 + a_{22}y_2 + \cdots + a_{m2}y_m \geqslant c_2 \\ \vdots \\ a_{1n}y_1 + a_{2n}y_2 + \cdots + a_{mn}y_m \geqslant c_n \\ y_1, y_2, \cdots, y_m \geqslant 0 \end{cases} \tag{3.2}$$

用矩阵形式表示，原问题为：

$$\max z = \boldsymbol{CX}$$

$$\text{s. t.}\begin{cases} \boldsymbol{AX} \leqslant \boldsymbol{b} \\ \boldsymbol{X} \geqslant \boldsymbol{0} \end{cases}$$

其对偶问题为：

$$\min w = \boldsymbol{Y}^{\mathrm{T}}\boldsymbol{b}$$

$$\text{s. t.}\begin{cases} \boldsymbol{A}^{\mathrm{T}}\boldsymbol{Y} \geqslant \boldsymbol{C}^{\mathrm{T}} \\ \boldsymbol{Y} \geqslant \boldsymbol{0} \end{cases}$$

对称形式下原问题与对偶问题的对应关系如表 3-3 所示。

表 3-3　对称形式下原问题与对偶问题的对应关系

	原问题	对偶问题
A	约束系数矩阵	其系数矩阵转置
B	约束条件右端项向量	目标函数价值系数
C	目标函数价值系数	约束条件右端项向量
目标函数	$\max z = \boldsymbol{CX}$	$\min w = \boldsymbol{Y}^{\mathrm{T}}\boldsymbol{b}$
约束条件	$\boldsymbol{AX} \leqslant \boldsymbol{b}$	$\boldsymbol{A}^{\mathrm{T}}\boldsymbol{Y} \geqslant \boldsymbol{C}^{\mathrm{T}}$
决策变量	$\boldsymbol{X} \geqslant 0$	$\boldsymbol{Y} \geqslant 0$

三、非对称形式的原—对偶问题关系

例 3-2　写出下述线性规划问题的对偶问题：

$$\max z = x_1 + 4x_2 + 3x_3$$

$$\text{s.t.}\begin{cases}2x_1+3x_2-5x_3\leqslant 2\\x_1+x_2+x_3=4\\3x_1-x_2+6x_3\geqslant 1\\x_1\geqslant 0,\ x_2\leqslant 0,\ x_3\text{ 无约束}\end{cases}$$

可变换成具有如下对称形式的线性规划问题：

$$\max z=x_1-4x_2'+3x_3'-3x_3''$$

$$\text{s.t.}\begin{cases}2x_1-3x_2'-5x_3'+5x_3''\leqslant 2\\x_1-x_2'+x_3'-x_3''\leqslant 4\\-x_1+x_2'-x_3'+x_3''\leqslant -4\\-3x_1-x_2'-6x_3'+6x_3''\leqslant -1\\x_1,x_2',x_3',x_3''\geqslant 0\end{cases}$$

写出其对偶问题为：

$$\min w=2y_1+4y_2-4y_3-y_4$$

$$\text{s.t.}\begin{cases}2y+y_2-y_3-3y_4\geqslant 1 & (1)\\-3y_1-y_2+y_3-y_4\geqslant -4 & (2)\\-5y_1+y_2-y_3-6y_4\geqslant 3 & (3)\\5y_1-y_2+y_3+6y_4\geqslant -3 & (4)\\y_1,y_2,y_3,y_4\geqslant 0 & (4)\end{cases}$$

令 $y_2'=y_2-y_3, y_4'=-y_4$，(2)式两边同乘以 -1，(3)式与(4)式合并进行整理得：

$$\min w=2y_1+4y_2'+y_4'$$

$$\text{s.t.}\begin{cases}2y_1+y_2'+3y_4'\geqslant 1\\3y_1+y_2'-y_4'\leqslant 4\\-5y_1+y_2'+6y_4'=3\\y_1\geqslant 0,\ y_2'\text{ 无约束},\ y_4'\leqslant 0\end{cases}$$

即：

$$\min w=2y_1+4y_2+y_3$$

$$\text{s.t.}\begin{cases}2y_1+y_2+3y_3\geqslant 1\\3y_1+y_2-y_3\leqslant 4\\-5y_1+y_2+6y_3=3\\y_1\geqslant 0,\ y_2\text{ 无约束},\ y_3\leqslant 0\end{cases}$$

把上述对偶问题同原问题对比，可以看出，A、b、c 三个参数的对应关系同对称情况下相同。原问题的变量类型与对偶问题的约束条件类型相对应，原问题的约束条件类型与对偶问题的变量类型相对应。

由此，可以总结出非对称形式的线性规划问题的原问题与对偶问题的对应关系如表 3-4 所示。

表 3-4　对偶问题对应关系表

	原问题(对偶问题)	对偶问题(原问题)
目标函数类型	$\max z = \boldsymbol{CX}$	$\min w = \boldsymbol{Y}^{\mathrm{T}}\boldsymbol{b}$
A B C	约束系数矩阵 约束条件右端项向量 目标函数价值系数	其系数矩阵转置 目标函数价值系数 约束条件右端项向量
变量数与约束数的对应关系	变量数 n 约束数 m	约束数 n 变量数 m
原问题变量类型与对偶问题约束类型的对应关系	$\boldsymbol{X}\geqslant\boldsymbol{0}$ $\boldsymbol{X}\leqslant\boldsymbol{0}$ $\boldsymbol{X}$ 无约束	$\boldsymbol{A}^{\mathrm{T}}\boldsymbol{Y}\geqslant\boldsymbol{C}^{\mathrm{T}}$ $\boldsymbol{A}^{\mathrm{T}}\boldsymbol{Y}\leqslant\boldsymbol{C}^{\mathrm{T}}$ $\boldsymbol{A}^{\mathrm{T}}\boldsymbol{Y}=\boldsymbol{C}^{\mathrm{T}}$
原问题约束类型与对偶问题变量类型的对应关系	$\boldsymbol{AX}\leqslant\boldsymbol{b}$ $\boldsymbol{AX}\geqslant\boldsymbol{b}$ $\boldsymbol{AX}=\boldsymbol{b}$	$\boldsymbol{Y}\geqslant\boldsymbol{0}$ $\boldsymbol{Y}\leqslant\boldsymbol{0}$ $\boldsymbol{Y}$ 无约束

小技巧

对于表 3-4 中变量类型与约束条件类型的对应关系，可以总结为一句话："对称对对称，不对称对不对称，等式对无约束"，即变量类型(或约束条件类型)是对称的，则其对偶问题的约束条件类型(或变量类型)也是对称形式下的，否则，则反之。

第二节　单纯形法计算的矩阵描述

在对称形式下，原问题用矩阵形式表示为：

$$\max z = \boldsymbol{CX}$$
$$\text{s.t.}\begin{cases}\boldsymbol{AX}\leqslant\boldsymbol{b}\\ \boldsymbol{X}\geqslant\boldsymbol{0}\end{cases}$$

其对偶问题为：

$$\min w = \boldsymbol{Y}^{\mathrm{T}}\boldsymbol{b}$$
$$\text{s.t.}\begin{cases}\boldsymbol{A}^{\mathrm{T}}\boldsymbol{Y}\geqslant\boldsymbol{C}^{\mathrm{T}}\\ \boldsymbol{Y}\geqslant\boldsymbol{0}\end{cases}$$

根据可行解的定义，满足 $\boldsymbol{AX}\leqslant\boldsymbol{b}$ 且 $\boldsymbol{X}\geqslant\boldsymbol{0}$ 的 $\boldsymbol{X}$ 为原问题的可行解；同理满足 $\boldsymbol{A}^{\mathrm{T}}\boldsymbol{Y}\geqslant\boldsymbol{C}^{\mathrm{T}}$ 且 $\boldsymbol{Y}\geqslant\boldsymbol{0}$ 的 $\boldsymbol{Y}$ 为对偶问题的可行解。下面的论述力图从原问题单纯形法的求解过程中，找出与对偶问题的解的关系。

一、单纯形表的矩阵表示

对称形式线性规划问题的矩阵表达式加上松弛变量后为：

$$\max z = \boldsymbol{CX} + \boldsymbol{0X}_S$$
$$\text{s.t.}\begin{cases}\boldsymbol{AX} + \boldsymbol{IX}_S = \boldsymbol{b} \\ \boldsymbol{X} \geqslant \boldsymbol{0},\ \boldsymbol{X}_S \geqslant \boldsymbol{0}\end{cases} \tag{3.3}$$

上式中 $\boldsymbol{X}_S$ 为松弛变量,$\boldsymbol{X}_S = (x_{n+1}, x_{n+2}, \cdots, x_{n+m})$,$\boldsymbol{I}$ 为 $m \times m$ 单位矩阵。

根据前面单纯形法的计算过程可以看出,在不断的迭代中,原来的基变量 $\boldsymbol{X}_S$ 会逐渐变为非基变量,原来的非基变量 $\boldsymbol{X}$ 中的一部分会变为基变量(假设为 $\boldsymbol{X}_B$),另一部分(假设为 $\boldsymbol{X}_N$)仍为非基变量。设 $\boldsymbol{X}_B$ 对应的系数矩阵为 $\boldsymbol{B}$,$\boldsymbol{X}_N$ 对应的系数矩阵为 $\boldsymbol{N}$。

即决策变量:$\boldsymbol{X} = \begin{bmatrix}\boldsymbol{X}_B \\ \boldsymbol{X}_N\end{bmatrix}$;

价值系数:$\boldsymbol{C} = (\boldsymbol{C}_B, \boldsymbol{C}_N)$;

系数矩阵:$\boldsymbol{A} = (\boldsymbol{B}, \boldsymbol{N})$。

则初始单纯形表与迭代后的单纯形表可以表示成如表 3-5 和表 3-6 所示的形式。

表 3-5　初始单纯形表

c_j			非基变量		基变量
			$\boldsymbol{X}_B$	$\boldsymbol{X}_N$	$\boldsymbol{X}_S$
0	$\boldsymbol{X}_S$	$\boldsymbol{b}$	$\boldsymbol{B}$	$\boldsymbol{N}$	$\boldsymbol{I}$
$\sigma_j = c_j - z_j$			$\boldsymbol{C}_B$	$\boldsymbol{C}_N$	$\boldsymbol{0}$

表 3-6　迭代后的单纯形表

c_j			基变量	非基变量	
			$\boldsymbol{X}_B$	$\boldsymbol{X}_N$	$\boldsymbol{X}_S$
$\boldsymbol{C}_B$	$\boldsymbol{X}_B$	$\boldsymbol{B}^{-1}\boldsymbol{b}$	$\boldsymbol{B}^{-1}\boldsymbol{B} = \boldsymbol{I}$	$\boldsymbol{B}^{-1}\boldsymbol{N}$	$\boldsymbol{B}^{-1}$
$\sigma_j = c_j - z_j$			$\boldsymbol{C}_B - \boldsymbol{C}_B\boldsymbol{B}^{-1}\boldsymbol{B}$	$\boldsymbol{C}_N - \boldsymbol{C}_B\boldsymbol{B}^{-1}\boldsymbol{N}$	$-\boldsymbol{C}_B\boldsymbol{B}^{-1}$

二、单纯形表迭代的对应关系

从表 3-5 和表 3-6 中可以看出,初始单纯形表与迭代后单纯形表的对应关系如下:

(1) 对应初始单纯形表中的单位矩阵 $\boldsymbol{I}$,迭代后的单纯形表中为 $\boldsymbol{B}^{-1}$;

(2) 初始单纯形表中基变量 $\boldsymbol{X}_S = \boldsymbol{b}$,迭代后的表中 $\boldsymbol{X}_B = \boldsymbol{B}^{-1}\boldsymbol{b}$;

(3) 初始单纯形表中约束系数矩阵为$[\boldsymbol{A}, \boldsymbol{I}] = [\boldsymbol{B}, \boldsymbol{N}, \boldsymbol{I}]$,迭代后的表中约束系数矩阵为$[\boldsymbol{B}^{-1}\boldsymbol{A}, \boldsymbol{B}^{-1}\boldsymbol{I}] = [\boldsymbol{B}^{-1}\boldsymbol{B}, \boldsymbol{B}^{-1}\boldsymbol{N}, \boldsymbol{B}^{-1}\boldsymbol{I}] = [\boldsymbol{I}, \boldsymbol{B}^{-1}\boldsymbol{N}, \boldsymbol{B}^{-1}]$;

(4) 若初始矩阵中变量 $\boldsymbol{X}_j$ 的系数向量为 $\boldsymbol{P}_j$,迭代后为 $\boldsymbol{P}_j'$,则有 $\boldsymbol{P}_j' = \boldsymbol{B}^{-1}\boldsymbol{P}_j$;

(5) 根据单纯形法的原理,当迭代后的单纯形表为最优单纯形表,即 $\boldsymbol{B}$ 为最优基时,有:

$$\boldsymbol{C}_N - \boldsymbol{C}_B\boldsymbol{B}^{-1}\boldsymbol{N} \leqslant \boldsymbol{0}$$
$$-\boldsymbol{C}_B\boldsymbol{B}^{-1} \leqslant \boldsymbol{0}$$

因 $\boldsymbol{X}_B$ 的检验数可写为 $\boldsymbol{C}_B - \boldsymbol{C}_B\boldsymbol{B}^{-1}\boldsymbol{B} = \boldsymbol{0}$,所以,上面的条件可以写为:

$$\boldsymbol{C} - \boldsymbol{C}_B\boldsymbol{B}^{-1}\boldsymbol{A} \leqslant \boldsymbol{0}$$
$$-\boldsymbol{C}_B\boldsymbol{B}^{-1} \leqslant \boldsymbol{0}$$

其中，$C_B B^{-1}$称为单纯形乘子，若令 $Y^T = C_B B^{-1}$，则上式变为：

$$\begin{cases} Y^T A \geq C \\ Y^T \geq 0 \end{cases} \Rightarrow \begin{cases} A^T Y \geq C^T \\ Y \geq 0 \end{cases}$$

由此，我们得到了一个向量 Y，其值满足 $A^T Y \geq C^T$ 且 $Y \geq 0$，因而 Y 是原问题的对偶问题的一个可行解。

而 $Y^T = C_B B^{-1}$ 正好是松弛变量在最优单纯形表中的检验数的相反数。因此，当原问题达到最优时，其检验数的相反数恰好是其对偶问题的一个可行解。

将这个解代入对偶问题的目标函数值，有：

$$w = Y^T b = C_B B^{-1} b = z$$

因此，当原问题为最优解时，对偶问题为可行解，且两者具有相同的目标函数值。由下面的定理可知其对偶问题的解也为最优解。

三、对偶问题的解与变量的对应关系

下面通过一个例子来说明原问题与对偶问题的解与变量之间的对应关系。

例 3-3 分别用单纯形法求解本章开头云天公司例子中的原问题和对偶问题。在原问题与对偶问题两边分别加上松弛变量和剩余变量。

$$\max z = 40x_1 + 50x_2 \qquad \text{对偶变量}$$

$$\text{s.t.} \begin{cases} x_1 + 2x_2 + x_3 = 30 & y_1 \\ 3x_1 + 2x_2 + x_4 = 60 & y_2 \\ 2x_2 + x_5 = 24 & y_3 \\ x_1, x_2, x_3, x_4, x_5 \geq 0 \end{cases}$$

$$\min w = 30y_1 + 60y_2 + 24y_3 \qquad \text{对偶变量}$$

$$\text{s.t.} \begin{cases} y_1 + 3y_2 - y_4 = 40 & x_1 \\ 2y_1 + 2y_2 + 2y_3 - y_5 = 50 & x_2 \\ y_1, y_2, y_3, y_4, y_5 \geq 0 \end{cases}$$

用单纯形法和两阶段法求解原问题与对偶问题，最终单纯形表如表 3-7 和表 3-8 所示。

表 3-7 求解原问题的最终单纯形表

c_j			原问题变量		原问题松弛变量		
C_B	X_B	b	x_1	x_2	x_3	x_4	x_5
40	x_1	15	1	0	−1/2	1/2	0
0	x_5	9	0	0	−3/2	1/2	1
50	x_2	15/2	0	1	3/4	−1/4	0
$-\sigma_j = z_j - c_j$			0	0	35/2	15/2	0
变量			对偶问题松弛变量		对偶问题变量		
			y_4	y_5	y_1	y_2	y_3

表 3-8　求解对偶问题的最终单纯形表

c_j			对偶问题变量			对偶问题松弛变量	
C_B	Y_B	b	y_1	y_2	y_3	y_4	y_5
60	y_2	15/2	1	0	-1/2	-1/2	1/4
30	y_1	35/2	0	1	3/2	1/2	-3/4
$-\sigma_j = z_j - c_j$			0	0	9	15	15/2
变量			原问题松弛变量			原问题变量	
			x_3	x_4	x_5	x_1	x_2

从上面两个表中可以看出，原问题的最优解与对偶问题的检验数的相反数、原问题的检验数的相反数与对偶问题的最优解之间存在着对应关系。在求解一个问题时，其对偶问题也相应地得到了求解。

第三节　对偶问题的性质

一、对称性：对偶问题的对偶是原问题

已知原问题(L)的对偶问题是(D)，则(D)的对偶问题也是(L)。

$$\text{(L)}\quad \max\ z = \boldsymbol{CX}\quad \begin{cases}\boldsymbol{AX} \leqslant \boldsymbol{b}\\ \boldsymbol{X} \geqslant \boldsymbol{0}\end{cases}\qquad\qquad \text{(D)}\quad \min\ w = \boldsymbol{Yb}\quad \begin{cases}\boldsymbol{YA} \geqslant \boldsymbol{C}\\ \boldsymbol{Y} \geqslant \boldsymbol{0}\end{cases}$$

证明：

$$\text{(D)}\quad \min\ w = \boldsymbol{Yb}\quad \begin{cases}\boldsymbol{YA} \geqslant \boldsymbol{C}\\ \boldsymbol{Y} \geqslant \boldsymbol{0}\end{cases}\qquad\qquad \text{(D)}\quad \max\ w = \boldsymbol{Y}(-\boldsymbol{b})\quad \begin{cases}\boldsymbol{Y}(-\boldsymbol{A}) \leqslant -\boldsymbol{C}\\ \boldsymbol{Y} \geqslant \boldsymbol{0}\end{cases}$$

写出其对偶问题：

$$\text{(L)}\quad \min\ w' = -\boldsymbol{CX}\quad \begin{cases}-\boldsymbol{AX} \geqslant -\boldsymbol{b}\\ \boldsymbol{X} \geqslant \boldsymbol{0}\end{cases}\qquad\qquad \text{(L)}\quad \max\ z = \boldsymbol{CX}\quad \begin{cases}\boldsymbol{AX} \leqslant \boldsymbol{b}\\ \boldsymbol{X} \geqslant \boldsymbol{0}\end{cases}$$

二、弱对偶性

如果 $\bar{X}$ 是原问题的可行解，$\bar{Y}$ 是其对偶问题的可行解，则恒有：$\boldsymbol{C\bar{X}} \leqslant \boldsymbol{\bar{Y}b}$。

证明　$\because\ \boldsymbol{A\bar{X}} \leqslant \boldsymbol{b}\quad \boldsymbol{\bar{Y}} \geqslant \boldsymbol{0}\quad \therefore\ \boldsymbol{\bar{Y}A\bar{X}} \leqslant \boldsymbol{\bar{Y}b}$

$\because\ \boldsymbol{\bar{Y}A} \geqslant \boldsymbol{C}\quad \boldsymbol{\bar{X}} \geqslant \boldsymbol{0}\quad \therefore\ \boldsymbol{\bar{Y}A\bar{X}} \geqslant \boldsymbol{C\bar{X}}$

$\therefore\ \boldsymbol{C\bar{X}} \leqslant \boldsymbol{\bar{Y}A\bar{X}} \leqslant \boldsymbol{\bar{Y}b}$

由弱对偶性可以得到以下推论。

推论(1)：原问题任一可行解的目标函数值是其对偶问题目标函数值的下界，反之对偶问题任一可行解的目标函数值是其原问题目标函数值的上界。

推论(2)：若原问题(对偶问题)为无界解，则其对偶问题(原问题)无可行解。(注：其逆

不成立,当对偶问题无可行解时,其原问题或具有无界解或无可行解,反之亦然。)

推论(3):若原问题有可行解而其对偶问题无可行解,则原问题目标函数值无界,反之对偶问题有可行解而其原问题无可行解,则对偶问题的目标函数值无界。

三、最优性

如果 $\bar{X}$ 是原问题的可行解,$\bar{Y}$ 是其对偶问题的可行解,且有:$C\bar{X}=\bar{Y}b$,则 $\bar{X}$ 是原问题的最优解,$\bar{Y}$ 是其对偶问题的最优解。

证明 $\because\ C\bar{X}\leqslant CX^{*}\quad Y^{*}b\leqslant\bar{Y}b$

又$\because\ C\bar{X}=\bar{Y}b$

$\therefore\ Y^{*}b\leqslant\bar{Y}b=C\bar{X}\leqslant CX^{*}$

根据弱对偶性有:$CX^{*}\leqslant Y^{*}b$

$\therefore\ Y^{*}b=\bar{Y}b=C\bar{X}=CX^{*}$

四、强对偶性(对偶定理)

若原问题及其对偶问题均具有可行解,则两者均具有最优解,且它们最优解的目标函数值相等。

证明 由弱对偶定理推论(1),可知原问题的目标函数值具有上界,其对偶问题的目标函数值具有下界,因此两者都有最优解。

由单纯形法的矩阵描述可知,当原问题有最优解时,对偶问题有可行解,且目标函数值相等。由最优性知,两者的解均为最优解。

五、松紧定理

在线性规划问题的最优解中,如果对应某一约束条件的对偶变量值为非零,则该约束条件取严格等式;反之,如果约束条件取严格不等式,则其对应的对偶变量一定为零。

即:若 $\hat{y}_i>0$,则有 $\sum_{j=1}^{n}a_{ij}\hat{x}_j=b_i$,即 $\hat{x}_{si}=0$;

若 $\sum_{j=1}^{n}a_{ij}\hat{x}<b_i$,即 $\hat{x}_{si}=0$,则有 $\hat{y}_i=0$;

因此一定有:$\hat{x}_{si}\cdot\hat{y}_i=0$。

证明 根据弱对偶性可知:$\sum_{j=1}^{n}c_j\hat{x}_j\leqslant\sum_{i=1}^{m}\sum_{j=1}^{n}a_{ij}\hat{x}_j\hat{y}_i\leqslant\sum_{i=1}^{m}b_i\hat{y}_i$

又根据最优性可知:$\sum_{j=1}^{n}c_j\hat{x}_j=\sum_{i=1}^{m}b_i\hat{y}_i$,因此有:$\sum_{j=1}^{n}c_j\hat{x}_j=\sum_{i=1}^{m}\sum_{j=1}^{n}a_{ij}\hat{x}_j\hat{y}_i=\sum_{i=1}^{m}b_i\hat{y}_i$

移项可得:$\sum_{i=1}^{m}\left[\sum_{j=1}^{n}a_{ij}\hat{x}_j-b_i\right]\hat{y}_i=0$

因为:$\hat{y}_i\geqslant 0,\sum_{j=1}^{n}a_{ij}\hat{x}_j-b_i\leqslant 0$,故对所有 $i=1,2,\cdots,m$,有:

$$\left[\sum_{j=1}^{n}a_{ij}\hat{x}_j-b_i\right]\hat{y}_i=0$$

因此，当 $\hat{y}_i > 0$ 时，有 $\sum_{j=1}^{n} a_{ij}\hat{x}_j = b_i$；当 $\sum_{j=1}^{n} a_{ij}\hat{x} < b_i$ 时，有 $\hat{y}_i = 0$。

下面通过几个例题来看对偶性质的应用。

例 3-4　证明下列线性规划问题无最优解。

$$\min w = x_1 - x_2 + x_3$$
$$\text{s.t.}\begin{cases} x_1 - x_3 \geqslant 4 \\ x_1 - x_2 + 2x_3 \geqslant 3 \\ x_j \geqslant 0, j = 1,2,3 \end{cases}$$

证　从上述线性规划模型可以轻松找出该问题的一个可行解，如 $\boldsymbol{X} = (4,0,0)$。所以该规划不会是无可行解，只可能是无界解。要证其无界解，只要证明其对偶问题无可行解即可。写出其对偶问题：

$$\max z = 4y_1 + 3y_2$$
$$\text{s.t.}\begin{cases} y_1 + y_2 \leqslant 1 \\ -y_2 \leqslant -1 \\ -y_1 + 2y_2 \leqslant 1 \\ y_1,\ y_2 \geqslant 0 \end{cases}$$

可以看出，这三个约束条件是矛盾的，因此无可行解，从而证明原问题无最优解。

例 3-5　已知线性规划问题

$$\max z = x_1 + 2x_2 + 3x_3 + 4x_4$$
$$\text{s.t.}\begin{cases} x_1 + 2x_2 + 2x_3 + 3x_4 \leqslant 20 \\ 2x_1 + x_2 + 3x_3 + 2x_4 \leqslant 20 \\ x_i \geqslant 0 \end{cases}$$

的最优解为：$\boldsymbol{X}^* = (0,0,4,4)$，其目标函数值 $z^* = 28$。试用互补松弛定理计算其对偶问题的最优解。

解　写出其对偶问题：

$$\min w = 20y_1 + 20y_2 \qquad \text{对偶变量}$$
$$\text{s.t.}\begin{cases} y_1 + 2y_2 \geqslant 1 & x_1 = 0 \\ 2y_1 + y_2 \geqslant 2 & x_2 = 0 \\ 2y_1 + 3y_2 \geqslant 3 & x_3 = 4 \\ 3y_1 + 2y_2 \geqslant 4 & x_4 = 4 \\ y_1, y_2 \geqslant 0 \end{cases}$$

由互补松弛定理可知：由 $x_3 = 4 > 0$，可知 $2y_1 + 3y_2 = 3$

由 $x_4 = 4 > 0$，可知 $3y_1 + 2y_2 = 4$

解得：$y_1 = 6/5, y_2 = 1/5$

经检验，$y_1=6/5, y_2=1/5$ 满足所有约束条件，且目标函数值 $w=28=z^*$。

因此该问题的对偶问题的最优解为：$y_1=6/5, y_2=1/5$。

小技巧

对于上述已知原问题（或对偶问题）的最优解，求其对偶问题（或原问题）的最优解的情况，有以下三个条件可以利用：

（1）将最优解代入不等式，如果两端不相等，可知其对偶变量为零。

（2）如果对偶变量不为零，可知约束条件为等式，求解方程组。

（3）由原问题与对偶问题的目标函数值相等，可得一个含有相关变量的方程。

例 3-6 设线性规划问题（1）有最优解，现将向量 $\boldsymbol{b}$ 改为 $\boldsymbol{d}$，得线性规划问题（2）。

（1）$\min \quad w=\boldsymbol{CX}$

$$\text{s.t.} \begin{cases} \boldsymbol{AX}=\boldsymbol{b} \\ \boldsymbol{X}\geqslant \boldsymbol{0} \end{cases}$$

（2）$\min \quad w'=\boldsymbol{CX}$

$$\text{s.t.} \begin{cases} \boldsymbol{AX}=\boldsymbol{d} \\ \boldsymbol{X}\geqslant \boldsymbol{0} \end{cases}$$

证明 若问题（2）是可行的，则一定有最优解。

证 写出问题（1）、（2）的对偶问题（3）、（4）：

（3）$\max \quad z=\boldsymbol{Yb}$

$\text{s.t.} \quad \boldsymbol{YA}\leqslant \boldsymbol{C}$

（4）$\max \quad z'=\boldsymbol{Yd}$

$\text{s.t.} \quad \boldsymbol{YA}\leqslant \boldsymbol{C}$

由于（1）有最优解，由对偶定理可知，问题（3）一定可行。

由于（3）和（4）的可行域相同，因而问题（4）也是可行的。

由强对偶性可行，问题（2）如果可行，则一定有最优解。

第四节 对偶变量的经济解释

一、影子价格的概念

由对偶定理可知，当原问题达到最优解时，其对偶问题也达到最优解，且其目标函数值相等，即有：

$$z^* = \sum_{j=1}^{n} c_j x_j^* = \sum_{i=1}^{m} b_i y_i^* = w^* \tag{3.4}$$

式中 b_i 是线性规划原问题约束条件的右端项，它代表第 i 种资源的拥有量；对偶变量 y_i^* 的意义代表在资源最优利用条件下对单位第 i 种资源的估价。显然这种价格不同于第 i 种资源的市场价格，它是由企业内部的条件决定的。同一种资源在不同的企业和不同的生产计划中，其影子价格一般是不相同的。为了区别于市场价格，我们称之为影子价格（shadow price）。

影子价格的大小客观地反映了资源在系统内的稀缺程度。根据松紧定理，生产过程中如果某种资源未得到充分利用，该种资源的影子价格为零；当资源的影子价格不为零时，表明该种资源在生产中已耗费完毕。对于企业的某生产计划而言,越稀缺的资源其影子价格越大。

影子价格不是一个固定的量,其取值与系统的状态有关,它是相对于企业现有的资源和最优生产计划而言的一个相对固定的量。系统中任一状态的改变都可能引起影子价格的变化。

二、影子价格的经济解释

1. 影子价格是一种边际价格

由 $z = \sum_{i=1}^{m} b_i y_i^*$,求导可得:$\frac{\partial z^*}{\partial b_i} = y_i^*$

即对偶变量 y_i^* 可以理解为是每个单位第 i 种资源对目标函数值的贡献,即增加或减少单位第 i 种资源所引起总收益(目标函数值)的改变量。我们称 y_i^* 为第 i 种资源的影子价格。

一种资源的影子价格越大,则增加或减少一个单位这种资源,对总收益的影响越大;如果一种资源的影子价格为零,则在一定范围内增加或减少一个单位这种资源对总收益没有影响。

下面通过一个例子来说明影子价格的边际属性。

以前面云天公司为例来说明。该问题的最优解为:$\boldsymbol{X}^* = (15, 15/2, 0, 0, 9)^{\mathrm{T}}$,即最优生产计划为:第一种产品生产 15 件,第二种产品生产 15/2 件。三种资源的剩余量分别为:0、0、9。三种资源的影子价格分别为:35/2、15/2、0。可以验证松紧定理,即资源的剩余量与影子价格的乘积为零。画出图解法时求解的情形,如图 3-1 所示。

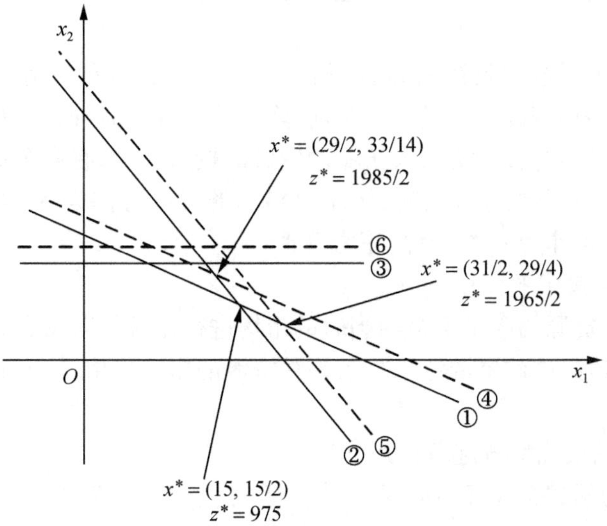

图 3-1　影子价格

从图中可以看出,当第一种资源增加一个单位,由①移动到④时,最优点由(15,15/2)变为(29/2,33/4),其目标函数值由 975 增加到 1 985/2,增加了 35/2,其影子价格为 35/2。当第二种资源增加一个单位,由②移动到⑤时,最优点由(15,15/2)变为(31/2,29/4),其目标函数值由 975 增加到 1 965/2,增加了 15/2,其影子价格为 15/2。当第三种资源增加一个单位,由③移动到⑥时,最优解不变,其影子价格为 0。

2. 影子价格是一种机会成本

机会成本是指为了得到某种东西而所要放弃的另一些东西的最大价值。生产一单位的某种商品的机会成本是指生产者所放弃的使用相同的生产要素在其他生产用途中所能得到的最高收入。

影子价格是指资源增加时对最优收益的贡献,因此也称其为资源的机会成本或边际产出,它表示资源在最优产品组合时,具有的"潜在价值"或"贡献"。资源的影子价格是与具体的企业及产品有关的,同一种资源,在不同企业,或生产不同产品时对应的影子价格并不相同。

从对偶问题引出的实例中,可以看出,影子价格也是企业出让资源的最低价格,企业按这种价格出让资源与用这种资源自己生产所获得的收益是相等的。

影子价格是经济学中的重要概念,将一个企业拥有的资源的影子价格与市场价格比较,可以决定是购入还是出让该种资源。当某资源的市场价格低于影子价格时,企业应该买进该资源用于扩大生产;而当市场价格高于影子价格时,企业的决策者应该将已有资源卖掉,这样获利会更多。在考虑一个地区或一个国家某种资源的进出口决策中,资源的影子价格是影响决策的一个重要因素。

三、影子价格的应用

1. 优化对资源的管理

影子价格为零,表明这种资源对该企业来说相对富裕,因而对该类资源可以向别的企业转让或以市场价出售。

影子价格越高,表明这种资源对目标增益的影响越大,这种资源对企业越稀缺、贵重。因而要重视对这种资源的管理,通过挖潜革新、降低消耗或及时补充该种资源。通过对企业内部的改造、挖潜和增加对影子价格大于零的资源的投入,使原有剩余资源得到充分利用。

在运用 ABC 库存分类管理方法时,影子价格高的资源可作为 A 类资源,严格控制。而影子价格为零的资源可作为 C 类资源,正常管理。

2. 在企业经营决策中的作用

决策者将本企业资源的影子价格与当时的市场进行比较。若某种资源的影子价格高于市场价格,则企业应该买进该资源;反之,若该种资源的影子价格低于市场价格,则企业应该卖出该资源。

3. 对市场资源的最优配置起着推进作用

影子价格可作为同类企业经济效益评估指标之一。对于资源影子价格越高的企业,资源的利用所带来的收益就越大,经济效益就越好。在配置资源时,对于影子价格高的企业,资源优先供给。

4. 预测产品的价格

产品的机会成本为 $\boldsymbol{C}_B\boldsymbol{B}^{-1}\boldsymbol{A}-\boldsymbol{C}$,只有当产品价格定在机会成本之上时,企业才有利可图。

第五节　对偶单纯形法

一、基本思路

单纯形法的思路：先找到一个原问题的基可行解，在保持原问题的解可行的前提下，逐步替换正检验数，直到所有的检验数全为非正（即对偶问题可行）为止。

对偶单纯形法的基本思路：先找出一个对偶问题的可行解（即检验数为非正），并在保持对偶问题为可行解的条件下，逐步替换负基变量，直到原问题的解也可行（即右端资源非负）为止。当原问题与对偶问题都可行时，由于两者目标函数值相等，根据对偶定理，这时对偶问题与原问题均为最优解。

二、计算步骤

1. 列出初始单纯形表，且检验数非正，即 $\boldsymbol{Y}=\boldsymbol{C}_B\boldsymbol{B}^{-1}$ 是对偶可行解。

2. 检查基变量的取值，若 $\boldsymbol{X}_B=\boldsymbol{B}^{-1}\boldsymbol{b}\geqslant 0$，则已得最优解，计算停；

否则，取右端项中 $\min\{(\boldsymbol{B}^{-1}\boldsymbol{b})_i \mid (\boldsymbol{B}^{-1}\boldsymbol{b})_i<0\}=(\boldsymbol{B}^{-1}\boldsymbol{b})_r$ 对应的基变量 x_r 为换出变量。

3. 若所有 $a_{rj}\geqslant 0$，则原问题无可行解，计算停；

否则，按 $\theta=\min\left\{\dfrac{c_j-z_j}{a_{rj}}\,\middle|\,a_{rj}<0\right\}=\dfrac{c_s-z_s}{a_{rs}}$，确定 x_s 为换入变量。

4. 以 a_{rs} 为主元素，进行迭代变换，得新单纯形表。

可以证明，按照上述方法进行迭代变换以后，检验数仍保持为非正，即对偶问题仍可行。

5. 返回步骤 2。

三、例题

例 3-7　用对偶单纯形法求解下列问题：

$$\min z = 30y_1 + 60y_2 + 24y_3$$

$$\text{s.t.}\begin{cases} y_1 + 3y_2 \geqslant 40 \\ 2y_1 + 2y_2 + 2y_3 \geqslant 50 \\ y_1, y_2, y_3 \geqslant 0 \end{cases}$$

解　将原问题化为标准型：

$$\max z' = -30y_1 - 60y_2 - 24y_3$$

$$\text{s.t.}\begin{cases} y_1 + 3y_2 - y_4 = 40 \\ 2y_1 + 2y_2 + 2y_3 - y_5 = 50 \\ y_1, y_2, y_3, y_4, y_5 \geqslant 0 \end{cases}$$

约束条件两边同乘“－1”，得：

$$\max z' = -30y_1 - 60y_2 - 24y_3$$

$$\text{s. t.}\begin{cases} -y_1 - 3y_2 + y_4 = -40 \\ -2y_1 - 2y_2 - 2y_3 + y_5 = -50 \\ y_1, y_2, y_3, y_4, y_5 \geqslant 0 \end{cases}$$

列单纯形表(表 3-9)求解:

表 3-9

	c_j		-30	-60	-24	0	0
C_B	Y_B	b	y_1	y_2	y_3	y_4	y_5
0	y_4	-40	-1	-3	0	1	0
0	y_5	-50	-2	-2	[-2]	0	
	$\sigma_j = c_j - z_j$		-30	-60	-24	0	0
0	y_4	-40	[-1]	-3	0	1	0
-24	y_3	25	1	1	1	0	$-1/2$
	$\sigma_j = c_j - z_j$		-6	-36	0	0	-12
-30	y_1	40	1	3	0	-1	0
-24	y_3	-15	0	[-2]	1	1	$-1/2$
	$\sigma_j = c_j - z_j$		0	-18	0	-6	-12
-30	y_1	35/2	1	0	3/2	1/2	$-3/4$
-60	y_2	15/2	0	1	$-1/2$	$-1/2$	1/4
	$\sigma_j = c_j - z_j$		0	0	-9	-15	$-15/2$

因为 $\boldsymbol{Y}_B \geqslant 0$,所以达到最优解,最优解为:$\boldsymbol{Y}^* = (35/2, 15/2, 0, 0, 0)^{\mathrm{T}}$。

目标函数值为:$z^* = 30 \times 35/2 + 60 \times 15/2 = 975$。

对偶问题的最优解为:$\boldsymbol{X}^* = (15, 15/2, 0, 0, 9)^{\mathrm{T}}$。

例 3-8 用对偶单纯形法求解下列问题:

$$\min z' = 3x_1 + 2x_2 + x_3$$

$$\text{s. t.}\begin{cases} x_1 - x_2 + x_3 \leqslant 4 \\ -2x_1 + 3x_2 - x_3 \geqslant 5 \\ 2x_1 + 2x_2 + x_3 \geqslant 2 \\ x_1, x_2, x_3 \geqslant 0 \end{cases}$$

解 将原问题化为标准型:

$$\max z = -3x_1 - 2x_2 - x_3$$

$$\text{s. t.}\begin{cases} x_1 - x_2 + x_3 + x_4 = 4 \\ 2x_1 - 3x_2 + x_3 + x_5 = -5 \\ -2x_1 + 2x_2 - x_3 + x_6 = -2 \\ x_1, x_2, x_3, x_4, x_5, x_6 \geqslant 0 \end{cases}$$

列单纯形表(表 3-10)求解:

表 3-10

	c_j		-3	-2	-1	0	0	0
C_B	X_B	b	x_1	x_2	x_3	x_4	x_5	x_6
0	x_4	4	1	-1	1	1	0	0
0	x_5	-5	2	[-3]	1	0	1	0
0	x_6	-2	-2	2	-1	0	0	1
	$\sigma_j=c_j-z_j$		-3	-2	-1	0	0	0
0	x_4	17/3	1/3	0	2/3	1	-1/3	0
-2	x_2	5/3	-2/3	1	-1/3	0	-1/3	0
0	x_6	-16/3	-2/3	0	[-1/3]	0	2/3	1
	$\sigma_j=c_j-z_j$		-13/3	0	-5/3	0	-2/3	0
0	x_4	-5	-1	0	0	1	1/3	2
-2	x_2	7	0	1	0	0	-1	-1
-1	x_3	16	2	0	1	0	-2	-3
	$\sigma_j=c_j-z_j$		-1	0	0	0	-7/3	-5
-3	x_1	5	1	0	0	-1	-1/3	-2
-2	x_2	7	0	1	0	0	-1	-1
-1	x_3	6	0	0	1	2	-2	2
	$\sigma_j=c_j-z_j$		0	0	0	-1	-5	-7

已获得最优解：$\boldsymbol{X}^*=(5,7,6,0,0,0)^{\mathrm{T}}$，目标函数值为：$z^*=35$。

对偶问题的最优解为：$\boldsymbol{Y}^*=(-1,5,7,0,0,0)^{\mathrm{T}}$，目标函数值为：$w^*=35$。

四、说明

从以上计算可以看出，用对偶单纯形法求解线性规划问题时，当约束条件为"≥"时，不必引进人工变量，使计算简化。一般情况下，如果问题能够用对偶单纯形法计算，计算量会少于单纯形法。

但是，对偶单纯形法并不是一种普遍算法，它有一定的局限性，不是任何线性规划问题都能用对偶单纯形法计算的。在初始单纯形表中其对偶问题应是基可行解这点，对多数线性规划问题很难实现。只有当线性规划问题具备下面条件时，才可以用对偶单纯形法求解：

1. 问题标准化后，价值系数全非正。
2. 所有约束全是不等式。

因此对偶单纯形法一般不单独使用，而主要应用于灵敏度分析及整数规划等有关章节中。

练习题

3-1 判断下列说法是否正确。

(1) 任何线性规划问题存在并具有唯一的对偶问题。

(2) 对偶问题的对偶问题一定是原问题。

(3) 根据对偶问题的性质，当原问题为无界解时，其对偶问题无可行解；反之，当对偶问题无可行解时，其原问题具有无界解。

(4) 设 $\boldsymbol{X}'$、$\boldsymbol{Y}'$ 分别为标准形式的原问题与对偶问题的可行解，$\boldsymbol{X}^*$、$\boldsymbol{Y}^*$ 分别为其最优解，则恒有

$$\boldsymbol{CX}' \leqslant \boldsymbol{CX}^* = \boldsymbol{CY}^* \leqslant \boldsymbol{CY}'$$

(5) 若线性规划的原问题有无穷多最优解，则其对偶问题也一定具有无穷多最优解。

(6) 已知 y_i^* 为线性规划的对偶问题的最优解，若 $y_i^* > 0$，说明在最优生产计划中第 i 种资源已完全耗尽。

(7) 已知 y_i^* 为线性规划的对偶问题的最优解，若 $y_i^* = 0$，说明在最优生产计划中第 i 种资源一定有剩余。

(8) 若某种资源的影子价格等于 k，在其他条件不变的情况下，当该种资源增加 5 个单位时，相应的目标函数值将增大 $5k$。

(9) 应用对偶单纯形法计算时，若单纯形表中某一基变量 $x_i < 0$，又 x_i 所在行的元素全部大于或等于零，则可以判断其对偶问题具有无界解。

3-2 写出下列问题的对偶规划：

(1)
$$\max z = -3x_1 + 5x_2$$
$$\text{s.t.}\begin{cases} -x_1 + 2x_2 \leqslant 5 \\ x_1 + 3x_2 \leqslant 2 \\ x_1, x_2 \geqslant 0 \end{cases}$$

(2)
$$\max z = x_1 + 2x_2 + x_3$$
$$\text{s.t.}\begin{cases} 2x_1 + x_2 = 8 \\ -x_1 + 2x_2 + 3x_3 = 6 \\ x_1, x_2, x_3 \text{ 均无符号限制} \end{cases}$$

(3)
$$\max z = x_1 + 2x_2 - 3x_3 + 4x_4$$
$$\text{s.t.}\begin{cases} -x_1 + x_2 - x_3 - 3x_4 = 5 \\ 6x_1 + 7x_2 - x_3 + 5x_4 \geqslant 8 \\ 12x_1 - 9x_2 + 7x_3 + 6x_4 \leqslant 10 \\ x_1, x_3 \geqslant 0, x_2, x_4 \text{ 均无符号限制} \end{cases}$$

(4)
$$\min z = -3x_1 + 2x_2 + 5x_3 - 7x_4 - 8x_5$$
$$\text{s.t.}\begin{cases} x_2 - x_3 + 3x_4 - 4x_5 = -6 \\ 2x_1 + 3x_2 - 3x_3 - 4x_4 \geqslant 2 \\ -x_1 + 2x_3 - 2x_4 \leqslant -5 \\ -2 \leqslant x_1 \leqslant 10 \\ 5 \leqslant x_2 \leqslant 25 \end{cases}$$

(5)
$$\min z = \sum_{i=1}^{5}\sum_{j=1}^{6} c_{ij}x_{ij}$$
$$\text{s.t.}\begin{cases} \sum\limits_{j=1}^{6} x_{ij} = a_i \quad (i = 1,2,\cdots,5) \\ \sum\limits_{i=1}^{5} x_{ij} = b_j \quad (j = 1,2,\cdots,6) \\ x_{ij} \geqslant 0 \quad \begin{pmatrix} i = 1,2,\cdots,5 \\ j = 1,2,\cdots,6 \end{pmatrix} \end{cases}$$

(6)
$$\max z = \sum_{j=1}^{6} c_j x_j$$
$$\text{s.t.}\begin{cases} \sum\limits_{j=1}^{6} a_{ij}x_j \leqslant b_i \quad (i = 1,2,\cdots,5) \\ \sum\limits_{j=1}^{6} a_{ij}x_j = b_i \quad (i = 6,7,\cdots,10) \\ x_j \geqslant 0 \quad (j = 1,2,\cdots,6) \end{cases}$$

3-3 试用对偶理论讨论下列原问题与它们的对偶问题是否有最优解：

（1） $\max z = 2x_1 + 2x_2$

$$\text{s. t.} \begin{cases} -x_1 + x_2 + x_3 \leqslant 2 \\ -2x_1 + x_2 - x_3 \leqslant 1 \\ x_1, x_2, x_3 \geqslant 0 \end{cases}$$

（2） $\min z = -x_1 + 2x_2 + x_3$

$$\text{s. t.} \begin{cases} 2x_1 - x_2 + x_3 \geqslant -4 \\ x_1 + 2x_2 = 6 \\ x_1, x_2, x_3 \geqslant 0 \end{cases}$$

3-4　考虑如下线性规划：

$$\min z = x_1 + x_2 + x_3 + x_4$$

$$\text{s. t.} \begin{cases} x_1 + x_4 \geqslant 5 \\ x_1 + x_2 \geqslant 6 \\ x_2 + x_3 \geqslant 8 \\ x_3 + x_4 \geqslant 7 \\ x_1, x_2, x_3, x_4 \geqslant 0 \end{cases}$$

（1）写出对偶规划。

（2）用单纯形法解对偶规划，并在最优表中给出原规划的最优解。

（3）说明这样做比直接求解原规划的好处。

3-5　有两个线性规划：

（1） $\max z = \boldsymbol{CX}$

$$\text{s. t.} \begin{cases} \boldsymbol{AX} = \boldsymbol{b} \\ \boldsymbol{X} \geqslant \boldsymbol{0} \end{cases}$$

（2） $\max z = \boldsymbol{CX}$

$$\text{s. t.} \begin{cases} \boldsymbol{AX} = \boldsymbol{b}^* \\ \boldsymbol{X} \geqslant \boldsymbol{0} \end{cases}$$

已知线性规划(1)有最优解，求证：如果规划(2)有可行解，则必有最优解。

3-6　用对偶单纯形法求解下列问题。

（1） $\min w = 5x_1 + 2x_2 + 4x_3$

$$\text{s. t.} \begin{cases} 3x_1 + x_2 + 2x_3 \geqslant 4 \\ 6x_1 + 3x_2 + 5x_3 \geqslant 10 \\ x_1, x_2, x_3 \geqslant 0 \end{cases}$$

（2） $\max z = -x_1 - 2x_2 - 3x_3$

$$\text{s. t.} \begin{cases} 2x_1 - x_2 + x_3 \geqslant 4 \\ x_1 + x_2 + 2x_3 \leqslant 8 \\ x_2 - x_3 \leqslant 2 \\ x_1, x_2, x_3 \geqslant 0 \end{cases}$$

3-7　已知线性规划问题

$$\max z = c_1x_1 + c_2x_2 + c_3x_3$$

$$\begin{cases} \begin{bmatrix} a_{11} \\ a_{21} \end{bmatrix} x_1 + \begin{bmatrix} a_{12} \\ a_{22} \end{bmatrix} x_2 + \begin{bmatrix} a_{13} \\ a_{23} \end{bmatrix} x_3 + \begin{bmatrix} 1 \\ 0 \end{bmatrix} x_4 + \begin{bmatrix} 0 \\ 1 \end{bmatrix} x_5 = \begin{bmatrix} b_1 \\ b_2 \end{bmatrix} \\ x_j \geqslant 0 \quad (j = 1, \cdots, 5) \end{cases}$$

用单纯形法求解得最终单纯形表如表 3-11，

表　3-11

	c_j		c_1	c_2	c_3	c_4	c_5
$\boldsymbol{C_B}$	$\boldsymbol{X_B}$	$\boldsymbol{b}$	x_1	x_2	x_3	x_4	x_5
c_3	x_3	3/2	1	0	1	1/2	−1/2
c_2	x_2	2	1/2	1	0	−1	2
	$\sigma_j = c_j - z_j$		−3	0	0	0	−4

求 $a_{11},a_{12},a_{13},a_{21},a_{22},a_{23},b_1,b_2,c_1,c_2,c_3$

3-8 已知表 3-12 是求其极大化线性规划问题的初始单纯形表和迭代计算中某一步的表。试求表中未知数 a—l 的值。

表 3-12

C_B	X_B	b	x_1	x_2	x_3	x_4	x_5	x_5
	x_5	20	5	-4	13	b	1	0
	x_6	8	j	-1	k	c	0	1
$\sigma_j=c_j-z_j$			1	6	-7	a	0	0
C_B	X_B	b	x_1	x_2	x_3	x_4	x_5	x_6
	x_3	d	-1/7	0	1	-2/7	f	4/7
	x_2	e	l	1	0	-3/7	-5/7	g
$\sigma_j=c_j-z_j$			72/7	0	0	11/7	h	i

3-9 已知线性规划问题：

$$\max z = x_1+2x_2+3x_3+4x_4$$

$$\text{s.t.}\begin{cases}x_1+2x_2+2x_3+3x_4\leqslant 20\\2x_1+x_2+3x_3+2x_4\leqslant 20\\x_1,x_2,x_3,x_4\geqslant 0\end{cases}$$

其对偶问题最优解为 $y_1=1.2, y_2=0.2$，试根据对偶理论求出原问题的最优解。

3-10 已知线性规划问题：

$$\min z = 8x_1+6x_2+3x_3+6x_4$$

$$\text{s.t.}\begin{cases}x_1+2x_2+x_4\geqslant 3\\3x_1+x_2+x_3+x_4\geqslant 6\\x_3+x_4\geqslant 2\\x_1+x_3\geqslant 2\\x_1,x_2,x_3,x_4\geqslant 0\end{cases}$$

(1) 写出其对偶问题。

(2) 已知原问题最优解为 $\boldsymbol{X}^*=(1,1,2,0)^{\mathrm{T}}$，试根据对偶理论，直接求出对偶问题的最优解。

第四章

灵敏度分析

知识目标

1. 理解灵敏度分析的意义和作用。
2. 掌握灵敏度分析的主要内容和步骤。
3. 熟练掌握在价值系数、工艺系数、资源项变化时最优解的求解方法。
4. 掌握在增加一个变量或约束条件时,最优解的求解方法。
5. 能够运用相关软件进行灵敏度分析。

技能目标

1. 能够运用灵敏度分析的方法找出外界条件变化后的最优解。
2. 能够运用灵敏度分析找出最优解保持不变的参数的变化范围。
3. 能够运用相关软件进行灵敏度分析。

引导案例

王飞在2003年开了一家火腿肠生产厂,近年来效益一直不错。主要生产的火腿包括普通火腿肠、鱼肉肠、清真肠、精制火腿、香菇火腿、牛肉火腿等品种。但近年来,市场上猪肉价格波动较大,普通猪肉价格从去年的10元一公斤涨到了18元一公斤。王飞感到原来企业的生产方案可能已经不是最好的方案了,必须根据当前的市场状况对企业原来的生产计划进行调整。王飞想知道,如何组合其生产方案才能在当前的市场状况下达到企业的最佳效益,当猪肉价格达到多高时其新的生产组合就需要再进行调整。

灵敏度分析是对线性规划问题的动态讨论。在前面介绍的线性规划问题中,都是假定参数 a、b、c 是已知常数。但这些参数在实际问题中往往是不断变化的。如物品的价格在市场中会不断波动,c 值就可能不断变化。而如果产品的工艺提高了或资源量发生了变化,a 和 b 也会相应变化。因此必须分析如果这些参数发生了变化,企业的生产该如何应对。

第一节　灵敏度分析概述

一、灵敏度

灵敏度是指系统的输出变量对系统特性或参数变化的敏感程度。灵敏度的高低反映了系统在特性或参数改变时偏离正常运行状态的程度。灵敏度是控制系统的一项基本性能指标,一个性能良好的控制系统应当具有尽可能低的灵敏度。

灵敏度分析是指对系统或事物因周围条件变化显示出来的敏感程度的分析。灵敏度分析是研究与分析一个系统(或模型)的状态或输出变化对系统参数或周围条件变化的敏感程度的方法。

在最优化方法中经常利用灵敏度分析来研究原始数据不准确或发生变化时最优解的稳定性。通过灵敏度分析还可以决定哪些参数对系统或模型有较大的影响。因此,灵敏度分析几乎在所有的运筹学方法中以及在对各种方案进行评价时都是很重要的。

二、主要内容

线性规划中灵敏度分析所要解决的问题是:当系统参数中的一个或几个发生变化时,最优解将会发生怎样的变化。或者说,当这些参数在一个多大的范围内变化时,最优解将不发生变化,即

(1) 参数 a、b、c 在什么范围内变动,对当前方案无影响?

(2) 参数 a、b、c 中的一个(几个)变动,对当前方案有何影响?

(3) 如果最优方案改变,如何用简便方法求新方案?

灵敏度分析的主要内容:

(1) 价值系统发生变化时问题最优解的变化。

(2) 右端资源项发生变化时问题最优解的变化。

(3) 增加一种新产品时问题最优解的变化。

(4) 当产品的工艺系数发生变化时最优解的变化。

(5) 增加一个新的约束条件时最优解的变化。

当然,当线性规划问题的一个或几个参数变化时,可以用单纯形法从头计算,然后比较最优解的变化。但由于前面已经用单纯形解过原问题,当原系统仅发生一点变化时就重新计算,这样做既麻烦又没有必要。单纯形法的迭代计算是从一组基向量转变为另一组基向量,每步迭代得到的数字只随基向量的不同选择而改变,因此有可能把个别参数的变化直接在计算得到最优解的最终单纯形表上反映出来。

灵敏度分析的基本思路就是把参数或模型结构的变化直接反映到最终单纯形表上,从变化后的最终单纯形表求出变化后的最优解。

三、分析步骤

1. 将参数的改变计算反映到最终单纯形表上来。

具体计算方法是：按下列公式计算出由参数 a_{ij}、b_i、c_j的变化而引起的最终单纯形表上有关数字的变化：

$$X_B = B^{-1}b \Rightarrow \Delta b^* = B^{-1}\Delta b \tag{4.1}$$

$$P_j' = B^{-1}P_j \Rightarrow \Delta P_i^* = B^{-1}\Delta P_i \tag{4.2}$$

$$(c_j - z_j)' = C - C_B B^{-1}A \Rightarrow (c_j - z_j)' = c_j - \sum_{i=1}^{m} a_{ij}y_i^* \tag{4.3}$$

2. 检查原问题是否仍为可行解。
3. 检查对偶问题是否仍为可行解。
4. 按表 4-1 所列情况得出结论和决定继续计算的步骤。

表 4-1　结论和步骤

原问题	对偶问题	结论或继续计算的步骤
可行解	可行解	问题的最优解或最优基不变
可行解	非可行解	用单纯形法继续迭代求最优解
非可行解	可行解	用对偶单纯形法继续迭代求最优解
非可行解	非可行解	引进人工变量，编制新的单纯形表重新计算

第二节　灵敏度分析

一、价值系数的变化

线性规划目标函数中变量系数 c_j 的变化仅仅影响到检验数 $c_j - z_j$ 的变化。所以将 c_j 的变化直接反映到最终单纯形表中，只可能出现前两种情况，即原问题可行，对偶问题有可能可行，有可能不可行。

例 4-1　在第二章例 1 的云天公司例子中：

(1) 若产品 A 的利润降至 20 千元/件，而产品 B 的利润增至 80 千元/件，云天公司最优生产计划有何变化？(2) 若产品 A 的利润不变，则产品 B 的利润在什么范围内变化，该公司的最优生产计划将不发生变化？

解　(1) 把产品利润的变化直接反映到最优单纯形表(表 4-2)中。

表　4-2

	c_j		20	80	0	0	0	θ
C_B	X_B	b	x_1	x_2	x_3	x_4	x_5	
20	x_1	15	1	0	−1/2	1/2	0	30
0	x_5	9	0	0	−3/2	[1/2]	1	18
80	x_2	15/2	0	1	3/4	−1/4	0	—
	$\sigma_j = c_j - z_j$		0	0	−50	10	0	

因 x_4 的检验数大于零,故需继续用单纯形法换代计算(表 4-3)。

表 4-3

c_j			20	80	0	0	0	θ
C_B	X_B	b	x_1	x_2	x_3	x_4	x_5	
20	x_1	6	1	0	1	0	-1	
0	x_4	18	0	0	-3	1	2	
80	x_2	12	0	1	0	0	1/2	
$\sigma_j=c_j-z_j$			0	0	-20	0	-20	

所有检验数为非正,问题得到最优解:$\boldsymbol{x}^*=(6,12,0,0,18,0)^{\mathrm{T}}$,即云天公司在利润变化后产品 A、B 的产量分别调整为 6 件、18 件。

(2) 设产品 B 的利润为$(50+\boldsymbol{\lambda})$千元,反映到最终单纯形表中,如表 4-4 所示。

表 4-4

c_j			40	$50+\boldsymbol{\lambda}$	0	0	0	θ
C_B	X_B	b	x_1	x_2	x_3	x_4	x_5	
40	x_1	15	1	0	-1/2	1/2	0	
0	x_5	9	0	0	-3/2	1/2	1	
$50+\boldsymbol{\lambda}$	x_2	15/2	0	1	3/4	-1/4	0	
$\sigma_j=c_j=z_j$			0	0	$-35/2-3\boldsymbol{\lambda}/4$	$-15/2+\boldsymbol{\lambda}/4$	0	

为使表中的解仍为最优解,应有

$$-\frac{35}{2}-\frac{3}{4}\lambda\leqslant 0,\quad -\frac{15}{2}+\frac{1}{4}\lambda\leqslant 0$$

解得:

$$-\frac{70}{3}\leqslant\lambda\leqslant 30$$

即产品 B 的利润 c_2 的变化范围应满足:$\frac{80}{3}\leqslant c_2\leqslant 80$。

【矩阵求解】

以上计算也可以用矩阵求解。

$$\sigma_A=C-C_BB^{-1}A=(40,c_2,0,0,0)-(40,0,c_2)\begin{bmatrix}1&0&-1/2&1/2&0\\0&0&-3/2&1/2&1\\0&1&4/3&-1/4&0\end{bmatrix}$$

$$=\left(0,0,20-\frac{3}{4}c_2,-20+\frac{1}{4}c_2,0\right)\leqslant 0$$

所以:

$$20-\frac{3}{4}c_2\leqslant 0,\quad -20+\frac{1}{4}c_2\leqslant 0$$

解得:

$$\frac{80}{3}\leqslant c_2\leqslant 80$$

二、右端资源项的变化

$\boldsymbol{b}_i$ 的变化在实际问题中表明可用资源的数量发生变化。$\boldsymbol{b}_i$ 的变化反映到最终单纯形表

上只引起 **b** 列数字变化,不会引起检验数的变化。因而变化结果只会导致原问题不可行,不会引起对偶问题不可行,在表 4-1 中可能出现第一种或第三种情况。出现第一种情况时,问题的最优基不变,变化后的列值为最优解。出现第三种情况用对偶单纯形法求解。

例 4-2 在前面云天公司的例子中:(1) 若劳动日数量和仓库面积不变,煤的供应增加到 40 吨,试分析公司最优计划的变化。

解 $$\Delta \boldsymbol{b}=\begin{bmatrix}10\\0\\0\end{bmatrix}\quad\therefore\ \Delta \boldsymbol{b}^*=\boldsymbol{B}^{-1}\Delta \boldsymbol{b}=\begin{bmatrix}-1/2 & 1/2 & 0\\-3/2 & 1/2 & 1\\3/4 & -1/4 & 0\end{bmatrix}\begin{bmatrix}10\\0\\0\end{bmatrix}=\begin{bmatrix}-5\\-15\\15/2\end{bmatrix}$$

$$\therefore\ \boldsymbol{b}'=\boldsymbol{b}^*+\Delta \boldsymbol{b}^*=\begin{bmatrix}15\\9\\15/2\end{bmatrix}+\begin{bmatrix}-5\\-15\\15/2\end{bmatrix}=\begin{bmatrix}10\\-6\\15\end{bmatrix}$$

反映到最终单纯形表中,利用对偶单纯形法求解(表 4-5)。

表 4-5

c_j			40	50	0	0	0
$\boldsymbol{C}_B$	$\boldsymbol{X}_B$	$\boldsymbol{b}$	x_1	x_2	x_3	x_4	x_5
40	x_1	10	1	0	-1/2	1/2	0
0	x_5	-6	0	0	[-3/2]	1/2	1
50	x_2	15	0	1	3/4	-1/4	0
$\sigma_j=c_j-z_j$			0	0	-35/2	-15/2	0
40	x_1	12	1	0	0	1/3	-1/3
0	x_3	4	0	0	1	-1/3	-2/3
50	x_2	12	0	1	0	0	1/2
$\sigma_j=c_j-z_j$			0	0	0	-40/3	-35/3

所有检验数为非正,问题最优解为:$\boldsymbol{X}^*=(12,12,4,0,0)^{\mathrm{T}}$。

(2) 若劳动日数量和仓库面积不变,则煤的供应量在什么范围内变化时,问题的最优基不变?

解 问题的最优基不变,只要

$$\boldsymbol{b}'=\boldsymbol{B}^{-1}\boldsymbol{b}=\begin{bmatrix}-1/2 & 1/2 & 0\\-3/2 & 1/2 & 1\\3/4 & -1/4 & 0\end{bmatrix}\begin{bmatrix}b_1\\60\\24\end{bmatrix}=\begin{bmatrix}-b_1/2+30\\-3b_1/2+54\\3b_1/4-15\end{bmatrix}\geqslant 0$$

即: $-b_1/2+30\geqslant 0,\quad -3b_1/2+54\geqslant 0,\quad 3b_1/4-15\geqslant 0$

解得: $20\leqslant b_1\leqslant 36$

所以当煤的供应量在 20 吨到 36 吨之间时,问题的最优基不变。

三、增加一个变量的变化

增加一个变量 x_j 在实际问题中反映为增加了一种新的产品,在单纯形表上相当于增加了一列。这一列由三部分组成:价值系数 c_j、变化后的系数列向量 P_j'、检验数 σ_j'。

分析的方法是首先计算检验数看是否满足最优性要求,如果满足则该产品不生产。否则,在单纯形表中增加些列数字,用单纯形法求解。

分析步骤:

(1) 计算检验数 $\sigma_j' = c_j - z_j = c_j - \sum_{i=1}^{m} a_{ij}y_i^*$。

(2) 如果 $\sigma_j' \leqslant 0$,则停止运算,最优解不变。

(3) 如果 $\sigma_j' \geqslant 0$,计算 $\boldsymbol{P}_j' = \boldsymbol{B}^{-1}\boldsymbol{P}_j$。在单纯形表中增加一列($c_j$、$\boldsymbol{P}_j'$、$\sigma_j'$),用单纯形法求解。

例 4-3 在云天公司的例子中,假设该公司又计划推出一种新产品 C,生产单位 C 产品需煤 2 吨、劳动日 1 天、仓库 2 平方米,问:(1) 该产品的预期盈利为多少时,投产产品 C 有盈利?(2) 如果该产品的预期盈利为 60 千元/件,则公司的最优生产计划是什么?

解 (1) 设产品 C 的产量是 x_6 件,由题意可知:$\boldsymbol{P}_6 = (2,3,1)^{\mathrm{T}}$。

当 $\sigma_6' = c_6 - \sum_{i=1}^{m} a_{ij}y_i^* = c_6 - \left(\frac{35}{2},\frac{15}{2},0\right)\begin{bmatrix}2\\3\\1\end{bmatrix} = c_6 - 57\frac{1}{2} \geqslant 0$,即 $c_6 \geqslant 57\frac{1}{2}$ 时,该产品值得生产。

(2) 当 $c_6 = 60$ 时

$$\sigma_6' = c_6 - \sum_{i=1}^{m} a_{ij}y_i^* = 60 - \left(\frac{35}{2},\frac{15}{2},0\right)\begin{bmatrix}2\\3\\1\end{bmatrix} = \frac{5}{2}$$

$$\boldsymbol{P}_6' = \boldsymbol{B}^{-1}\boldsymbol{P}_6 = \begin{bmatrix}-1/2 & 1/2 & 0\\ -3/2 & 1/2 & 1\\ 3/4 & -1/4 & 0\end{bmatrix}\begin{bmatrix}2\\3\\1\end{bmatrix} = \begin{bmatrix}1/2\\ -1/2\\ 3/4\end{bmatrix}$$

列表(表 4-6)计算:

表 4-6

c_j			40	50	0	0	0	60
$\boldsymbol{C_B}$	$\boldsymbol{X_B}$	$\boldsymbol{b}$	x_1	x_2	x_3	x_4	x_5	x_6
40	x_1	15	1	0	−1/2	1/2	0	1/2
0	x_5	9	0	0	−3/2	1/2	1	−1/2
50	x_2	15/2	0	1	3/4	−1/4	0	[3/4]
$\sigma_j = c_j - z_j$			0	0	−35/2	−15/2	0	5/2
40	x_1	10	1	−2/3	−1	2/3	0	0
0	x_5	14	0	2/3	−1	1/3	1	0
60	x_6	10	0	4/3	1	−1/3	0	1
$\sigma_j = c_j - z_j$			0	−10/3	−20	−20/3	0	0

所有检验数为非正,问题最优解为:$\boldsymbol{X}^* = (10,0,0,0,14,10)^{\mathrm{T}}$。

所以,该公司新的生产计划应为每天生产 A 产品 10 件,生产 C 产品 10 件。

四、工艺系数的变化

工艺系数 a_{ij} 的变化使线性规划的约束系数矩阵 A 发生变化，因此有可能导致 B 和 B^{-1} 发生变化，从而原问题及对偶问题均变得不可行。这时需引进人工变量将原问题的解转化为可行解，再用单纯形法求解。

工艺系数 a_{ij} 的变化可以把工艺系数变化后的产品作为一种新产品，仿照增加一个变量的变化求解。

分析步骤：

(1) 把 a_{ij} 变化产品作为一种新产品 x_j'，在单纯形表上增加一列向量，包括价值系数 c_j、变化后的系数列向量 $\boldsymbol{P}_j'$、检验数 $\sigma_j' = c_j - \sum_{i=1}^{m} a_{ij}' y_i^*$。

(2) 用产品 x_j' 替换 x_j。此处与单纯形法规则稍有不同，即不是用 x_j' 取代 θ 值最小的变量，而是只能用 x_j' 替换 x_j。因此，如果 x_j 的 θ 值不是最小，则右端项会出现负数。

(3) 根据右端项和检验数的情况用单纯形法或对偶单纯形法求解。

在分析问题过程中，如果问题要求是工艺改变后的生产计划，则不论检验数是正还是负，均应用 x_j' 替换 x_j，尽管这样做目标函数值会减小。

例 4-4　在云天公司的例子中，若产品 A 工艺改变，生产每件产品 A 需煤 1 吨、劳动日 4 天、仓库 1 平方米，该产品的利润变为 50 千元，试重新确定该公司最优生产计划。

解　将生产工艺变化后的产品 A 看成一种新产品，生产量为 x_1'，则

$$\sigma_1' = c_1 - \sum_{i=1}^{m} a_{ij} y_i^* = 50 - \left(\frac{35}{2}, \frac{15}{2}, 0\right)\begin{bmatrix}1\\4\\1\end{bmatrix} = 5/2$$

$$\boldsymbol{P}_1' = \boldsymbol{B}^{-1}\boldsymbol{P}_1 = \begin{bmatrix}-1/2 & 1/2 & 0\\-3/2 & 1/2 & 1\\3/4 & -1/4 & 0\end{bmatrix}\begin{bmatrix}1\\4\\1\end{bmatrix} = \begin{bmatrix}3/2\\3/2\\-1/4\end{bmatrix}$$

列表计算(表 4-7)：

表 4-7

c_j			40	50	50	0	0	0
$\boldsymbol{C_B}$	$\boldsymbol{X_B}$	$\boldsymbol{b}$	x_1	x_1'	x_2	x_3	x_4	x_5
40	x_1	15	1	[3/2]	0	−1/2	1/2	0
0	x_5	9	0	3/2	0	−3/2	1/2	1
50	x_2	15/2	0	−1/4	1	3/4	−1/4	0
$\sigma_j = c_j - z_j$			0	5/2	0	−35/2	−15/2	0

以 x_1' 为换入变量，x_1 为换出变量，进行迭代，去掉原产品 A 所在的一列(表 4-8)。注意，虽然按最小值 θ 规则应以 x_5 为换出变量，但由于产品 A 是工艺改变，只能用 x_1' 替换 x_1。

表 4-8

c_j			50	50	0	0	0
C_B	X_B	b	x_1'	x_2	x_3	x_4	x_5
50	x_1'	10	1	0	-1/3	1/3	0
0	x_5	-6	0	0	[-1]	1	1
50	x_2	10	0	1	5/6	-1/6	0
$\sigma_j = c_j - z_j$			0	0	-25	-25/2	0

用对偶单纯形法，以 x_5 为换出变量，x_3 为换入变量，进行迭代(表 4-9)。

表 4-9

c_j			50	50	0	0	0
C_B	X_B	b	x_1'	x_2	x_3	x_4	x_5
50	x_1'	12	1	0	0	0	-1/3
0	x_3	6	0	0	1	-1	-1
50	x_2	5	0	1	0	2/3	5/6
$\sigma_j = c_j - z_j$			0	0	0	-100/3	-25

所有检验数为非正，问题达到最优，最优解为：$\boldsymbol{X}^* = (12,5,6,0,0)^{\mathrm{T}}$，$Z^* = 850$，即工艺改变后的新产品 A 生产 12 件，产品 B 生产 5 件。

五、增加一个约束条件的变化

增加一个约束条件在实际问题中相当于增添一道工序。从图形(二维)上分析相当于增加了一条直线。

分析步骤：

(1) 写出约束条件，将原问题最优解的变量值代入新增的约束条件。

(2) 如最优解满足约束条件，说明新增的约束未起到限制作用，原最优解不变。

(3) 否则，将新增的约束条件直接添加到最终单纯形表中，并在单纯形表中化简出单位矩阵，用对偶单纯形法做进一步分析。

例 4-5 以云天公司为例，假设产品还需要经过一道环境检测工序。产品 A 每件须环境检测 3 小时，产品 B 每件须环境检测 2 小时，又环境检测工序每天可用能力为 36 小时。试分析增加该工序后的云天公司最优生产计划。

解 增加的环境检测工序约束条件为：

$$3x_1 + 2x_2 \leqslant 36$$

将原问题的最优解 $\boldsymbol{X}^* = (15,15/2,0,0,9)^{\mathrm{T}}$ 代入约束条件：

$$3 \times 15 + 2 \times 15/2 \geqslant 36$$

故原问题最优解不是本例的最优解。在约束条件中加入松弛变量得：

$$2x_1 + 3x_2 + x_6 = 36$$

以 x_6 为基变量，将上式反映到最终单纯形表(表 4-10)计算如下。

表　4-10

c_j			40	50	0	0	0	0
C_B	X_B	b	x_1	x_2	x_3	x_4	x_5	x_6
40	x_1	15	1	0	-1/2	1/2	0	0
0	x_5	9	0	0	-3/2	1/2	1	1
50	x_2	15/2	0	1	3/4	-1/4	0	0
0	x_6	36	3	2	0	0	0	1
$\sigma_j = c_j - z_j$			0	0	-35/2	-15/2	0	0
40	x_1	15	1	0	-1/2	1/2	0	0
0	x_5	9	0	0	-3/2	1/2	1	1
50	x_2	15/2	0	1	3/4	-1/4	0	0
0	x_6	-24	0	0	0	[-1]	0	1
$\sigma_j = c_j - z_j$			0	0	-35/2	-15/2	0	0
40	x_1	3	1	0	-1/2	0	0	1/2
0	x_5	-3	0	0	[-3/2]	0	1	3/2
50	x_2	27/2	0	1	3/4	0	0	-1/4
0	x_4	24	0	0	0	1	0	-1
$\sigma_j = c_j - z_j$			0	0	-35/2	0	0	-15/2
40	x_1	4	1	0	0	0	-1/3	0
0	x_3	2	0	0	1	0	-2/3	-1
50	x_2	12	0	1	0	0	1/2	1/2
0	x_4	24	0	0	0	1	0	-1
$\sigma_j = c_j - z_j$			0	0	0	0	-35/3	-25

所有检验数为非正，问题达到最优，最优解为：$X^* = (4,12,2,24,0,0)^T$，$Z^* = 760$。

第三节　软件求解与分析

一、问题的提出

例 4-6　某公司饲养实验用的动物并出售给动物研究所，已知这些动物的生长对饲料中的3种营养成分（蛋白质、矿物质和维生素）特别敏感，每个动物每周至少需要蛋白质60克、矿物质3克、维生素8毫克，该公司能买到5种不同的饲料，每种饲料1千克所含各种营养成分和成本如表4-11所示，每个小动物每周食用饲料不超过52千克，才能满足动物生长的需要。

表 4-11　饲料所含营养成分及成本

饲料	A1	A2	A3	A4	A5	营养最低要求
蛋白质(克)	0.3	2	1	0.6	1.8	60
矿物质(克)	0.1	0.05	0.02	0.2	0.05	3
维生素(毫克)	0.05	0.1	0.02	0.2	0.08	8
成本(元/千克)	0.2	0.7	0.4	0.3	0.5	

问题：

(1) 求使得总成本最低的饲料配方。

(2) 如果另一个动物研究对蛋白质的营养要求变为59单位，但是要求动物的价格比现在的价格便宜0.3元，问该养殖所值不值得接受？

(3) 受市场因素的影响，x_2 的价格降为0.6元/千克，问是否要改变饲料配方？

二、建立线性规划数学模型

解 (1) 设需要饲料 A_1,A_2,A_3,A_4,A_5 分别为 x_1,x_2,x_3,x_4,x_5 千克，则建立线性规划数学模型如下：

$$\min z = 0.2x_1 + 0.7x_2 + 0.4x_3 + 0.3x_4 + 0.5x_5$$

$$\text{s.t.}\begin{cases}0.3x_1 + 2x_2 + x_3 + 0.6x_4 + 1.8x_5 \geqslant 60\\ 0.1x_1 + 0.05x_2 + 0.02x_3 + 0.2x_4 + 0.05x_5 \geqslant 3\\ 0.05x_1 + 0.1x_2 + 0.02x_3 + 0.2x_4 + 0.08x_5 \geqslant 8\\ x_1 + x_2 + x_3 + x_4 + x_5 \leqslant 52\\ x_1,x_2,x_3,x_4,x_5 \geqslant 0\end{cases}$$

三、在 LINGO 软件中的求解

在 LINGO 中输入下面的命令：

```
Model:
    Min =0.2 * x1 +0.7 * x2 +0.4 * x3 +0.3 * x4 +0.5 * x5;
    0.3 * x1 +2 * x2 + x3 +0.6 * x4 +1.8 * x5 >60;
    0.1 * x1 +0.05 * x2 +0.02 * x3 +0.2 * x4 +0.05 * x5 >3;
    0.05 * x1 +0.1 * x2 +0.02 * x3 +0.2 * x4 +0.08 * x5 >8;
    x1 + x2 + x3 + x4 + x5 <52;
end
```

输出结果如下：

```
Global optimal solution found at iteration: 4
Objective value:                22.40000
    Variable            Value               Reduced Cost
    X1                  0.000000            0.7000000
    X2                  12.00000            0.000000
    X3                  0.000000            0.6166667
    X4                  30.00000            0.000000
    X5                  10.00000            0.000000
    Row                 Slack or Surplus    Dual Price
    1                   22.40000            -1.000000
    2                   0.000000            -0.5833333
    3                   4.100000            0.000000
    4                   0.000000            -4.166667
    5                   0.000000            0.8833333
```

四、结果分析

（一）一般分析

第一，每周每个动物的配料为饲料 A2、A4、A5 分别为 12、30 和 10 千克，合计为 52 千克，可使得饲养成本达到最小，最小成本为 22.4 元。

第二，"Reduced Cost"表示当变量有微小变动时，目标函数的变化率。其中基变量的 reduced cost 值应为 0，对于非基变量 x_j，相应的 reduced cost 值表示当某个变量 x_j 增加一个单位时目标函数增加的量。变量 x_1 对应的 reduced cost 值为 0.7，表示当非基变量 x_1 的值从 0 变为 1 时（此时假定其他非基变量保持不变，但为了满足约束条件，基变量显然会发生变化），最优的目标函数值 = 22.4 + 0.7 = 23.1。

第三，"Slack or Surplus"给出松弛变量的值：可以看出，蛋白质和维生素刚达到最低标准，矿物质超过最低标准 4.1 克。

第四，"Dual Price"（对偶价格）表示当对应约束有微小变动时，目标函数的变化率。输出结果中对应于每一个约束都有一个对偶价格。若其数值为 p，表示对应约束中不等式右端项若增加 1 个单位，目标函数将增加 p 个单位（max 型问题）。显然，如果在最优解处约束正好取等号（也就是"紧约束"，也称为有效约束或起作用约束），对偶价格值才可能不是 0。从"Dual Price"可以得到：

（1）降低标准蛋白质 1 单位可使饲养成本降低 0.583 元（第二个问题答案）。

（2）降低标准维生素 1 单位可使饲养成本降低 4.167 元。

（3）降低矿物质的标准不会降低饲养成本。

（4）如果动物的进食量减少，就必须选取精一些的饲料，但要增加成本，大约进食量降低 1 千克可使得饲养成本增加 0.88 元。

（二）灵敏度分析

对于目标函数系数和约束条件右端常数项的灵敏度分析，可以通过 LINGO 软件求解的灵敏度分析给出。如果要看灵敏度分析结果，必须激活灵敏度计算功能，才会在求解时给出灵敏度分析结果，默认情况下这项功能是关闭的。想要激活它，必须运行 LINGO | Options… 命令，选择 Gengral Solver，在 Dual Computation 列表框中，选择 Prices and Ranges 选项并确定。

```
Ranges in which the basis is unchanged:
Objective Coefficient Ranges
            Current          Allowable        Allowable
Variable    Coefficient      Increase         Decrease
  X1        0.2000000        INFINITY         0.7000000
  X2        0.7000000        INFINITY         0.1358974
  X3        0.4000000        INFINITY         0.6166667
  X4        0.3000000        1.400000         1.000000
  X5        0.5000000        0.1247059        INFINITY
Right hand Side Ranges
Row         Current          Allowable        Allowable
            RHS              Increase         Decrease
2           60.00000         4.800000         4.800000
3           3.000000         4.100000         INFINITY
```

4	8.000000	0.3428571	0.4800000 4
5	52.00000	1.846154	1.411765

1. 系数价格变化的分析

目标函数中 x_1 原来的费用系数为 0.2,允许增加(Allowable Increase)到无穷大,或者允许减少(Allowable Decrease) =0.7,说明当它在[0, +∞]范围变化时,最优基保持不变。由于此时约束没有变化(只是目标函数中某个费用系数发生变化),所以最优基保持不变的意思也就是最优解不变(当然,由于目标函数中费用系数发生了变化,因此最优值会变化)。

对于 x_2 来说,目标函数中原来的费用系数为 0.7,允许增加(Allowable Increase)到无穷大,或者允许减少(Allowable Decrease) =0.136,说明当它在[0.7 -0.136, +∞] =[0.564, +∞]范围变化时,最优基保持不变。

2. 约束中右端项变化的分析

第 2 行约束中右端项(Right Hand Side,简写为 RHS)原来为 60,当它在[60 -4.8,60 +4.8] =[55.2,64.8]范围变化时,最优基保持不变。第 3、4、5 行可以做类似解释。不过由于此时约束发生变化,即使最优基不变,最优解、最优值也会发生变化。

练习题

4-1 考虑下列线性规划:

$$\max z = 2x_1 + 3x_2$$

$$\text{s.t.}\begin{cases} 2x_1 + 2x_2 + x_3 = 12 \\ x_1 + 2x_2 + x_4 = 8 \\ 4x_1 + x_5 = 16 \\ 4x_2 + x_6 = 12 \\ x_j \geqslant 0 \quad (j = 1,2,\cdots,6) \end{cases}$$

其最优单纯形表表示于表 4-12 中。

表 4-12

基变量		x_1	x_2	x_3	x_4	x_5	x_6
x_3	0	0	0	1	-1	-1/4	0
x_1	4	1	0	0	0	1/4	0
x_6	4	0	0	0	-2	1/2	1
x_2	2	0	1	0	1/2	-1/8	0
σ_j	-14	0	0	0	-3/2	-1/8	0

试分析下列问题:

(1) 分别对 c_1、c_2 进行灵敏度分析。

(2) 对 b_3 进行灵敏度分析。

(3) 当 $c_2 = 5$ 时,求新的最优解。

(4) 当 $b_3 = 4$ 时,求新的最优解。

(5) 增加一个约束 $2x_1 + 2.4x_2 \leqslant 12$,对最优解有何影响?

(6) 确定保持当前最优解不变的 P_4 的范围。

4-2　已知某工厂计划生产 A_1、A_2、A_3 三种产品，各产品需要在甲、乙、丙设备上加工。有关数据如表 4-13 所示。

表　4-13

设备＼产品	A_1	A_2	A_3	工时限制/月
甲	8	16	10	304
乙	10	5	8	400
丙	2	13	10	420
单位产品利润/千元	3	2	2.9	

试问：

(1) 如何充分发挥设备能力，使工厂获利最大？

(2) 若为了增加产量，可借用别的工厂的设备甲，每月可借用 60 台时，租金 1.8 万元，问是否划算？

(3) 若另有 2 种新产品 A_4、A_5，其中每件 A_4 需要设备甲 12 台时、乙 5 台时、丙 10 台时，每件获利 2.1 千元；每件 A_5 需要设备甲 4 台时、乙 4 台时、丙 12 台时，每件获利 1.87 千元。如 A_1、A_2、A_3 设备台时不增加，分别回答这两种新产品投产是否合算。

(4) 增加设备乙的台时是否可使企业总利润进一步增加？

4-3　某公司制造三种产品 A、B、C，需要两种资源（劳动力和原材料），要求确定总利润最大的最优生产计划。该问题的线性规划模型如下：

$$\max z = 3x_1 + x_2 + 5x_3$$

$$\text{s. t.} \begin{cases} 6x_1 + 3x_2 + 5x_3 \leqslant 45 \\ 3x_1 + 4x_2 + 5x_3 \leqslant 30 \\ x_1, x_2, x_3 \geqslant 0 \end{cases}$$

其中 x_1、x_2、x_3 是产品 A、B、C 的产量。

这个线性规划问题的最终单纯形表如表 4-14 所示。

表　4-14

	c_j		3	1	5	0	0
C_B	X_B	b	x_1	x_2	x_3	x_4	x_5
3	x_1	5	1	−1/3	0	1/3	−1/3
5	x_3	3	0	1	1	−1/5	2/5
	$\sigma_j = c_j - z_j$		0	−3	0	0	−1

(1) 求出使得最优解不变的产品 A 的单位利润变动范围。$C_1 = 2$ 时最优解是否变化？

(2) 假定能以 10 元的代价增加 15 个单位的材料，这种做法是否有利？

(3) 求出使劳动力对偶价格不变的 b_2 的变化范围。

(4) 由于技术上的突破，每单位产品 B 原材料的需要减少为 2 单位，这时是否需要改变生产计划？为什么？

(5) 假如这时，又试制成新产品 D，生产一个单位新产品 D 需要劳动力 4 单位、原材料 3 单位，而每单位的新产品 D 的利润为 3 元。请问这时生产计划是否要进行修改？

第五章

运输问题

知识目标

1. 了解运输问题数学模型的结构与特点。
2. 掌握表上作业法的基本原理,理解表上作业法与单纯形法的联系。
3. 熟练掌握表上作业法的求解步骤。
4. 熟练掌握最小元素法、西北角法和沃格尔法、闭回路法和位势法。
5. 了解一般运输问题的求解方法。

技能目标

1. 能够运用最小元素法、西北角法和沃格尔法求初始基可行解。
2. 能够熟练运用闭回路法和位势法求检验数。
3. 能够运用闭回路法进行解的调整。
4. 能够运用运输问题的思想对有供需要求的问题进行分析求解。

引导案例

根据中国物流与采购网的统计数据分析,2010 年全国社会物流总额 125.4 万亿元,全国社会物流总费用 7.1 万亿元,其中运输费用为 3.8 万亿元,物流业已经成为国民经济的主导产业。但我国物流行业普遍面临着专业化程度低、高耗低效等问题,造成我国物流成本较高。据统计,我国一般工业品流通费用约占商品价格的 50%,其中蔬菜、水果的流通费用约占 70%,而在美国、德国、日本等发达国家,这一比率仅为 8% 左右,这些费用上的消耗为物流业的发展留下了巨大的空间。

李军是一家物流公司的老总,同其他物流企业一样,他也面临着油费和公路费所带来的高运输成本问题。如何有效控制并降低运输成本,提高企业的经营效益,成为摆在李军面前的一道难题。面对企业所面临的困境,李军一直在思考,能不能在现有的运力和业务范围内,找出更为节省成本的运输方案呢?

运输问题(transportation problem,简记为TP)是一类常见而且极其特殊的线性规划问题。它最早是从物资调运工作中提出来的,是物流优化管理的重要内容之一。

从理论上讲,运输问题也可用单纯形法来求解,但是因为运输问题涉及的变量及约束条件较多,而其数学模型具有特殊的结构,所以存在一种比单纯形法更简便的计算方法——表上作业法,用表上作业法来求解运输问题比用单纯形法更节约计算时间与计算费用。但表上作业法的实质仍是单纯形法。

第一节 运输问题的数学模型

一、问题的提出

一般的运输问题就是要解决把某种产品从若干个产地调运到若干个销地,在每个产地的供应量与每个销地的需求量已知,并知道各地之间的运输单价的前提下,如何确定一个使得总的运输费用最小的方案。

例 5-1 某公司从两个产地 A_1、A_2 将物品运往三个销地 B_1、B_2、B_3,各产地的产量、各销地的销量和各产地运往各销地每件物品的运费如表 5-1 所示,问:应如何调运可使总运输费最小?

表 5-1 产销量及运费

产地 \ 销地	B_1	B_2	B_3	产量
A_1	6	4	6	200
A_2	6	5	5	300
销量	150	150	200	

解 此为产销平衡的运输问题,即总产量等于总销量。设 x_{ij} 为从产地 A_i 运往销地 B_j 的运输量,得到表 5-2。

表 5-2 运输量表

产地 \ 销地	B_1	B_2	B_3	产量
A_1	x_{11}	x_{12}	x_{13}	200
A_2	x_{21}	x_{22}	x_{23}	300
销量	150	150	200	

模型为:

$$\min z = 6x_{11} + 4x_{12} + 6x_{13} + 6x_{21} + 5x_{22} + 5x_{23}$$

$$\text{s.t.}\begin{cases} x_{11} + x_{12} + x_{13} = 200 \\ x_{21} + x_{22} + x_{23} = 300 \\ x_{11} + x_{21} = 150 \\ x_{12} + x_{22} = 150 \\ x_{13} + x_{23} = 200 \\ x_{ij} \geq 0 \quad (i = 1,2; j = 1,2,3) \end{cases}$$

系数矩阵为：
$$A=\begin{bmatrix}1&1&1&0&0&0\\0&0&0&1&1&1\\1&0&0&1&0&0\\0&1&0&0&1&0\\0&0&1&0&0&1\end{bmatrix}$$

可以看出运输问题模型系数矩阵有如下特征：

(1) 共有 $m+n$ 行，分别表示各产地和销地；$m\times n$ 列，分别表示各决策变量。

(2) 每列只有两个 1，其余为 0，分别表示只有一个产地和一个销地被使用。

一般运输问题的提法：

假设 $A_1, A_2, \cdots, A_m$ 表示某物资的 m 个产地；$B_1, B_2, \cdots, B_n$ 表示某物资的 n 个销地；a_i 表示产地 A_i 的产量；b_j 表示销地 B_j 的销量；c_{ij} 表示把物资从产地 A_i 运往销地 B_j 的单位运价。如果

$$\sum_{i=1}^{m} a_i = \sum_{j=1}^{n} b_j$$

则称该运输问题为产销平衡的运输问题；否则，称为产销不平衡的运输问题。

运输问题运价表如表 5-3 所示，其变量表如表 5-4 所示，将变量表与运价表合并起来，形成运输问题的运输表如表 5-5 所示。

表 5-3

产地＼销地	B_1	B_2	…	B_n	产量
A_1	c_{11}	c_{12}	…	c_{1n}	a_1
A_2	c_{21}	c_{22}	…	c_{2n}	a_2
⋮	⋮	⋮		⋮	⋮
A_m	c_{m1}	c_{m2}	…	c_{mn}	a_m
销量	b_1	b_2	…	b_n	

表 5-4

产地＼销地	B_1	B_2	…	B_n	产量
A_1	x_{11}	x_{12}	…	x_{1n}	a_1
A_2	x_{21}	x_{22}	…	x_{2n}	a_2
⋮	⋮	⋮		⋮	⋮
A_m	x_{m1}	x_{m2}	…	x_{mn}	a_m
销量	b_1	b_2	…	b_n	

表 5-5

产地＼销地	B_1	B_2	…	B_n	产量
A_1	c_{11} x_{11}	c_{12} x_{12}	… …	c_{1n} x_{1n}	a_1
A_2	c_{21} x_{21}	c_{22} x_{22}	… …	c_{2n} x_{2n}	a_2

（续表）

产地＼销地	B_1	B_2	…	B_n	产量
⋮	⋮ [⋮]	⋮ [⋮]	⋮ [⋮]	[⋮]	⋮
A_m	x_{m1} [c_{m1}]	x_{m2} [c_{m2}]	… […]	x_{mn} [c_{mn}]	a_m
销量	b_1	b_2	…	b_m	

在上述运输表中,最左边一列是产地(或供应地),第一行是销地(或需求地),最后一列是产地的产量(供应量),最后一行是销地的销量(需求量),中间每个格的右上角方框内是单位运费,格的中间是运输量。

于是得到一般运输问题的数学模型:

$$\min z = \sum_{i=1}^{m}\sum_{j=1}^{n} c_{ij}x_{ij}$$

$$\text{s.t.}\begin{cases}\sum\limits_{j=1}^{n} x_{ij} \leqslant a_i \quad (i = 1,2,\cdots,m) \\ \sum\limits_{i=1}^{m} x_{ij} \leqslant (\geqslant, =) b_j \quad (j = 1,2,\cdots,n) \\ x_{ij} \geqslant 0 \quad (i = 1,2,\cdots,m; j = 1,2,\cdots,n)\end{cases} \tag{5.1}$$

此约束中前 m 个为产量约束,后 n 个为销量约束。

平衡的运输问题其约束条件为:

$$\min z = \sum_{i=1}^{m}\sum_{j=1}^{n} c_{ij}x_{ij}$$

$$\text{s.t.}\begin{cases}\sum\limits_{j=1}^{n} x_{ij} = a_i \quad (i = 1,2,\cdots,m) \\ \sum\limits_{i=1}^{m} x_{ij} = b_j \quad (j = 1,2,\cdots,n) \\ x_{ij} \geqslant 0 \quad (i = 1,2,\cdots,m; j = 1,2,\cdots,n)\end{cases} \tag{5.2}$$

可以看出:在产销平衡问题中,前 m 个为产量约束式,后 n 个为销量约束式。

在实际中,建立运输问题模型时,还会出现如下一些变化:

(1) 有时问题表面看不是运输问题,但其仍要求费用最低或要求目标函数(利润最大或营业额)最大化,因此仍可看成运输问题。

(2) 当某些运输线路上的能力有限制时,模型中可直接加入(等式或不等式)约束。

(3) 产销不平衡的情况。当销量大于产量时可加入一个虚设的产地去生产不足的物资,这相当于在前 m 个产量约束式每一式中加上 1 个松弛变量,共 m 个;当产量大于销量时可加入一个虚设的销地去消化多余的物资,这相当于在后 n 个销量约束式每一式中加上 1 个松弛变量,共 n 个。

运输问题是一种特殊的线性规划问题,在求解时仍可以采用单纯形法的思路,如图 5-1 所示。

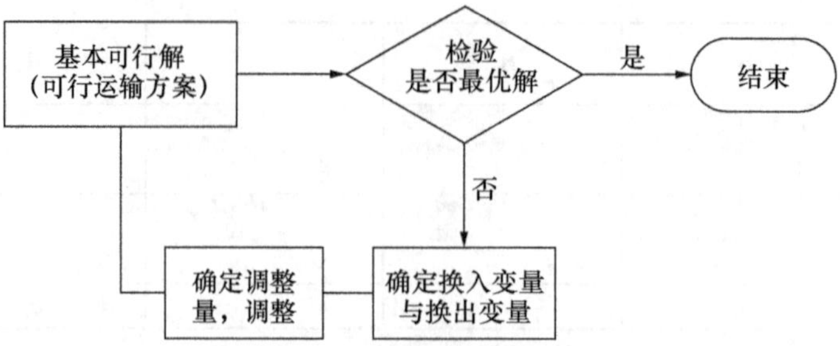

图 5-1 运输问题求解思路

由于运输规划系数矩阵的特殊性,如果直接使用线性规划单纯形法求解计算,则无法利用这些有利条件。人们在分析运输规划系数矩阵特征的基础上建立了针对运输问题的表上作业法。

下面主要讨论运输问题的一些性质、基可行解、检验数以及基的转换等问题。

二、运输问题数学模型解的特点

(1) 运输问题有有限最优解,即必有最优基可行解。

(2) 运输问题约束条件的系数矩阵 $\boldsymbol{A}$ 的秩为$(m+n-1)$。

运输问题的矩阵属于一种大型稀疏矩阵,所谓“大型”是指矩阵的规模大,矩阵 $\boldsymbol{A}$ 共有 $m+n$ 行、mn 列。当 m 和 n 较大时,矩阵 $\boldsymbol{A}$ 的规模是很大的,所谓“稀疏”是指矩阵中的非零元素较少。

如果将平衡运输问题的模型写成矩阵形式,

记:

$$\boldsymbol{X} = (x_{11},x_{12},\cdots,x_{1n},x_{21},x_{22},\cdots,x_{2n},\cdots,x_{m1},x_{m2},\cdots,x_{mn})^{\mathrm{T}}$$

$$\boldsymbol{C} = (c_{11},c_{12},\cdots,c_{1n},c_{21},c_{22},\cdots,c_{2n},\cdots,c_{m1},c_{m2},\cdots,c_{mn})$$

$$\boldsymbol{A} = [\boldsymbol{P}_{11},\boldsymbol{P}_{12},\cdots,\boldsymbol{P}_{1n},\boldsymbol{P}_{21},\boldsymbol{P}_{22},\cdots,\boldsymbol{P}_{2n},\cdots,\boldsymbol{P}_{m1},\boldsymbol{P}_{m2},\cdots,\boldsymbol{P}_{mn}]$$

$$\boldsymbol{b} = [a_1,a_2,\cdots,a_m,b_1,b_2,\cdots,b_n]^{\mathrm{T}}$$

模型(5.2)的矩阵表示为

$$\min z = \boldsymbol{CX}$$
$$\text{s.t.}\begin{cases}\boldsymbol{AX} = \boldsymbol{b}\\ \boldsymbol{X} \geqslant \boldsymbol{0}\end{cases} \tag{5.3}$$

$$\begin{array}{c} \qquad x_{11}x_{12}\cdots x_{1n} \quad x_{21}x_{22}\cdots x_{21} \quad \cdots \quad x_{m1}x_{m2}\cdots x_{mn} \end{array}$$

$$A = \begin{bmatrix}
1&1&\cdots&1& & & & & & & & & \\
 & & & &1&1&\cdots&1& & & & & \\
 & & & & & & & &\ddots&1&1&\cdots&1\\
1& & & &1& & & & &1& & & \\
 &1& & & &1& & &\cdots& &1& & \\
 & &\ddots& & & &\ddots& & & & &\ddots& \\
 & & &1& & & &1& & & & &1
\end{bmatrix}_{(m+n)\times mn} \tag{5.4}$$

矩阵 **A** 中相应于 x_{ij} 的列的量为 $\boldsymbol{P}_{ij}$

$$\boldsymbol{P}_{ij} = \boldsymbol{e}_i + \boldsymbol{e}_{m+j} \quad (i = 1,2,\cdots m; j = 1,2,\cdots n)$$

$$\boldsymbol{e}_i = (0,\cdots,0,\overset{i}{1},0,\cdots,0)^{\mathrm{T}}, \quad \boldsymbol{e}_{m+j} = (0,\cdots,0,\overset{m}{0},\cdots,0,\overset{m+j}{1},0,\cdots,0)^{\mathrm{T}}$$

即 $\boldsymbol{P}_{ij}$ 中的第 i 个分量和第 $m+j$ 个分量为 1，其余的元素均为 0。

三、运输问题的基变量与基可行解

运输问题是特殊的线性规划，单纯形法的原理仍适合于运输问题，为此需要了解其基可行解的性质。

为了说明基变量与基可行解的特征，此处需要引入一些概念。下面的讨论建立在表 5-5 中决策变量格的基础上。

定义 5.1　在表 5-5 的决策变量格中，凡是能够排列成下列形式的

$$x_{ab}, x_{ad}, x_{cd}, x_{ce}, \cdots, x_{st}, x_{sb} \tag{5.5}$$

或

$$x_{ab}, x_{cb}, x_{cd}, x_{ed}, \cdots, x_{st}, x_{at} \tag{5.6}$$

其中，$a,c,\cdots,s$ 各不相同；$b,d,\cdots,t$ 各不相同，我们称之为变量集合的一个闭回路，并将式(5.5)和式(5.6)中的变量称为这个闭回路的顶点。

例如，$x_{13}, x_{16}, x_{36}, x_{34}, x_{24}, x_{23}$；$x_{23}, x_{53}, x_{55}, x_{45}, x_{41}, x_{21}$ 等都是闭回路。

若把闭回路的各变量格看成结点，可以画出如下形式的闭回路（图 5-2）。

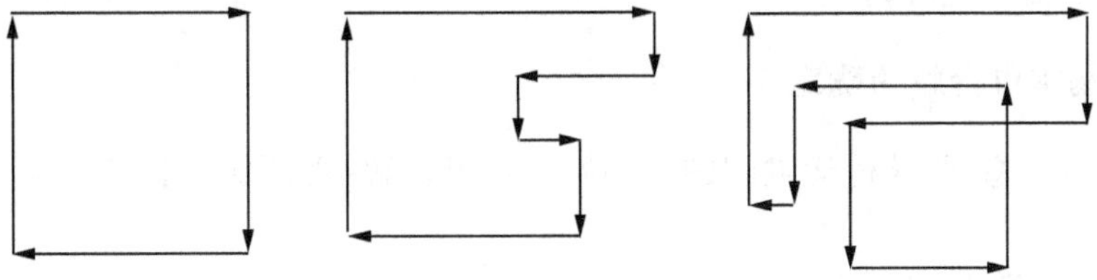

图 5-2　闭合回路

根据定义可以看出闭回路的一些明显特点，闭回路是一个具有如下条件的顶点格子的集合：

(1) 每一个顶点格子都是转角点。

(2) 每一行（或列）若有闭回路的顶点，则有两个顶点。

(3) 每两个顶点格子的连线都是水平的或垂直的。

(4) 闭回路中顶点的个数必为偶数。

根据运输问题的系数矩阵 **A** 中的列向量 $\boldsymbol{P}_{ij}$ 的特征，可以推出闭回路有如下代数性质：

性质 5.1　构成闭回路的变量组 $x_{ab}, x_{ad}, x_{cd}, x_{ce}, \cdots, x_{st}, x_{sb}$ 所对应的系数列向量

$$\boldsymbol{P}_{ab}, \boldsymbol{P}_{ad}, \boldsymbol{P}_{cd}, \boldsymbol{P}_{ce}, \cdots, \boldsymbol{P}_{st}, \boldsymbol{P}_{sb}$$

必线性相关。

性质 5.2　若变量组 $x_{ab}, x_{ad}, x_{cd}, x_{ce}, \cdots, x_{st}, x_{sb}$ 中有一个部分组构成闭回路，则变量组对应的列向量组

$$\boldsymbol{P}_{ab}, \boldsymbol{P}_{ad}, \boldsymbol{P}_{cd}, \boldsymbol{P}_{ce}, \cdots, \boldsymbol{P}_{st}, \boldsymbol{P}_{sb}$$

是线性相关的。

推论 5.1 若变量组对应的列向量组线性无关,则该变量组一定不包含闭回路。

根据以上结论以及线性规划基变量的特点,可以得到下面的定理。

定理 5.1 变量组 $x_{ab},x_{ad},x_{cd},x_{ce},\cdots,x_{st},x_{sb}$ 所对应的系数列向量 $\boldsymbol{P}_{ab},\boldsymbol{P}_{ad},\boldsymbol{P}_{cd},\boldsymbol{P}_{ce},\cdots,\boldsymbol{P}_{st},\boldsymbol{P}_{sb}$ 线性无关的充分必要条件是这个变量组中不包含闭回路。

定理 5.2 产销平衡运输问题的 $m+n-1$ 个变量构成基变量的充分必要条件是它不含闭回路。

定理 5.2 给出了运输问题基本解的重要性质,也为寻求基本可行解提供了依据。

第二节 表上作业法

表上作业法(又称为运输单纯形法)是根据单纯形法的原理和运输问题的特征,设计出来的一种在表上运算的求解运输问题的简便而有效的方法,作为一种迭代算法,它的主要步骤是:

(1) 求一个初始调运方案。

(2) 根据最优性判别准则来检查这个基本可行解是不是最优的。若是,则迭代停止;否则,转下一步。

(3) 改进当前方案,得到新的方案,再返回(2)。

(4) 直至求出最优解为止。

一、初始基本可行解的确定

根据上面的讨论,要求得运输问题的初始基本可行解,必须保证找到 $m+n-1$ 个不构成闭回路的基变量。

一般的方法步骤如下:

(1) 在运输表中任选一个单元格 x_{ij}(A_i 行 B_j 列交叉位置上的格),令 $x_{ij}=\min\{a_i,b_j\}$,即从 A_i 向 B_j 运最大量(使行或列在允许的范围内尽量饱和,即使一个约束方程得以满足),填入 x_{ij} 的相应位置。

(2) 从 a_i 和 b_j 中分别减去 x_{ij} 的值,修正为新的 a_i 和 b_j,即调整 A_i 的拥有量及 B_j 的需求量。

(3) 若 $a_i=0$,则划去对应的行(已经把拥有的量全部运走),若 $b_j=0$,则划去对应的列(已经把需要的量全部运来),且每次只划去一行或一列(即每次要去掉且只去掉一个约束)。

(4) 当最终的运输量选定时,其所在行、列同时满足,此时要同时划去一行和一列。这样,运输平衡表中所有的行与列均被划去,则得到了一个初始基本可行解。否则在剩下的运输平衡表中选下一个变量,返回(1)。

按照上述方法所产生的一组变量的取值将满足下面的条件:

(1) 所得的变量均为非负,且变量总数恰好为 $m+n-1$ 个。

(2) 所有的约束条件均得到满足。

（3）所得的变量不构成闭回路。

在上面的方法中，对 x_{ij} 的选取方法并没有给予限制，若采取不同的规则来选取 x_{ij}，则可得到不同的方法，常用的方法有西北角法、最小元素法和沃格尔法。下面分别举例并予以介绍。

1. 最小元素法

最小元素法的基本思路：为了减少运费，应优先考虑单位运价最小（或运距最短）的供销业务，最大限度地满足其供销量。在可供物品已用完的产地或需求已全部满足的销地，以后将不再考虑。然后，在余下的供、销点的供销关系中，继续按上述方法安排调运，直至安排完所有供销任务，得到一个完整的调运方案（完整的解）为止。这样就得到了运输问题的一个初始基可行解（初始调运方案）。

由于该方法基于优先满足单位运价（或运距）最小的供销业务，故称为最小元素法。

例 5-2　某食品公司下属的 A_1, A_2, A_3 三个厂生产方便食品，要运送到 B_1, B_2, B_3, B_4 四个销售点，数据如表 5-6 所示。

表 5-6　产销量数据

产地 \ 销地	B_1	B_2	B_3	B_4	产量
A_1	3	11	3	10	7
A_2	1	9	2	8	4
A_3	5	4	10	5	9
销量	3	6	5	6	20（产销平衡）

解　首先，找出所有运价中的最小运价 $c_{21}=1$，令 $x_{21}=\min\{a_2, b_1\}=\min\{4,3\}=3$，去掉 B_1 这一列。在剩下的格中找最小运价 $c_{23}=2$，所以令 $x_{23}=\min\{a_2', b_3\}=\min\{1,5\}=1$，去掉 A_2 这一行。在剩下的格中找最小运价 $c_{13}=4$，令 $x_{13}=\min\{a_1, b_3'\}=\min\{7,4\}=4$，去掉 B_3 这一列。在剩下的格中找最小运价 $c_{32}=4$，令 $x_{32}=\min\{a_3, b_2\}=\min\{9,6\}=6$，去掉 B_2 这一列。在剩下的格中找最小运价 $c_{34}=5$，令 $x_{34}=\min\{a_3', b_4\}=\min\{3,6\}=3$，去掉 A_3 这一行。最后剩下一个格 $c_{14}=10$，令 $x_{14}=\min\{a_1', b_4'\}=\min\{3,3\}=3$，去掉 A_3 这一行和 B_4 这一列。

表　5-7

产地 \ 销地	B_1	B_2	B_3	B_4	产量
A_1	3	11	3 4	10 3	7
A_2	1 3	9	2 1	8	4
A_3	7	4 6	10	5 3	9
销量	3	6	5	6	

这样，就得到一个初始调运方案，即 $z_{13}=4, x_{14}=3, x_{21}=3, x_{23}=1, x_{32}=6, x_{34}=3$。

目标函数值：$z=3\times x_{13}+10\times x_{14}+1\times x_{21}+2\times x_{23}+4\times x_{32}+5\times x_{34}$
$=3\times4+10\times3+1\times3+2\times1+4\times6+5\times3=86$

2. 西北角法

虽然最小元素法从求运费最小的角度出发寻找初始方案适应了目标函数的要求，但在大型的运输问题中，如在有 100 个产地和 100 个销地的情况下，从大量的运价中寻找一个最小的元素就成为一件非常浪费时间的工作。因此，我们给出了第二种方法——西北角法。

西北角法的基本思路：在满足约束条件的前提下尽可能给最左上角的变量以最大值。

西北角法的计算方法是从西北角（左上角）格开始，在格内的左下角标上允许取得的最大数。然后去掉产量（销量）已满足的行（列），再在余下的数据中找西北角的格，给它一个允许取得的最大数。如此进行下去，直至得到一个基本可行解。

用西北角法求解初始方案的方法，虽然比较简单，但因为它没有考虑到运价，所以得到的初始方案比最小元素法离最优方案要远一些。

例 5-3 对于上例用西北角法求初始调运方案。

解 首先，令表 5-8 中西北角的变量 $x_{11}=\min\{a_1,b_1\}=\min\{7,3\}=3$，去掉 B_1 这一列。在剩下的格中找西北角的变量 $x_{12}=\min\{a_1',b_2\}=\min\{4,6\}=4$，去掉 A_1 这一行。在剩下的格中找西北角的变量 $x_{22}=\min\{a_2,b_2'\}=\min\{4,2\}=2$，去掉 B_2 这一列。在剩下的格中找西北角的变量 $x_{23}=\min\{a_2',b_3\}=\min\{2,5\}=2$，去掉 A_2 这一行。在剩下的格中找西北角的变量 $x_{33}=\min\{a_3,b_3'\}=\min\{9,3\}=3$，去掉 B_3 这一列。最后剩下一个格 $x_{34}=\min\{a_3',b_4\}=\min\{6,6\}=6$，去掉 A_3 这一行和 B_4 这一列。

表 5-8

产地＼销地	B_1	B_2	B_3	B_4	产量
A_1（运价）	3	11	3	10	7
A_1（运量）	3	4			
A_2（运价）	1	9	2	8	4
A_2（运量）		2	2		
A_3（运价）	7	4	10	5	9
A_3（运量）			3	6	
销量	3	6	5	6	

这样，就得到一个初始调运方案，即 $x_{11}=3,x_{12}=4,x_{22}=2,x_{23}=2,x_{33}=3,x_{34}=6$。

目标函数值：$z=3\times x_{11}+4\times x_{12}+9\times x_{22}+2\times x_{23}+10\times x_{33}+6\times x_{34}$
$=3\times3+4\times4+9\times2+2\times2+10\times3+6\times6=113$

3. 沃格尔法

从目标最优的角度出发，最小元素法要比西北角法合理，但是最小元素法也存在问题，就是在采用最小元素法时，有时按某一最小单位运价优先安排物品调运时，却可能导致不得不采用运费很高的其他供销点，从而使整个运输费用增加。

如表 5-9 中的运输问题，如按最小元素法安排，其最优方案是 $x_{21}=5,x_{12}=5$，目标函数是 $z=110$。显然这个方案不如不采用最小元素法的方案 $x_{11}=5,x_{22}=5$，其目标函数值为 $z=50$。

造成这个结果的原因是最小元素法安排了运价最小的 $x_{21}=5$，结果导致最后安排了运价最大的 $x_{12}=5$。相比而言，安排 $x_{21}=5$ 比安排 $x_{11}=5$ 单位运费节省了 $6-2=4$，但是由于安排了 $x_{12}=5$，比安排 $x_{22}=5$ 单位产品多花费了 $20-4=16$。这就好像"捡了芝麻，丢了西瓜"，赚了小便宜，吃了大亏。

表 5-9

产地＼销地	B_1	B_2	产量
A_1	6	20	5
A_2	2	4	5
销量	5	5	

因此，我们在安排运输方案时，除了要看最小运价，还要看如果不按最小元素安排时所多花的成本，即受到的惩罚有多大。如果惩罚不大，不按最小元素安排也可以；如果惩罚非常大，那么最好还是按最小元素安排。

这个惩罚，我们称之为罚数。对每一个供应地或销售地，均可由它到各销售地或到各供应地的单位运价中找出最小单位运价和次小单位运价，并称这两个单位运价之差为该供应地或销售地的罚数。

沃格尔法的基本思路：在罚数最大处采用最小运费安排调运。如果罚数的值不大，当不能按最小单位运价安排运输时造成的运费损失不大；反之，如果罚数的值很大，不按最小运价组织运输就会造成很大损失，故应尽量按最小单位运价安排运输。沃格尔法就是基于这种考虑提出来的。

沃格尔法计算步骤：

(1) 分别算出各行、各列的罚数。

(2) 从行、列中选出差额最大者，选择它所在行、列中的最小元素，进行运量调整。

(3) 对剩余行、列再分别计算各行、列的差额。返回(1)、(2)。

例 5-4　对于上例中用沃格尔法求初始调运方案(表 5-10)。

表 5-10

产地＼销地	B_1	B_2	B_3	B_4	产量	行罚数
A_1	3	11	3 5	10 2	7	0　0　7
A_2	1 3	9	2	8 1	4	1　1　6
A_3	7	4 6	10	5 3	9	1　2
销量	3	6	5	6		
列罚数	2 2	5	1 1	3 2		

解 首先,求出各行、各列的罚数{0,1,1;2,5,1,3},找出最大罚数5所在列的最小元素4,给它一个尽可能的运量6,去掉这一列。重新求行罚数(列罚数不变),罚数为{0,1,2;2,-,1,3},找出最大值3所在列的最小元素5,给它一个尽可能大的运量3,去掉这一行。重新求列罚数,罚数为{0,1,-;2,-,1,2},找出最大值2所在列的最小元素1,给它一个尽可能大的运量3,去掉这一列。重新求行罚数,罚数为{7,6,-;-,-,1,2},找出最大值7所在行的最小元素3,给它一个尽可能大的运量5,去掉这一列。剩下只有一列,不必再求罚数,找出最小值8,给它一个尽可能大的运量1,去掉这一行。剩下只有一个格,给它运量2,行列均满足。

这就得到一个初始调运方案,即 $x_{13}=5, x_{14}=2, x_{21}=3, x_{24}=1, x_{32}=6, x_{34}=3$。

目标函数值:$z = 3\times x_{13}+10\times x_{14}+1\times x_{12}+8\times x_{14}+4\times x_{32}+5\times x_{34}$

$= 3\times5+10\times2+1\times3+8\times1+4\times6+5\times3=85$

可以看出,相比于最小元素法,沃格尔法的目标函数值更小。

4. 几点注意

一般地说,在用西北角法和最小元素法求初始方案时,应注意以下几点:

(1) 在填入一个数时,如果行和列同时饱和,规定只划去一行或一列,而不能同时划去行和列,这时行和列的修正量均为0。如果划去的是行(或列),下次到修正量为0的列(或行)时,就必须取相应的变量的值为0,填入相应的格子,划去该列(或行),以保证填数字的格子为 $m+n-1$。

(2) 在剩下最后一个空格时,只能填数(必要时可取0),并将所在的行和列都划去。

(3) 在某一行(或列)填最后一个数时,如果行和列同时饱和,则规定只划去该行(或列)。

二、解的最优性检验

最优性检验就是检查所得到的方案是不是最优方案。检查的方法与单纯形方法中的原理相同,即计算检验数。由于目标函数要求取得极小,当所有的检验数都大于或等于零时,该调运方案就是最优方案;否则就不是最优,需要进行调整。下面介绍两种求检验数的方法。

1. 闭回路法

下面是闭回路法的理论基础。

定理 5.3 设 $x_{i_1j_1}, x_{i_2j_2}, \cdots, x_{i_sj_s}$ ($s=m+1$)是运输问题(5.2)的一组基变量,$x_{i_rj_r}$ 是非基变量,则在变量组

$$x_{i_1j_1}, x_{i_2j_2}, \cdots, x_{i_sj_s}, x_{i_rj_r} \tag{5.7}$$

中存在唯一的以 $x_{i_rj_r}$ 为顶点的闭回路。

这样,如果对闭回路的方向不加区别(即只要起点及其他所有顶点完全相同,而不区别行进方向是顺时针还是逆时针),那么以每一个非基量为起始顶点的闭回路就存在而且唯一。因此,当基变量确定后对每一个非基变量可以找到而且只能找到唯一的一个闭回路。

表5-11中用虚线画出以非基变量 x_{22} 为起始顶点的闭回路。

表 5-11

产地 \ 销地	B_1	B_2	B_3	B_4	产量
A_1	3	11	3 4	10 3	7
A_2	1 3	9 ○	2 1	8	4
A_3	7	4 6	10	5 3	9
销量	3	6	5	6	

根据单纯形法原理,检验数是将基变量用非基变量表示代入目标函数时非基变量的系数,因此在运输问题中,要计算非基变量(即空格处)的检验数。

表 5-11 为运输问题的一个基可行解,$x_{21}=x_{34}=x_{14}=3$,$x_{32}=6$,$x_{13}=4$,$x_{23}=1$,其余 $x_{ij}=0$,将运输问题做线性规划处理,在该基本可行解下单纯形表的目标函数为

$$z=86+\sigma_{11}x_{11}+\sigma_{12}x_{12}+\sigma_{22}x_{22}+\sigma_{31}x_{31}+\sigma_{33}x_{33}+\sigma_{24}x_{24}$$

σ_{ij}为非基变量 x_{ij}的检验数,现利用运量的变化及运输的单位费用,可计算出该变量对目标函数的综合影响,进而求出检验数。

σ_{22}为非基变量 x_{22}对运费的影响,其经济意义表述为当其余非基变量 x_{ij}保持不变时,x_{22}增加一个单位对总运费的增加量。如果仅 x_{22}变化,其余非基变量与基变量保持不变,约束条件将被破坏。所以当 x_{22}增加时部分基变量一定会发生变化。

在上例中,x_{22}增加一个单位,由 B_2 的销量约束及根据其余非基变量保持不变的条件,x_{32}必减少一个单位,由 A_3 的产量约束,x_{34}必增加一个单位,x_{14}必减少一个单位,x_{13}必增加一个单位,x_{23}必减少一个单位。至此,从 x_{22}出发,依次途经基变量 $x_{22}\to x_{32}\to x_{34}\to x_{14}\to x_{13}\to x_{23}$,又回到 x_{22}(也可选择沿相反的方向)。这就得到以 x_{22}为顶点,其余顶点为基变量的闭回路。

运费增加的数目为 $\sigma_{22}=9-4+5-10+3-2=1$,这就是求检验数的闭回路法。

用闭回路法求检验数时,对于给定的调运方案(基可行解),从非基变量 x_{ij}出发做一条闭回路,要求该闭回路上其余的顶点均为基变量,并从 x_{ij}开始将该闭回路上的顶点顺序编号(顺时针或逆时针均可),起点为零,其余类推。称编号为奇数的点为奇点,编号为偶数的点为偶点,则 x_{ij}处对应的检验数 σ_{ij}等于该闭回路上偶点处运价的总和与奇点处运价的总和之差,即:

$$\sigma_{ij}=\text{偶点处运价的总和}-\text{奇点处运价的总和} \tag{5.8}$$

如要求 x_{24}的检验数,找出以 x_{24}为顶点的闭回路为 $x_{24}\to x_{14}\to x_{13}\to x_{23}$(也可选顺时针方向),则检验数为:

$$\sigma_{24}=8-10+3-2=-1\quad(\text{或 }\sigma_{24}=8-2+3-10=-1)$$

这就是求检验数的闭回路法,其原理就是通过寻找闭回路来计算非基变量的检验数。

用闭回路法,计算表 5-12 中的所有非基变量的检验数。结果如下:

表 5-12

产地＼销地	B_1		B_2		B_3		B_4		产量
A_1	(1)	3	(2)	11	4	3	3	10	7
A_2	3	1	(1)	9	1	2	(−1)	8	4
A_3	(10)	7	6	4	(12)	10	3	5	9
销量	3		6		5		6		

显然，当所有非基变量的检验数均大于或等于零时，现行的调运方案就是最优方案，因为此时对现行方案做任何调整都将导致总运输费用的增加。

闭回路法的主要缺点是当变量个数较多时，寻找闭回路以及计算两方面都会产生困难。

2. 位势法

当运输问题的产地与销地很多时，空格的数目很大，用闭回路法计算检验数，就要找很多的闭回路或者一个闭回路非常长，导致计算量很大，而用位势法(也称对偶变量法)就要简便得多。

对产销平衡运输问题，约束方程的系数矩阵的秩为 $m+n-1$，模型为

$$\min z = \sum_{i=1}^{m}\sum_{j=1}^{n} c_{ij}x_{ij}$$

$$\text{s.t.}\begin{cases}\sum\limits_{j=1}^{n} x_{ij} = a_i & (i = 1,2,\cdots m)\\ \sum\limits_{i=1}^{n} x_{ij} = b_j & (j = 1,2,\cdots n)\\ x_{ij} \geqslant 0 & (i = 1,2,\cdots m; j = 1,2,\cdots n)\end{cases} \tag{5.9}$$

设 $u_1,u_2,\cdots,u_m$ 分别表示前 m 个约束等式相应的对偶变量，用 $v_1,v_2,\cdots,v_n$ 分别表示后 n 个等式约束相应的对偶变量，即有对偶变量向量$(u_1,u_2,\cdots,u_m,v_1,v_2,\cdots,v_n)$，这时可将运输问题的对偶规划写成：

$$\max z = \sum_{i=1}^{m} a_iu_i + \sum_{j=1}^{n} b_jv_j$$
$$\text{s.t.}\begin{cases}u_i + v_j \leqslant c_{ij} & (i = 1,2,\cdots,m; j = 1,2,\cdots,n)\\ u_i,v_j \text{ 为任意实数}\end{cases} \tag{5.10}$$

由互补松弛定理可知，若$\{x_{ij}^*\}$与$\{u_i^*, v_j^*\}$$(i=1,2,\cdots,m;j=1,2,\cdots,n)$分别为原问题和对偶问题的可行解，它们同为最优解的充要条件是对一切 i 与 j，有

$$x_{ij}^*(u_i^* + v_j^* - c_{ij}) = 0 \tag{5.11}$$

对于原问题的任意基可行解$\{x_{ij}^*\}$，当 x_{ij}^* 为非基变量时，式(5.11)显然成立，当 x_{ij}^* 为基变量时，可令

$$u_i^* + v_j^* - c_{ij} = 0 \tag{5.12}$$

实际中对于给定的基可行解$\{x_{ij}^*\}$，先通过(5.12)求出u_i^*与v_j^*，然后代入(5.10)检验$u_i^*+v_j^*-c_{ij}\leqslant 0$是否对$(i=1,2,\cdots,m;j=1,2,\cdots,n)$成立。

原问题的任意基可行解所对应的(5.12)给出了$m+n$个变量的$m+n-1$个方程，其系数矩阵为原问题的系数矩阵A中基变量所对应的列向量的转置，该方程组的系数矩阵与增广矩阵的秩相等，都是$m+n-1$，从而该方程组永远有解。这样求得的u_i^*与v_j^*分别对应调运方案的第i行的"行位势"与第j列的"列位势"，而$u_i^*+v_j^*$为变量x_{ij}^*的位势。可以通过求位势求得非基变量的检验数。

仍将例5-2中σ_{22}的计算过程进行分析，按闭回路法得

$$\sigma_{22}=c_{22}-c_{32}+c_{34}-c_{14}+c_{13}-c_{23}$$

由于闭回路上其余变量都为基变量

$$\sigma_{22}=c_{22}-(u_3+v_2)+(u_3+v_4)-(u_1+v_4)+(u_1+v_3)-(u_2+v_3)=c_{22}-u_2-v_2$$

所以，一般的结论是：

$$\sigma_{ij}=c_{ij}-u_i-v_j \tag{5.13}$$

式中c_{ij}为x_{ij}对应的运价，u_i、v_j分别为x_{ij}对应的行位势和列位势，这样可用位势法求出检验数。

位势法的步骤：

(1) 求出运输问题的基可行解，设其基变量是：$x_{i_1j_1},x_{i_2j_2},\cdots,x_{i_sj_s}(s=m+1)$。

(2) 解方程组：

$$\begin{cases}u_{i_1}+v_{j_1}=c_{i_1j_1}\\u_{i_2}+v_{j_2}=c_{i_2j_2}\\\cdots\cdots\cdots\cdots\\u_{i_s}+v_{j_s}=c_{i_sj_s}\end{cases} \tag{5.14}$$

假定其中任意一个变量的值(一般取0)，就可以求出一个对偶变量的一组解(位势解，解不唯一)。

(3) 求检验数：$\sigma_{ij}=c_{ij}-u_i-v_j$。

用位势法，计算表5-13中的所有非基变量的检验数。

表 5-13

产地＼销地	B_1	B_2	B_3	B_4	产量	u_i
A_1	3 (1)	11 (2)	3 4	10 3	7	2
A_2	1 3	9 (1)	2 1	8 (−1)	4	1
A_3	7 (10)	4 6	10 (12)	5 3	9	−3
销量	3	6	5	6	20	
v_j	0	7	1	8		

假定$v_1=0$，由于x_{21}是基变量，有：$c_{21}=u_2+v_1$，即$u_2=c_{21}-v_1=1-0=1$。由于x_{23}是基

变量,有:$v_3=c_{23}-u_2=2-1=1$。依次类推,有:

$u_1=c_{13}-v_3=3-1=2$;$v_4=c_{14}-u_1=10-2=8$;

$u_3=c_{34}-v_4=5-8=-3$;$v_2=c_{32}-u_3=4-(-3)=7$。

注意:求位势解时,使用的是每个格的右上角的运价,而不是左下角的运量。运算过程中在此处比较容易出错。

因此,各非基变量的检验数为:

$\sigma_{11}=c_{11}-u_1-v_1=3-2-1=1$;$\sigma_{12}=c_{12}-u_1-v_2=11-2-7=2$;

$\sigma_{22}=c_{22}-u_2-v_2=9-1-7=1$;$\sigma_{24}=c_{24}-u_2-v_4=8-1-8=-1$;

$\sigma_{14}=c_{14}-u_1-v_4=7-(-3)-0=10$;$\sigma_{33}=c_{33}-u_3-v_3=10-(-3)-1=12$。

三、解的调整

如果非基变量的检验数出现负值,则表明当前的基本可行解不是最优解。在这种情况下,应该对基本可行解进行调整,即找到一个新的基本可行解使目标函数值下降,这一过程通常称为换基(或主元变换)过程。

在运输问题的表上作业法中,换基的过程如下:

(1) 选负检验数中最小者 σ_{ik} 所对应的变量 x_{ik} 为主元,作为换入变量。若运输问题的某一基本可行解有几个非基变量的检验数均为负,在继续进行迭代时,取它们中的任一变量为换入变量均可使目标函数值得到改善,但通常取小于零的检验数中最小者对应的变量为换入变量。

(2) 以 x_{ik} 为起点找一条闭回路,闭回路上除 x_{ik} 外其余顶点必须为基变量格。

(3) 以 x_{ik} 为第一个顶点,沿一个方向(顺时针或逆时针)依次给闭回路的每一个顶点标号。

(4) 在闭回路上的所有标号为偶数的顶点中,以运输量最小的顶点所对应的变量 x_{pq} 为换出变量,x_{pq} 所对应的运输量为调整量 θ。

(5) 对闭回路的所有偶数顶点都减去调整量 θ,所有奇数顶点都加上调整量 θ。这就得到一个新的运输方案,特别地,$x_{pq}-\theta=0$,x_{pq} 变为非基变量。

(6) 重复(2)、(3)步,直到所有检验数均非负,得到最优解。

对前面例5-2中用最小元素法求出的解进行改进。

表 5-14

产地＼销地	B_1	B_2	B_3	B_4	产量
A_1	3 (1)	11 (2)	3 4	10 3	7
A_2	1 3	9 (1)	2 1	8 (−1)	4
A_3	7 (10)	4 6	10 (12)	5 3	9
销量	3	6	5	6	

取小于零的检验数 $\sigma_{24}=-1$ 所对应的变量 x_{24} 为换入变量，找出以 x_{24} 为顶点的闭回路为 $x_{24}\to x_{14}\to x_{13}\to x_{23}$，以偶数顶点的运量的最小值作为调整量 $\theta=\min\{x_{14},x_{23}\}=1$，所对应的变量 x_{23} 为换出变量。调整后 $x_{24}=1,x_{14}=2,x_{13}=3,x_{23}=0$，其余变量不变。

重新计算检验数(用位势法)，如表 5-15 所示。

表　5-15

产地＼销地	B_1		B_2		B_3		B_4		产量	u_i
A_1	(0)	3	(2)	11	5	3	2	10	7	3
A_2	3	1	(2)	9	(1)	2	1	8	4	1
A_3	(9)	7	6	4	(12)	10	3	5	9	−2
销量	3		6		5		6		20	
v_j	0		6		0		7			

因为所有 $\sigma_{ij}\geqslant 0$，得到最优解 $x_{13}=5,x_{14}=2,x_{21}=3,x_{24}=1,x_{32}=6,x_{34}=3$，其余 $x_{ij}=0$。

最优值：$z^*=3\times5+10\times2+1\times3+8\times1+4\times6+5\times3=85$。

四、需要说明的几个问题

(1) 当迭代到运输问题的最优解时，如果有某非基变量的检验数等于零，则说明该运输问题有多重(无穷多)最优解。如上例中由于 $\sigma_{11}=0$，因此该运输问题有多重最优解。在非基变量所在的闭回路上任意调整运量，总运费不会发生变化。

(2) 退化问题，即某一基变量的值为 0。退化有两种情况：

一是初始解退化。在确定初始解的供需关系时，若在确定 x_{ij} 的值时，要划去第 i 行、第 j 列。为使在产销平衡表上有 $m+n-1$ 个数字格，须在第 i 行或 j 列中(非 x_{ij} 处)选一数字格填为 0。

二是调整过程中退化。当要调整的闭回路上偶数点中有两个或两个以上相等的最小运量，调整后就会出现退化解，有两个以上的偶数点的运量为 0。这时需要在一个格中不填 0，表明其是非基变量，而其他格上都填入 0，以表明其为基变量。

(3) 在运输问题的求解过程中，如果运输问题单位运价表的某一行(或某一列)元素分别加上(或减去)一个常数 k，则最优调运方案将不会发生变化。这是因为该运输问题最优解的检验数将不会发生变化。这可以从闭回路的特点上来解释。因为闭回路如果经过某一行(列)，则在该行(列)一定有两个顶点，而且一个是偶数点，一个是奇数点，对检验数的影响正好抵消，因而其检验数将不会发生变化。

(4) 有时在运输过程中，由于各种原因，某产地没有到某销地的运输路线，或规定不能由某产地运到某销地，则由该产地到该销地的运价假定为任意大的正数 M。

第三节 运输问题的进一步讨论

前面讨论的运输问题是标准化的运输问题,在实际应用中还可能出现以下情况。

一、不平衡的运输问题

前面讲述的运输问题的算法,是以总产量等于总销量(产销平衡)为前提的。实际上,在很多运输问题中,总产量和总销量并不相等。这时候不能直接应用表上作业法,必须调整成为平衡的运输问题。

当总产量大于总销量时,需要增加一个假想销地,其销量等于总产量与总销量之差,所有的运价都为0。在最优运输方案中,所有运到假想销地的物品,全部原地贮存。

当总产量小于总销量时,需要增加一个假想产地,其产量等于总销量与总产量之差,所有的运价也都为0。在最优运输方案中,所有从假想产地运出的物品,都是没有满足的需求。

如前面例5-2中B_1的需求量由3提高到6,则该问题的产销平衡运价表如表5-16所示。

表 5-16

产地 \ 销地	B_1	B_2	B_3	B_4	产量
A_1	3	11	3	10	7
A_2	1	9	2	8	4
A_3	7	4	10	5	9
(假想产地)A_4	0	0	0	0	23 − 20 = 3
销量	6	6	5	6	23

二、有转运的运输问题

在以上讨论中,假定物品由产地直接运送到销售目的地,不经中间转运。但是,常常会遇到这种情形:需先将物品由产地运到某个中间转运站(可能是另外的产地、销地或中间转运仓库),然后再转运到销售目的地。有时,经转运比直接运到目的地更为经济。因此,在决定运输方案时有必要把转运也考虑进去。

有转运的运输问题的处理方法:

(1) 在有转运的运输问题中,不再有单纯的产地或销地。只要是有产品运进就作为销地,有产品运出就作为产地。因此,某地可以既是产地,也是销地。

(2) 产地的产量等于原产量(销地、中转地作为产地的原产量是零)加上总产量(等于总销量)Q;销地的销量等于原需求量(产地、中转地作为销地的原需求量是零)加上总产量Q。

(3) 运价表上的对角线的运价等于负中转费用,其他运价等于实际运价。

(4) 最优解中,某地的中转量 $t_i = Q - x_{ii}$。

有中转地的运输问题的运价表如表 5-17 所示。

表　5-17

产地＼销地	A_1	…	A_m	B_1	…	B_n	产量
A_1	$-c_{11}$	…	c_{1m}	$c_{1,m+1}$	…	$c_{1,m+n}$	$Q+a_1$
…	…	…	…	…	…	…	…
A_m	c_{m1}	…	$-c_m$	$c_{m,m+1}$	…	$c_{m,m+n}$	$Q+a_m$
B_1	$c_{m+1,1}$	…	$c_{m+1,m}$	$-c_{m+1}$	…	$c_{m+1,m+n}$	Q
…	…	…	…	…	…	…	…
B_n	$c_{m+n,1}$	…	$c_{m+n,m}$	$c_{m+n,m+1}$	…	$-c_{m+n}$	Q
销量	Q	…	Q	$Q+b_1$	…	$Q+b_n$	

三、最大化的运输问题

本章所讲述的表上作业法,只能解决总运费(成本)最小的问题。而对于求总利润(收益)最大的运输问题,则需要把最大化问题化为最小化问题。处理的方法是找出所有利润(收益)中的最大值,然后用这个最大值减去每一个利润(收益)值作为运价。

例 5-5　某玩具公司分别生产三种新型玩具,每月可供量分别为 1 000 件、2 000 件、2 000 件,它们分别被送到甲、乙、丙三个百货商店销售。已知每月百货商店各类玩具预期销售量均为 1 500 件,由于经营方面的原因,各商店销售不同玩具的盈利额不同(见表 5-18)。又知丙百货商店要求至少供应 C 玩具 1 000 件而拒绝进 A 种玩具。求满足上述条件下使总盈利额为最大的供销分配方案。

表　5-18

产地＼销地	甲	乙	丙	产量
A	5	4	—	1 000
B	16	8	9	2 000
C	12	10	11	2 000
销量	1 500	1 500	1 500	

分析　该问题有以下几个方面需要处理:① 丙百货商店要求至少供应 C 玩具 1 000 件,因此这 1 000 件是不需要决策的,可以从运价表中去掉;② 产量大于销量,因而需要增加一个假想需求地;③ 目标是求总盈利额为最大的供销分配方案,因此需要化成求最小的运输

问题,用表中的最大值减去所有的数;④ 丙百货商店拒绝进 A 种玩具,因此假设 A 到丙的费用为任意大的数 M。

解 列出该运输问题的运价表(表 5-19)。

表 5-19

产地＼销地	甲	乙	丙	丁	产量
A	11	12	M	0	1 000
B	0	8	7	0	2 000
C	4	6	5	0	1 000
销量	1 500	1 500	500	500	

然后按照表上作业法求解即可。

第四节 应用举例

例 5-6 石家庄北方研究院有一、二、三共三个区。每年分别需要用煤 3 000 吨、1 000 吨、2 000 吨,由河北临城、山西盂县两处煤矿负责供应,价格、质量相同。供应能力分别为 1 500 吨、4 000 吨,运价如表 5-20 所示。由于需大于供,经研究决定一区供应量可减少 0—300 吨,二区必须满足需求量,三区供应量不少于 1 700 吨,试求总费用为最低的调运方案。

表 5-20 各地运价及销量

产地＼销地	一区	二区	三区	产量
山西盂县	1.65	1.7	1.75	4 000
河北临城	1.60	1.65	1.70	1 500
销量	3 000	1 000	2 000	

分析 由于销量大于产量,这是一个不平衡的运输问题,需增加一个假想产地,其产量为 500 吨。由于一区供应量可减少 0—300 吨,对于一区而言,有 2 700 吨是必须满足的,不能由假想地供应(即运价为 M),而其他 300 吨则可由假想地供应。二区必须满足需求量,因此二区不能由假想地供应(即运价为 M)。三区供应量不少于 1 700 吨,因此,1 700 吨不能由假想地供应(即运价为 M),而其他 300 吨则可由假想地供应。

解 根据题意,做出产销平衡问题的运价表(表 5-21),设 M 代表一个任意大的正数。

表 5-21

产地＼销地	一区(1)	一区(2)	二区	三区(1)	三区(2)	产量
山西盂县	1.65	1.65	1.7	1.75	1.75	4 000
河北临城	1.60	1.60	1.65	1.70	1.70	1 500
假想产地	M	0	M	M	0	500
销量	2 700	300	1 000	1 700	300	

例 5-7 设有 A、B、C 三个化肥厂供应甲、乙、丙、丁四个地区的农用化肥。假设效果相同,有关数据如表 5-22。试求总费用为最低的化肥调拨方案。

表 5-22　各地运价及需求量

产地＼销地	甲	乙	丙	丁	产量
A	16	13	22	17	50
B	14	13	19	15	60
C	19	20	23	—	50
最低需求量	30	70	0	10	
最高需求量	50	70	30	不限	

解　根据题意,做出产销平衡问题及运价表:最低要求必须满足,因此把相应的假想产地 D 的运费设为 M,而最高要求与最低要求的差允许按需要安排,因此把相应的假想产地运费取为 0。由于丁地的最高需求量不限,考虑问题本身,取适当的销量 50。根据产销平衡要求确定 D 的产量为 50。列运价表如表 5-23 所示。

表　5-23

产地＼销地	甲	甲′	乙	丙	丁	丁′	产量
A	16	16	13	22	17	17	50
B	14	14	13	19	15	15	60
C	19	19	20	23	M	M	50
D	M	0	M	0	M	0	50
需求量	30	20	70	30	10	50	

例 5-8　(生产与储存问题)某厂按合同规定须于当年每个季度末分别提供 10 台、15 台、25 台、20 台同一规格的柴油机。已知该厂各季度的生产能力及生产每台柴油机的成本如表 5-24 所示。如果生产出来的柴油机当季不交货,每台每积压一个季度需储存、维护等费用 0.15 万元。试求在完成合同的情况下,使该厂全年生产总费用为最小的决策方案。

表 5-24　各季度生产能力及成本

	生产能力(台)	单位成本(万元)
第一季度	25	10.8
第二季度	35	11.1
第三季度	30	11.0
第四季度	10	11.3

解　设 x_{ij} 为第 i 季度生产的第 j 季度交货的柴油机数目,那么应满足:

$$\min z = 10.8x_{11} + 10.95x_{12} + 11.1x_{13} + 11.25x_{14} + 11.1x_{22} + 11.25x_{23}$$

$$+ 11.4x_{24} + 11.0x_{33} + 11.15x_{34} + 11.3x_{44}$$

$$
\text{s.t.}\begin{cases}
x_{11} = 10 \\
x_{12} + x_{22} = 15 \\
x_{13} + x_{23} + x_{33} = 25 \\
x_{14} + x_{24} + x_{34} + x_{44} = 20 \\
x_{11} + x_{12} + x_{13} + x_{14} \leqslant 25 \\
x_{22} + x_{23} + x_{24} \leqslant 35 \\
x_{33} + x_{34} \leqslant 30 \\
x_{44} \leqslant 10 \\
x_{ij} \geqslant 0
\end{cases}
$$

把第 i 季度生产的柴油机数目视为第 i 个生产厂的产量；把第 j 季度交货的柴油机数目视为第 j 个销售点的销量；成本加储存、维护等费用视为运费。可构造下列产销平衡问题的运价表(表 5-25)。

表 5-25

产地 \ 销地	第一季度	第二季度	第三季度	第四季度	假想产地 D	产量
第一季度	10.80	10.95	11.10	11.25	0	25
第二季度	M	11.10	11.25	11.40	0	35
第三季度	M	M	11.00	11.15	0	30
第四季度	M	M	M	11.30	0	10
销量	10	15	25	20	30	

例 5-9 光明仪器厂生产电脑绣花机是以产定销的。已知 1—6 月份各月的生产能力、合同销量和单台电脑绣花机平均生产费用见表 5-26。

表 5-26 各月份生产能力、合同销量及单台生产费用

月份	正常生产能力(台)	加班生产能力(台)	销量(台)	单台费用(万元)
1 月份	60	10	104	15
2 月份	50	10	75	14
3 月份	90	20	115	13.5
4 月份	100	40	160	13
5 月份	100	40	103	13
6 月份	80	40	70	13.5

已知上年年末库存 103 台绣花机，如果当月生产出来的机器当月不交货，则需要运到分厂库房，每台增加运输成本 0.1 万元，每台机器每月的平均仓储费、维护费为 0.2 万元。在 7—8 月份销售淡季，全厂停产 1 个月，因此在 6 月份完成销售合同后还要留出库存 80 台。加班生产机器每台增加成本 1 万元。问应如何安排 1—6 月份的生产，可使总的生产费用(包括运输、仓储、维护)最少？

解 这个生产存储问题可化为运输问题来解决。把各月生产与交货分别视为产地和销地。

(1) 1—6 月份合计生产能力(包括上年年末储存量)为 743 台,销量为 707 台。设一假想销地销量为 36 台;

(2) 上年年末库存 103 台,只有仓储费和运输费,把它列为第 0 行;

(3) 6 月份的需求除 70 台销量外,还要 80 台库存,其需求应为 70 + 80 = 150(台);

(4) 1—6 表示 1—6 月份正常生产情况,1′—6′表示 1—6 月份加班生产情况。

列出产销平衡与运价表(表 5-27)。

表 5-27

产地 \ 销地	1 月	2 月	3 月	4 月	5 月	6 月	假想销地	产量
0	0.3	0.5	0.7	0.9	1.1	1.3	0	103
1	15	15.3	15.5	15.7	15.9	16.1	0	60
1′	16	16.3	16.5	16.7	16.9	17.1	0	10
2	M	14	14.3	14.5	14.7	14.9	0	50
2′	M	15	15.3	15.5	15.7	15.9	0	10
3	M	M	13.5	13.8	14	14.2	0	90
3′	M	M	14.5	14.8	15	15.2	0	20
4	M	M	M	13.0	13.3	13.5	0	100
4′	M	M	M	14	14.3	14.5	0	40
5	M	M	M	M	13.0	13.3	0	100
5′	M	M	M	M	14.0	14.3	0	40
6	M	M	M	M	M	13.5	0	80
6′	M	M	M	M	M	14.5	0	40
销量	104	75	115	160	103	150	36	

练习题

5-1　简要回答下列问题。

(1) 在运输问题数学模型中,为什么模型的$(m+n)$个约束中最多只有$(m+n+1)$个是独立的?

(2) 试述用最小元素法确定运输问题的初始基可行解的基本思路。

(3) 如何用闭回路法求检验数?

(4) 沃格尔法的基本思想是什么?什么是罚数?

(5) 在解的改进过程中,如何确定调整量?

(6) 如何把一个产销不平衡的运输问题(含产大于销和销大于产)转化为产销平衡的运输问题?

(7) 产销平衡运输问题的数学模型具有什么特征?

5-2　判断下列说法是否正确。

(1) 运输问题是一种特殊的线性规划模型,因而求解结果也可能出现下列四种情况之一:有唯一最优解,有无穷多最优解,无界解,无可行解。

(2) 在运输问题中,只要给出一组合$(m+n+1)$个非零的x_{ij},且满足产量和销量的约束条件,就可以作为一个初始基可行解。

(3) 表上作业法实质上就是求解运输问题的单纯形法。

(4) 按最小元素法(或伏格尔法)给出的初始基可行解,从每一空格出发可以找出而且仅能找出唯一的闭回路。

(5) 如果运输问题单位运价表的某一行(或某一列)元素分别加上一个常数,最优调运方案将不会发生变化。

(6) 如果运输问题单位运价表的某一行(或某一列)元素分别乘上一个常数,最优调运方案将不会发生变化。

(7) 当所有产地产量和销地的销量均为整数值时,运输问题的最优解也为整数值。

5-3 下列表(表5-28、表5-29、表5-30)中分别给出了各产地和各销地的产量及销量,以及各产地到各销地的单位运价,试用表上作业法求下列运输问题的最优解。

表 5-28

产地＼销地	B_1	B_2	B_3	B_4	产量
A_1	4	1	4	6	80
A_2	1	2	5	0	80
A_3	3	7	5	1	40
销量	60	50	60	30	200

表 5-29

产地＼销地	B_1	B_2	B_3	B_4	产量
A_1	9	3	8	7	30
A_2	4	9	4	5	30
A_3	5	7	6	2	50
销量	10	30	20	50	110

表 5-30

产地＼销地	B_1	B_2	B_3	B_4	产量
A_1	5	12	3	4	80
A_2	11	8	5	9	50
A_3	9	7	1	5	90
销量	40	30	50	60	

5-4 某市有三个面粉厂,它们供给三个面食加工厂其所需的面粉,各面粉厂的产量、各面食加工厂加工面粉的能力、各面食加工厂和各面粉厂之间的单位运价见表5-31。假定在第1、2和3面食加工厂制作单位面粉食品的利润分别为12元、16元和11元,试确定使总效益最大的面粉分配计划(假定面粉厂和面食加工厂都属于同一个主管单位)。

表 5-31

面粉厂＼食品厂	1	2	3	面粉厂产值
1	3	10	2	20
2	4	11	8	30
3	8	11	4	20
销量	15	25	20	

5-5 有甲、乙、丙三个城市，每年分别需要煤炭 320 万吨、250 万吨、350 万吨，由 A、B 两个煤矿负责供应。已知煤矿年产量 A 为 400 万吨、B 为 450 万吨，从两煤矿至各城市煤炭运价（万元/万吨）如表 5-32 所示。由于需求大于产量，经协商平衡，甲城市必要时可少供 0—30 万吨，乙城市需求量须全部满足，丙城市需求量不少于 270 万吨。试求将甲、乙两矿煤炭全部分配出去，满足上述条件又使总运费为最低的调运方案。

表 5-32

产地＼销地	甲	乙	丙	产量
A	15	8	22	400
B	21	25	16	450

5-6 某航运公司承担六个港口城市 A、B、C、D、E、F 的四条固定航线的物资运输任务。已知各条航线的起点、终点城市及每天航班数见表 5-33。

表 5-33

航线	起点城市	终点城市	每天航线
1	E	D	3
2	B	C	2
3	A	F	1
4	D	B	1

各城市间的航程天数如表 5-34 所示。

表 5-34

起点＼终点	A	B	C	D	E	F
A	0	1	2	14	7	7
B	1	0	3	13	8	8
C	2	3	0	15	5	5
D	14	13	15	0	17	20
E	7	8	5	17	0	3
F	7	8	5	20	3	0

已知每条航线使用相同型号的船只，每条船只每次装卸货物的时间各需一天。问该航运公司至少应配备多少条船，才能满足所有航线的运货需求？

5-7 某自行车制造公司设有两个装配厂，且在四地有四个销售公司，公司想要定出各家销售公司需要的自行车应由哪个厂装配，以保证公司获取最大利润，相关数据如表 5-35 至表 5-37 所示。

表 5-35

装配厂	A	B
产量(供应量)	1 100	1 000
每辆装配费	45	55

表 5-36

销售公司	1	2	3	4
需要(需求量)	500	300	550	650

表 5-37

单位运费	销售公司 1	销售公司 2	销售公司 3	销售公司 4
装配厂 A	9	4	7	19
装配厂 B	2	18	14	6

请建立一个运输模型，以确定自行车装配和分配的最优方案。

第六章

整数规划

知识目标

1. 了解整数规划问题及其解的特点。
2. 掌握割平面法的基本原理和计算步骤。
3. 理解分支定界法的基本思想,掌握其解题步骤。
4. 熟练运用0-1型变量写出整数规划模型。
5. 掌握匈牙利解法的基本原理。

技能目标

1. 能够熟练运用割平面法求解纯整数线性规划问题。
2. 能够运用隐枚举法求解0-1型整数规划。
3. 能够熟练运用匈牙利解法求解指派问题。
4. 能够运用EXCEL或winQSB解整数规划问题。

引导案例

佳乐美公司是一家大型零售商,根据发展需要,欲进入北方某中型城市。公司计划在该城市同时设立3家连锁超市以提高经营效率。经过调研,公司拟定了8个可供选择的场址。每个场址由于所处地段的不同,其建设投资和预计销售额也不同。在选择场址时还要考虑顾客源重叠的分流因素等限制性条件,以及满足投资预算限额要求。佳乐美公司应如何在满足各种约束条件的前提下,从8个备选场址中选出3个来建设超市,可使预计销售额最大?这个场址选择问题显然属于数学规划问题,但与前几章所介绍的线性规划问题的不同之处在于代表场址的决策变量只能取某些整数值,因而不能直接用解连续型问题的普通单纯形法求解。本章要介绍的就是这类要求变量取整数的规划问题的求解方法。

第一节　整数规划的提出

整数线性规划(integer linear programming,ILP)问题研究的是要求变量取整数值时,在一组线性约束条件下一个线性函数的最优问题,是运筹学中一个应用广泛的重要分支。其中变量只取0或1的整数线性规划问题称为0-1规划。只要求部分变量取整数值的线性规划称为混合整数线性规划。

整数线性规划与线性规划有着密不可分的关系,它的一些基本算法的设计都是以相应的线性规划的最优解为出发点的。但是变量取整数值的要求本质上是一种非线性约束,因此解整数线性规划的"困难度"大大超过线性规划,一些著名的"困难"问题都是整数线性规划问题。

一、整数线性规划问题举例

例6-1　集装箱运货问题

已知有集装箱可装甲、乙两种货物,两种货物的重量与体积及集装箱的限制如表6-1所示,问该集装箱的最优装货方案。

表6-1　货物的重量、体积及装运限制

货物	体积(米^3/箱)	重量(百公斤/箱)	利润(千元/箱)
甲	5	2	20
乙	4	5	10
装运限制	24	13	

解　设 x_1、x_2 为甲、乙两货物各托运箱数,建立该问题的数学模型。

$$\max z = 20x_1 + 10x_2$$

$$\text{s.t.}\begin{cases}5x_1 + 4x_2 \leqslant 24 \\ 2x_1 + 5x_2 \leqslant 13 \\ x_1, x_2 \geqslant 0 \\ x_1, x_2 \text{ 为整数}\end{cases}$$

由于集装箱不装散装货物,必须整箱装运,变量的取值只能为整数。由于所有的变量都必须取整数,这是一个纯整数规划问题。

例6-2　背包问题

小王打算去爬泰山,他有表6-2中的5种物品可供选择,由于背包中只能再装入8单位重量、10单位体积的物品,5种物品不能全部装入。问小王应带哪几种物品,才能使背包中物品的总使用价值最大?

表 6-2　待选物品

物品	名称	重量	体积	使用价值
1	书	5	2	20
2	摄像机	3	1	30
3	枕头	1	4	10
4	休闲食品	2	3	18
5	衣服	4	5	15

解　设 $x_i = \begin{cases} 1 & \text{带第 } i \text{ 种物品} \\ 0 & \text{不带第 } i \text{ 种物品} \end{cases}$ $(i=1,2,\cdots,5)$。则该问题的数学模型为：

$$\max z = 20x_1 + 30x_2 + 10x_3 + 18x_4 + 15x_5$$

$$\text{s.t.} \begin{cases} 5x_1 + 3x_2 + x_3 + 2x_4 + 4x_5 \leqslant 8 \\ 2x_1 + x_2 + 4x_3 + 3x_4 + 5x_5 \leqslant 10 \\ x_i \text{ 为 } 0,1 \end{cases}$$

所有的变量取值只能是 0 和 1，所以这是一个 0-1 型整数线性规划。

例 6-3　选址问题

今欲在 A1、A2、A3 三个地点中选择两个地点建仓库，在三个地点可建仓库的容量分别为 a_1、a_2、a_3，投资费用分别为 b_1、b_2、b_3。要求新建仓库能够满足四个商店的需求 d_1、d_2、d_3、d_4。已知物资由仓库 i 到商店 j 的单位运费为 c_{ij}，问应该如何选择厂址和安排调运，才能在满足商店需求的条件下，使总费用最小？

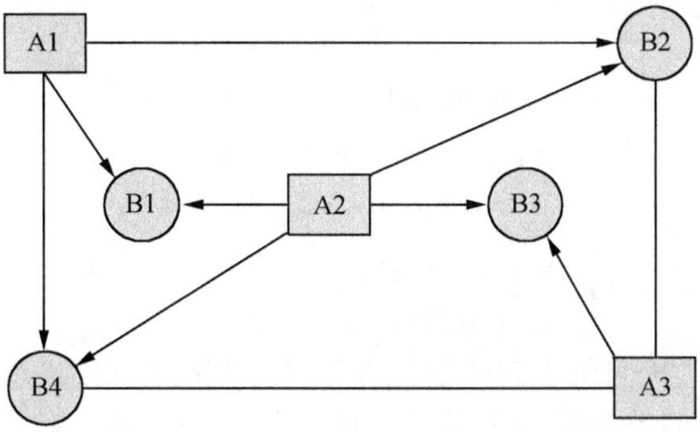

图　6-1

解　设 $x_i = \begin{cases} 0 & \text{不在 } A_i \text{ 建仓库} \\ 1 & \text{在 } A_i \text{ 建仓库} \end{cases}$ $(i=1,2,3)$，$y_{ij}(i=1,2,3,j=1,\cdots,4)$ 为由仓库 i 到商店 j 的运货量。建立该问题的数学规划模型。

$$\min z = \sum_{i-1}^{3} b_i x_i + \sum_{i=1}^{3} \sum_{j-1}^{4} c_{ij} y_{ij}$$

$$
\text{s.t.}\begin{cases}
y_{11}+y_{21}=d_1\\
y_{12}+y_{22}+y_{32}=d_2\\
y_{23}+y_{33}=d_3\\
y_{14}+y_{24}+y_{34}=d_4\\
x_1+x_2+x_3=2\\
y_{11}+y_{12}+y_{14}\leqslant a_1x_1\\
y_{21}+y_{22}+y_{23}+y_{24}\leqslant a_2x_2\\
y_{32}+y_{33}+y_{34}\leqslant a_3x_3\\
x_i=0\text{ 或 }1, y_{ij}\geqslant 0
\end{cases}
$$

该问题只有部分变量要求是整数,因此这是一个混合整数规划。

例 6-4 工地上需要长度为 $l_1,l_2,\cdots,l_m$ 的钢材数分别为 $b_1,b_2,\cdots,b_m$ 根,取长为 l 的原材料进行截取。已知有 n 种截取方案:

$$A_i=(a_{1i}\quad a_{2i}\quad \cdots\quad a_{mi}),\quad i=1,2,\cdots,n$$

其中,a_{ji}表示一根原料用第 i 种方案可截得长为 l_j 的钢材的根数($i=1,2,\cdots,n,j=1,2,\cdots,m$),因此

$$l_1a_{1i}+l_2a_{2i}+\cdots+l_ma_{mi}\leqslant l,\quad i=1,2,\cdots,n$$

下料问题就是在满足要求:截取长度为 $l_1,l_2,\cdots,l_m$ 的钢材数分别为 $b_1,b_2,\cdots,b_m$ 根时,用的原料材根数最少的方案。

假定 x_i 表示按方案 A_i 截取所用的原钢材数目,于是问题表示为:

$$\min z=x_1+x_2+\cdots+x_n$$

$$
\text{s.t.}\begin{cases}
a_{11}x_1+a_{12}x_2+\cdots+a_{1n}x_n\geqslant b_1\\
a_{21}x_1+a_{22}x_2+\cdots+a_{2n}x_n\geqslant b_2\\
\cdots\cdots\cdots\cdots\cdots\cdots\cdots\cdots\\
a_{m1}x_1+a_{m2}x_2+\cdots+a_{mn}x_n\geqslant b_m\\
x_i\geqslant 0,\text{整数}, i=1,\cdots,n
\end{cases}\tag{6.1}
$$

在许多实际问题中,我们所研究的量具有不可分割的性质,如人数、机器数、项目数等;而开与关、取与舍、真与假等逻辑现象都需要用取值仅为 0 或 1 的变量来进行数量化的描述。涉及这些量的线性规划问题,非整数的解答显然不合乎要求。

二、整数线性规划的概念及模型

在线性规划问题中,有些最优解可能是分数或小数,但对于某些具体问题,常要求某些变量的解必须是整数。例如,当变量代表的是机器的台数、工作的人数或装货的车数等时,这就需要用整数规划来解决。

所谓整数规划是指要求一部分或全部决策变量必须取整数值的规划问题。是规划论的一个分支。整数规划与线性规划的不同之处只在于增加了整数约束。如果不考虑整数条件,由余下的目标函数和约束条件构成的规划问题,称为该整数规划问题的松弛问题。

所有决策变量均要求为整数的整数规划称为纯整数规划,如果只有部分决策变量要求

为整数,则称为混合整数规划。决策变量只能取值为 0 和 1 的规划问题称为 0-1 型整数规划。

整数规划又有整数线性规划和整数非线性规划之分。若松弛问题是一个线性规划,则称该整数规划为整数线性规划。本章提到的整数规划是指整数线性规划。

考虑如下形式的整数线性规划问题。

$$\max z = \boldsymbol{CX}$$
$$\text{s.t.}\begin{cases}\boldsymbol{AX} = \boldsymbol{b}\\ \boldsymbol{X} \geqslant \boldsymbol{0}\\ \boldsymbol{X}\text{ 为整数向量}\end{cases} \tag{6.2}$$

其中 $\boldsymbol{A} = (a_{ij})_{m\times n}$,$\boldsymbol{C} = (c_1, c_2, \cdots, c_n)$,$\boldsymbol{b} = (b_1, b_2, \cdots, b_m)^{\mathrm{T}}$ 以及 $\boldsymbol{X} = (x_1, x_2, \cdots, x_n)^{\mathrm{T}}$,$\boldsymbol{A}$、$\boldsymbol{b}$、$\boldsymbol{C}$ 中的元素皆为整数。在(6.2)中除去 $\boldsymbol{X}$ 为整数向量这一约束后,就得到对应的标准线性规划问题

$$\max z = \boldsymbol{CX}$$
$$\text{s.t.}\begin{cases}\boldsymbol{AX} = \boldsymbol{b}\\ \boldsymbol{X} \geqslant \boldsymbol{0}\end{cases} \tag{6.3}$$

称(6.3)是(6.2)的松弛问题。

三、整数线性规划的解

如果(6.2)对应的标准线性规划问题(6.3)的最优解是整数,则它也是(6.2)的最优解。对于标准线性规划问题,已有有效的算法。那么能不能通过求解对应的线性规划问题,然后将其解舍入最靠近的整数解呢?

考察图 6-2 所示的情况,可以看出舍入方法是不可取的。

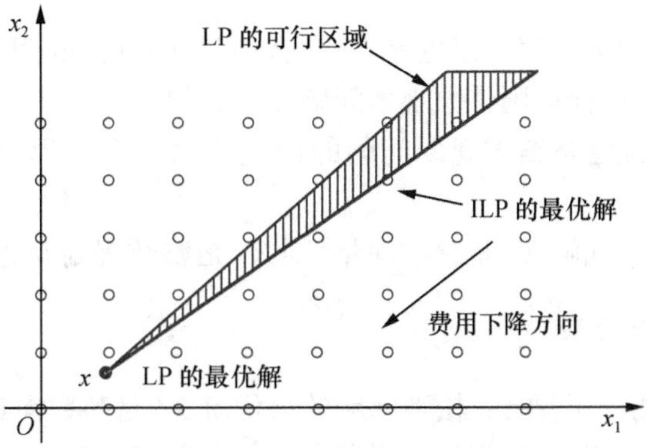

图 6-2　整数线性规划与线性规划

$$\min z = \boldsymbol{CX}$$
$$\text{s.t.}\begin{cases}\boldsymbol{AX} = \boldsymbol{b}\\ \boldsymbol{X} \geqslant \boldsymbol{0}\\ \boldsymbol{X}\text{ 为整数向量}\end{cases}$$

再通过本章例 6-1 来看,其松弛问题的最优解为 $\boldsymbol{X} = (4.8, 0)^{\mathrm{T}}$,而其整数规划的最优解

为 $x=(4,1)^{T}$。因此通过其松弛问题的解进行“凑整”(5,0)或“舍尾”(4,0)都不能得到整数规划的最优解。

既然 ILP 的可行域是一些离散的整数点(图 6.2),如果其可行域有界,那么所包含的整数点的数目就是有限的,可否用枚举法来解 ILP 问题呢？对一般 ILP 问题,枚举法是无能为力的。如 50 个城市的旅行售货员问题,所有可能的旅行路线个数为$\frac{(49)!}{2}$,这是一个天文数字。

由上可见,求解整数线性规划问题 ILP 比求解对应的线性规划问题 LP 要困难得多。事实上,整数线性规划模型并不是线性模型。仅以 0-1 规划而言,决策变量取值为 0 或 1,这个约束是可以用一个等价的非线性约束

$$x_j(1-x_j)=0,\quad j=1,\cdots,n \tag{6.4}$$

来代替的。因此变量限制为整数本质上是一个非线性约束。

下面介绍两种常用的求解整数规划的方法:割平面法和分支定界法。其中割平面法只能用于求解纯整数规划,而分支定界法可用于求解混合整数规划。

第二节　Gomory 割平面法

一、整数规划与松弛问题

解决整数线性规划问题的割平面法有多种类型,但它们的基本思想是相同的。以下我们介绍 Gomory 割平面法。它在理论上是重要的,被认为是整数线性规划的核心部分。

设整数规划问题的可行域为 D,对应的松弛问题的可行域为 D_0(多面凸集),当 $D\neq\phi$ 时,它是由有限个或可数的整数点构成的集合。整数规划问题及其松弛问题之间具有如下明显的关系:

(1) 整数规划问题的可行解一定也是它的松弛问题的可行解,即 $D\subset D_0$。

(2) 若松弛问题无可行解,则整数规划问题无可行解。

(3) 松弛问题的最优值是整数规划问题的最优值的一个上界(对最大化问题)或下界(对最小化问题)。

(4) 若松弛问题的最优解 $\boldsymbol{X}^0$ 是整数向量,则 $\boldsymbol{X}^0$ 是整数规划问题的最优解。

二、割平面法的基本思想

用单纯形法先解其松弛问题,若松弛问题的最优解 $\boldsymbol{X}^0$ 是整数向量,则这个最优解 $\boldsymbol{X}^0$ 就是整数规划问题的最优解;若松弛问题的最优解 $\boldsymbol{X}^0$ 的分量不全是整数,设法构造一个线性约束条件(称它为割平面条件),新增加的这个割平面条件将松弛问题的可行区域 D_0 割掉一块,且这个非整数解 $\boldsymbol{X}^0$ 恰好在被割掉的区域内,而原整数规划问题的任何一个可行解(整数点)都没有被割去。给松弛问题增加这个约束条件,用得到的新的问题替换原松弛问题,继续以上过程。

如图 6-3 所示,$\boldsymbol{X}^*$ 为松弛问题的最优解,黑点为整数规划的可行解。如果增加的割平面条件如①所示,则松弛问题的最优解仍是 $\boldsymbol{X}^*$,不是整数解;如果增加的割平面条件如②所

示，则松弛问题的最优解虽然不再是 $\boldsymbol{X}^*$，但有部分整数点被割去，即整数规划的最优点有可能被割去。因此，作为割平面的约束条件必须满足两个要求：

（1）原松弛问题最优解不满足该条件。

（2）凡整数可行解均满足该条件。

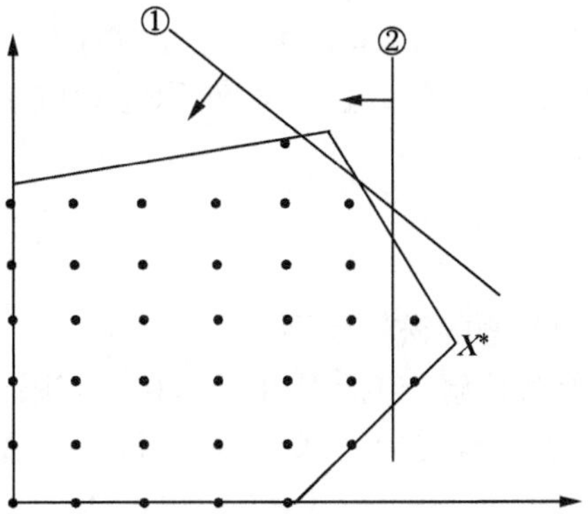

图 6-3　割平面法的图形解释

下面来分析割平面法的割平面条件。

三、割平面条件

求解整数规划问题的松弛问题，假设松弛问题的最优解为 $\boldsymbol{X}^* = (x_1^*, x_2^*, \cdots, x_n^*)^{\mathrm{T}}$，设它对应的基变量的下标集合为 Q，非基变量的下标集合为 K，则 m 个约束方程可表示为：

$$x_i + \sum_{j \in K} \bar{a}_{ij} x_j = \bar{b}_i, \quad i \in Q$$

最优解为 $x_j^* = \begin{cases} \bar{b}_j, & j \in Q \\ 0, & j \in K \end{cases}$

如果 $\bar{b}_j$ 全是整数，则已经得到了整数规划问题的最优解；否则至少有一个 $\bar{b}_l$ 不是整数 $(0 \leqslant l \leqslant m)$，设 $\bar{b}_l$ 所对应的约束方程是

$$x_l + \sum_{j \in K} \bar{a}_{lj} x_j = \bar{b}_l \tag{6.5}$$

以 $[a]$ 表示不超过 a 的最大整数，则有

$$\begin{aligned} \bar{a}_{lj} &= [\bar{a}_{lj}] + f_{lj}, \quad j \in K \\ \bar{b}_l &= [\bar{b}_l] + f_l \end{aligned} \tag{6.6}$$

其中 $f_{lj}(0 \leqslant f_{lj} < 1, j \in K)$ 是 $\bar{a}_{lj}$ 的小数部分；$f_l(0 < f_l < 1)$ 是 $\bar{b}_l$ 的小数部分。由于方程(6.5)中的变量是非负的，有：

$$x_l + \sum_{j \in K} ([\bar{a}_{lj}] + f_{lj}) x_j = [\bar{b}_l] + f_l \tag{6.7}$$

把整数部分移到等式左边，把小数部分移到等式右边，得

$$x_l + \sum_{j \in K} [\bar{a}_{lj}] x_j - [\bar{b}_l] = f_l - \sum_{j \in K} f_{lj} x_j \tag{6.8}$$

因为 $x_l, \sum_{j \in K} [\bar{a}_{lj}] x_j, [\bar{b}_l]$ 均为整数，故式(6.8)左端为整数，右端 $f_l - \sum_{j \in K} f_{lj} x_j$ 也为整数；

又因为 $0<f_l<1, 0<f_{lj}<1, x_j\geqslant 0$，所以 $f_l-\sum_{j\in K} f_{lj}x_j<1$，因而有

$$f_l-\sum_{j\in K} f_{lj}x_j\leqslant 0$$

即：

$$-\sum_{j\in K} f_{lj}x_j\leqslant -f_l \tag{6.9}$$

因为原松弛问题最优解中 $x_j(j\in K)=0$，不满足上述条件，且所有的整数点都满足该条件，所以该条件可以作为割平面的条件。这个条件称为对应于生成行 l 的 Gomory 割平面条件。

四、割平面法计算步骤

第 1 步　求解原整数规划问题的松弛问题。

第 2 步　若松弛问题没有最优解(包括无可行解和无有限最优解)，则整数规划也没有最优解；若松弛问题有最优解 $\boldsymbol{X}^*$，且 $\boldsymbol{X}^*$ 是整数向量，则 $\boldsymbol{X}^*$ 是整数规划的最优解，计算停止，否则转第 3 步。

第 3 步　从最优单纯形表中选择具有最大小数部分的非整分量所在行，构造割平面约束条件

$$-\sum_{j\in K} f_{lj}x_j\leqslant -f_l$$

第 4 步　将上式加上松弛变量后加入原问题最优单纯形表，用对偶单纯形法求解。

第 5 步　返回第 2 步。

例 6-5　用割平面法求解下列整数规划：

$$\max z=7x_1+9x_2$$

$$\text{s.t.}\begin{cases}-x_1+3x_2\leqslant 6\\ 7x_1+x_2\leqslant 35\\ x_1,x_2\geqslant 0,\text{且为整数}\end{cases}$$

解　用单纯形法求解松弛问题，得最优单纯形表如表 6-3 所示。

表 6-3

c_j			7	9	0	0
$\boldsymbol{C_B}$	$\boldsymbol{X_B}$	$\boldsymbol{b}$	x_1	x_2	x_3	x_4
9	x_2	7/2	0	1	7/22	1/22
7	x_1	9/2	1	0	-1/22	3/11
$\sigma_j=c_j-z_j$			0	0	-28/11	-15/11

以单纯形表的第一行构造割平面条件：$-\frac{7}{22}x_3-\frac{1}{22}x_4\leqslant -\frac{1}{2}$

加入松弛变量，得割平面方程：$-\frac{7}{22}x_3-\frac{1}{22}x_4+x_5=-\frac{1}{2}$

加入最优单纯形表，并迭代，得表 6-4。

表 6-4

c_j			7	9	0	0	0
C_B	X_B	b	x_1	x_2	x_3	x_4	x_5
9	x_2	7/2	0	1	7/22	1/22	0
7	x_1	9/2	1	0	-1/22	3/11	0
0	x_5	-1/2	0	0	[-7/22]	-1/22	1
$\sigma_j=c_j-z_j$			0	0	-28/11	-15/11	0
9	x_2	3	0	1	0	0	1
7	x_1	32/7	1	0	0	1/7	-1/7
0	x_3	11/7	0	0	1	1/7	-22/7
$\sigma_j=c_j-z_j$			0	0	0	1	8

以表 6-4 中的最终单纯形表的第二行构造割平面条件：$-\frac{1}{7}x_4-\frac{6}{7}x_5\leqslant-\frac{4}{7}$

加入松弛变量,得割平面方程：$-\frac{1}{7}x_4-\frac{6}{7}x_5+x_6=-\frac{4}{7}$

加入单纯形表并迭代,得表 6-5。

表 6-5

c_j			7	9	0	0	0	0
C_B	X_B	b	x_1	x_2	x_3	x_4	x_5	x_6
9	x_2	3	0	1	0	0	1	0
7	x_1	32/7	1	0	0	1/7	-1/7	0
0	x_3	11/7	0	0	1	1/7	-22/7	0
0	x_6	-4/7	0	0	0	[-1/7]	-6/7	1
$\sigma_j=c_j-z_j$			0	0	0	-1	-8	0
9	x_2	3	0	1	0	0	1	0
7	x_1	4	1	0	0	0	-1	1
0	x_3	1	0	0	1	0	-4	1
0	x_4	4	0	0	1	1	6	-7
$\sigma_j=c_j-z_j$			0	0	0	0	-2	-7

$B^{-1}b\geqslant 0$,得到最优解 $\boldsymbol{X}^*=(4,3,1,4)^{\mathrm{T}}$。所以原整数规划问题的最优解为：$x_1=4,x_2=3,z^*=55$。

第三节 分支定界法

分支定界法可用于求解纯整数线性规划和混合整数线性规划,它是目前求解整数线性规划的成功方法之一。本节介绍该方法的基本思想和计算步骤。

一、分支定界法的基本思想

分支定界法是以“巧妙”地枚举整数规划问题的可行解的思想为依据设计的。

与割平面方法类似,求解不是直接针对整数规划问题,而是求解它的松弛问题。设松弛问题的最优解为 $\boldsymbol{X}^0$,则 $\boldsymbol{C}^{\mathrm{T}}\boldsymbol{X}^0$ 是整数规划问题的最优值的一个下界。若 $\boldsymbol{X}^0$ 的某个分量 x_i^0 不是整数,由于整数规划问题的整数最优解的第 i 个分量必定落在区域 $x_i \leqslant [x_i^0]$ 或 $x_i \geqslant [x_i^0]+1$ 中,如图 6-4 所示,

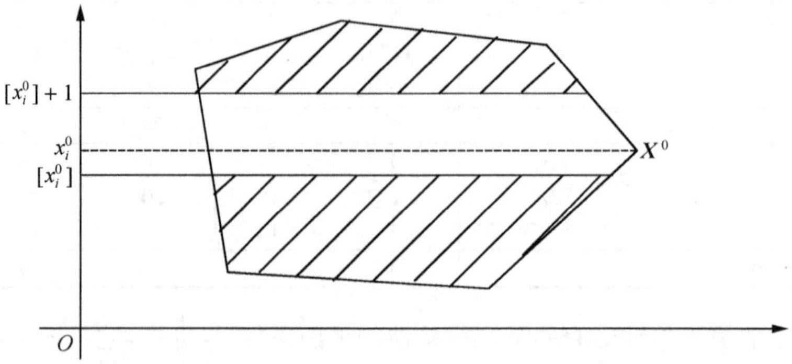

图 6-4

因此可将原整数规划问题分为两个子问题(A)和(B)来求解。这两个子问题是:

(A) $\max \boldsymbol{CX}$

$$\text{s.t.}\begin{cases}\boldsymbol{AX}=\boldsymbol{b}\\ \boldsymbol{X}\geqslant \boldsymbol{0}\\ \boldsymbol{X}\text{ 为整数向量}\\ x_i \leqslant [x_i^0]\end{cases}$$

(B) $\max \boldsymbol{CX}$

$$\text{s.t.}\begin{cases}\boldsymbol{AX}=\boldsymbol{b}\\ \boldsymbol{X}\geqslant \boldsymbol{0}\\ \boldsymbol{X}\text{ 为整数向量}\\ x_i \geqslant [x_i^0]+1\end{cases}$$

这两个子问题将整数规划问题的可行域分成两部分,且把不满足整数要求的整数规划问题的最优解 $\boldsymbol{X}^0$ 排斥在外。这一步称为分支。分别用问题(A)和(B)代替原整数规划问题,则分支过程一直可以进行下去。每得到松弛问题的一个解,都会修正原问题目标函数最优值的下界。

假设在某一时刻,到当时为止所得到的最好的满足整数要求解的目标函数值是 z_m(目标函数最优值的一个上界),而且我们正打算由某一点 $\boldsymbol{X}^k$ 分支,该点所对应的整数规划问题的下界为 $z^k=\boldsymbol{CX}^k$,若 $z_k \geqslant z_m$,这意味着点 $\boldsymbol{X}^k$ 的所有后代得到的各个解 $\boldsymbol{X}$ 的目标函数值均有

$$\boldsymbol{CX} \geqslant z_k \geqslant z_m$$

因此无须由 $\boldsymbol{X}^k$ 继续分支。在这种情况下,我们说 $\boldsymbol{X}^k$ 已被剪枝。这个过程可以“巧妙”地减少一些不必要的分支。

总之,分支定界方法的思想是按照以下三步进行的:

第一步,通过求解松弛问题对原问题进行分支。

第二步,通过每个松弛问题的最优目标函数值对原问题的目标函数值定界。

第三步,一旦某个松弛问题的最优解是整数,就得到原问题最优解的一个近似,其目标函数值就是原问题目标函数值的一个近似值(上界)。如果以后某个松弛问题的最优目标函数值比这个近似值大,那么这个松弛问题及它的所有子问题都不用求解了。

之所以说分支定界方法是“巧妙”的枚举方法,主要是因为“剪枝”步骤,通过“剪枝”步骤就不用枚举问题的所有可行解。

二、分支定界法计算步骤

第1步　求解整数规划问题的松弛问题。若松弛问题没有最优解(包括无可行解和无有限最优解),则整数规划问题也没有最优解;若松弛问题有最优解 $\boldsymbol{X}^0$,且 $\boldsymbol{X}^0$ 是整数向量,则 $\boldsymbol{X}^0$ 是整数规划问题的最优解,输出 $\boldsymbol{X}^0$,否则,令 $\Omega:=\{\boldsymbol{X}^0\}$,$U:=+\infty$,$\hat{\boldsymbol{X}}:=\Phi$,转至第2步。

第2步　若 $\Omega=\Phi$,则转至第7步;否则,选择一个分支点 $\boldsymbol{X}^k\in\Omega$,$\Omega:=\Omega\backslash\{\boldsymbol{X}^k\}$。

第3步　解 $\boldsymbol{X}^k$ 对应的松弛问题,若此问题无解,转至第2步。

第4步　若 $\boldsymbol{X}^k$ 对应的松弛问题的最优值 $z_k\geqslant U$,则点 $\boldsymbol{X}^k$ 被剪枝,转至第2步。

第5步　若 $\boldsymbol{X}^k$ 对应的松弛问题的最优解 $\boldsymbol{X}^0$ 为整数,则 $U:=\boldsymbol{C}\boldsymbol{X}^0$,$\hat{\boldsymbol{X}}:=\boldsymbol{X}^0$,转至第2步。

第6步　若 $\boldsymbol{X}^k$ 对应的松弛问题的最优解 $\boldsymbol{X}^0$ 不是整数,按 $\boldsymbol{X}^0$ 某个非整数分量生成 $\boldsymbol{X}^0$ 的两个分支点 $\boldsymbol{X}^1$ 和 $\boldsymbol{X}^2$,令 $\Omega:=\Omega\cup\{\boldsymbol{X}^1\}\cup\{\boldsymbol{X}^2\}$,转至第2步。

第7步　若 $\hat{\boldsymbol{X}}:=\Phi$,$U:=+\infty$,则原ILP问题无解;否则,$\hat{\boldsymbol{X}}$ 为原ILP问题的最优解,U 是最优值,计算停止。

分支定界法的思想不仅适用于解ILP问题,也适用于任何组合最优化问题。

例6-6　用分支定界法求解下列整数规划问题:

$$\max z = 40x_1 + 90x_2$$

$$\text{s.t.}\begin{cases}9x_1 + 7x_2 \leqslant 56\\ 7x_1 + 20x_2 \leqslant 70\\ x_1, x_2 \text{ 为非负整数}\end{cases}$$

解　去掉整数约束,求解松弛问题 B,得最优解为:$x_1=4.81$,$x_2=1.82$,

目标函数值 $z_0=356$。

则原问题的最优解 z^* 的边界为:$0\leqslant z^*\leqslant 356$。

由于非整数,在原约束问题中分别添加两个子约束:$x_1\leqslant 4$ 和 $x_1\geqslant 5$,形成两个子问题 B_1 和 B_2。

$$(B_1)\quad\begin{cases}B\\ x_1\leqslant 4\end{cases}\qquad\qquad (B_2)\quad\begin{cases}B\\ x_1\geqslant 5\end{cases}$$

解 B_1,得 $x_1=4.00$,$x_2=2.10$,$z_{B_1}=349$。

解 B_2,得 $x_1=5.00$,$x_2=1.57$,$z_{B_2}=341$。

原问题的最优解 z^* 的边界变为:$0\leqslant z^*\leqslant 349$。

因为 $z_{B_1}>z_{B_2}$,所以,对 B_1 继续分支。结果如图6-5所示。

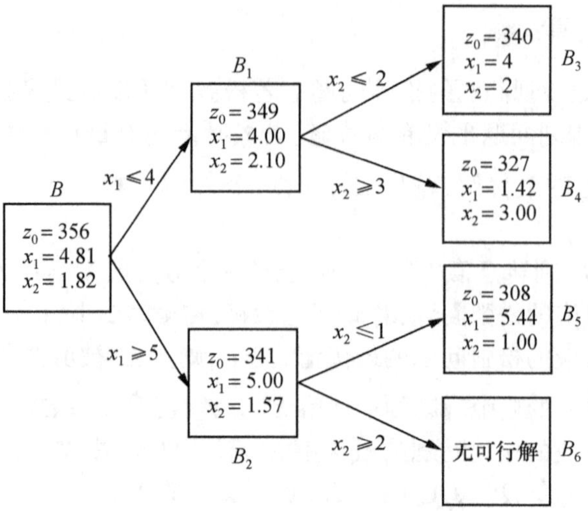

图 6-5　分支定界法求解整数规划问题

第四节　0-1 型整数规划

0-1 规划是整数规划中的特殊情况，它的变量仅取值 0 或 1。0-1 变量常被用来表示系统是否处于某个特定状态，或者决策时是否取某个特定方案。

一、0-1 规划问题举例

例 6-7　某部门在今后五年中可用于投资的资金总额为 B 万元，有 $n(n\geqslant 2)$ 个可以考虑的投资项目，假定每个项目最多投资一次，第 j 个项目所需的资金为 b_j 万元，将会获得的利润为 c_j 万元。问应如何选择投资项目，才能使获得的总利润最大。

解　设投资决策变量为 $x_j=\begin{cases}1, & \text{决定投资第 } j \text{ 个项目；}\\ 0, & \text{决定不投资第 } j \text{ 个项目；}\end{cases} j=1,\cdots,n$

设获得的总利润为 z，则上述问题的数学模型为

$$\max z = \sum_{j=1}^{n} c_j x_j$$

$$\text{s.t.}\begin{cases}\sum\limits_{j=1}^{n} b_j x_j \leqslant B\\ x_j = 0 \text{ 或 } 1, j = 1,\cdots,n\end{cases} \qquad (6.10)$$

显然，问题(6.10)是一个 0-1 规划。

二、0-1 变量在互斥条件中应用

(1) 两个约束中，只有一个起作用。对于一个"≤"的约束条件不起作用，只要把它的右端项设置为无穷大即可。在实际条件中，一般用一个任意大的正数 M 来表示。因此，在一个"≤"的约束条件的右端项加上 My，当 $y=0$ 时，M 不存在，条件起作用；当 $y=1$ 时，右端项

任意大,条件不起作用。

例如,对于下面两个互斥的约束条件:

$$\begin{cases} a_{11}x_1 + a_{12}x_2 \leqslant b_1 \\ a_{21}x_1 + a_{22}x_2 \leqslant b_2 \end{cases}$$

可以用下面的0-1变量来表示:

$$\begin{cases} a_{11}x_1 + a_{12}x_2 \leqslant b_1 + M_1y \\ a_{21}x_1 + a_{22}x_2 \leqslant b_2 + M_2(1-y) \\ y = 0,1 \end{cases}$$

对于一个"≥"的约束条件不起作用,只要把它的右端项设置为无穷小即可,一般在约束条件的右端项加上 $-My$ 来表示。

如上面约束条件为"≥",则可以用下面的0-1变量来表示:

$$\begin{cases} a_{11}x_1 + a_{12}x_2 \geqslant b_1 - M_1y \\ a_{21}x_1 + a_{22}x_2 \geqslant b_2 - M_2(1-y) \\ y = 0,1 \end{cases}$$

(2) 互相排斥的多个约束中,只有一个起作用。例如下面有互相排斥的 m 个约束中,只有一个起作用。

$$a_{i1}x_1 + a_{i2}x_2 + \cdots + a_{in}x_n \leqslant b_i \quad (i = 1,2,\cdots,m)$$

可以用下面的条件表示:

$$\begin{cases} a_{i1}x_1 + a_{i2}x_2 + \cdots + a_{in}x_n \leqslant b_i + My_i \quad (i = 1,2,\cdots,m) \\ y_1 + \cdots + y_m = m - 1 \\ y_i = 0,1, i = 1,2,\cdots,m \end{cases}$$

(3) 若 m 个约束条件中只能有 b 个起作用,则令0-1变量之和为 $m-b$。

例6-8　试利用0-1变量将下列各题分别表示成一般线性约束条件。

(1) $x_1 + x_2 \leqslant 2$ 或 $2x_1 + 3x_2 \geqslant 8$;

(2) 变量 x_3 只能取值0、5、9、12;

(3) 若 $x_2 \leqslant 4$,则 $x_5 \geqslant 0$,否则 $x_5 \leqslant 3$;

(4) 以下四个约束条件中至少满足两个: $\begin{cases} x_6 + x_7 \leqslant 2 \\ x_6 \leqslant 1 \\ x_7 \geqslant 5 \\ x_6 + x_7 \geqslant 3 \end{cases}$

解　(1) $\begin{cases} x_1 + x_2 \leqslant 2 + My \\ 2x_1 + 3x_2 \geqslant 8 - M(1-y) \\ y = 0,1 \end{cases}$　　(2) $\begin{cases} x_3 = 5y_1 + 9y_2 + 12y_3 \\ y_1 + y_2 + y_3 \leqslant 1 \\ y_1, y_2, y_3 = 0,1 \end{cases}$

(3) $\begin{cases} x_2 \leqslant 4 + My \\ x_5 \geqslant 0 - My \\ x_2 > 4 - M(1-y) \\ x_5 \leqslant 3 + M(1-y) \\ y = 0,1 \end{cases}$

(4) $\begin{cases} x_6 + x_7 \leqslant 2 + My_1 \\ x_6 \leqslant 1 + My_2 \\ x_7 \geqslant 5 - My_3 \\ x_6 + x_7 \geqslant 3 - My_4 \\ y_1 + y_2 + y_3 + y_4 \leqslant 2 \\ y_1, y_2, y_3, y_4 = 0,1 \end{cases}$

三、0-1 规划问题的解法

0-1 规划问题具有特殊性，虽然上面介绍过的割平面方法和分支定界方法都可以用来求解，但是正是由于它的特殊性，这里介绍专门用来求解 0-1 规划问题的隐枚举法。

对于 0-1 型整数规划问题

$$\max z = \boldsymbol{CX}$$

$$\text{s.t.} \begin{cases} \boldsymbol{AX} = \boldsymbol{b} \\ \boldsymbol{X} \geqslant \boldsymbol{0} \\ \boldsymbol{X} = \boldsymbol{0,1} \end{cases}$$

而言，其可能的解的个数是有限的，即 2^n 个。因此，我们可以用枚举的方法，把所有可能的解均代入约束条件看是否满足约束条件，并在满足约束条件的可行解中找到使目标函数达到最优的最优解。

但是，如果我们改变一下枚举的规则或增加一些条件，则可能简化计算工作量。例如对于下面的 0-1 型规划问题：

$$\max z = 2x_1 + 4x_2 + x_3$$

$$\text{s.t.} \begin{cases} 3x_1 - 8x_2 + 5x_3 \leqslant -1 \\ x_1, x_2, x_3 = 0,1 \end{cases}$$

其可能的解的个数是 $2^3 = 8$ 个，但如果我们发现当 $x_2 = 0$ 时，不管 x_1 和 x_3 取什么值，均不会满足约束条件，这样需要检查的解的个数就只有 4 个了，如图 6-6 所示。

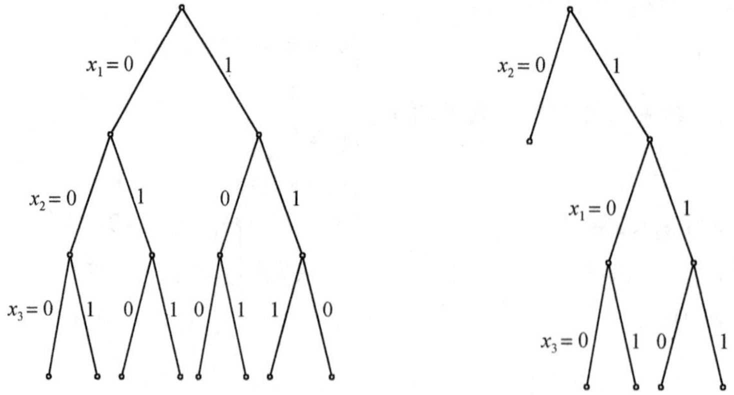

图 6-6　隐枚举法解决 0-1 规划问题

隐枚举法就是通过建立过滤条件而使计算工作量大为减少的穷举法，用下面的例题加以说明。

例 6-9　用隐枚举法求解 0-1 整数规划问题。

$$\max z = 3x_1 - 2x_2 + 5x_3$$

$$\text{s.t.}\begin{cases} x_1 + 2x_2 - x_3 \leqslant 2 & (1) \\ x_1 + 4x_2 + x_3 \leqslant 4 & (2) \\ x_1 + x_2 \leqslant 3 & (3) \\ 4x_2 + x_3 \leqslant 6 & (4) \\ x_1, x_2, x_3 = 0 \text{ 或 } 1 \end{cases} \tag{6.11}$$

解　上述模型如果用全部枚举的方法,3 个变量共有 $2^3=8$ 个解,四个约束条件,加上目标函数,共需 50 次运算。

为了简化计算,可以先通过试探的方法找一个可行解,容易看出 $(x_1,x_2,x_3)=(1,0,0)$ 就是合于(1)—(4)条件的一个可行解,求出相应的目标函数值 $z=3$。

由于目标函数求极大值,增加过滤条件:$3x_1-2x_2+5x_3\geqslant3$。

对模型的每一个解,依次代入约束条件左侧,求出数值,看是否适合不等式条件,如某一条件不适合,同行以下各条件就不必再检查,因而减少了运算次数。本例计算过程如表 6-6 所示,实际只做 24 次运算。

表　6-6

(x_1,x_2,x_3)	条件					满足条件? 是(√)否(×)	z 值
	(0)	(1)	(2)	(3)	(4)		
(0,0,0)	0					√	0
(0,0,1)	5	−1	1	0	1	√	5
(0,1,0)	−2					×	
(0,1,1)	3	1	5			×	
(1,0,0)	3	1	1	1	0	√	3
(1,0,1)	8	0	2	1	1	√	8
(1,1,0)	1					×	
(1,1,1)	6	2	6			×	

于是求得最优解 $(x_1,x_2,x_3)=(1,0,1)$,$\max z=8$。

在计算过程中,若遇到 z 值已超过过滤条件右边的值,应改变过滤条件,使右边为迄今为止的最大者,然后继续做。例如,当检查点(0,0,1)时因 $z=5(>3)$,所以应将过滤条件换成

$$3x_1 - 2x_2 + 5x_3 \geqslant 5$$

这种对过滤条件的改进,更可以减少计算量。

注　一般重新排列 x_i 的顺序使目标函数中 x_i 的系数是递增(递减)的。在上例中,改写 $z=3x_1-2x_2+5x_3=-2x_2+3x_1+5x_3$,因为 −2,3,5 是递增的。变量 (x_2,x_1,x_3) 也按下述顺序取值:(0,0,0),(0,0,1),(0,1,0),(0,1,1),……这样,最优解容易较早被发现。再结合过滤条件的改进,更可使计算简化。

上例中,把模型按价值系数由小到大的顺序排列,并列表(表 6-7)计算。

$$\max z = -2x_2 + 3x_1 + 5x_3$$

$$
\text{s.t.}\begin{cases}2x_2+x_1-x_3\leqslant 2 & (1)\\ 4x_2+x_1+x_3\leqslant 4 & (2)\\ x_2+x_1\leqslant 3 & (3)\\ 4x_2+x_3\leqslant 6 & (4)\\ x_1,x_2,x_3=0\text{ 或 }1\end{cases}
$$

表 6-7

(x_2,x_1,x_4,x_3)	目标值	过滤条件	条件				当前最好值
			(1)	(2)	(3)	(4)	
(0,0,0)	0	<					3
(0,0,1)	5	>	√	√	√	√	5
(0,1,0)	−2	<					5
(0,1,1)	3	<					5
(1,0,0)	3	<					5
(1,0,1)	8	>	√	√	√	√	8
(1,1,0)	1	<					8
(1,1,1)	6	<					8

可以看出,如果用上述规则,实际只需要 16 次运算。

总结一下,隐枚举法的基本步骤:

(1) 用试探法,求出一个可行解,以它的目标值作为当前最好值 z^0。如果开始看不出可行解,则可以等检测出一个可行解后才确定 z^0。

(2) 增加过滤条件:$z\geqslant z^0$;

(3) 在最大化问题中,将 x_i 按 c_i 由小到大的顺序排列,按照向量 $\boldsymbol{X}$ 从小到大的顺序逐一测试 $\boldsymbol{X}$ 的可能取值。如果是最小化问题,将 x_i 按 c_i 由大到小的顺序排列,仍按照向量 $\boldsymbol{X}$ 从小到大的顺序逐一测试 $\boldsymbol{X}$ 的可能取值。

例 6-10 用隐枚举法求解 0-1 整数规划问题

$$
\min z=3x_1+7x_2-x_3+x_4
$$

$$
\text{s.t.}\begin{cases}2x_1-x_2+x_3-x_4\geqslant 1\\ x_1-x_2+6x_3+4x_4\geqslant 8\\ 5x_1+3x_2+x_4\geqslant 5\\ x_1,x_2,x_3,x_4=0,1\end{cases}
$$

解 由于可行解不容易看出,所以初始最好值省略,过滤条件可在找出一个可行解后再进行检验。把整数规划模型按照价值系数由大到小的顺序排列。

$$
\min z=7x_2+3x_1+x_4-x_3
$$

$$
\text{s.t.}\begin{cases}-x_2+2x_1-x_4+x_3\geqslant 1\\ -x_2+x_1+4x_4+6x_3\geqslant 8\\ 3x_2+5x_1+x_4\geqslant 5\\ x_1,x_2,x_3,x_4=0,1\end{cases}
$$

列表计算,如表6-8所示。

表　6-8

(x_2,x_1,x_4,x_3)	目标值	过滤条件	条件			当前最好值
			(1)	(2)	(3)	
(0,0,0,0)	0	—	×			
(0,0,0,1)	-1	—	√	×		
(0,0,1,0)	1	—	×			
(0,0,1,1)	0	—	×			
(0,1,0,0)	3	—	√	×		
(0,1,0,1)	2	—	√	×		
(0,1,1,0)	4	—	√	×		
(0,1,1,1)	3	—	√	√	√	3
(1,0,0,0)	7	>				

得到最优解 $\boldsymbol{X}^* = (x_1,x_2,x_3,x_4) = (1,0,1,1)$,$\min z = 3$。

第五节　指 派 问 题

一、指派问题的标准形式及数学模型

在现实生活中,有各种性质的指派问题。例如,有若干项工作需要分配给若干人(或部门)来完成;有若干项合同需要选择若干个投标者来承包;有若干班级需要安排在各教室上课,等等。诸如此类的问题,它们的基本要求是在满足特定的指派要求条件下,使指派方案的总体效果最佳。由于指派问题的多样性,有必要定义指派问题的标准形式。

指派问题的标准形式(以人和事为例)是:**有 n 个人和 n 件事,已知第 i 个人做第 j 件事的费用为 $c_{ij}(i,j=1,2,\cdots,n)$,要求确定人和事之间一一对应的指派方案,使完成这 n 件事的总费用最少。**

为了建立标准指派问题的数学模型,引入 n^2 个0-1变量:

$$x_{ij} = \begin{cases} 0 & \text{若不指派第 } i \text{ 人做第 } j \text{ 件事} \\ 1 & \text{若指派第 } i \text{ 人做第 } j \text{ 件事} \end{cases} \qquad (i,j = 1,2,\cdots,n)$$

这样,问题的数学模型可写成

$$\min z = \sum_{i=1}^{n} \sum_{j=1}^{n} c_{ij} x_{ij}$$

$$\text{s. t.} \begin{cases} \sum\limits_{i=1}^{n} x_{ij} = 1, & j = 1,2,\cdots,n \\ \sum\limits_{j=1}^{n} x_{ij} = 1, & i = 1,2,\cdots,n \\ x_{ij} = 0,1, & i,j = 1,2,\cdots,n \end{cases}$$

其中,第一类约束条件表示每件事必须且只能一个人去做,第二类约束条件表示每个人必须且只能做一件事。

注 与运输问题的数学模型相比较,可以看出指派问题是产量(a_i)、销量(b_j)相等,且 $a_i=b_j=1(i,j=1,2,\cdots,n)$的运输问题。

有时也称 c_{ij}为第 i 个人完成第 j 件工作所需的资源数,称之为**效率系数(或价值系数)**。并称矩阵

$$\boldsymbol{C}=(c_{ij})_{n\times n}=\begin{bmatrix} c_{11} & c_{12} & \cdots & c_{1n} \\ c_{21} & c_{22} & \cdots & c_{2n} \\ \cdots & \cdots & \cdots & \cdots \\ c_{n1} & c_{n2} & \cdots & c_{nn} \end{bmatrix}$$

为**效率矩阵(或系数矩阵)**。称决策变量 x_{ij}排成的 $n\times n$ 矩阵

$$\boldsymbol{X}=(x_{ij})_{n\times n}=\begin{bmatrix} x_{11} & x_{12} & \cdots & x_{1n} \\ x_{21} & x_{22} & \cdots & x_{2n} \\ \cdots & \cdots & \cdots & \cdots \\ x_{n1} & x_{n2} & \cdots & x_{nn} \end{bmatrix}$$

为**决策变量矩阵**。

决策变量矩阵的特征是它有 n 个 1,其他都是 0,并且这 n 个 1 位于不同行和不同列。每一种情况为指派问题的一个可行解,共有 $n!$ 个解。

其总的费用 $z=C\odot X$。这里的⊙表示两矩阵对应元素的积,然后相加。

指派问题的目标是:求解把这 n 个 1 放到 X 的 n^2 个位置的什么地方可使耗费的总资源最少。

例 6-11 已知效率矩阵

$$\boldsymbol{C}=\begin{bmatrix} 5 & 0 & 2 & 0 \\ 2 & 3 & 0 & 0 \\ 0 & 5 & 6 & 7 \\ 4 & 8 & 0 & 0 \end{bmatrix}$$

则

$$\boldsymbol{X}^{(1)}=\begin{bmatrix} 0 & 1 & 0 & 0 \\ 0 & 0 & 0 & 1 \\ 1 & 0 & 0 & 0 \\ 0 & 0 & 1 & 0 \end{bmatrix},\quad \boldsymbol{X}^{(2)}=\begin{bmatrix} 0 & 1 & 0 & 0 \\ 0 & 0 & 1 & 0 \\ 1 & 0 & 0 & 0 \\ 0 & 0 & 0 & 1 \end{bmatrix}$$

都是指派问题的最优解。

例 6-12 某商业公司计划开办五家新商店。为了尽早建成营业,商业公司决定由 5 家建筑公司分别承建。已知建筑公司 $A_i(i=1,2,\cdots,5)$对新商店 $B_j(j=1,2,\cdots,5)$的建造费用的报价(万元)为 $c_{ij}(i,j=1,2,\cdots,5)$,见表 6-9。商业公司应当对 5 家建筑公司怎样分派建筑任务,才能使总的建筑费用最少?

表 6-9　建筑公司的建造费用报价

c_{ij}	B_1	B_2	B_3	B_4	B_5
A_1	4	8	7	15	12
A_2	7	9	17	14	10
A_3	6	9	12	8	7
A_4	6	7	14	6	10
A_5	6	9	12	10	6

解　这是一个标准的指派问题。若设 0-1 变量

$$x_{ij}=\begin{cases}1 & \text{当 } A_i \text{ 承建 } B_j \text{ 时}\\ 0 & \text{当 } A_i \text{ 不承建 } B_j \text{ 时}\end{cases}\qquad (i,j=1,2,\cdots,5)$$

则问题的数学模型为

$$\min z = 4x_{11}+8x_{12}+\cdots+10x_{54}+6x_{55}$$

$$\text{s.t.}\begin{cases}\sum\limits_{i=1}^{5}x_{ij}=1, & j=1,2,\cdots,5\\ \sum\limits_{j=1}^{5}x_{ij}=1, & i=1,2,\cdots,5\\ x_{ij}=0,1, & i,j=1,2,\cdots,5\end{cases}$$

二、匈牙利解法原理

因为指派问题是一类特殊的整数规划问题，又是特殊 0-1 规划问题和特殊的运输问题，因此，它可以用多种相应的解法来求解。但是，这些解法都没有充分利用指派问题的特殊性质，有效地减少计算量。1955 年，库恩(W. W. Kuhn)提出了匈牙利解法。

定理 6.1　设指派问题的效率矩阵为 $\boldsymbol{C}=(c_{ij})_{n\times n}$，若将该矩阵的某一行(或某一列)的各个元素都减去同一常数 t(t 可正可负)，得到新的效率矩阵 $\boldsymbol{C}'=(c'_{ij})_{n\times n}$，则以 $\boldsymbol{C}'$ 为效率矩阵的新的指派问题与原指派问题的最优解相同。

推论　若将指派问题的效率矩阵每一行及每一列分别减去各行及各列的最小元素，则得到新指派问题与原指派问题有相同的最优解。

推论的证明　结论是显然的。只要反复运用定理 6.1 便可得证。

将效率矩阵的每一行都减去各行的最小元素，将所得的矩阵的每一列再减去当前列中的最小元素，则最后得到新效率矩阵 $\boldsymbol{C}'$ 中必然出现一些零元素。设 $c'_{ij}=0$，从第 i 行来看，它表示第 i 个人去干第 j 项工作效率(相对)最好。而从第 j 列来看，这个 0 表示第 j 项工作以第 i 人来干效率(相对)最高。

定义 6.1　在效率矩阵 $\boldsymbol{C}$ 中，有一组在不同行不同列的零元素，称为独立零元素组，独立零元素组的每个零元素称为独立零元素。

例如，已知有效率矩阵

$$\boldsymbol{C} = \begin{bmatrix} 5 & 0 & 2 & 0 \\ 2 & 3 & 0 & 0 \\ 0 & 5 & 6 & 7 \\ 4 & 8 & 0 & 0 \end{bmatrix}$$

则$\{c_{12}=0, c_{24}=0, c_{31}=0, c_{43}=0\}$是一个独立零元素组,则$c_{12}=0, c_{24}=0, c_{31}=0, c_{43}=0$分别称为独立零元素。$\{c_{12}=0, c_{23}=0, c_{31}=0, c_{44}=0\}$也是一个独立零元素组,而$\{c_{14}=0, c_{23}=0, c_{31}=0, c_{44}=0\}$就不是一个独立零元素组,因为$c_{14}=0$与$c_{44}=0$这两个零元素位于同一列中。

根据以上对效率矩阵中零元素的分析,对效率矩阵C中出现的独立零元素组中零元素所处的位置,在决策变量矩阵中令相应的$x_{ij}=1$,其余的$x_{ij}=0$,这样就可找到指派问题的一个最优解。

就上例中,$\boldsymbol{X}^{(1)} = \begin{bmatrix} 0 & 1 & 0 & 0 \\ 0 & 0 & 0 & 1 \\ 1 & 0 & 0 & 0 \\ 0 & 0 & 1 & 0 \end{bmatrix}$就是一个最优解。同理$\boldsymbol{X}^{(2)} = \begin{bmatrix} 0 & 1 & 0 & 0 \\ 0 & 0 & 1 & 0 \\ 1 & 0 & 0 & 0 \\ 0 & 0 & 0 & 1 \end{bmatrix}$也是一个最优解。

但是在有的问题中发现效率矩阵C中独立零元素的个数不够n个,这样就无法求出最优指派方案,需作进一步的分析。首先给出下述定理。

定理 6.2 效率矩阵C中独立零元素的最多个数等于能覆盖所有零元素的最少直线数。

已知有效率矩阵

$$\boldsymbol{C}_1 = \begin{bmatrix} 5 & 0 & 2 & 0 \\ 2 & 3 & 0 & 0 \\ 0 & 5 & 6 & 7 \\ 4 & 8 & 0 & 0 \end{bmatrix}, \quad \boldsymbol{C}_2 = \begin{bmatrix} 5 & 0 & 2 & 0 & 2 \\ 2 & 3 & 0 & 0 & 0 \\ 0 & 5 & 5 & 7 & 2 \\ 4 & 8 & 0 & 0 & 4 \\ 0 & 6 & 3 & 6 & 5 \end{bmatrix}, \quad \boldsymbol{C}_3 = \begin{bmatrix} 7 & 0 & 2 & 0 & 2 \\ 4 & 3 & 0 & 0 & 0 \\ 0 & 3 & 3 & 5 & 0 \\ 6 & 8 & 0 & 0 & 4 \\ 0 & 4 & 1 & 4 & 3 \end{bmatrix}$$

分别用最少直线去覆盖各自矩阵中的零元素:

$$\boldsymbol{C}_1 = \begin{bmatrix} 5 & 0 & 2 & 0 \\ 2 & 3 & 0 & 0 \\ 0 & 5 & 6 & 7 \\ 4 & 8 & 0 & 0 \end{bmatrix}, \quad \boldsymbol{C}_2 = \begin{bmatrix} 5 & 0 & 2 & 0 & 2 \\ 2 & 3 & 0 & 0 & 0 \\ 0 & 5 & 5 & 7 & 2 \\ 4 & 8 & 0 & 0 & 4 \\ 0 & 6 & 3 & 6 & 5 \end{bmatrix}, \quad \boldsymbol{C}_3 = \begin{bmatrix} 7 & 0 & 2 & 0 & 2 \\ 4 & 3 & 0 & 0 & 0 \\ 0 & 3 & 3 & 5 & 0 \\ 6 & 8 & 0 & 0 & 4 \\ 0 & 4 & 1 & 4 & 3 \end{bmatrix}$$

可见,$\boldsymbol{C}_1$最少需要4条线,$\boldsymbol{C}_2$最少需要4条线,$\boldsymbol{C}_3$最少需要5条线,方能划掉矩阵中所有的零,即它们独立零元素组中零元素最多,分别为4,4,5。

三、匈牙利解法的基本步骤

我们以例题来说明指派问题用匈牙利解法求解的过程。

1. 变换效率矩阵

方法:将各行各列都减去当前各行、各列中的最小元素。这样得到的新矩阵C'中,每行每列都必然出现零元素。

例 6-13　给定效率矩阵 $\boldsymbol{C}$,求解该指派问题。

$$\boldsymbol{C}=\begin{bmatrix}2&15&13&4\\10&4&7&15\\9&14&16&13\\7&8&11&9\end{bmatrix}$$

解

$$\boldsymbol{C}=\begin{bmatrix}2&15&13&4\\10&4&7&15\\9&14&16&13\\7&8&12&9\end{bmatrix}\xrightarrow[\text{最小元素}]{\text{减去每行的}}\begin{bmatrix}0&13&11&2\\6&0&3&11\\0&5&7&4\\0&1&5&2\end{bmatrix}\xrightarrow[\text{最小元素}]{\text{减去每列的}}\begin{bmatrix}0&13&8&0\\6&0&0&9\\0&5&4&2\\0&1&2&0\end{bmatrix}=\boldsymbol{C}'$$

2. 进行试指派

试指派的目的是确定最多的独立零元素的个数。如果最多的独立零元素个数恰好等于矩阵的阶数,则得到最优解。

方法　在只有一个零元素的行(或列)的零元素上加圈,把位于同列(或同行)的其他零元素划去。如没有圈去或划去的零元素在行和列上均有多个,则任选一个零元素加圈,同时去掉位于同一行和同一列的零元素。如此反复,直至所有零元素都被圈去或划去为止。如有 n 个加圈的独立零元素,得到最优解。否则,转至第 3 步。

在第 i 行只有一个零元素 $c_{ij}=0$ 时,表示第 i 人干第 j 件工作效率最好。因此优先指派第 i 人干第 j 项工作,而划去第 j 列其他未标记的零元素,表示第 j 项工作不再指派其他人去干。

$$\boldsymbol{C}'=\begin{bmatrix}0&13&8&0\\6&0&0&9\\0&5&4&2\\0&1&2&0\end{bmatrix}\longrightarrow\begin{bmatrix}\not{0}&13&8&\textcircled{0}\\6&\textcircled{0}&\not{0}&9\\\textcircled{0}&5&4&2\\\not{0}&1&2&\not{0}\end{bmatrix}$$

上例中,效率矩阵 $\boldsymbol{C}'$第 3 行只有 1 个零元素,因此圈起 $\boldsymbol{C}'$中第 3 行第 1 列的零元素 c_{31},同时划去第 1 列中未被标记的两个零元素。

第 1 行中只有一个未被标记的零元素,圈起 $\boldsymbol{C}'$中第 1 行第 4 列的零元素 c_{14},同时划去位于同一列的零元素。

第 2 列中只有一个未被标记的零元素,圈起 $\boldsymbol{C}'$中第 2 行第 2 列的零元素 c_{22},同时划去位于同一行的零元素。

所有的零元素均被圈起或划去。得到加圈的独立零元素个数为 3 个,小于矩阵阶数 4。继续下一步。

3. 做最少直线覆盖当前所有零元素

方法　① 对没有划圈零元素的行打"√"。

② 在已打"√"的行中,对划去零元素所在列打"√"。

③ 在已打"√"的列中,对划圈零元素所在行打"√"。

④ 重复②到③,直到再也不能找到打"√"的行或列为止。

⑤ 对没有打"√"的行画一横线,对打"√"的列画一垂线,这样就得到了覆盖所有零元

素的最少直线数目的直线集合。

上列中，依据上述方法找出覆盖所有零元素的最小直线，如下所示。

$$
\boldsymbol{C}' = \begin{bmatrix} 0 & 13 & 8 & 0 \\ 6 & 0 & 0 & 9 \\ 0 & 5 & 4 & 2 \\ 0 & 1 & 2 & 0 \end{bmatrix} \longrightarrow \begin{bmatrix} \not{0} & 13 & 8 & \textcircled{0} \\ 6 & \textcircled{0} & \not{0} & 9 \\ \textcircled{0} & 5 & 4 & 2 \\ \not{0} & 1 & 2 & \not{0} \end{bmatrix} \begin{matrix} \checkmark \\ \\ \checkmark \\ \checkmark \end{matrix}
$$
$$
\qquad\qquad\qquad\qquad\quad \checkmark \qquad\qquad\quad \checkmark
$$

4. 进行矩阵变换增加零元素

方法　找出没被直线覆盖的最小元素，打“√”的行减去该元素，打“√”的列加上该元素，即所有未被直线覆盖的数字减去该元素，横线与垂线交叉点数字加上该元素，其他数字不变。然后，转入第 2 步重新指派。

$$
\boldsymbol{C}'' = \begin{bmatrix} 0 & 12 & 7 & 0 \\ 7 & 0 & 0 & 10 \\ 0 & 4 & 3 & 2 \\ 0 & 0 & 1 & 0 \end{bmatrix} \xrightarrow{\text{重新指派}} \begin{bmatrix} \not{0} & 12 & 7 & \textcircled{0} \\ 7 & \not{0} & \textcircled{0} & 10 \\ \textcircled{0} & 4 & 3 & 2 \\ \not{0} & \textcircled{0} & 1 & \not{0} \end{bmatrix}
$$

独立零元素的个数为 4，正好等于矩阵的阶数，达到最优解。

最优解为：$\boldsymbol{X}^* = \begin{bmatrix} 0 & 0 & 0 & 1 \\ 0 & 0 & 1 & 0 \\ 1 & 0 & 0 & 0 \\ 0 & 1 & 0 & 0 \end{bmatrix}$，目标函数值为：$z = 4 + 7 + 9 + 8 = 28$。

四、一般的指派问题

在实际应用中，常会遇到非标准形式，解决的思路是：先化成标准形式，然后再用匈牙利法求解。

1. 最大化的指派问题

其一般形式为

$$
\max z = \sum_{i=1}^{n} \sum_{j=1}^{n} c_{ij} x_{ij}
$$

$$
\text{s. t.} \begin{cases} \sum\limits_{i=1}^{n} x_{ij} = 1 & j = 1,2,\cdots,n \\ \sum\limits_{j=1}^{n} x_{ij} = 1 & i = 1,2,\cdots,n \\ x_{ij} = 0,1 & i,j = 1,2,\cdots,n \end{cases}
$$

处理办法：设最大化的指派问题的系数矩阵为 $\boldsymbol{C} = (c_{ij})_{n \times n}$，$m = \max\{c_{11}, c_{12}, \cdots, c_{nn}\}$，令 $\boldsymbol{B} = (b_{ij})_{n \times n} = (m - c_{ij})_{n \times n}$，则以 $\boldsymbol{B}$ 为系数矩阵的最小化指派问题和以 $\boldsymbol{C}$ 为系数矩阵的原最大化指派问题有相同的最优解。

例 6-14　某工厂有 4 名工人 A_1、A_2、A_3、A_4，分别操作 4 台车床 B_1、B_2、B_3、B_4。每小时单

产量如表 6-10，求产值最大的分配方案。

表 6-10 4 名工人分别操作 4 台车床的每小时单位产量

车床 工人	B_1	B_2	B_3	B_4
A_1	10	9	8	7
A_2	3	4	5	6
A_3	2	1	1	2
A_4	4	3	5	6

解 $\boldsymbol{C}=(c_{ij})_{n\times n}=\begin{bmatrix}10&9&8&7\\3&4&5&6\\2&1&1&2\\4&3&5&6\end{bmatrix}, m=\max\{10,9,8,7,\cdots,5,6\}=10$

$$\boldsymbol{B}=(b_{ij})_{n\times n}=(10-c_{ij})_{n\times n}=\begin{bmatrix}0&1&2&3\\7&6&5&4\\8&9&9&8\\6&7&5&4\end{bmatrix}\xrightarrow[\text{的最小值}]{\text{减去每行}}\begin{bmatrix}0&1&2&3\\3&2&1&0\\0&1&1&0\\2&3&1&0\end{bmatrix}$$

$$\xrightarrow[\text{的最小值}]{\text{减去每列}}\begin{bmatrix}\textcircled{0}&\not{0}&1&3\\3&1&\textcircled{0}&\not{0}\\\not{0}&\textcircled{0}&\not{0}&\not{0}\\2&2&\not{0}&\textcircled{0}\end{bmatrix}=\boldsymbol{B}'$$

$\boldsymbol{B}'$中的独立零元素个数 $=n=4$，所以 $\boldsymbol{X}^*=\begin{bmatrix}1&0&0&0\\0&0&1&0\\0&1&0&0\\0&0&0&1\end{bmatrix}$，即为最优解。

最大产值为：$z=10+6+1+5=22$

2. 人数和事数不等的指派问题

（1）若人数 < 事数，添一些虚拟的“人”，此时这些虚拟的“人”做各件事的费用系数取为 0，理解为这些费用实际上不会发生。

（2）若人数 > 事数，添一些虚拟的“事”，此时每个人做这些虚拟的“事”的费用系数同样也取为 0。

例 6-15 现有 4 个人，5 件工作。每人做每件工作所耗时间如表 6-11。

表 6-11 每人做每件工作所耗时间

工作 工人	B_1	B_2	B_3	B_4	B_5
A_1	10	11	4	2	8
A_2	7	11	10	14	12
A_3	5	6	9	12	14
A_4	13	15	11	10	7

问指派哪个人去完成哪项工作，可使总消耗最小？

解 添加虚拟人 A_5，构造标准耗时矩阵：

$$C=\begin{bmatrix}10 & 11 & 4 & 2 & 8\\ 7 & 11 & 10 & 14 & 12\\ 5 & 6 & 9 & 12 & 14\\ 13 & 15 & 11 & 10 & 7\\ 0 & 0 & 0 & 0 & 0\end{bmatrix}\xrightarrow{\text{行变换}}\begin{bmatrix}8 & 9 & 2 & \textcircled{0} & 6\\ \textcircled{0} & 4 & 3 & 7 & 5\\ 0 & 1 & 4 & 7 & 9\\ 6 & 8 & 4 & 3 & \textcircled{0}\\ 0 & \textcircled{0} & 0 & 0 & 0\end{bmatrix}=C'$$

C'中的独立零元素个数 $=4<n=5$。寻找最少覆盖所有 0 元素的直线。找出没被直线覆盖的最小元素为 1，打"√"的行减去 1，打"√"的列加上 1，得 C''。

$$C'=\begin{bmatrix}8 & 9 & 2 & \textcircled{0} & 6\\ \textcircled{0} & 4 & 3 & 7 & 5\\ 0 & 1 & 4 & 7 & 9\\ 6 & 8 & 4 & 3 & \textcircled{0}\\ 0 & \textcircled{0} & 0 & 0 & 0\end{bmatrix}\begin{matrix}\\ \checkmark\\ \checkmark\\ \\ \\ \end{matrix}\qquad C''=\begin{bmatrix}9 & 9 & 2 & \textcircled{0} & 6\\ \textcircled{0} & 3 & 2 & 6 & 4\\ 0 & \textcircled{0} & 3 & 6 & 8\\ 7 & 8 & 4 & 3 & \textcircled{0}\\ 1 & 0 & \textcircled{0} & 0 & 0\end{bmatrix}$$

$$\begin{matrix}\checkmark & & & & \end{matrix}$$

B'中的独立零元素个数 $=5=n$，所以 $X^*=\begin{bmatrix}0 & 0 & 0 & 1 & 0\\ 1 & 0 & 0 & 0 & 0\\ 0 & 1 & 0 & 0 & 0\\ 0 & 0 & 0 & 0 & 1\\ 0 & 0 & 1 & 0 & 0\end{bmatrix}$，即为最优解。

最少耗时为：$z=2+7+6+7=22$。

3. 一个人可做几件事的指派问题

若某人可做几件事，则可将该人化为相同的几个"人"来接受指派。这几个"人"做同一件事的费用系数当然一样。

例 6-16 对例 6-12 的指派问题，为了保证工程质量，经研究决定，舍弃建筑公司 A_4 和 A_5，让技术力量较强的建筑公司 A_1、A_2、A_3 来承建。根据实际情况，可以允许每家建筑公司承建一家或两家商店。求使总费用最少的指派方案。

解 反映投标费用的系数矩阵为：

$$C=\begin{bmatrix}4 & 8 & 7 & 15 & 12\\ 7 & 9 & 17 & 14 & 10\\ 6 & 9 & 12 & 8 & 7\end{bmatrix}$$

由于每家建筑公司最多可承建两家新商店，把每家建筑公司化为相同的两家建筑公司（A_i 和 A_i'，$i=1,2,3$）。这样，系数矩阵变为：

$$C'=\begin{bmatrix}4 & 8 & 7 & 15 & 12\\ 4 & 8 & 7 & 15 & 12\\ 7 & 9 & 17 & 14 & 10\\ 7 & 9 & 17 & 14 & 10\\ 6 & 9 & 12 & 8 & 7\\ 6 & 9 & 12 & 8 & 7\end{bmatrix}$$

上面的系数矩阵有 6 行 5 列,为了使“人”和“事”的数目相同,引入一件虚拟事,使之成为标准的指派问题,其系数矩阵为:

$$C'' = \begin{bmatrix} 4 & 8 & 7 & 15 & 12 & 0 \\ 4 & 8 & 7 & 15 & 12 & 0 \\ 7 & 9 & 17 & 14 & 10 & 0 \\ 7 & 9 & 17 & 14 & 10 & 0 \\ 6 & 9 & 12 & 8 & 7 & 0 \\ 6 & 9 & 12 & 8 & 7 & 0 \end{bmatrix}$$

利用匈牙利解法求解,得 $X^* = \begin{bmatrix} 0 & 0 & 1 & 0 & 0 & 0 \\ 1 & 0 & 0 & 0 & 0 & 0 \\ 0 & 1 & 0 & 0 & 0 & 0 \\ 0 & 0 & 0 & 0 & 0 & 1 \\ 0 & 0 & 0 & 0 & 1 & 0 \\ 0 & 0 & 0 & 1 & 0 & 0 \end{bmatrix}$

即公司的承建方案为:$A_1 - B_1, B_3$;$A_2 - B_2, B_6 = (\phi)$;$A_3 - B_4, B_5$。

总费用为 $z = 7 + 4 + 9 + 7 + 8 = 35$(万元)。

4. 某事不能由某人去做的指派问题

某事不能由某人去做,可将此人做此事的费用取任意大的 M。

例 6-17 分配甲、乙、丙、丁四个人去完成 A、B、C、D、E 五项任务,每人完成各项任务的时间如表 6-12。由于任务重,人数少,考虑以下两个方案:

(1) 任务 E 必须完成,其他 4 项任务可选 3 项完成;但甲不能做 A 项工作,应如何分配,使完成任务的总时间最小?

(2) 其中有一人完成两项,其他人每人完成一项。试分别确定最优分配方案,使完成任务的总时间最少。

表 6-12 每人完成各项任务的时间

工作 / 工人	A	B	C	D	E
甲	25	29	31	42	37
乙	39	38	26	20	33
丙	34	27	28	40	32
丁	24	42	36	23	45

解 这是一个人数与工作不等的指派问题,若用匈牙利法求解,需做一下处理。

(1) 由于任务数大于人数,所以需要有一个虚拟的人,设为戊。因为工作 E 必须完成,故设戊完成 E 的时间为 M(M 为任意大的数),即戊不能做工作 E,其余的假想时间为 0,建立的效率矩阵表如下:

$$C=\begin{bmatrix} M & 29 & 31 & 42 & 37 \\ 39 & 38 & 26 & 20 & 33 \\ 34 & 27 & 28 & 40 & 32 \\ 24 & 42 & 36 & 23 & 45 \\ 0 & 0 & 0 & 0 & M \end{bmatrix}$$

运用匈牙利解法,得最优指派:甲—B、乙—D、丙—E、丁—A。

最少的耗时数 $z=29+20+32+24=105$。

(2) 设有虚拟人戊,它集五人优势为一身,即戊的耗时是五人中最低的。戊所做的工作即为此项工作的耗时最低者的工作。

表 6-13

工人＼工作	A	B	C	D	E
甲	25	29	31	42	37
乙	39	38	26	20	33
丙	34	27	28	40	32
丁	24	42	36	23	45
戊	24	27	26	20	32

运用匈牙利法求解,得:甲—B、乙—D、丙—E、丁—A、戊—C。

其中戊是虚拟人,不能真做,它做C工作是借乙(此列最小时数26是乙所创业绩)的优势,应由乙来做,即乙做两件工作:D和C。

练 习 题

6-1 用割平面法求解下列整数规划问题。

(1) $\min z=5x_1+x_2$

$$\text{s.t.}\begin{cases} 3x_1+2x_2\geqslant 9 \\ x_1+x_2\geqslant 5 \\ x_1+8x_2\geqslant 8 \\ x_1,x_2\geqslant 0,\text{且为整数} \end{cases}$$

(2) $\max z=3x_1-x_2$

$$\text{s.t.}\begin{cases} 3x_1-2x_2\leqslant 3 \\ 5x_1+4x_2\geqslant 10 \\ 2x_1+x_2\leqslant 5 \\ x_1,x_2\geqslant 0,\text{且为整数} \end{cases}$$

6-2 用分支定界法求解下列整数规划问题。

(1) $\max z=x_1+x_2$

$$\text{s.t.}\begin{cases} x_1+\dfrac{9}{14}x_2\leqslant\dfrac{51}{14} \\ -2x_1+x_2\leqslant\dfrac{1}{3} \\ x_1,x_2\geqslant 0,x_1,x_2\text{ 整数} \end{cases}$$

(2) $\max z=5x_1-x_2$

$$\text{s.t.}\begin{cases} 3x_1+10x_2\leqslant 50 \\ 7x_1-2x_2\leqslant 28 \\ x_1,x_2\geqslant 0 \\ x_2\text{ 为整数} \end{cases}$$

6-3 某钻井队要从以下10个可供选择的井位中确定5个钻井探油,使总的钻探费用为最小。若10个井位的代号为 $s_1,s_2,\cdots,s_{10}$,相应的钻探费用为 $c_1,c_2,\cdots,c_{10}$,并且井位选择上要满足下列限制条件:

（1）或选择 s_1 和 s_7，或选择钻探 s_9。

（2）选择了 s_3 或 s_4 就不能选 s_5，或反过来也一样。

（3）在 s_5, s_6, s_7, s_8 中最多只能选两个。

试建立这个问题的整数规划模型。

6-4　固定费用问题。某企业有三种资源用于生产三种产品，资源量、产品单件可变费用及售价、资源单耗量及组织三种产品生产的固定费用见表 6-14。要求制订一个生产计划，使总收益最大。试建立该问题的数学模型。

表　6-14

产品 / 资源	Ⅰ	Ⅱ	Ⅲ	资源量
A	2	4	8	500
B	2	3	4	300
C	1	2	3	100
单件可变费用	4	5	6	
固定费用	100	150	200	
单件售价	8	10	12	

6-5　工件排序问题。某工厂计划用 4 台机床加工 3 件产品。各产品的机床加工顺序以及产品 i 在机床 j 上的加工工时 a_{ij} 如表 6-15 所示。

表　6-15

产品 1	a_{11} 机床 1 →		a_{13} 机床 3 →	a_{14} 机床 4
产品 2	a_{21} 机床 1 →	a_{22} 机床 2 →		a_{24} 机床 4
产品 3		a_{32} 机床 2	a_{33} 机床 3	

由于某种原因，产品 2 的加工总时间不得超过 d，现要求确定各件产品在机床上的加工方案，使全部产品在最短的时间内加工完成。试建立该问题的数学模型。

6-6　某校篮球队准备从以下六名预备队员中选取三名为正式队员，并使平均的身高尽可能高。这六名预备队员情况如表 6-16 所示。

表　6-16

预备队员	号码	身高	位置
大张	4	193	中锋
小李	5	191	中锋
小王	6	187	前锋
小赵	7	186	前锋
小田	8	180	后卫
小周	9	185	后卫

队员的挑选要满足下列条件：

(1) 至少补充一名后卫队员。

(2) 小李和小田中间最多只能入选一名。

(3) 最多补充一名中锋。

(4) 如果小李或小赵入选,小周就不能入选。

试建立这个问题的数学模型。

6-7 用隐枚举法求解0-1整数规划问题。

$$\min z = 4x_1 + 3x_2 + 2x_3$$

$$\text{s.t.}\begin{cases}2x_1 - 5x_2 + 3x_3 \leqslant 4\\ 4x_1 + x_2 + 3x_3 \geqslant 3\\ x_2 + x_3 \geqslant 1\\ x_1, x_2, x_3 = 0 \text{ 或 } 1\end{cases}$$

6-8 求下列效率矩阵的最小化指派问题。

(1) $\begin{bmatrix} 5 & 3 & 3 & 3\\ 1 & 6 & 8 & 3\\ 11 & 2 & 2 & 6\\ 5 & 8 & 11 & 10 \end{bmatrix}$ (2) $\begin{bmatrix} 10 & 11 & 4 & 2 & 8\\ 7 & 11 & 10 & 14 & 12\\ 5 & 6 & 9 & 12 & 14\\ 13 & 15 & 11 & 10 & 7 \end{bmatrix}$

6-9 某车间要加工四种零件,它们可由车间的四台机床加工,但第一种零件不能由第三台机床加工,第三种零件不能由第四台机床加工。各机床加工零件的费用如表6-17所示。

表 6-17

零件 \ 机床	1	2	3	4
1	5	5	—	2
2	7	4	2	3
3	9	3	5	—
4	7	2	6	7

应如何安排加工任务,才能使总的加工费用最少?

6-10 需要分派5人去做5项工作,每人做各项工作的能力评分见表6-18。应如何分派,才能使总的得分最大?

表 6-18

人员 \ 业务	B_1	B_2	B_3	B_4	B_5
A_1	1.3	0.8	0	0	1.0
A_2	0	1.2	1.3	1.3	0
A_3	1.0	0	0	1.2	0
A_4	0	1.05	0	0.2	1.4
A_5	1.0	0.9	0.6	0	1.1

第七章

目标规划

知识目标

1. 了解目标规划与线性规划的区别和联系。
2. 理解目标规划的基本概念与数学模型的特点。
3. 掌握求解目标规划问题的图解法。
4. 掌握求解目标规划问题的多阶段单纯形法的原理。

技能目标

1. 能够根据背景资料建立目标规划模型。
2. 能运用图解法求解两个决策变量的目标规划问题。
3. 能够运用单纯形法求解目标规划问题。
4. 能够运用计算机软件解目标规划问题。

引导案例

海天公司是一家生产销售电子产品的企业,时值年末,公司正在组织各部门研究制订下年度的生产经营计划。先由各部门提出本部门下年度的目标预案,提交到公司总部进行协调,形成公司的总体计划目标,再分解落实为各部门的计划目标。然而当公司高层管理者看到各部门提出的下年度目标预案后,却感到协调起来并不容易。生产部门提出,下年度应进一步挖掘生产潜能,增加产出,以实现规模效益;而设备管理部门则提出应把安全生产目标放在最重要的位置,加强设备维护检修,避免过度拼设备。营销部门提出要增加广告预算,进一步开拓市场;研发部门则提出应加大新产品开发经费投入,增强企业发展的后劲;而财务部门则提出,公司目前资金十分紧张,融资难度大,应严格控制资金使用,节约开支;等等。公司高层管理者心里清楚,各部门的目标和要求都有一定的道理,但以公司目前的条件,要全部满足这些目标和要求是不可能的。应当根据各类目标的轻重缓急进行权衡取舍,制订出一个相对满意的计划。这一问题属于多目标决策优化问题,本章将要介绍的目标规划就是解决此类问题的一种方法。

第一节 目标规划问题及其数学模型

一、目标规划问题

正如上面的案例所描述的那样,在现实中,人们追求的目标以及衡量方案优劣的准则不止一个,这些目标的重要性不同且往往不协调,甚至是相互冲突和矛盾的。线性规划模型在研究解决这些多目标决策问题时,有着较大的局限性。目标规划(goal programming,GP)正是在线性规划的基础上,为适应复杂的多目标最优决策的需要,于20世纪60年代初逐步发展起来的一个运筹学分支。美国学者A. Charnes和W. W. Cooper在把线性规划应用于企业时,认识到企业的管理决策具有多目标的特点,在1961年首先提出了目标规划的概念和数学模型及求解方法。此后,学者们在关于目标规划的基本概念、数学模型和算法等方面做了大量研究工作,取得了许多应用成果。

为了具体说明目标规划与线性规划在处理问题的方法上的区别,先举一个使用线性规划方法解决单目标问题的例子。

例7-1 某企业在计划期内生产Ⅰ、Ⅱ两种产品。已知单位产品所需资源数、现有资源可用量及单位产品可获得的利润如表7-1所示,试制订出获利最大的生产方案。

表7-1 产品所需资源及利润情况

单位产品资源用量 \ 产品 / 资源	Ⅰ	Ⅱ	资源可用量
原料(千克)	6	5	300
设备台时(小时)	5	4	240
电力(千瓦时)	10	12	520
单位产品利润(元)	50	45	

解 令x_1和x_2分别表示在计划期内产品Ⅰ和Ⅱ的产量,则这个单目标问题可表述为如下线性规划模型:

$$\max z = 50x_1 + 45x_2$$

$$\text{s.t.}\begin{cases}6x_1 + 5x_2 \leqslant 300\\5x_1 + 4x_2 \leqslant 240\\10x_1 + 12x_2 \leqslant 520\\x_1, x_2 \geqslant 0\end{cases}$$

容易求得最优生产方案为$x_1^* = 40$,$x_2^* = 10$,最大利润$z^* = 2\,450$(元)。

实际上,企业决策者考虑的目标不只是短期的盈利,还要考虑到其他一些因素,如市场需求、资源利用、设备维护、节能,等等。由上面的例子可以看出,线性规划模型有以下局限:

第一,线性规划研究的是一个线性目标函数在一组线性约束条件下的极值问题。而实际问题中,往往需要考虑多个目标的决策问题,这些目标可能没有统一的度量单位,因此很难进行比较;甚至各个目标之间可能互相矛盾。对此类多目标决策问题,用线性规划方法很难描述和处理。

第二，线性规划的约束条件都是刚性的，问题的解对任一条件都不能有丝毫违悖，否则就是不可行解。而实际问题中有些条件或要求往往存在一定的变通余地，并非是绝对一成不变的。

第三，线性规划的约束条件是同等重要、不分主次的，是全部要满足的“硬约束”。而实际问题中，多种要求或条件不一定是同等重要的，而是有轻重缓急和主次之分的。

第四，线性规划的最优解是绝对意义上的最优，而在实际问题中，一些多目标、多准则决策问题的实际解决方案往往是在多种矛盾或冲突交织下妥协、折中的结果，并不一定存在绝对的最优。即使存在也不一定需要花费大量的人力、财力、物力和时间去求得这个最优解。

目标规划正是在线性规划基础上，为适应经济管理中多目标决策问题的需要而逐步发展起来的。目标规划一定程度上弥补了线性规划的上述局限性，因此被认为是一种较之线性规划更接近于实际决策过程的决策工具。下面介绍如何用目标规划的方法来解决多目标决策问题。

二、目标规划的数学模型

目标规划的数学模型涉及下述基本概念。

1. 偏差变量和目标值

对每一个决策目标，目标规划通过设定目标值和引入正、负偏差变量，分别表示决策值超过或不足目标值的部分。所谓目标值是预先给定的某个目标的一个期望值，决策值是指当决策变量 $x_j(j=1,2,\cdots,n)$ 取定一组值后，该项目标的对应值。对应不同的决策方案，决策值和目标值之间会有不同的差异，这种差异可用正、负偏差变量来表示。正偏差变量表示实现值超过目标值的部分，记为 $d^+(d^+\geqslant 0)$；负偏差变量表示实现值未达到目标值的部分，记为 $d^-(d^-\geqslant 0)$。因为决策值不可能既超过目标值，同时又未达到目标值，所以恒有 $d^+\times d^-=0$。

在本节的例 7-1 中，如果计划实现的利润指标是 600，引入偏差变量 d^+ 和 d^-，由于实现值和目标值之间可能会有差异，实际中可能出现以下三种情况：

(1) 超额完成规定的利润目标，则有 $d^+>0, d^-=0$。

(2) 未完成规定的利润目标，则有 $d^+=0, d^->0$。

(3) 恰好完成利润目标，则有 $d^+=0, d^-=0$。

以上三种情况只可能出现其中一种，故恒有 $d^+\times d^-=0$。

2. 绝对约束和目标约束

绝对约束又称系统约束，是指必须严格满足的等式和不等式约束，如线性规划问题的所有约束都是绝对约束，不满足这些约束条件的解称为非可行解，所以它们是硬约束。如在例 7-1 中，如果原有的三个约束条件不做任何处理而予以保留，则它们是绝对约束。

目标约束是目标规划所特有的，是一种软约束，即允许约束中决策值和目标值之间存在正或负偏差，因此在这些约束中加入正、负偏差变量。线性规划问题的目标函数，在给定目标值和加入正、负偏差变量之后，可以转化为目标约束。

有时也可以根据需要将某些绝对约束转化为目标约束，这时只需将约束的右端项看成目标值,约束左端表达式看成一个目标函数,再加上负偏差变量 d^- 及减去正偏差变量 d^+,使其等于目标值即可。

3. 优先因子(优先级)与权系数

在多目标决策问题中,要找出使所有目标都达到最优的解是很不容易的;在有些情况下这样的解根本不存在(当这些目标互相冲突时)。目标规划中的做法是将这些目标分出主次或轻重缓急,分别赋予不同的优先因子(优先级)与权系数,以便区别对待。各目标间的主次差别是绝对的,是有等级的差别,用优先因子 $P_l(l=1,2,\cdots,L)$ 来表示,即要求第一位达到的目标赋予优先因子 P_1,要求第二位达到的目标赋予优先因子 P_2……要求第 L 位达到的目标赋予优先因子 P_L。规定 $P_1 \gg P_2 \gg \cdots \gg P_L$,即 P_l 的重要性远大于 P_{l+1}。优先因子不代表具体数值,只表示目标的优先次序。

在同一优先级中,可能包含有两个或多个目标,对决策者而言,这些目标也可能有轻重缓急之别,即有相对重要程度的差别。这种差别可以通过赋予不同的权系数 w_k 来反映。

4. 目标规划的目标函数

目标规划的目标函数是根据各目标约束的正负偏差变量和赋予它们的优先因子及权系数来构造的。决策者的要求是希望得到的结果与期望的目标值之间的偏差愈小愈好,由此可根据要求构造一个使总偏差量最小的目标函数,这种函数又称为达成函数(achievement functions),所以达成函数是正、负偏差变量的函数。一般来说,可能提出的要求只能是以下三种情况之一,对应每种要求,可分别构造达成函数:

(1) 要求不低于目标值,即负偏差变量要尽可能地小,但允许超过目标值(正偏差变量不限),这时目标函数 $\min\{f(d^-)\}$。

(2) 要求不超过目标值,就是正偏差变量要尽可能地小,但允许达不到目标值(负偏差变量不限),这时目标函数 $\min\{f(d^+)\}$。

(3) 要求恰好达到规定的目标值,即正、负偏差变量都要尽可能地小,这时目标函数 $\min\{f(d^- + d^+)\}$。

5. 满意解

目标规划问题的求解是分级进行的,首先要求满足 P_1 级目标的解,然后再求满足 P_2 级目标的解……依次类推。在寻求高优先级目标的解时可以不考虑较低级的目标。只有在高等级目标已最大限度地满足的基础上,才能考虑较低级目标;在考虑低优先级目标时,绝不允许损害已满足的高优先级目标。因此,求出的解就不是通常意义上的最优解,一般称之为"满意解"。

上述概念实际上就是目标规划模型的要素,分析清楚了这些要素,目标规划模型的建立也就水到渠成了。请看下面的例题。

例 7-2 假设在本节例 7-1 中,根据企业内部条件和外部环境,决策者在制订生产计划时提出,由于电力供给紧张,应避免超额使用。在此基础上依次考虑下述目标:

(1) 计划利润不少于 2 375 元。

(2) 根据市场销售情况,产品的产量以产品Ⅰ不超过 35 件、产品Ⅱ不低于 15 件为宜。

(3) 最好能节约 10 小时设备工时,以便检修。

(4) 原料的价格有上涨趋势,故希望不超量耗用原料。

试建立该问题的目标规划模型。

解 根据题意,电力供给紧张,应避免超额使用,故可将电力用量约束视为绝对约束,其他为目标约束。对于利润目标,按决策者的要求,应使其负偏差变量极小化,并赋予优先因子 P_1;优先因子 P_2 下有2个目标,分别是产品Ⅰ产量的正偏差变量和产品Ⅱ产量的负偏差变量的极小化;对于设备工时和原料耗用目标,均应使其正偏差变量极小化,并分别赋予优先因子 P_3 和 P_4。因此问题的目标规划模型为:

$$\min Z = \{P_1 d_1^-, P_2(d_2^+ + d_3^-), P_3 d_4^+, P_4 d_5^+\}$$

$$\text{s.t.}\begin{cases}10x_1 + 12x_2 \leqslant 520 \\ 50x_1 + 45x_2 + d_1^- - d_1^+ = 2\,375 \\ x_1 + d_2^- - d_2^+ = 35 \\ x_2 + d_3^- - d_3^+ = 15 \\ 5x_1 + 4x_2 + d_4^- - d_4^+ = 230 \\ 6x_1 + 5x_2 + d_5^- - d_5^+ = 300 \\ x_1, x_2, d_k^-, d_k^+ \geqslant 0, k = 1,2,3,4\end{cases}$$

对于有 K 个目标约束、L 个优先级的一般目标规划问题,其数学模型一般可表述为:

$$\min Z = \left\{P_l \sum_{k=1}^{K}(w_{lk}^- d_k^- + w_{lk}^+ d_k^+), l = 1,2,\cdots,L\right\}$$

$$\text{s.t.}\begin{cases}\sum_{j=1}^{n} a_{ij}x_j \leqslant (=, \geqslant) b_i & (i = 1,2,\cdots,m) \\ \sum_{j=1}^{n} c_{kj}x_j + d_k^- - d_k^+ = g_k & (k = 1,2,\cdots,K) \\ x_j \geqslant 0 & (j = 1,2,\cdots,n) \\ d_k^-, d_k^+ \geqslant 0 & (k = 1,2,\cdots,K)\end{cases} \tag{7.1}$$

上式中,w_{lk}^-、w_{lk}^+ 为分别赋予第 l 优先级中第 k 个目标的权系数;g_k 为第 k 个目标约束的预期目标值。其他符号意义同前。

应注意的是,目标规划模型的目标(达成)函数由处于不同优先级的目标(偏差变量及其权系数)构成,将这些有不同的计量单位和级别的目标的值直接加起来是没有意义的。所以达成函数应视为向量而非标量。

三、建立目标规划模型的步骤

(1) 根据问题所提出的各个目标与条件,确定目标值,列出绝对约束与目标约束。

(2) 给各个目标赋予相应的优先因子 $P_l(l=1,2,\cdots,L)$。

(3) 对同一优先等级中的各偏差变量,根据需要可按其重要程度不同,赋予相应的权系数 w_{kl}^+ 和 $w_{kl}^-(k=1,2,\cdots,K)$。

(4) 根据决策者需求,按下列三种情况:

① 恰好达到目标值,取 $d_k^- + d_k^+$;

② 允许超过目标值,取 d_k^-;

③ 不允许超过目标值,取 d_k^+。

构造一个由优先因子和权系数相对应的偏差变量组成的、要求实现极小化的目标函数。

第二节　目标规划的图解法

和线性规划问题一样,对于只有两个决策变量(不计偏差变量)的目标规划问题,可以用图解法求解。图解法解目标规划问题的操作步骤为:

(1) 在平面上画出直角坐标系,然后依次画出所有约束条件:绝对约束条件的作图与线性规划相同;对于目标约束,先令正、负偏差变量为0,画出目标约束所代表的边界线,然后在该直线上,用箭头标出正、负偏差变量值增大的方向。

(2) 求出 P_1 优先级目标的解。

(3) 转到下一个优先级的目标,在不破坏所有较高优先级目标的前提下,求出该优先级目标的解。

(4) 重复步骤(3),直到所有优先级的目标都审查完毕为止。

下面通过例子来具体说明如何用图解法求解目标规划问题。

例 7-3　用图解法求解下述目标规划问题。

$$\min z = \{P_1 d_1^-, P_2 d_2^+, P_3 d_3^-\}$$

$$\text{s.t.}\begin{cases} 5x_1 + 6x_2 \leqslant 48 \\ 3x_1 + 2x_2 + d_1^- - d_1^+ = 18 \\ x_1 + d_2^- - d_2^+ = 7 \\ x_2 + d_3^- - d_3^+ = 6 \\ x_1, x_2, d_k^+, d_k^- \geqslant 0 \quad (k = 1,2,3) \end{cases}$$

解　先在直角坐标系中画出绝对约束,结合变量非负约束确定问题的可行域,如图 7-1 所示。从图 7-1 可以看出,图中 $\triangle OAB$ 区域是问题的可行域。

对于各项目标约束,暂不考虑每个约束方程中的正、负偏差变量,将上述每一个约束条件用一条直线表示出来,再用两个箭头分别表示上述目标约束中的正、负偏差变量。然后按优先级由高到低的次序,依次考虑各级目标要求。

首先考虑 P_1 优先级的目标 $\min d_1^-$。为了实现这个目标,必须 $d_1^- = 0$。从图 7-1 可以看出,凡落在图中 $\triangle ACE$ 区域内的点都能满足 $d_1^- = 0$。

其次考虑 P_2 优先级的目标,此时要求 $\min d_2^+$ 最小。从图 7-1 可以看出,四边形 $CEGF$ 区域内的点既能满足 $d_2^+ = 0$,又不损害高优先级目标。

再来考虑第三优先级目标 $\min d_3^-$。从图 7-1 可以看出,$\triangle EHK$ 区域内的点既能满足 $d_3^- = 0$,又不损害较高优先等级目标。

至此所有目标均已实现,因此该目标规划问题的解空间为 $\triangle EHK$ 区域,即问题具有多重

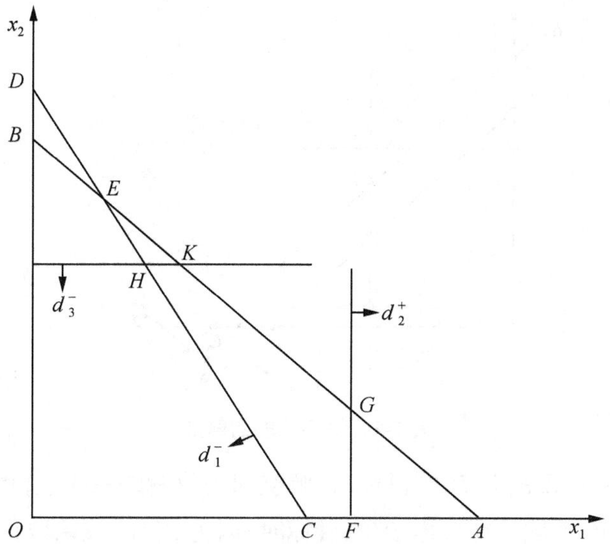

图 7-1　确定问题的可行域

满意解。其中解空间的三个极点为满意基解，其坐标分别是 $E(1.5,6.75)$、$H(2,6)$ 和 $K(2.4,6)$。

在例 7-3 中，得到的满意解能满足所有优先级的全部目标要求。但很多情况下求得的满意解仅能实现较高优先级的目标，而较低优先级的目标要求则不能完全达到。

例 7-4　某家电制造企业装配 A、B 两种型号的冷柜，每装配一台冷柜，需占用装配线 1 小时，装配线每周开动 80 小时，预计市场每周 A 型冷柜销量为 50 台，每台可获利 100 元；B 型冷柜销量为 60 台，每台可获利 80 元，该企业的目标是：

P_1，充分利用现有装配线的生产能力（装配时间）。

P_2，允许装配线加班，但每周加班时间不超过 15 小时。

P_3，两种型号冷柜的产量应尽量满足市场需要，并根据利润相对高低加权。

要求建立目标规划模型，用图解法求满意解。

解　设 x_1、x_2 分别为 A、B 两种型号冷柜的产量，由题意，该问题的目标规划模型为：

$$\min z = \{P_1 d_1^-, P_2 d_2^+, P_3(5d_3^- + 4d_4^-)\}$$

$$\text{s.t.}\begin{cases} x_1 + x_2 + d_1^- - d_1^+ = 80 & ① \\ x_1 + x_2 + d_2^- - d_2^+ = 95 & ② \\ x_1 + d_3^- - d_3^+ = 50 & ③ \\ x_2 + d_4^- - d_4^+ = 60 & ④ \\ x_1, x_2, d_k^-, d_k^+ \geqslant 0 \quad (k = 1,2,3,4) \end{cases}$$

本例中没有绝对约束，故满足变量非负约束的第一象限就是可行域。暂不考虑每个约束方程中的正、负偏差变量，将上述每一个约束条件用一条直线表示出来，再用两个箭头分别表示目标约束中的正、负偏差变量，如图 7-2 所示。

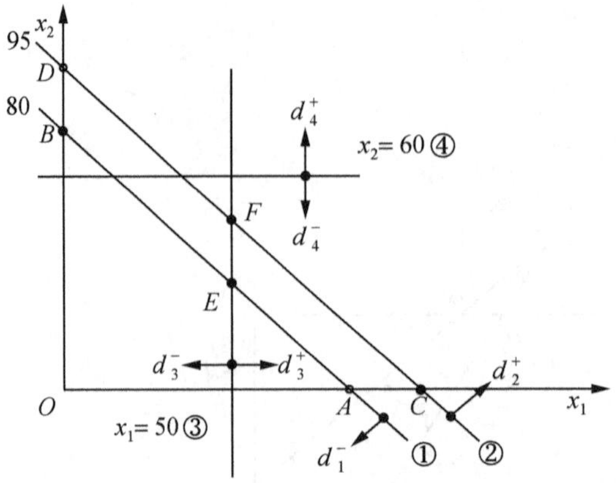

图 7-2　例 7-4 的图解法

从图 7-2 可见，在考虑 P_1 和 P_2 的目标后，解空间为目标约束①、②的边界线和两个坐标轴围成的四边形 $ABDC$ 区域。在考虑 P_3 的目标时，因为 d_3^- 的权系数比 d_4^- 的大，所以先考虑 $\min d_3^-$。此时决策变量的取值范围缩小为四边形 $ACFE$ 区域；然后考虑 $\min d_4^-$。但在四边形 $ACFE$ 区域内无法满足 $d_4^-=0$，所以，只能在该区域中找一点，使 d_4^- 尽可能小。容易看出四边形 $ACFE$ 中点 $F(50,45)$ 可使 d_4^- 最小。所以，问题的满意解为 $x_1=50, x_2=45$。此时 P_1 和 P_2 的目标完全实现，而 P_3 的目标中只有 $\min d_3^-$ 可以达到，而目标 $\min d_4^-$ 未能完全实现。

由例 7-3 和例 7-4 可知，在用图解法解目标规划时，可能会遇到下面两种情况：一种情况是像例 7-3 那样，得到的解能满足所有目标的要求。另一种情况是像例 7-4 那样，得到的解不能满足所有目标。这时的满意解要优先满足高优先级的目标，在此前提下又使那些不能满足的较低优先级目标的偏离程度尽可能地小。当然在考虑低优先级目标时，不能破坏已经满足的高优先级目标，这是目标规划的基本原则。因此，在目标规划中，判定解的优劣的准则是"字典序最小化"。

第三节　解目标规划问题的单纯形法

从目标规划的图解法可以看出，解目标规划问题与解线性规划问题有许多相似之处，事实上，线性规划是一种单优先级的线性模型，而求解目标规划相当于求解多级线性规划。因此可以将解线性规划的单级单纯形算法扩展成多级（阶段）单纯形算法，用来求解目标规划。注意到目标规划模型的目标（达成）函数中只有偏差变量的权系数，没有价值系数，而这些权系数又分别处于不同的优先级，因而计算变量的检验数时也要按优先级来分别计算：

$$\sigma_{lj} = w_{lj} - \sum_{i=1}^{m} \tilde{w}_{li}\bar{a}_{ij} \tag{7.2}$$

式中：σ_{lj}——第 j 个变量在第 l 优先级的检验数；

w_{lj}——第 j 个变量在第 l 优先级的权系数，变量在第 l 级目标中不出现时其权系数为 0；

$\bar{a}_{ij}$——当前单纯形表中第 j 个变量的系数列向量的第 i 个分量；

$\tilde{w}_{li}$——第 i 个基变量在第 l 优先级的权系数。

解目标规划问题的多级(阶段)单纯形法的计算步骤如下：

(1) 建立初始单纯形表,在表中将检验数行按优先因子个数从高到低分别列成 L 行,置 $l=1$。

(2) 检查 l 行检验数中是否存在负数,且对应的前 $l-1$ 行的检验数是零。若有则取其中最小者(即负检验数中绝对值最大者)对应的变量为换入变量,转至(3),否则转至(5)。

(3) 按最小比值规则确定换出变量,当存在两个和两个以上相同最小比值时,选取具有较高优先级的变量为换出变量。

(4) 按单纯形法进行基变换运算,建立新的计算表,返回(2)。

(5) 当 $l=L$ 时,计算结束。表中的解即为满意解,否则置 $l=l+1$,返回到(2)。

例 7-5 用单纯形法求解例 7-3 中的目标规划问题。

解 对模型中的绝对约束,仍像线性规划一样,添加松弛变量 x_3 化为等式约束,以 x_3 与负偏差变量 d_1^-、d_2^-、d_3^- 作为初始基变量,列出初始单纯形表,计算出各变量在 P_1 优先级的检验数,如表 7-2 所示。在第一优先级目标没有优化完毕前,可暂不考虑低优先级的目标。

表 7-2

$w_{lj}P_l$			0	0	0	P_1	0	0	P_2	P_3	0	θ
$\tilde{w}_{li}P_l$	X_B	b	x_1	x_2	x_3	d_1^-	d_1^+	d_2^-	d_2^+	d_3^-	d_3^+	
0	x_3	48	5	6	1	0	0	0	0	0	0	9.6
P_1	d_1^-	18	[3]	2	0	1	−1	0	0	0	0	6
0	d_2^-	7	1	0	0	0	0	1	−1	0	0	7
P_3	d_3^-	6	0	1	0	0	0	0	0	1	−1	—
σ_{lj}	P_1		**−3**	−2	0	0	1	0	0	0	0	

表 7-2 中存在负的检验数,应选择绝对值最大的负检验数对应的变量 x_1 作为换入变量,按 θ 规则确定 d_1^+ 为换出变量。按单纯形法进行基变换运算,得到新的单纯形表,见表 7-3。

表 7-3 中 P_1 行的检验数已没有负数,表明 P_1 优先级的目标已优化完毕,应转到下一优先级。

对于 P_2 优先级,按式(7.2)计算出各变量在本优先级的检验数,如表 7-3 所示。在 P_2 行的检验数中仍没有负数,表明当前的解已完全满足了 P_2 优先级的目标要求,可以转而考虑下一优先级的目标。

表 7-3

$w_{li}P_l$			0	0	0	p_1	0	0	p_2	p_3	0	θ
$\tilde{w}_{li}P_l$	X_B	b	x_1	x_2	x_3	d_1^-	d_1^+	d_2^-	d_2^+	d_3^-	d_3^+	
0	x_3	18	0	8/3	1	−5/3	5/3	0	0	0	0	27/4
0	x_1	6	1	2/3	0	1/3	−1/3	0	0	0	0	9
0	d_2^-	1	0	−2/3	0	−1/3	1/3	1	−1	0	0	—
P_3	d_3^-	6	0	[1]	0	0	0	0	0	1	−1	**6**
	P_1		0	0	0	1	0	0	0	0	0	
σ_{lj}	P_2		0	0	0	0	0	0	1	0	0	
	P_3		0	**−1**	0	0	0	0	0	0	1	

按式(7.2)计算出各变量在 P_3 优先级的检验数,如表7-3。在 P_3 行中 x_2 的检验数是负数,所以 x_2 为换入变量,按 θ 规则确定 d_3^- 为换出变量。按单纯形法进行基变换运算,得到新的单纯形表,见表7-4。

表 7-4

$w_{lj}P_l$			0	0	0	p_1	0	0	p_2	p_3	0	θ
$\tilde{w}_{li}P_l$	X_B	b	x_1	x_2	x_3	d_1^-	d_1^+	d_2^-	d_2^+	d_3^-	d_3^+	
0	x_3	2	0	0	1	-5/3	5/3	0	0	-8/3	8/3	
0	x_1	2	1	0	0	1/3	-1/3	0	0	-2/3	2/3	
0	d_2^-	5	0	0	0	-1/3	1/3	1	-1	2/3	-2/3	
0	x_2	6	0	1	0	0	0	0	0	1	-1	
	P_1		0	0	0	1	0	0	0	0	0	
σ_{lj}	P_2		0	0	0	0	0	0	1	0	0	
	P_3		0	0	0	0	0	0	0	1	0	

表7-4中 P_3 行的检验数已没有负数,表明 P_3 优先级的目标已优化完毕,由于 $l=L$,计算结束。表中的解 $x_1=2, x_2=6, x_3=2$ 即为满意解,对应图7-1中的 H 点。该解的达成向量为 $Z^*=\{0,0,0\}$,即三个优先级的目标均已完全达到。

在表7-4的单纯形表中,由于非基变量 d_1^+ 和 d_3^+ 检验数向量全为零,表明该目标规划问题有多重满意解。如以 d_1^+ 和 d_3^+ 分别做换入变量继续迭代,可以得到另外两个满意基解,即图7-1中的 E 点和 K 点。可见单纯形法和图解法的解题结果完全一致。

例7-6 用单纯形法求解例7-4中的目标规划问题。

解 该问题的目标规划模型中没有绝对约束,故一定存在满意解。以负偏差变量 d_1^-、d_2^-、d_3^-、d_4^- 作为基变量,列出初始单纯形表,计算出各变量在 P_1 优先级的检验数,如表7-5所示。

表 7-5

$w_{lj}P_l$			0	0	P_1	0	0	P_2	$5P_3$	0	$4P_3$	0	θ
$\tilde{w}_{li}P_l$	X_B	b	x_1	x_2	d_1^-	d_1^+	d_2^-	d_2^+	d_3^-	d_3^+	d_4^-	d_4^+	
P_1	d_1^-	80	1	1	1	-1	0	0	0	0	0	0	80
0	d_2^-	95	1	1	0	0	1	-1	0	0	0	0	95
$5P_3$	d_3^-	50	[1]	0	0	0	0	0	1	-1	0	0	**50**
$4P_3$	d_4^-	60	0	1	0	0	0	0	0	0	1	-1	—
σ_{lj}	P_1		**-1**	-1	0	1	0	0	0	0	0	0	

选择 x_1 做换入变量,按 θ 规则确定 d_3^- 为换出变量。按单纯形法进行基变换运算,得到新的单纯形表,见表7-6。

表　7-6

$w_{lj}P_l$			0	0	P_1	0	0	P_2	$5P_3$	0	$4P_3$	0	θ
$\tilde{w}_{li}P_l$	X_B	b	x_1	x_2	d_1^-	d_1^+	d_2^-	d_2^+	d_3^-	d_3^+	d_4^-	d_4^+	
P_1	d_1^-	30	0	[1]	1	−1	0	0	−1	1	0	0	**30**
0	d_2^-	45	0	1	0	0	1	−1	−1	1	0	0	45
0	x_1	50	1	0	0	0	0	0	1	−1	0	0	—
$4P_3$	d_4^-	60	0	1	0	0	0	0	0	0	1	−1	60
σ_{lj}	P_1		0	**−1**	0	1	0	0	1	−1	0	0	

表7-6中，x_2 和 d_3^+ 的检验数均为 −1，一般情况下优先选择决策变量做换入变量，按 θ 规则确定 d_1^- 为换出变量。进行基变换运算后得到新的单纯形表，见表7-7。

表　7-7

$w_{lj}P_l$			0	0	P_1	0	0	P_2	$5P_3$	0	$4P_3$	0	θ
$\tilde{w}_{li}P_l$	X_B	b	x_1	x_2	d_1^-	d_1^+	d_2^-	d_2^+	d_3^-	d_3^+	d_4^-	d_4^+	
0	x_2	30	0	1	1	−1	0	0	−1	1	0	0	—
0	d_2^-	15	0	0	−1	[1]	1	−1	0	0	0	0	**15**
0	x_1	50	1	0	0	0	0	0	1	−1	0	0	—
$4P_3$	d_4^-	30	0	0	−1	1	0	0	1	−1	1	−1	30
	P_1		0	0	1	0	0	0	0	0	0	0	
σ_{lj}	P_2		0	0	0	0	0	1	0	0	0	0	
	P_3		0	0	4	**−4**	0	0	1	4	0	4	

表7-7中 P_1 行的检验数已没有负数，表明 P_1 优先级的目标已优化完毕，应转到下一优先级。

对于 P_2 优先级，按式(7.2)计算出各变量在本优先级的检验数，如表7-7所示。在该行的检验数中也没有负数，表明当前的解已满足了 P_2 优先级目标的要求，可以进一步考虑 P_3 优先级的目标。

按式(7.2)计算出各变量在 P_3 优先级的检验数，如表7-7。在 P_3 行中 d_1^+ 的检验数是负数，所以 d_1^+ 为换入变量，按 θ 规则确定 d_2^- 为换出变量。基变换运算后得到新的单纯形表，见表7-8。

表　7-8

$w_{lj}P_l$			0	0	P_1	0	0	P_2	$5P_3$	0	$4P_3$	0	θ
$\tilde{w}_{li}P_l$	X_B	b	x_1	x_2	d_1^-	d_1^+	d_2^-	d_2^+	d_3^-	d_3^+	d_4^-	d_4^+	
0	x_2	45	0	1	0	0	1	−1	−1	1	0	0	
0	d_1^+	15	0	0	−1	1	1	−1	0	0	0	0	
0	x_1	50	1	0	0	0	0	0	1	−1	0	0	
$4P_3$	d_4^-	15	0	0	0	0	−1	1	1	−1	1	−1	

（续表）

$w_{lj}P_l$			0	0	P_1	0	0	P_2	$5P_3$	0	$4P_3$	0	θ
$\tilde{w}_{li}P_l$	$\boldsymbol{X_B}$	$\boldsymbol{b}$	x_1	x_2	d_1^-	d_1^+	d_2^-	d_2^+	d_3^-	d_3^+	d_4^-	d_4^+	
	P_1		0	0	1	0	0	0	0	0	0	0	
σ_{lj}	P_2		0	0	0	0	0	1	0	0	0	0	
	P_3		0	0	0	0	4	−4	1	4	0	4	

在表 7-8 的单纯形表中，虽然 P_3 行中 d_2^+ 的检验数为负数，但对应的前 2 行的检验数不全是零，故不符合作为换入变量的条件。此时已没有可以换入基的变量且 $l=L$，计算结束。表中的解 $x_1=50, x_2=45$ 即为满意解，对应图 7-2 中的 F 点。该解的达成向量为 $Z^*=\{0,0,60\}$，即 P_1、P_2 优先级的目标已完全达到，而 P_3 优先级的目标没有完全达到，偏差变量 $d_4^-=15$。

应特别注意，求解中如果出现第 l 行检验数中存在负数，但负检验数对应的前 $l-1$ 行的检验数有正数（如表 7-8），则对应的变量不可做换入变量。因为这种情况下对应的变量虽然符合 P_l 优先级目标的优化要求，但不符合较高优先级目标的优化要求，故不能为了考虑低优先级目标要求而破坏已经满足的高优先级目标。

与线性规划相似，目标规划问题在求得满意解的基础上，还可以进行灵敏度分析。目标规划的灵敏度分析除了各项系数变化对满意解的影响分析外，还包括对优先因子变化的分析。篇幅所限，不再赘述。

第四节　目标规划应用举例

目标规划是一种十分有用的多目标决策工具，有着广泛的实际应用。

例 7-7　某公司生产 A、B 两种产品，它们均需经过两个车间加工，每一台 A 产品在第一个车间加工 2 小时，然后送到第二个车间装配试验 2 小时才完成；每一台 B 产品需在第一个车间加工 3 小时，在第二个车间装配试验 1.5 小时。第一个车间有 12 台加工设备，每台每天工作 8 小时；第二个车间有 5 台装配试验设备，每台每天工作 16 小时，两车间每月正常工作天数均为 25 天。每台设备每小时的运转成本是：第一个车间为 250 元，第二个车间为 200 元。产品 A、B 的单位销售利润分别为 50 元和 60 元。依市场预测，下月产品 A、B 的销售量估计分别为 500 台和 400 台。

该公司确定的目标优先次序如下：

P_1，充分利用两车间的设备加工能力，避免设备闲置。按两车间每小时运转成本加权。

P_2，以预计销量为依据安排两种产品的产量。

P_3，争取使全月销售利润不低于 45 000 元。

P_4，第一个车间的加班作业时间全月份不宜超过 48 小时。

P_5，对两个车间的总加班时间予以限制，按两车间的每小时运转成本加权。

为确定下月份的生产计划，试建立该问题的目标规划模型。

解　设下个月份产品 A、B 的产量分别为 x_1、x_2 台。根据题目给出的数据，第一个车间设备每月正常工作时间为 $8\times12\times25=2\,400$（小时）；第二个车间设备每月正常工作时间为

$16 \times 5 \times 25 = 2\,000$(小时);第一、二车间每小时运转成本的比例为 $250:200 = 5:4$。该问题的目标规划模型为:

$$\min z = \{p_1(5d_1^- + 4d_2^-), p_2(d_3^- + d_3^+ + d_4^- + d_4^+), p_3 d_5^-, p_4 d_6^+, p_5(5d_1^+ + 4d_2^+)\}$$

$$\text{s.t.} \begin{cases} 2x_1 + 3x_2 + d_1^- - d_1^+ = 2\,400 \\ 2x_1 + 1.5x_2 + d_2^- - d_2^+ = 2\,000 \\ x_1 + d_3^- - d_3^+ = 500 \\ x_2 + d_4^- - d_4^+ = 400 \\ 50x_1 + 60x_2 + d_5^- - d_5^+ = 45\,000 \\ d_1^+ + d_6^- - d_6^+ = 48 \\ x_1, x_2, d_i^-, d_i^+ \geqslant 0, \quad i = 1, 2, \cdots, 6 \end{cases}$$

例 7-8 某农场有 3 万亩农田,今欲种植玉米、大豆和小麦三种农作物。各种农作物每亩需施化肥分别为 0.12 吨、0.20 吨和 0.15 吨。预计秋后玉米每亩可收获 500 千克,售价为 1.40 元/千克,大豆每亩可收获 200 千克,售价为 3.80 元/千克,小麦每亩可收获 300 千克,售价为 2.40 元/千克。农场年初规划时依目标重要性顺序考虑如下几个方面:

(1) 年终总收入不低于 2 200 万元,赋予优先权 P_1;

(2) 年总产量不低于 1.2 万吨,赋予优先权 P_2;

(3) 小麦产量以 0.5 万吨为宜,赋予优先权 P_3;

(4) 大豆产量不少于 0.2 万吨,赋予优先权 P_4;

(5) 玉米产量不超过 0.6 万吨,赋予优先权 P_5;

(6) 农场现能提供 5 000 吨化肥,若不够可在市场上高价购买,但希望高价采购量愈少愈好,赋予优先权 P_6。

试就该农场的年生产计划建立目标规划数学模型。

解 设该农场年生产计划中玉米、大豆和小麦等三种农作物的种植面积分别为 x_1、x_2、x_3 亩,三种农作物每亩预计收入分别为:玉米 $500 \times 1.4 = 700$(元);大豆 $200 \times 3.8 = 7.6$(元);小麦 $300 \times 2.4 = 720$(元)。则该问题的目标规划数学模型为:

$$\min z = \{P_1 d_1^-, P_2 d_2^-, P_3(d_3^+ + d_3^-), P_4 d_4^-, P_5 d_5^+, P_6 d_6^+\}$$

$$\text{s.t.} \begin{cases} x_1 + x_2 + x_3 \leqslant 30\,000 \\ 700x_1 + 760x_2 + 720x_3 + d_1^- - d_1^+ = 2.2 \times 10^7 \\ 0.5x_1 + 0.2x_2 + 0.3x_3 + d_2^- - d_2^+ = 12\,000 \\ 0.3x_3 + d_3^- - d_3^+ = 5\,000 \\ 0.2x_2 + d_4^- - d_4^+ = 2\,000 \\ 0.5x_1 + d_5^- - d_5^+ = 6\,000 \\ 0.12x_1 + 0.20x_2 + 0.15x_3 + d_6^- - d_6^+ = 5\,000 \\ x_1, x_2, x_3, d_i^-, d_i^+ \geqslant 0, i = 1, 2, \cdots, 6 \end{cases}$$

例 7-9 有三个产地向四个销地供应物资。产地 $A_i(i=1,2,3)$ 的产量 a_i、销地 $B_j(j=1,2,3,4)$ 的需要量 b_j、各产销地之间的单位物资运费 c_{ij} 见表 7-9。

表 7-9

c_{ij} B_j / A_i	B_1	B_2	B_3	B_4	a_i
A_1	5	2	6	7	300
A_2	3	5	4	6	200
A_3	4	5	2	3	400
b_j	200	100	450	250	

上表中，a_i 和 b_j 的单位为吨，c_{ij} 的单位为元/吨。编制调运方案时要求按照相应的优先级依次考虑下列目标：

P_1，B_4 是重点保证单位，其需要量应尽可能全部满足；

P_2，A_3 向 B_1 提供的物资数量不少于 100 吨；

P_3，每个销地得到的物资数量不少于其需要量的 80%；

P_4，因路况原因，尽量避免安排 A_2 的物资运往 B_4；

P_5，对 B_1 和 B_3 的供应率要尽可能相同；

P_6，实际的总运费不超过当不考虑 P_1 至 P_5 各目标时的最小总运费的 110%。

解 用表上作业法可以求得不考虑 P_1 至 P_5 各目标时的最小运费调运方案，相应的最小运费为2 950 元。设 A_i 运往 B_j 的物资为 x_{ij} 吨$(i=1,2,3;j=1,2,3,4)$，则问题的目标规划模型为：

$$\min z = \{P_1 d_1^-, P_2 d_2^-, P_3(d_3^- + d_4^- + d_5^-), P_4 d_6^+, P_5(d_7^- + d_7^+), P_6(d_8^+)\}$$

$$\text{s.t.}\begin{cases} x_{11} + x_{12} + x_{13} + x_{14} = 300 \\ x_{21} + x_{22} + x_{23} + x_{24} = 200 \\ x_{31} + x_{32} + x_{33} + x_{34} = 400 \\ x_{11} + x_{21} + x_{31} \leqslant 200 \\ x_{12} + x_{22} + x_{32} \leqslant 100 \\ x_{13} + x_{23} + x_{33} \leqslant 450 \\ x_{14} + x_{24} + x_{34} \leqslant 250 \\ x_{14} + x_{24} + x_{34} + d_1^- - d_1^+ = 250 \\ x_{31} + d_2^- - d_2^+ = 100 \\ x_{11} + x_{21} + x_{31} + d_3^- - d_3^+ = 160 \\ x_{12} + x_{22} + x_{32} + d_4^- - d_4^+ = 80 \\ x_{13} + x_{23} + x_{33} + d_5^- - d_5^+ = 360 \\ x_{24} + d_6^- - d_6^+ = 0 \\ (x_{11} + x_{21} + x_{31}) - \dfrac{200}{450}(x_{13} + x_{23} + x_{33}) + d_7^- - d_7^+ = 0 \\ \sum\limits_{i=1}^{3} \sum\limits_{j=1}^{4} c_{ij} x_{ij} + d_8^- - d_8^+ = 3\,245 \\ x_{ij} \geqslant 0, i = 1,2,3; j = 1,2,3,4; d_k^-, d_k^+ \geqslant 0; k = 1,2,\cdots,8 \end{cases}$$

模型中各项约束条件的含义：

第 1—3 项是产量约束；

第 4—7 项是需求量约束，因总需求大于总供给，故作为绝对约束条件，且皆取"≤"；

第 8 项是 A_3 向 B_1 的供应量目标约束；

第 9—12 项是各销地最低供应量的目标约束；

第 13 项是 A_2 尽量不向 B_4 调运物资的目标约束；

第 14 项是给 B_1 和 B_3 的供应率尽量相同的目标约束；

第 15 项是实际运费上限的目标约束。

对上述各例，读者可以将其作为实验或练习题目，应用下面介绍的 WinQSB 软件上机求解。

第五节 用 WinQSB 软件求解目标规划问题

QSB 是 Quantitative Systems for Business 的缩写，WinQSB 是 QSB 的 Windows 版本，是一种教学软件，里面有 19 种功能模块，分别用于解决运筹学不同方面的问题。其中的"GP-IGP"即用于求解线性目标规划和线性整数目标规划的子系统。

将 WinQSB 软件安装到硬盘，打开文件夹，运行其中的"GP-IGP"程序，即出现图 7-3 所示界面。点击"Help"标签可以了解"GP-IGP"程序功能简介。

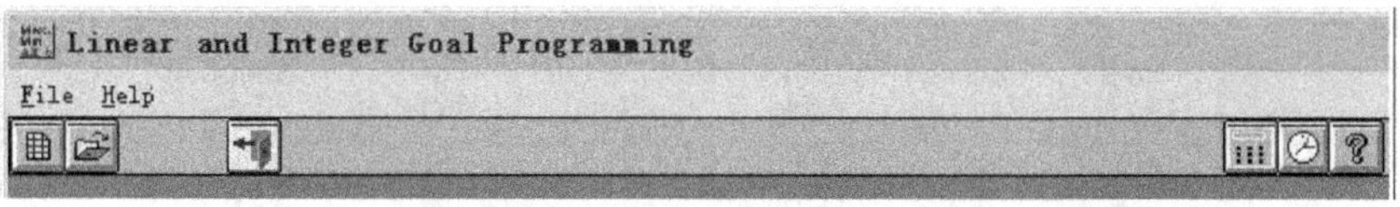

图 7-3

下面结合本章例 7-2 中的问题来说明用 WinQSB 软件求解目标规划问题的具体操作过程。运行图 7-3 界面中"File"菜单下的"New Problem"命令，弹出图 7-4 所示对话框：

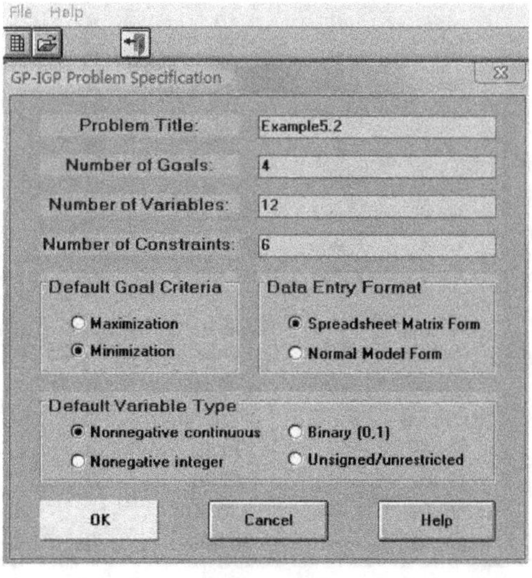

图 7-4

在对话框中依次输入目标个数(即目标函数中优先级的个数)、变量的个数(决策变量和偏差变量个数之和)、约束条件的个数(目标约束与绝对约束个数之和),选定有关选项。完毕后单击“OK”,生成一个类似于 EXCEL 工作表的数据输入窗口(见图 7-5),此时可以根据需要从系统菜单中选择“Edit”修改变量名称(如将部分 x_j 改成 d_i^- 或 d_i^+ 以便区分决策变量与偏差变量)、约束名称、目标准则(min or max)及名称等。接下来需要手工输入目标规划模型的数据,点击“Direction”列的单元格修改和选定约束的类型。

File Edit Format Solve and Analyze Results Utilities Window WinQSB Help

example5.2

Variable -->	X1	X2	d1-	d1+	d2-	d2+	d3-	d3+	d4-	d4+	d5-	d5+	Direction	R. H. S.
Min:G1			1											
Min:G2						1	1							
Min:G3										1				
Min:G4												1		
C1	10	12											<=	520
C2	50	45	1	-1									=	2375
C3	1				1	-1							=	35
C4		1					1	-1					=	15
C5	5	4							1	-1			=	230
C6	6	5									1	-1	=	300
LowerBound	0	0	0	0	0	0	0	0	0	0	0	0		
UpperBound	M	M	M	M	M	M	M	M	M	M	M	M		
VariableType	Integer	ntinuous	ntinuous	ntinuous	ntinuous	ntinuous	ntinuous	ntinuous	ntinuous	ntinuous	ntinuous	ntinuous		

图 7-5

数据输入完成后,单击“Solve and Analyze”, 弹出结果输出窗口,如图 7-6 所示。

	Goal Level	Decision Variable	Solution Value	Unit Cost or Profit c(j)	Total Contribution	Reduced Cost
37	G4	X1	34.00	0	0	0
38	G4	X2	15.00	0	0	0
39	G4	d1-	0	0	0	0
40	G4	d1+	0	0	0	0
41	G4	d2-	1.00	0	0	0
42	G4	d2+	0	0	0	0
43	G4	d3-	0	0	0	0
44	G4	d3+	0	0	0	0
45	G4	d4-	0	0	0	0
46	G4	d4+	0	0	0	0
47	G4	d5-	21.00	0	0	0
48	G4	d5+	0	1.00	0	1.00
	G1	Goal	Value	(Min.) =	0	
	G2	Goal	Value	(Min.) =	0	
	G3	Goal	Value	(Min.) =	0	
	G4	Goal	Value	(Min.) =	0	
	Constraint	Left Hand Side	Direction	Right Hand Side	Slack or Surplus	ShadowPrice Goal 1
1	C1	520.00	<=	520.00	0	0
2	C2	2,375.00	=	2,375.00	0	0
3	C3	35.00	=	35.00	0	0
4	C4	15.00	=	15.00	0	0
5	C5	230.00	=	230.00	0	0
6	C6	300.00	=	300.00	0	0

图 7-6

结果显示,例 7-2 中的目标规划问题的满意解为 $x_1=34, x_2=15$,所有四个优先级的目标都可达成。

练习题

7-1 试述目标规划的数学模型同一般线性规划数学模型的异同点。

7-2 为什么求解目标规划时要提出满意解的概念?它同最优解有什么区别?

7-3 试述求解目标规划单纯形法与求解线性规划的单纯形法的异同点。

7-4 判断下述说法是否正确:

(1) 线性规划模型是目标规划模型的一种特殊形式。

(2) 正偏差变量应取正值,负偏差变量应取负值。

(3) 目标规划模型中,若不含系统约束,则一定有解。

(4) 目标规划的数学模型应同时包括系统约束和目标约束。

7-5 用图解法解下述目标规划问题:

(1) $\min z=\{P_1 d_1^+, P_2 d_2^-, P_3(2d_3^-+d_4^-), P_4 d_2^+\}$

$$\text{s.t.}\begin{cases}x_1+2x_2+d_1^--d_1^+=20\\x_1+2x_2+d_2^--d_2^+=12\\x_1-2x_2+d_3^--d_3^+=8\\x_2+d_4^--d_4^+=5\\x_1,x_2,d_i^-,d_i^+\geqslant 0, i=1,2,3,4\end{cases}$$

(2) $\min z=\{p_1(d_1^++d_2^+), p_2 d_3^-, p_3 d_4^-\}$

$$\text{s.t.}\begin{cases}x_1+x_2+d_1^--d_1^+=4\\x_1+2x_2+d_2^--d_2^+=5\\x_1+d_3^--d_3^+=3\\4x_1+3x_2+d_4^--d_4^+=24\\x_1,x_2,d_k^-,d_k^+\geqslant 0, k=1,2,3,4\end{cases}$$

7-6 用目标规划的单纯形方法解以下目标规划问题:

(1) $\min z=\{p_1 d_1^-, p_2 d_2^-, p_3 d_3^-, p_4(d_1^++d_2^+)\}$

$$\text{s.t.}\begin{cases}2x_1+x_2+d_1^--d_1^+=30\\x_1+d_2^--d_2^+=12\\x_2+d_3^--d_3^+=10\\x_1,x_2,d_k^-,d_k^+\geqslant 0, k=1,2,3\end{cases}$$

(2) $\min z=\{P_1d_1^+, P_2d_2^-, P_3d_3^-\}$

$$\text{s.t.}\begin{cases}10x_1+15x_2+d_1^- -d_1^+=40\\x_1+x_2+d_2^- -d_2^+=10\\x_2+d_3^- -d_3^+=7\\x_1,x_2,d_i^-,d_i^+\geqslant 0, i=1,2,3\end{cases}$$

(3) $\min z=\{P_1d_1^+, P_2(d_2^- +d_2^+), P_3d_3^-\}$

$$\text{s.t.}\begin{cases}2x_1+x_2\leqslant 11\\x_1-x_2+d_1^+ -d_2^+=0\\x_1+2x_2+d_2^- -d_2^+=10\\8x_1+10x_2+d_3^- -d_3^+=56\\x_1,x_2,d_i^-,d_i^+\geqslant 0, i=1,2,3\end{cases}$$

7-7 有家工厂生产两种类型的家用电器:普通型和高级型。这两种产品装配和检验所需要的加工工时、每日的工时限额以及单位利润如表 7-10 所示。

表 7-10

产品类型	单位产品工时消耗		单位利润(元)
	装配	检验	
普通型	1	1	15
高级型	3	1	25
每日工时限额	60	40	

决策者提出的要求是:

P_1,每日的销售利润应不低于 750 元;

P_2,充分利用两个部门的正常工时;

P_3,如有需要,两个部门都可以加班,但加班工时应力求最少,其中检验部门的加班工时控制严格程度应是装配部门的加班工时的 3 倍。

试根据上述要求建立目标规划模型。

7-8 某公司决定使用 1 000 万元的新产品开发基金开发 A、B、C 三种新产品。经预测估计,开发 A、B、C 三种新产品的投资收益率分别为 12%、8%、10%。由于新产品开发有一定风险,公司研究后确定了下列优先顺序目标:

P_1,为分散投资风险,任何一种新产品的开发投资不超过开发基金总额的 40%;

P_2,应至少留有 50 万元的开发基金以备急用;

P_3,使总的投资收益最大。

试建立新产品开发投资分配方案的目标规划模型。

7-9 某企业生产Ⅰ和Ⅱ两种产品,有关加工时间的数据如表 7-11 所示。

表 7-11

	产品Ⅰ	产品Ⅱ	加工能力(小时)
设备A	2	2	12
设备B	4	0	16
设备C	0	5	15
利润(元/件)	20	30	

企业制定的经营目标为:

(1) 力求使利润不低于150元;

(2) 根据市场需求,Ⅰ和Ⅱ两种产品的生产量需保持1:2的比例;

(3) 设备C可以适当加班,但要控制;设备B的重要性是设备C的3倍,因此既要充分利用,又要尽可能不加班。

另外,设备A为贵重设备,严禁超时使用。试列出该问题的目标规划模型。

7-10 某造船厂生产用于内河运输的客货两用船。已知下年各季度的合同交货量、各季度正常及加班时间内的生产能力及相应的每条船的单位成本(百万元)如表7-12所示。

表 7-12

季度	合同交货量	正常生产		加班生产	
		能力	每条成本	能力	每条成本
1	16	12	5.0	7	6.0
2	17	13	5.1	7	6.4
3	15	14	5.3	7	6.7
4	18	15	5.5	7	7.0

该厂确定安排生产计划的优先级目标为:

p_1,按时完成合同交货量;

p_2,每季度末库存数不超过2条(年初无库存);

p_3,完成全年合同的总成本不超过355万元。

要求建立相应的目标规划的数学模型。

7-11 某企业生产两种产品A、B,市场销售前景很好。这两种产品的单件销售利润为:A每台1000元,B每台800元。两产品需要同一种材料,分别为6千克和4千克。该材料的每周计划供应量为240千克,若不够时可议价购入此种材料不超过80千克。议价原材料价格高于计划内价格,导致A、B产品的利润同样地降低100元。该企业的决策者考虑:

第一,企业要满足客户每周的基本需求,即A产品24台、B产品18台;

第二,计划内的材料要充分使用完;

第三,努力使获得的利润更高。

试建立生产计划的目标规划模型。

7-12 某饲养场饲养一种牲畜,要保证其正常生长,每头牲畜每天至少需要蛋白质80克、矿物质10克、维生素200毫克。现有5种饲料可供选用,每公斤饲料中三种营养成分含量及价格见表7-13。场主希望在选配饲料时能够达成下述目标(优先级高者在前):

满足牲畜正常生长对各种营养成分的需要;

每头牲畜每天的饲料成本不超过 4.5 元；
每头牲畜每天食用的饲料重量不超过 5 千克。
试建立该问题的目标规划模型。

表 7-13

饲料	蛋白质(克/千克)	矿物质(克/千克)	维生素(毫克/千克)	价格(元/千克)
1	6	2	30	1.0
2	4	1	5	0.8
3	2	0.4	1	0.5
4	12	4	10	1.5
5	30	1	8	2.0

7-13 某厂生产 A、B、C 三种产品，装配工作在同一生产线上完成，三种产品的工时消耗分别为 6 小时、8 小时、10 小时，生产线每月正常工作时间为 200 小时；三种产品销售后，每台可获利分别为 100 元、130 元和 160 元；每月销售量预计为 12 台、10 台和 6 台。该厂经营目标如下：

P_1，利润指标为每月 3 000 元，争取超额完成；
P_2，充分利用现有生产能力；
P_3，可以适当加班，但加班时间不超过 24 小时；
P_4，产量以预计销售量为准。
试建立该问题的目标规划模型。

第八章

动态规划

知识目标

1. 理解动态的基本思想，掌握动态规划的基本概念。
2. 理解动态规划的最优性原理。
3. 掌握动态规划模型的基本要点。
4. 掌握求解动态规划的后向算法与前向算法。

技能目标

1. 能够熟练建立常见问题的动态规划模型。
2. 能够运用动态规划方法求解资源分配问题、背包问题、生产与存储问题。
3. 能够运用计算机软件解动态规划问题。

引导案例

某市工业局计划“十二五”期间投资20亿元用于该市工业企业的发展。这些资金的分配，首先应考虑本市工业发展的实际情况和社会需求，优先保证基础工业的发展。同时，投资额的分配应当以经济效益作为中心目标，以“十二五”期间总的经济效益最大化作为分配标准进行核定。为了达到这一目标，该市工业局需要规划“十二五”期间每年的投资额度和投资去向，并做出一个动态资金分配规划。

动态规划(dynamic programming,DP)是一种解决多阶段决策问题的方法。20世纪50年代初美国数学家贝尔曼(R. Bellman)等人在其出版的《动态规划》(*Dynamic Programming*)一书中，针对多阶段决策问题的特点，提出了解决这类问题的最优化原理，把比较复杂的问题划分成若干阶段,并且逐段解决而最终达到全局最优。

动态规划是现代企业管理中的一种重要决策方法,可用于解决最优路径问题、资源分配问题、生产调度问题、库存问题、排序问题及设备更新问题等。许多问题用动态规划方法求解会比线性规划或非线性规划更有效,特别是对那些变量为离散型的问题,运用解析数学的方法往往不易奏效,而运用动态规划方法都能使问题迎刃而解。动态规划模型根据多阶段决策过程的变量是离散的还是连续的可分为离散决策过程和连续决策过程。本章侧重离散型问题展开讨论,通过几个典型的动态规划模型来了解动态规划的建模思想。

第一节　动态规划基本概念

一、动态规划引例

引例 1　最短路线问题

设某企业要把一批货物从 A 城运到 E 城出售,交通网络如图 8-1 所示,两点之间连线上的数字表示两点间的距离,问应选择什么路线,可使总距离最短。

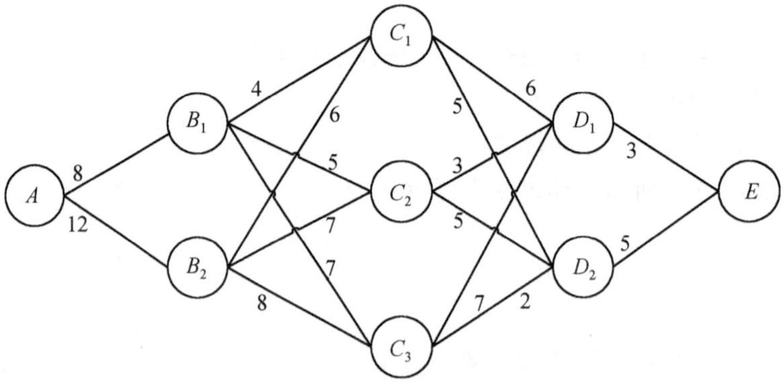

图 8-1　最短路线问题

引例 2　设备平行分配问题

某公司现有 Q 台设备,要分配给 5 个不同的车间,不同车间分配到不同数量的设备后,可以取得不同的利润。问如何分配设备,可使该公司取得的利润最大。

引例 3　机器负荷分配问题

某种机器可以在高低两种不同的负荷下进行生产。

在高负荷下进行生产时,产品的年产量 g 和投入生产的机器数量 u_1 的关系为 $g = g(u_1)$,这时,机器的年完好率为 a,即如果年初完好机器的数量为 u,到年终时完好的机器为 au,$0 < a < 1$。在低负荷下生产时,产品的年产量 h 和投入生产的机器数量 u_2 的关系为 $h = h(u_2)$、相应的机器年完好率为 b,$0 < b < 1$。

假定开始生产时完好的机器数量为 S_1。要求制订一个 10 年计划,在每年开始时决定如何重新分配完好的机器在两种不向负荷下生产的数量,使在 10 年内产品的总产量最高。

通过以上三个引例,我们看出,在经营管理中,可以把一些经营活动的过程划分为若干个相互联系的阶段。在每个阶段都要做出决策,而一个阶段的决策不仅影响本阶段的活动,还会影响下一阶段的活动及其决策，从而影响整个决策过程。各阶段的决策构成一个决策序列，称为一个策略，由于各阶段可采取诸多不同的决策，一个多阶段决策问题相应便有很多策略可供选择，那么在诸多可供选择的策略中，选择哪一策略才能取得最佳效果呢？这类问题就称为多阶段决策问题。

很多多阶段决策问题，各个阶段采取的决策一般来说与时间有关。随着时间的发展而决定各阶段的决策，产生一个决策序列，因此这类决策过程有"动态"的含义。对一些与时间无关的静态问题，只要在问题中人为地引入"时间因素"，即可将问题看成多阶段决策问题。在引例 1 中，我们将货物运输看成先后经历从 A 城到 B 城、B 城到 C 城、C 城到 D 城和 D 城到 E 城的 4 个阶段，那么它就是一个 4 阶段决策问题。同理，引例 2 和引例 3 可以分别看成一个 5 阶段问题和一个 10 阶段问题。

还有诸如各种资源的分配问题、设备更新问题、排序问题等都具有多阶段决策问题的特点，均可转化为动态规划方法求解。

二、动态规划的基本概念

使用动态规划方法解决多阶段决策问题时，首先要把实际问题转化成动态规划模型，再求解，下面介绍用动态规划方法建模时要用到的基本概念：① 阶段；② 状态；③ 决策和策略；④ 状态转移方程；⑤ 指标函数；⑥ 最优指标函数。

下面我们结合引例 1 来介绍这些基本概念。

1. 阶段

为了能够用动态规划方法，首先必须根据实际问题所处的时间、空间或其他条件，把所研究的问题恰当地划分成若干个相互联系的阶段（stage），以便能按一定的次序去求解。常用字母 k 表示阶段变量。

如引例 1 从 A 到 E 可划分为 4 个阶段，用 $k=1,2,3,4$ 来表示。第一阶段从 A 到 B_1,B_2，有两条交通线 (A,B_1) 和 (A,B_2)；第二阶段从 B_1,B_2 到 C_1,C_2,C_3，有六条交通线 (B_1,C_1)，(B_1,C_2)，(B_1,C_3)，(B_2,C_1)，(B_2,C_2)，(B_2,C_3)，以此类推。

2. 状态

状态（state）表示每个阶段开始时所处的自然状况或客观条件。描述各阶段状态的变量称为状态变量，常用 S_k 表示第 k 阶段的状态变量。

在一个阶段中，可以有若干个状态。如引例 1 中，在第一阶段只有一个状态，即 A 点，S_1 只能取一个值，$S_1=A$；第二阶段有两种状态，即 B_1、B_2，S_2 可取两个值 $S_2=B_1$ 或 $S_2=B_2$；等等。

状态变量 S_k 的所有可能取值所组成的集合，称为状态集合，用 X_k 表示。如 $X_1=\{A\}$，$X_2=\{B_1,B_2\}$，$X_3=\{C_1,C_2,C_3\}$。

动态规划中状态应具有如下性质：当某阶段状态给定以后，在这阶段以后过程的发展不受这段以前各段状态的影响，也就是说，当前状态是过去历史的一个完整总结，过程的过去历史只能通过当前状态去影响它未来的发展，这称为无后效性。如所选定的状态变量不具备无后效性，就不能作为状态变量来构造动态规划模型。

3. 决策和策略

当各阶段的状态确定以后,就可以做出不同的决定(或选择),从而确定下一阶段的状态,这种决定称为决策(decision)。表示决策的变量称为决策变量,常用 $u_k(S_k)$ 表示第 k 阶段当状态为 S_k 时的决策变量。

在实际问题中,决策变量的取值往往限制在一定范围内,称此范围为允许决策集合,常用 $M_k(S_k)$ 表示第 k 阶段从状态 S_k 出发的允许决策集合,显然,$u_k(S_k) \in M_k(S_k)$。

在引例 1 中从状态 B_2 出发,可做三种不同的决策,即 $u_2(B_2)=C_1, u_2(B_2)=C_2, u_2(B_2)=C_3$,故 B_2 的允许决策集合 $M_2(B_2)=(C_1,C_2,C_3)$,显然 $u_2(B_2)\in M_2(B_2)$。

由各阶段决策 $u_k(k=1,2,\cdots,n)$ 构成的决策序列,称为策略(policy)。记为 $p_1(S_1)$,有 $p_1(S_1)=\{u_1(S_1),u_2(S_2),\cdots,u_n(S_n)\}$,或简记为:$p_1=\{u_1,u_2,\cdots,u_n\}$。

由第 k 阶段到最终阶段内各段决策所构成的决策序列,称为第 k 子过程策略,简称子策略。记为 $p_k(S_k)$,有:$p_k(S_k)=(u_k(S_k),u_{k+1}(S_{k+1}),\cdots,u_n(S_n))$ 或简记为:$p_k=\{u_k, u_{k+1},\cdots,u_n\}$。

一般可供选择的策略都有一定的范围,此范围称为允许策略集合,用 P 表示。如引例 1 中从 A 到 E 共有 $2\times3\times2=12$ 条路线,因此有 12 个策略,允许策略集合有 12 个元素。

允许策略集合中使整个问题达到最优效果的策略称为最优策略。

4. 状态转移方程

动态规划中本阶段的状态往往是上一阶段状态和上一阶段决策的结果。如果给定了第 k 阶段的状态 S_k 以及决策 $u_k(S_k)$,则第 $k+1$ 阶段的状态 S_{k+1} 也就完全确定。也就是说 S_{k+1} 与 S_k,u_k 之间存在一种明确的数量对应关系,记为 $T_k(S_k,u_k)$,即有:

$$S_{k+1} = T_k(S_k,u_k)$$

这种用函数表示的前后阶段关系的方程,称为状态转移方程(state transition equation)。

在引例 1 中状态转移方程为

$$S_{k+1} = u_k(S_k)$$

对不同的问题,状态转移方程可能会有不同的形式。

5. 指标函数

用来衡量策略或子过程策略的效果的某种数量指标,称为指标函数(criterion function)。对不同问题,指标函数可以表示诸如运费、成本、利润、产量、时间、距离等。引例 1 中指标即为距离。指标函数可分为两类,一类是阶段指标函数,另一类是过程指标函数。

(1) 阶段指标函数。用 $V_k(S_k,u_k)$ 表示第 k 阶段处于状态 S_k 且所做的决策为 u_k 时的阶段指标。如引例 1 中,$V_2(B_1,C_1)=4, V_2(B_1,C_2)=5$。

(2) 过程指标函数。用 $V_{k,n}(S_K,p_k)$ 表示从第 k 阶段到最后阶段(n 阶段)从状态 S_k 出发,采用策略 p_k 所形成的子过程指标。$V_{1,n}(S_1,p_1)$ 表示全过程指标。

常见的指标函数有两种形式:

(1) 和形式。全过程和它的任一子过程的指标是它所包含的各阶段的指标的和,即:

$$\begin{aligned} V_{k,n}(S_k,p_k) &= \sum_{j=k}^{n} V_j(S_j,u_j) = V_k(S_k,u_k) + \sum_{j=k+1}^{n} V_j(S_j,u_j) \\ &= V_k(S_k,u_k) + V_{k+1,n}(S_{k+1},p_{k+1}) \qquad (8.1) \end{aligned}$$

对全过程有：

$$V_{1,n}(S_1,p_1) = \sum_{j=1}^{n} V_j(S_j,u_j) \tag{8.2}$$

（2）积形式。全过程和它的任一子过程的指标是它所包含的各阶段指标的乘积，即：

$$\begin{aligned} V_{k,n}(S_k,p_k) &= \prod_{j=k}^{n} V_j(S_j,u_j) = V_k(S_k,u_k) \cdot \prod_{j=k+1}^{n} V_j(S_j,u_j) \\ &= V_k(S_k,u_k) \cdot V_{k+1,n}(S_{k+1},p_{k+1}) \end{aligned} \tag{8.3}$$

对全过程有：

$$V_{1,n}(S_1,p_1) = \prod_{j=1}^{n} V_j(S_j,u_j) \tag{8.4}$$

6. 最优指标函数

最优指标函数(optimal criterion function)用$f_k(S_k)$表示，它表示从第 k 阶段的状态 S_k 出发到达第 n 阶段结束为止，采取最优子策略所得到的指标函数值。最优指标函数也称为最优值函数，即

$$f_k(S_k) = \text{opt}\ V_{k,n}(S_k,p_k) \tag{8.5}$$

其中“opt”是最优化(optimization)的缩写，可根据具体问题取 max 或 min。

与$f_k(S_k)$相应的 p_k 称为最优子策略。

当 $k=1$ 时，$f_1(S_1)$就是从初始状态出发到全过程结束的最优值函数。

三、动态规划的最优化原理

贝尔曼等人根据多阶段决策问题的研究成果提出的最优化原理，是动态规划的理论基础，解决了很多类型决策过程的最优化问题，其基本思想可以描述为：“作为整个过程的最优策略具有这样的性质：无论过去的状态和决策如何，对前面的决策所形成的状态而言，余下的诸决策必须构成最优策略。”

正是根据这一原理求解的，从本章引例 1 可以看出，无论从哪一段的某状态出发到终点 E 的最短路线，都只与此状态有关，而与这点以前的状态路线无关，即不受如何从 A 点到达这点的决策的影响，而且从 A 到 E 的最短路线若经过 B_i，则此路线由 B_i 到 E 的后半部分应是由 B_i 到 E 的最短路线。

第二节 动态规划的模型

一、动态规划的基本模型

根据上述最优化原理，对于 n 阶段的动态规划问题，在求子过程上的最优指标函数时，k 子过程与 $k+1$ 过程有如下的递推关系：

（1）当阶段或过程指标函数为和形式时：

$$\begin{cases} f_k(S_k) = \text{opt}\{V_k(S_k,u_k) + f_{k+1}(S_{k+1})\}, \quad k = n, n-1, n-2, \cdots, 1 \\ \text{终点条件：} f_{n+1}(S_{n+1}) = 0 \end{cases} \tag{8.6}$$

(2) 当阶段或过程指标函数为积形式时：

$$\begin{cases} f_k(S_k) = \text{opt}\{V_k(S_k,u_k) \cdot f_{k+1}(S_{k+1})\}, \quad k = n,n-1,n-2,\cdots,1 \\ f_{n+1}(S_{n+1}) = 1 \end{cases} \tag{8.7}$$

这就是动态规划的基本方程，即建立动态规划的数学模型。对于引例 1 中的最短路径问题，就是指标函数为和形式的最小优化问题，也就是上式中的 opt 可用 min 代替。从本章引例 1 可知：

$$f_2(B_1) = \min\{V_2(B_1,u_2) + f_3(S_3)\}$$

$$= \min\begin{Bmatrix} V_2(B_1,C_1) + f_3(C_1) \\ V_2(B_1,C_2) + f_3(C_2) \\ V_2(B_1,C_3) + f_3(C_3) \end{Bmatrix}$$

$$= \min\begin{Bmatrix} 4+9 \\ 5+6 \\ 7+7 \end{Bmatrix} = \min\begin{Bmatrix} 13 \\ 11 \\ 14 \end{Bmatrix} = 11$$

通过以上计算，我们看出，如果要想使从 B_1 点出发到达 E 点的路径最短，应该选择 B_1 到 C_2 这条路径。

二、建立动态规划模型的要点

用动态规划方法求解多阶段决策问题的基本思想是：利用最优化原理，建立动态规划的数学模型（递推方程），然后再设法求其数值解。建立动态规划模型要注意以下几点：

(1) 分析题意，识别问题的多阶段特性，按时间或空间的先后顺序适当地划分为满足递推关系的若干阶段，对非时序的静态问题要人为地赋予“时段”概念。

(2) 正确地选择状态变量，使其具备两个必要特征：① 可知性，即过程演变的各阶段状态变量的取值，能直接或间接地确定。② 能够确切地描述过程的演变且满足无后效性，即由第 k 阶段的状态 S_k 出发的后部子过程，可以视为一个以 S_k 为初始状态的独立过程。

(3) 根据状态变量与决策变量的含义，正确写出状态转移方程 $S_{k+1} = T_k(s_k,u_k)$ 或转移规则。

(4) 根据题意明确指标函数 $V_{k,n}(S_k,p_k)$、最优指标函数 $f_k(S_k)$ 以及 k 阶段指标 $V_k(S_k,u_k)$ 的含义，并正确列出最优指标函数的递推关系及边界条件（即基本方程）。

三、建立动态规划模型的步骤

(1) 将问题的过程恰当地分成若干个阶段，一般按问题所处的时间或空间进行划分，并确定阶段变量。

(2) 正确选取状态变量 S_k 使之满足无后效性条件。

(3) 确定决策变量 $u_k(S_k)$ 及每个阶段的允许决策集合 $M_k(S_k)$。

(4) 写出状态转移方程 $S_{k+1} = T_k(S_k,u_k)$。

(5) 根据题意列出过程指标函数 $V_{k,n}(S_k,p_k)$、最优值函数 $f_k(S_k)$ 及阶段指标函数 $V_k(S_k,u_k)$。

(6) 明确边界条件。动态规划方程是递推关系,方程中含有$f_{n+1}(S_{n+1})$,当$k=n$时,也即从最后一个阶段开始逆推时出现$f_{n+1}(S_{n+1})$。这个项称为问题的边界条件,它要根据问题的条件来决定,当过程指标函数值是各阶段指标函数值的和或积时,分别取0或1,见公式(8.6)和(8.7)。

(7) 写出动态规划基本方程。

对于引例1,于是有:

阶段 按地段划分阶段为4个阶段,阶段变量$k=1,2,3,4$。

状态 各阶段初的起始位置,用变量S_k表示,其状态集合X_k分别是

$$X_1=\{A\},\quad X_2=\{B_1,B_2\},\quad X_3=\{C_1,C_2,C_3\},\quad X_4=\{D_1,D_2\}$$

决策 各阶段在给定状态S_k条件下的路径选择,用变量$u_k(S_k)$表示,其允许决策集合$M_k(S_k)$:

$$M_1(A)=\{B_1,B_2\},\quad M_2(B_1)=M_2(B_2)=\{C_1,C_2,C_3\},$$
$$M_3(C_1)=M_3(C_2)=M_3(C_3)=\{D_1,D_2\},\quad M_4(D_1)=M_4(D_2)=\{E\}$$

状态转移方程 $S_{k+1}=u_k(S_k)$。

指标函数 衡量问题优劣的数量指标为距离,指标函数的形式为各阶段指标的和,即$V_{k,n}(S_k,p_k)=\sum\limits_{j=k}^{n}V_j(S_j,u_j)$,其中$V_j(S_j,u_j)$分别标注在了图8-1中的相应线段上。

边界条件 $f_5(S_5)=0$

动态规划基本方程

$$\begin{cases}f_k(S_k)=\min\{V_k(S_k,u_k)+f_{k+1}(S_{k+1})\},\quad k=4,3,2,1\\ f_5(S_5)=0\end{cases}\tag{8.8}$$

用方程(8.8)逐段求解,便可得到从A城到E城的最短路径,$f_1(A)$就是最短路径的距离长度。

上面(1)—(7)步是构造动态规划模型的基础,是正确写出动态规划方程的基本要素。一个动态规划模型构造得是否正确,集中地反映为是否恰当地定义了最优值函数、正确地写出了递推关系和边界条件。下一节我们将结合动态规划的求解方法讨论这个问题。

第三节 动态规划的求解方法

阶段数和状态数较少时,用枚举法即可求解动态规划模型,但是,当阶段数和状态数较多时,用枚举法求解就非常麻烦。这里主要介绍根据最优化原理求解动态规划模型的动态规划方法,主要有两种,即后向算法和前向算法,又称为逆序解法和顺序解法。这两种解法的关键区别就是状态转移方程的递推形式不同,一般来说,当问题的初始状态给定时,用后向算法比较方便;当问题的终止状态给定时,用前向算法比较方便。

一、后向算法

后向算法(back-ward algorithm),即逆序解法,前文给出的动态规划基本方程就是动态规划的后向算法的基本方程。其算法步骤为:

利用终端条件从 $k=n$ 开始由后向前逆推基本方程，求得各阶段的最优决策和最优值函数，最后算出 $f_1(S_1)$ 时就得到了最优决策序列 $\{u_k^*(S_k), k=1,2,\cdots,n\}$，再按照状态转移方程 $S_{k+1}^*=T_k(S_k,u_k^*(S_k))$，从 $k=1$ 开始由前向后确定 S_k^*，序列 $\{S_k^*, k=1,2,\cdots,n\}$ 为最优轨线，$\{u_k^*(S_k), k=1,2,\cdots,n\}$ 为最优策略。

例 8-1 根据上一节对引例 1 的建模，我们运用后向算法对方程(8.8)进行求解。

解 (1) 当 $k=4$ 时，状态集合 $X_4=\{D_1,D_2\}$，由于已知终点条件 $f_5(S_5)=0$，它们到终点 E 的路长分别是 3,5，即

$$f_4(D_1) = \min\{V_4(D_1,E)+f_5(S_5)\} = \min\{3+0\} = 3$$

$$f_4(D_2) = \min\{V_4(D_2,E)+f_5(S_5)\} = \min\{5+0\} = 5$$

(2) 当 $k=3$ 时，状态集合 $X_3=\{C_1,C_2,C_3\}$。由图 8-1 可知，从 C_1 到终点 E 有两条线路，取其中最短的，即

$$f_3(C_1) = \min\begin{Bmatrix} V_3(C_1,D_1)+f_4(D_1) \\ V_3(C_1,D_2)+f_4(D_2) \end{Bmatrix} = \min\begin{Bmatrix} 6+3 \\ 5+5 \end{Bmatrix} = \min\begin{Bmatrix} 9 \\ 10 \end{Bmatrix} = 9$$

这说明由 C_1 到终点 E 的最短距离为 9，其路径为 $C_1 \to D_1 \to E$。相应的决策为 $u_3^*(C_1)=D_1$。同理我们可对 C_2 和 C_3 进行求解，如下：

$$f_3(C_2) = \min\begin{Bmatrix} V_3(C_2,D_1)+f_4(D_1) \\ V_3(C_2,D_2)+f_4(D_2) \end{Bmatrix} = \min\begin{Bmatrix} 3+3 \\ 5+5 \end{Bmatrix} = \min\begin{Bmatrix} 6 \\ 10 \end{Bmatrix} = 6$$

说明由 C_2 到终点 E 的最短距离为 6，其路径为 $C_2 \to D_1 \to E$。相应的决策为 $u_3^*(C_2)=D_1$。

$$f_3(C_3) = \min\begin{Bmatrix} V_3(C_3,D_1)+f_4(D_1) \\ V_3(C_3,D_2)+f_4(D_2) \end{Bmatrix} = \min\begin{Bmatrix} 7+3 \\ 2+5 \end{Bmatrix} = \min\begin{Bmatrix} 10 \\ 7 \end{Bmatrix} = 7$$

说明由 C_3 到终点 E 的最短距离为 7，其路径为 $C_3 \to D_2 \to E$。相应的决策为 $u_3^*(C_3)=D_2$。

(3) 当 $k=2$ 时，状态集合 $X_2=\{B_1,B_2\}$。计算过程同上，得

$$f_2(B_1) = \min\begin{Bmatrix} V_2(B_1,C_1)+f_3(C_1) \\ V_2(B_1,C_2)+f_3(C_2) \\ V_2(B_1,C_3)+f_3(C_3) \end{Bmatrix} = \min\begin{Bmatrix} 4+9 \\ 5+6 \\ 7+7 \end{Bmatrix} = \min\begin{Bmatrix} 13 \\ 11 \\ 14 \end{Bmatrix} = 11, \quad u_2^*(B_1) = C_2$$

$$f_2(B_2) = \min\begin{Bmatrix} V_2(B_2,C_1)+f_3(C_1) \\ V_2(B_2,C_2)+f_3(C_2) \\ V_2(B_2,C_3)+f_3(C_3) \end{Bmatrix} = \min\begin{Bmatrix} 6+9 \\ 7+6 \\ 8+7 \end{Bmatrix} = \min\begin{Bmatrix} 15 \\ 13 \\ 15 \end{Bmatrix} = 13, \quad u_2^*(B_2) = C_2$$

(4) 当 $k=1$ 时，状态集合 $X_1=\{A\}$。计算过程同上，得

$$f_1(A) = \min\begin{Bmatrix} V_3(A,B_1)+f_4(B_1) \\ V_3(A,B_2)+f_4(B_2) \end{Bmatrix} = \min\begin{Bmatrix} 8+11 \\ 12+13 \end{Bmatrix} = \min\begin{Bmatrix} 18 \\ 25 \end{Bmatrix} = 19$$

即从 A 到终点 E 的最短距离为 19，本段的决策为 $u_1^*(A)=B_1$。

再按计算顺序反推可得到最优决策序列 $\{u_k^*(S_k), k=1,2,\cdots,n\}$，即 $u_1^*(A)=B_1$，$u_2^*(B_1)=C_2$，$u_3^*(C_2)=D_1$，$u_4^*(D_1)=E$，该序列所描述的最短路径为 $A \to B_1 \to C_2 \to D_1 \to E$。

上述最短路线的计算过程也可以用图直观地表示出来，如图 8-2 所示，每个结点上方的圆角框内的数，表示该点到终点 E 的最短距离。连接各结点到终点 E 的线表示最短路径，这

种在图上直接计算的方法叫标号法。从图上我们也可以看出，动态规划的计算不仅得到了从始点 A 点到终点 E 的最短路径，而且得到了中间任一点到终点 E 的最短路径，这对许多实际问题来讲，是很有意义的。

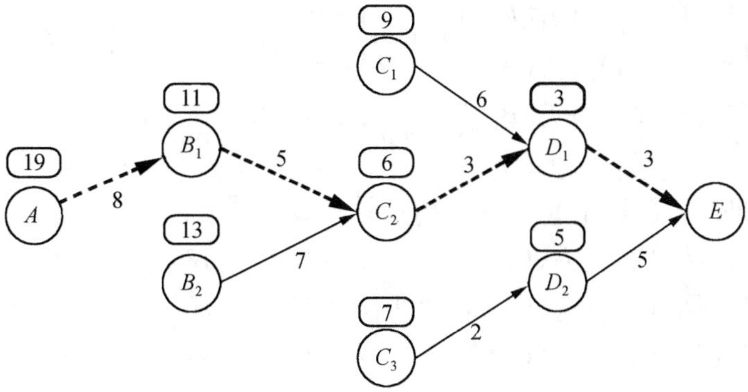

图 8-2　最短路线问题的后向算法解图

二、前向算法

当决策过程可逆时也可以用动态规划的前向算法(forward algorithm)求解。设阶段变量 k 和状态 S_k 的定义不变，决策 u_k 应使得状态转移能由 S_{k+1} 和 u_k 确定 S_k，即有

$$S_k = T_k(S_{k+1}, u_k(S_k)), \quad k = 1,2,\cdots,n$$

允许决策集合相应地改变为 $M_k(S_{k+1})$。

前向算法基本方程为

(1) 当阶段或过程指标函数为和形式时：

$$\begin{cases} f_k(S_{k+1}) = \text{opt}\{V_k(S_{k+1}, u_k) + f_{k-1}(S_k)\}, & k = 1,2,\cdots,n \\ f_0(S_1) = 0 \end{cases} \tag{8.9}$$

(2) 当阶段或过程指标函数为积形式时：

$$\begin{cases} f_k(S_{k+1}) = \text{opt}\{V_k(S_{k+1}, u_k) \cdot f_{k-1}(S_k)\}, & k = 1,2,\cdots,n \\ f_0(S_1) = 1 \end{cases} \tag{8.10}$$

应该指出的是，这里关于前向算法的表达式，是在原状态变量符号不变的条件下得出的，若将状态变量记法更改为($S_k, k=0,1,2,\cdots,n$)，则最优指标函数也可以表示为 $f_k(S_k)$，即符号同于后向算法，但含义不同。

例 8-2　根据上一节对引例 1 的建模，下面运用前向算法对方程(8.9)进行求解。

解　(1) 当 $k=1$ 时，状态变量 S_2 的允许集合 $X_2=\{B_1, B_2\}$，由于已知始端条件 $f_0(A)=0$，结点 B_1 和 B_2 到始点 A 的最短距离分别为 8 和 12，即

$$f_1(B_1) = \min\{V_1(B_1, A) + f_0(A)\} = \min\{8+0\} = 8, \quad u_1^*(B_1) = A$$

$$f_1(B_2) = \min\{V_1(B_2, A) + f_0(A)\} = \min\{12+0\} = 12, \quad u_1^*(B_2) = A$$

（2）当 $k=2$ 时，状态集合 $X_3=\{C_1,C_2,C_3\}$。计算过程同上，得

$$f_2(C_1)=\min\begin{Bmatrix}V_2(C_1,B_1)+f_1(B_1)\\V_2(C_1,B_2)+f_1(B_2)\end{Bmatrix}=\min\begin{Bmatrix}4+8\\6+12\end{Bmatrix}=\min\begin{Bmatrix}12\\18\end{Bmatrix}=12,\quad u_2^*(C_1)=B_1$$

$$f_2(C_2)=\min\begin{Bmatrix}V_2(C_2,B_1)+f_1(B_1)\\V_2(C_2,B_2)+f_1(B_2)\end{Bmatrix}=\min\begin{Bmatrix}5+8\\7+12\end{Bmatrix}=\min\begin{Bmatrix}13\\19\end{Bmatrix}=13,\quad u_2^*(C_2)=B_1$$

$$f_2(C_3)=\min\begin{Bmatrix}V_2(C_3,B_1)+f_1(B_1)\\V_2(C_3,B_2)+f_1(B_2)\end{Bmatrix}=\min\begin{Bmatrix}7+8\\8+12\end{Bmatrix}=\min\begin{Bmatrix}15\\20\end{Bmatrix}=15,\quad u_2^*(C_3)=B_1$$

（3）当 $k=3$ 时，状态集合 $X_4=\{D_1,D_2\}$，计算过程同上，得

$$f_3(D_1)=\min\begin{Bmatrix}V_2(D_1,C_1)+f_2(C_1)\\V_2(D_1,C_2)+f_2(C_2)\\V_2(D_1,C_3)+f_2(C_3)\end{Bmatrix}=\min\begin{Bmatrix}6+12\\3+13\\7+15\end{Bmatrix}=\begin{Bmatrix}18\\16\\22\end{Bmatrix}=16,\quad u_3^*(D_1)=C_2$$

$$f_3(D_2)=\min\begin{Bmatrix}V_2(D_2,C_1)+f_2(C_1)\\V_2(D_2,C_2)+f_2(C_2)\\V_2(D_2,C_3)+f_2(C_3)\end{Bmatrix}=\min\begin{Bmatrix}5+12\\5+13\\2+15\end{Bmatrix}=\begin{Bmatrix}17\\18\\17\end{Bmatrix}=17,\quad u_3^*(D_2)=C_1\text{ 和 }C_2$$

（4）当 $k=4$ 时，状态集合 $X_5=\{E\}$，即路径的终点，计算过程同上，得

$$f_4(E)=\min\begin{Bmatrix}V_4(E,D_1)+f_3(D_1)\\V_4(E,D_2)+f_3(D_2)\end{Bmatrix}=\min\begin{Bmatrix}3+16\\5+17\end{Bmatrix}=\min\begin{Bmatrix}19\\22\end{Bmatrix}=19,\quad u_4^*(E)=D_1$$

再按计算顺序反推可得到最优决策序列 $\{u_k^*(S_k),k=1,2,\cdots,n\}$，即 $u_4^*(E)=D_1$，$u_3^*(D_1)=C_2$，$u_2^*(C_2)=B_1$，$u_1^*(B_1)=A$，同样得到该序列所描述的最短路径为 $A\to B_1\to C_2\to D_1\to E$。

上述最短路线的计算过程也可以用标号法的图直观地表示出来，如图 8-3 所示，每个结点上方的圆角框内的数，表示该点到始端 A 的最短距离。连接各结点到始端 A 的线表示最短路径。

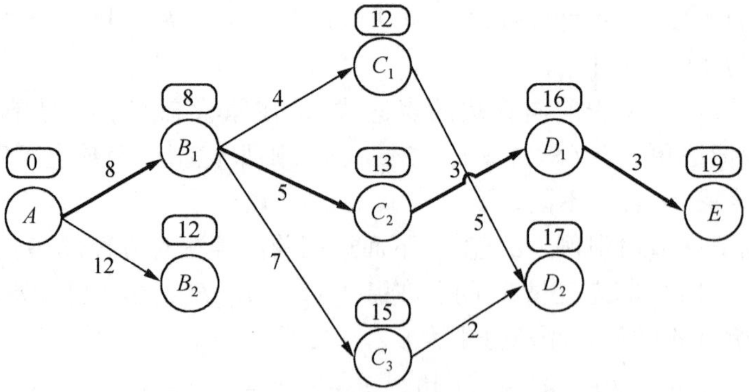

图 8-3　最短路线问题的前向算法解图

第四节　应 用 举 例

动态规划的方法在工程技术、企业管理、工农业生产及军事等部门中都有广泛的应用。在企业管理方面,最短路线问题、资源分配问题、背包问题、仓库存储问题、生产问题等都可用动态规划方法来解决,是现代企业管理中的一种重要的决策方法。下面通过举例来说明一些必要的建模方法和技巧。

一、资源分配问题

问题描述:设有 m 种生产资源,每种资源总数量为 $a_i(i=1,2,\cdots,m)$,用于生产 n 种产品(或用于 n 种生产),若分配数量 $x_{i,j}$ 资源 i 用于第 j 种产品,其收益为 $g_j(x_1,x_2,\cdots,x_m)$。问应如何分配,才能使生产 n 种产品的总收益最大?

该问题的静态规划数学模型为:

$$\max z = \sum_{i=1}^{n} g_j(x_1,x_2,\cdots,x_m)$$

$$\text{s.t.}\begin{cases}\sum_{j=1}^{n} x_{i,j} = a_i, & i = 1,2,\cdots,m\\ x_{i,j} \geqslant 0, & j = 1,2,\cdots,n; i = 1,2,\cdots,m\end{cases} \tag{8.11}$$

当收益函数 $g_j(x_1,x_2,\cdots,x_m)$ 均为线性函数时,上述问题为线性规划问题,反之,则为非线性规划问题。若 n 比较大,用非线性规划方法求解将会很困难,我们可以用动态规划方法求解,而且当 $g_j(x_1,x_2,\cdots,x_m)$ 为具体解析式时,用动态规划方法求解更能显示其优越性。

为了便于理解,这里我们仅考虑当 $m=1$,即该问题是一维资源时的分配问题,此时函数 $g_j(x_1,x_2,\cdots,x_m)$ 可以简化为 $g_j(x_j)$。一维资源分配问题的动态规划模型为:

阶段,按生产划分阶段,$k=1,2,\cdots,n$

状态变量,S_k 表示可用于分配给第 k 至第 n 阶段(生产)的资源数量

决策变量,u_k 表示可用于分配给第 k 阶段(生产)的资源数量

允许决策集合,$M_k(S_k)=\{u_k|0\leqslant u_k\leqslant S_k\}, k=1,2,\cdots,n-1$

最优指标函数,$f_k(S_k)$ 表示当第 k 阶段初可分配的资源为 S_k 时,第 k 至第 n 阶段(生产)所得的最大效益

状态转移方程,$S_{k+1}=T_k(S_k,u_k)=S_k-u_k$

动态规划基本方程:$\begin{cases}f_k(S_k)=\max\{g_k(x_k)+f_{k+1}(S_{k+1})\}, & k=n-1,n-2,\cdots,1\\ f_n(S_n)=\max g_n(x_n)\end{cases}$

利用该递推方程逐阶段求解,最后可得问题的最优分配方案。

例 8-3　(离散型资源分配问题) 某公司拟将某种设备 5 台,分配给所属的甲、乙、丙三个工厂,各工厂获得此设备后,预测可创造的利润如表 8-1 所示,问这 5 台设备应如何分配给这三个工厂,才能使所创造的利润为最大?

表 8-1　各厂利用各设备所能创造的利润

设备＼工厂	甲厂	乙厂	丙厂
0	0	0	0
1	3	5	4
2	7	10	6
3	9	11	11
4	12	11	12
5	13	11	12

解　将问题按工厂分成三个阶段,甲、乙、丙三个工厂分别编号为 1、2、3。设:

S_k表示分配给第 k 个工厂到第 3 个工厂的设备台数($k=1,2,3$)。

u_k 表示分配给第 k 个工厂的设备台数。

已知,$S_1=5$,

并有　$S_2=T_1(S_1,u_1)=S_1-u_1$

$S_3=T_2(S_2,u_2)=S_2-u_2$

从 S_k和 u_k 的定义,可知

$$S_3 = u_3$$

我们从第三阶段开始计算,递推过程如下:

(1) 当 $k=3$ 时,也就是将 $S_3(0,1,2,3,4,5)$台设备都分配给第 3 工厂,由于第 3 阶段是最后的阶段,故有

$$f_3(S_3) = \max g_3(u_3) = g_3(u_3)$$

显然 u_3 可取值为 0,1,2,3,4,5。其数字计算见表 8-2。

表　8-2

S_3＼u_3	$g_3(u_3)$						$f_3(S_3)$	u_3^*
	0	1	2	3	4	5		
0	0	—	—	—	—	—	0	0
1	—	4	—	—	—	—	4	1
2	—	—	6	—	—	—	6	2
3	—	—	—	11	—	—	11	3
4	—	—	—	—	12	—	12	4
5	—	—	—	—	—	12	12	5

其中 u_3^* 表示取 3 子过程上的最优指标值 $f_3(S_3)$时的 u_3 的决策即为最优决策,例如表 8-2 中可知当 $S_3=4$ 时,有$f_3(4)=g_3(4)=12$,此时 $u_3^*=4$,即当 $S_3=4$ 时,取 $u_3=4$(把 4 台设备分配给第 3 厂)是最优决策,此阶段指标值(盈利值)为 12,最优 3 子过程最优指标值也为 12。

(2) 当 $k=2$ 时,也就是将 $S_2(0,1,2,3,4,5)$台设备都分配给第 2 工厂和第 3 工厂时,则对每个 S_2 值,有一种最优分配方案,使最大盈利即最优 2 子过程最优指标函数值为

$$f_2(S_2) = \max\{g_2(u_2)+f_3(S_3)\}$$

因为 $S_3=S_2-u_2$,上式可以改写为

$$f_2(S_2) = \max\{g_2(u_2) + f_3(S_2 - u_2)\}$$

其中,u_2 可取值为0,1,2,3,4,5。其数字计算见表8-3。

表　8-3

S_2 \ u_2	$g_2(u_2)+f_3(S_2-u_2)$ 0	1	2	3	4	5	$F_2(S_2)$	u_2^*
0	0+0	—	—	—	—	—	0	0
1	0+4	5+0	—	—	—	—	5	1
2	0+6	5+4	10+0	—	—	—	10	2
3	0+11	5+6	10+4	11+0	—	—	14	2
4	0+12	5+11	10+6	11+4	11+0	—	16	1,2
5	0+12	5+12	10+11	11+6	11+4	11+0	21	2

其中,在 $S_2=4,u_2=1$ 这一行中,$g_2(u_2)+f_3(S_2-u_2)=g_2(1)+f_3(4-1)=5+11=16$,这里 $g_2(1)=5$ 可以从前表中得知,即把1台设备交给乙厂所得的盈利数,而 $f_3(3)$ 可从表8-2中查询得知。由于 $S_2=4$ 时,不可能分给乙厂5台设备,故 $u_2=5$ 时,$g_2(5)+f_3(4-5)$ 栏空着不填。从该行数值中取最大值即得 $f_2(4)=16$。由于 $u_2=1$ 和 $u_2=2$ 的指标函数值同为16,也可知这时 u_2 的最优决策为1或2。我们在每行取得最大值的单元格添加了阴影以示区别。

(3) 当 $k=1$ 时,把 $S_1(S_1=5)$ 台设备分配给第1、第2和第3工厂时,最大盈利为

$$f_1(S_1) = f_1(5) = \max\{g_1(u_1) + f_2(5 - u_1)\}$$

其中,u_1 可取值为0,1,2,3,4,5。其数字计算见表8-4。

表　8-4

S_1 \ u_1	$g_1(u_1)+f_2(5-u_1)$ 0	1	2	3	4	5	$f_1(S_1)$	u_1^*
5	0+21	3+16	7+14	9+10	12+5	13+0	21	0,2

然后,按照计算表格的顺序推算,可知最优分配方案有两个:

方案1　由于 $u_1^*=0$,根据 $S_2=S_1-u_1^*=5-0=5$,查表8-3可知 $u_2^*=2$,再由 $S_3=S_2-u_2^*=5-2=3$,求得 $u_3^*=S_3=3$,即分配给甲、乙和丙厂的设备分别为0,2,3。

方案2　由于 $u_1^*=2$,根据 $S_2=S_1-u_1^*=5-2=3$,查表8-3可知 $u_2^*=2$,再由 $S_3=S_2-u_2^*=3-2=1$,求得 $u_3^*=S_3=1$,即分配给甲、乙和丙厂的设备分别为2,2,1。

例8-4　(连续型资源分配问题)某公司准备用5亿元资金投入甲、乙、丙三个子公司,各子公司的效益函数分别为:$g_1=10-(x-0.8)^2$,$g_2=10-(x-0.9)^2$,$g_3=10-(x-1)^2$。如何分配资金才能使公司总经济效益最大?

解　建立非线性模型为

$$\max z = \sum g_k(x_k)$$
$$\text{s.t.} \quad x_1 + x_2 + x_3 = 5$$
$$x_1, x_2, x_3 \geqslant 0$$

用动态规划法求解该问题,将其分为三个阶段,指标函数为

$$V_k(S_k) = \sum g_k(x_k)$$

状态转移方程为

$$S_{k+1} = S_k - x_k$$

递推公式为

$$f_k(S_k) = \max_{0 \leqslant X_k \leqslant 5} \{g_k(x_k) + V_{k+1}(S_{k+1})\}$$

(1) 当 $k=3$ 时:

$$f_3^*(S_3) = \max_{0 \leqslant X_3 \leqslant 5} \{g_3(x_3) + f_4(S_4)\} = \max_{0 \leqslant X_3 \leqslant 5} \{10 - (x_3 - 1)^2 + 0\}$$

因为 $V_4^*(S_4)=0, S_4=0, S_4=S_3-x_3$,所以有 $x_3^*=S_3$,代入上式得

$$f_3^*(S_3) = 10 - (x_3 - 1)^2$$

(2) 当 $k=2$ 时:

$$f_2^*(S_2) = \max_{0 \leqslant X_2 \leqslant 5} \{g_2(x_2) + f_3^*(S_3)\} = \max_{0 \leqslant X_2 \leqslant 5} \{10 - (x_2 - 0.9)^2 + 10 - (x_3 - 1)^2\}$$

因为 $S_3=S_2-x_2$,所以有 $x_3^*=S_3$,故有

$$f_2^*(S_2) = \max_{0 \leqslant X_2 \leqslant 5} \{10 - (x_2 - 0.9)^2 + 10 - (S_2 - x_2 - 1)^2\}$$

求 $f_2(S_2)$ 的最优值,设大括号内的方程表达式为 Θ,应用微分方法可求出,令 $\frac{\mathrm{d}\{\Theta\}}{\mathrm{d}x_2}=0, x_2^*=0.5S_2-0.05$,且 $\frac{\mathrm{d}^2\{\Theta\}}{\mathrm{d}^2X_2}<0, X_2^*$ 为最大值,将其代入 $V_2(S_2)$,得

$$f_2^*(S_2) = 20 - 2(0.5S_2 - 0.95)^2$$

(3) 当 $k=1$ 时:

$$f_1^*(S_1) = \max_{0 \leqslant X_3 \leqslant 5} \{10 - (x_1 - 0.8)^2 + 20 - 2(1.55 - 0.5x_1)^2\}$$

因为 $S_2=S_1-x_1, S_1=5$,代入上式有

$$f_1^*(S_1) = \max_{0 \leqslant X_1 \leqslant 5} \{10 - (x_1 - 0.8)^2 + 20 - 2(1.55 - 0.5x_1)^2\}$$

设大括号内的方程表达式为 Θ,令 $\frac{\mathrm{d}\{\Theta\}}{\mathrm{d}x_1}=0$,求 $V_1(S_1)$ 的最优解,得 $x_1^*=1.57$,且 $\frac{\mathrm{d}^2\{\Theta\}}{\mathrm{d}^2X_1}<0, X_1^*$ 为最大值。

$$f_1^*(S_1) = 30 - (x_1 - 0.8)^2 - 2(1.55 - 0.5x_1)^2 = 28.23$$

$$S_2 = S_1 - x_1 = 5 - 1.57 = 3.43$$

$$x_2^* = 0.5S_2 - 0.05 = 1.67$$

$$S_3 = S_2 - x_2 = 3.43 - 1.67 = 1.76$$

$$x_3^* = S_3 = 1.76$$

故,该公司将 1.76 亿元投向甲公司,1.676 亿元投向乙公司,1.57 亿元投向丙公司,总收益为 28.23 亿元。

二、背包问题

问题描述:一位旅行者携带背包去登山,已知他所能承受的背包重量限度为 a 千克,现

有 n 种物品可供他选择装入背包。第 i 种物品的单件重量为 a_i 千克,其价值(可以是表明本物品对登山的重要性的数量指标)是携带数量 x_i 的函数 $c_i(x_i)(i=1,2,\cdots,n)$,问旅行者应如何选择携带各种物品的件数,以使总价值最大?

其他如车、胎、飞机、潜艇、人造卫星等工具的最优装载问题,机床加工中零件最优加工、下料问题、投资决策问题,均等同于背包问题。上述问题描述的是只有一个约束条件(背包重量限度为 a 千克)的背包问题称为一维背包问题,若有两个或两个以上约束即为二维或多维背包问题。例如,若旅行者不仅考虑物品的重量限制,还要考虑它们的体积限制,就形成了一个二维背包问题。

对于一维背包问题的静态规划数学模型为:

$$\text{Max } z = \sum_{i=1}^{n} c_i(x_i)$$

$$\text{s.t.}\begin{cases}\sum_{i=1}^{n} a_i x_i \leqslant a \\ x_i \geqslant 0 \text{ 且为整数}(i = 1,2,\cdots,n)\end{cases} \tag{8.12}$$

显然,这是一个整数规划问题,若 x_i 只取 0 或 1,又称为 0-1 背包问题。

下面用动态规划顺序解法建模求解模型(8.12)。

阶段:将可装入物品按 1 到 n 排序,每段装一种物品,共划分为 n 个阶段,即阶段变量 $k=1,2,\cdots,n$;

状态变量:S_{k+1}在第 k 段开始时,背包中允许装入前 k 种物品的总重量;

决策变量:u_k 表示装入第 k 种物品的件数;

状态转移方程:$S_k = T_k(S_k,u_k) = S_{k+1} - a_k u_k$;

允许决策集合为:$M_k(S_{k+1}) = \{u_k | 0 \leqslant u_k \leqslant [S_{k+1}/a_k], u_k \text{ 为整数}\}$,其中$[S_{k+1}/a_k]$表示不超过 S_{k+1}/a_k 的最大整数;

最优指标函数:$f_k(S_{k+1})$表示在背包中允许装入物品的总重量不超过 S_{k+1} 千克,采用最优策略只装前 k 种物品时的最大使用价值。

则可得到动态规划的顺序递推方程为:

$$\begin{cases}f_k(S_{k+1}) = \max\{c_k(u_k) + f_{k-1}(S_{k+1} - a_k u_k)\}, \quad k = 1,2,\cdots,n \\ f_0(S_1) = 0\end{cases}$$

用前向动态规划方法逐步计算出 $f_1(S_2), f_2(S_3), \cdots, f_n(S_{n+1})$ 及相应的决策函数 $u_1(S_2), u_2(S_3), \cdots, u_n(S_{n+1})$,最后得到的$f_n(a)$即为所求的最大价值,相应的最优策略则由反推计算得出。

例 8-5 某车辆要装载三种货物,车辆的最大载重能力为 10 吨,其他相关信息如表 8-5 所示,求携带货物价值最大的装载方案(假设装载时,以件为单位离散取值)。

表 8-5

货物编号 i	1	2	3
单位重量(t)	3	4	5
单位价值(c_i)	4	5	6

解 设第 i 种货物装载的件数为 u_i，则问题可表述为：

$$\text{Max } z = 4u_1 + 5u_2 + 6u_3$$

$$\text{s. t.} \begin{cases} 3u_1 + 4u_2 + 5u_3 \leqslant 10 \\ u_i \geqslant 0 \text{ 且为整数}(i = 1,2,3) \end{cases}$$

可按前述方式建立动态规划模型，由于决策变量取离散值，可以列表求解。

(1) 当 $k=1$ 时，$f_1(S_2) = \max\{4u_1\} = [S_2/3]$，计算结果见表 8-6。

表 8-6

S_2	0	1	2	3	4	5	6	7	8	9	10
$f_1(S_2)$	0	0	0	4	4	4	8	8	8	12	12
u_1^*	0	0	0	1	1	1	2	2	2	3	3

(2) 当 $k=2$ 时，$f_2(S_3) = \max\{5u_2 + f_1(S_3 - 4u_2)\}$，计算结果见表 8-7。

表 8-7

S_3	0	1	2	3	4	5	6	7	8	9	10
u_2	0	0	0	0	0 1	0 1	0 1	0 1	0 1 2	0 1 2	0 1 2
$c_2 + f_2$	0	0	0	4	4 5	4 5	8 5	8 9	8 9 10	12 9 10	12 13 10
$f_2(S_3)$	0	0	0	4	5	5	8	9	10	12	13
u_2^*	0	0	0	0	1	1	0	1	2	0	1

(3) 当 $k=3$ 时，

$$\begin{aligned} f_3(10) &= \max\{6u_3 + f_2(10 - 5u_3)\} \\ &= \max\{f_2(10), 6 + f_2(5), 12 + f_2(0)\} \\ &= \max\{13, 6 + 5, 12 + 0\} \\ &= 13 \end{aligned}$$

此时，$u_3^* = 0$，逆推可得全部策略为：$u_1^* = 2, u_2^* = 1, u_3^* = 0$，最大价值为 13。

三、生产与存储问题

在生产和经营管理中，经常遇到要合理安排生产(或购买)与库存的问题，达到既要满足市场的需要，又要尽量降低成本费用的目标。因此，正确制定生产(或购买)策略，确定不同时期的生产量(或采购量)和库存量，以使总的生产成本费用和库存费用之和最小，这就是生产与存储问题的最优化目标。

问题描述：某公司对某种产品要制订一项 n 个阶段的生产(或购买)计划，已知初始库存量为 0。第 k 阶段($k = 1,2,\cdots,n$)该公司生产(或购买)本产品的数量为 u_k，上限是 m，所需生产(或购买)成本 $c_k(u_k)$；同时，第 k 阶段市场对该产品的需求量是 d_k，公司保证供应；在第

k 阶段结束时的库存为 S_k，所需库存管理费用为 $h_k(S_k)$，而 n 阶段末的终结库存量 S_n 应为 0。问该公司应如何制订生产（或购买）计划，从而使总成本最小？

对于该生产（或采购）计划问题的静态规划数学模型为：

$$\min g = \sum_{k=1}^{n}[c_k(u_k) + h_k(S_k)]$$

$$\text{s.t.}\begin{cases} S_0 = S_n = 0 \\ S_k = \sum_{i=1}^{k}(u_i - d_i) \geqslant 0 \quad (k = 2,3,\cdots,n-1) \\ 0 \leqslant u_k \leqslant m,\text{且为整数}(k = 1,2,\cdots,n) \end{cases} \tag{8.13}$$

下面用动态规划逆序解法建模求解模型(8.13)。

阶段：按生产（或采购）计划划分为 n 个阶段，即阶段变量 $k=1,2,\cdots,n$；

状态变量：S_k 表示第 k 阶段开始时的库存量；

决策变量：u_k 表示第 k 阶段生产（或采购）的数量；

状态转移方程：$S_{k+1}=T_k(S_k,u_k)=S_k+u_k-d_k$；

允许决策集合为：

$$M_k(S_k) = \left\{u_k \mid \max(0,d_k - S_k) \leqslant u_k \leqslant \min\left(m,\sum_{i=k}^{n}d_i - S_k,d_k - S_k\right),\ k = n-1,\cdots,1\right\}$$

$$M_n(S_n) = \{u_n \mid u_n = d_n - S_n\}$$

最优指标函数：$f_k(S_k)$ 表示从第 1 阶段初始库存量为 0 到第 k 阶段末库存量为 S_k 时的最小总费用。

则可得到动态规划的顺序递推方程为：

$$\begin{cases} f_k(S_k) = \min\{c_k(u_k) + h_k(S_k) + f_{k+1}(S_{k+1})\}, \quad k = n,n-1,\cdots,1 \\ f_{n+1}(S_{n+1}) = 0 \end{cases}$$

用后向动态规划方法，对每个 k，逐步计算出 $f_k(S_k)$ 中 S_k 在 0 至 $\min\left[\sum_{i=k+1}^{n}d_i,m-d_k\right]$ 之间的值，最后得到的 $f_n(0)$ 即为所求的最小总费用，相应的最优策略则由反推计算得出。

例 8-6 某工厂要对一种产品制订今后四个时期的生产计划，据估计在今后四个时期内，市场对该产品的需求量如表 8-8 所示。已知该厂生产每批产品的固定成本为 3 000 元，若不生产为 0，每单位产品的生产成本为 1 000 元；每个时期生产能力所允许的最大生产批量不超过 6 个单位；每个时期期末未售出产品的单位存储费用为 500 元，试问该公司应如何制订生产计划，从而使总成本最小？

表 8-8

时期(k)	1	2	3	4
需求量(d_k)	2	3	2	4

解 依题意，我们得到

$$c_k(u_k) + h_k(S_k) = \begin{cases} 0.5S_k, & u_k = 0 \\ 3 + u_k + 0.5S_k, & 0 \leqslant u_k \leqslant 6 \end{cases}$$

递推过程如下：

(1) 当 $k=4$ 时，有 $M_4(S_4)=\{u_4 | u_4=d_4-S_4\}=\{0,1,2,3,4\}$

$$f_4(0)=\min\{3+u_4+f_5(S_5)\}=7 \qquad u_4^*=4$$

$$f_4(1)=\min\{3+u_4+0.5\times 1+f_5(S_5)\}=6.5 \qquad u_4^*=3$$

$$f_4(2)=\min\{3+u_4+0.5\times 2+f_5(S_5)\}=6 \qquad ux_4^*=2$$

$$f_4(3)=\min\{3+u_4+0.5\times 3+f_5(S_5)\}=5.5 \qquad u_4^*=1$$

$$f_4(4)=\min\{0.5\times 4+f_5(S_5)\}=2 \qquad u_4^*=0$$

(2) 当 $k=3$ 时，有 $M_3(S_3)=\{u_3 | \max\{0,2-S_3\}\}\leqslant x_3\leqslant\min\{6,6-S_3\}$，因此有

$$f_3(0)=\min\{3+u_3+f_4(S_3+u_3-d_3)\}$$

$$=\min\begin{Bmatrix}3+2+f_4(0)\\3+3+f_4(1)\\3+4+f_4(2)\\3+5+f_4(3)\\3+6+f_4(4)\end{Bmatrix}=\min\begin{Bmatrix}3+2+7\\3+3+6.5\\3+4+6\\3+5+5.5\\3+6+2\end{Bmatrix}=11 \qquad u_3^*=6$$

同理有

$$f_3(1)=\min\{3+u_3+0.5\times 1+f_4(S_3-1)\}=10.5 \qquad u_3^*=5$$

$$f_3(2)=\min\{3+u_3+0.5\times 2+f_4(S_3)\}=8 \qquad u_3^*=0$$

$$f_3(3)=\min\{3+u_3+0.5\times 3+f_4(S_3+1)\}=8 \qquad u_3^*=0$$

$$f_3(4)=\min\{3+u_3+0.5\times 4+f_4(S_3+2)\}=8 \qquad u_3^*=0$$

$$f_3(3)=\min\{3+u_4+0.5\times 5+f_4(S_3+3)\}=8 \qquad u_3^*=0$$

$$f_3(4)=\min\{0.5\times 6+f_4(S_3+4)\}=5 \qquad u_3^*=0$$

(3) 当 $k=2$ 时，有 $M_2(S_2)=\{u_2 | \max\{0,3-S_2\}\}\leqslant u_2\leqslant\min\{6,9-S_2\}$，因此有

$$f_2(0)=\min\{3+u_2+f_3(S_2+u_2-d_2)\}$$

$$=\min\begin{Bmatrix}3+3+f_3(0)\\3+4+f_3(1)\\3+5+f_3(2)\\3+6+f_3(3)\end{Bmatrix}=\min\begin{Bmatrix}6+11\\7+10.5\\8+8\\9+8\end{Bmatrix}=16 \qquad u_2^*=5$$

同理有

$$f_2(1)=\min\{3+u_2+0.5\times 1+f_3(S_2-2)\}=15.5 \qquad u_2^*=4$$

$$f_2(2)=\min\{3+u_2+0.5\times 2+f_3(S_2-1)\}=15 \qquad u_2^*=3$$

$$f_2(3)=\min\{3+u_2+0.5\times 3+f_3(S_2)\}=12.5 \qquad u_2^*=0$$

$$f_2(4)=\min\{0.5\times 4+f_3(S_2+1)\}=12.5 \qquad u_2^*=0$$

(4) 当 $k=1$ 时，有 $M_1(S_1)=\{u_1 | 2\leqslant u_1\leqslant 6\}$，因此有

$$f_1(0)=\min\{3+u_1+f_2(S_1+u_1-d_1)\}$$

$$= \min\begin{Bmatrix}3+2+f_2(0)\\3+3+f_2(1)\\3+4+f_2(2)\\3+5+f_2(3)\\3+6+f_2(4)\end{Bmatrix} = \min\begin{Bmatrix}5+16\\6+15.5\\7+15\\8+12.5\\9+12.5\end{Bmatrix} = 20.5 \quad u_1^* = 5$$

(5) 寻优：

当 $k=1$ 时，$S_1=0$，　　$u_1^*=5$

当 $k=2$ 时，$S_2=S_1+u_1^*-d_1=0+5-2=3$　　$u_2^*(3)=0$

当 $k=3$ 时，$S_3=S_2+u_2^*-d_2=3+0-3=0$　　$u_3^*(0)=6$

当 $k=4$ 时，$S_4=S_3+u_3^*-d_3=0+6-2=4$　　$u_4^*(4)=0$

即该工厂四个时期的生产量分别为 5,0,6 和 0 个单位，工厂最小总成本为 20.5 千元。

四、随机动态规划问题

在以上介绍的几个问题中，状态转移是完全确定的，即后一阶段的状态 S_{k+1} 是依状态转移方程由本阶段状态 S_k 和所采取的决策 $u_k(S_k)$ 唯一确定的。但在很多实际问题中，系统可能受一些不可忽视的随机因素的影响，S_{k+1} 不能由 S_k 和 u_k 所唯一确定，而是一个随机变量，S_k 和 u_k 仅确定 S_{k+1} 的概率分布，具有这种性质的多阶段决策问题称为随机性多阶段决策问题。这类问题的求解方法与确定型的递推求解方法类似。

问题描述：某企业将在未来 n 个生产周期内采购一批原材料，但是在一个周期中的原材料价格以概率分布，即价格为 $s^{(j)}$ 的概率为 p_j，如果企业认为在某个周期中认为原材料价格偏高，可以做出推迟到后期购买的决定，但是到最后一个生产周期不管市场价格高低都必须购买。问企业应如何制订采购计划，才能使采购总成本最小？

下面用动态规划顺序解法建模求解。

阶段：按生产（或采购）周期划分为 n 个阶段，即阶段变量 $k=1,2,\cdots,n$；

状态变量：$S_k^{(j)}$ 在第 k 阶段原材料的价格，$j=1,2,\cdots,m$（假设有 m 种价格）；

决策变量：u_k 表示第 k 阶段是否采购（$u_k=0$，表示不采购；$u_k=1$，表示采购）；

状态转移方程：由于 $S_k^{(j)}$ 和 u_k 仅确定 S_{k+1} 的概率分布，因此该方程为期望函数，我们用 F_{k+1} 表示，即当第 k 阶段决定等待，而在以后采购时的价格期望值；

最优指标函数：$f_k(S_k^{(j)})$ 表示第 k 阶段实际价格为 $S_k^{(j)}$ 时，从第 k 阶段到第 n 阶段采取的采购策略所花费的最低期望价格。

可得到动态规划的顺序递推方程为：

$$\begin{cases}f_k(S_k^{(j)}) = \min\{u_k S_k^{(j)} + (1-u_k)F_{k+1}\}, \quad k = n-1, n-2, \cdots, 1\\ f_n(S_n^{(j)}) = S_n^{(j)}\end{cases}$$

其中，$F_{k+1} = Ef_{k+1}(S_{k+1}^{(j)}) = \sum_{j=1}^{n} p_j f_{k+1}(S_{k+1}^{(j)})$

例 8-7　设企业的生产周期为 5 周，一周内单位原材料价格及概率见表 8-9，企业采购只有原材料成本，无其他费用，问企业应如何制订采购计划，以使采购总成本最小？

表 8-9

原材料单价 $s^{(j)}$(元)	500	600	700
概率 p_j	0.3	0.3	0.4

解 本题中所有使用的符号同上,依题意,则状态集合 $X_k=\{500,600,700\}$。

递推过程如下:

(1) 当 $k=5$ 时,因为若前四周尚未购买,则无论本周的原材料价格如何,该企业都必须购买,所以

$$f_5(S_5)=\begin{cases}500 & \text{当 } S_5=500 \quad u_5^*=1(\text{采购})\\ 600 & \text{当 } S_5=600 \quad u_5^*=1(\text{采购})\\ 700 & \text{当 } S_5=700 \quad u_5^*=1(\text{采购})\end{cases}$$

(2) 当 $k=4$ 时,有 $F_5=0.3f_5(500)+0.3f_5(600)+0.4f_5(700)=0.3\times500+0.3\times600+0.4\times700=610$

所以

$$f_4(S_4^{(j)})=\min\{u_4S_4^{(j)}+(1-u_4)\times610\}$$

$$=\begin{cases}500 & \text{当 } S_4=500 \quad u_4^*=1(\text{采购})\\ 600 & \text{当 } S_4=600 \quad u_4^*=1(\text{采购})\\ 610 & \text{当 } S_4=700 \quad u_4^*=0(\text{等待})\end{cases}$$

(3) 当 $k=3$ 时,有 $F_4=0.3f_5(500)+0.3f_5(600)+0.4f_5(700)=0.3\times500+0.3\times600+0.4\times610=574$

所以

$$f_3(S_3^{(j)})=\min\{u_3S_3^{(j)}+(1-u_3)\times574\}$$

$$=\begin{cases}500 & \text{当 } S_3=500 \quad u_3^*=1(\text{采购})\\ 574 & \text{当 } S_3=600 \quad u_3^*=0(\text{等待})\\ 574 & \text{当 } S_3=700 \quad u_3^*=0(\text{等待})\end{cases}$$

(4) 当 $k=2$ 时,同理有

$$f_2(S_2^{(j)})=\min\{u_2S_2^{(j)}+(1-u_2)\times551.8\}$$

$$=\begin{cases}500 & \text{当 } S_2=500 \quad u_2^*=1(\text{采购})\\ 551.8 & \text{当 } S_2=600 \quad u_2^*=0(\text{等待})\\ 551.8 & \text{当 } S_2=700 \quad u_2^*=0(\text{等待})\end{cases}$$

(5) 当 $k=1$ 时,同理有

$$f_1(S_1^{(j)})=\min\{u_1S_1^{(j)}+(1-u_1)\times536.26\}$$

$$
= \begin{cases} 500 & \text{当 } S_1 = 500 \quad u_1^* = 1(\text{采购}) \\ 536.26 & \text{当 } S_1 = 600 \quad u_1^* = 0(\text{等待}) \\ 536.26 & \text{当 } S_1 = 700 \quad u_1^* = 0(\text{等待}) \end{cases}
$$

所以,最优采购策略为:若前三周原材料价格为500,则立刻购买,否则在以后的两周再采购。若第四周价格为500或600,则立刻购买,否则在第五周再采购。而在第五周时无论价格为多少都必须购买。

按照以上的策略进行采购,期望价格为:

$$
\begin{aligned} F_1(S_1^{(j)}) &= 0.3f_1(500) + 0.3f_1(600) + 0.4f_1(700) \\ &= 0.3 \times 500 + 0.3 \times 536.26 + 0.4 \times 536.26 = 525.382 \end{aligned}
$$

第五节　软件求解与分析

动态规划是解决多阶段决策问题的一种有效的数量化方法,难度比较大,技巧性也很强。LINDO/LINGO是求解动态规划比较常用的软件之一。用动态规划的模型化求解方法的过程是比较复杂的,计算量也很大,但用LINGO软件可以轻松解决,从而节省大量时间。

下面用一个例子来说明如何用LINGO求解动态规划问题。

例8-8　如图8-4所示,某地要从A向F地铺设一条输油管道,各点间连线上的数字表示距离。问应选择什么路线,可使总距离最短?

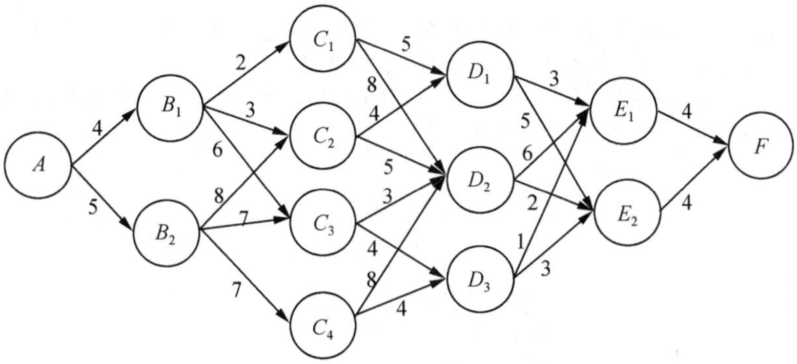

图8-4　由A向F地间各点路线

最短路线问题用数学语言来表示就变成如下问题:给定N个点$P_i(i=1,2,\cdots,N)$组成集合$\{P_i\}$,由集合中任一点P_i到另一点P_j的距离用d_{ij}表示,两点之间如果没有路径,则设$d_{ij}=+\infty$,显然$d_{ii}=0(0\leqslant i\leqslant N)$,指定始点为$P_1$,终点为$P_N$,求从点$P_1$出发到$P_N$的最短路线。

下面把上例进行转化:

(1) 描述点。上述图中的城市和点的对应关系如表8-10所示。

表 8-10

A	B_1	B_2	C_1	C_2	C_3	C_4	D_1	D_2	D_3	E_1	E_2	F
P_1	P_2	P_3	P_4	P_5	P_6	P_7	P_8	P_9	P_{10}	P_{11}	P_{12}	P_{13}

(2) 确定 N,可见 $N=13$。

(3) 确定 d_{ij},可得 $d_{12}=4, d_{13}=5, \cdots, d_{12,13}=3$。

(4) 表示状态转移方程。在这里,定义 $f(i)$ 是由 P_i 点出发至终点 P_N 的最短路程,则状态转移方程就变成如下的递推方程。

$$\begin{cases} f(i) = \min\limits_{j}\{c_{ij} + f(j)\}, & i = 1,2,\cdots,N-1 \\ f(N) = 0 \end{cases}$$

这是一个简单的函数方程,用 LINGO 可以很方便地解决。

下面说明 LINGO 求解步骤:

第一步,在 LINGO 的命令窗口中输入此动态规划的模型,然后单击 File 菜单下的 Save,将模型保存,以供以后使用。其程序的源代码如下:

```
*****************************************
model:
  ! 输入个新的模型;
data:
  n=13;! 定义城市的个数;
enddata
sets:
  cities/1..n/: F;! 13 个城市;! 结构类型名为 cities,结构变量是 F,其包含 n 个成员,F(1),…,F(n),其
      中 F(i)表示将表示从第 i 个城市到第 n 个城市的最短路。;
  roads(cities,cities)/! roads 类型中有 n*n 个成员,分别表示每两个城市之间是否有路(直接相连);
  1,2   1,3   ! 表示城市 1 和城市 2 之间有路,下同;
  2,4   2,5   2,6
  3,5   3,6   3,7
  4,8   4,9
  5,8   5,9
  6,9   6,10
  7,9   7,10
  8,11   8,12
  9,11   9,12
  10,11   10,12
  11,13
  12,13
  /: D,P;! D(i,j)将表示城市 i 到 j 的距离;
endsets
data:
  D =
      4  5
      2  3  6
      8  7  7
      5  8
      4  5
```

```
    3  4
    8  4
    3  5
    6  2
    1  3
    4
    3;
enddata
  F(@SIZE(CITIES)) =0;! 其实"@SIZE(CITIES)"就等于 n. 如果你计算 n 个城市的最短距离,则第 n 个
      城市到第 n 个城市的旅行费用是 0;
  @FOR(CITIES(i)|i #LT#@SIZE(CITIES):
  F(i) =@MIN(ROADS(i,j):D(i,j) +F(j));! 从城市 i 到城市 n 最短的距离一定是与 i 相连的所有城
      市 j 到城市 n 的最短距离(即 F(j))与城市 i 到城市 j 距离(即 D(i,j))之和的最小值。;
  @for(roads(i,j):
  P(i,j) =@if(F(i)#eq# D(i,j) +F(j),1,0)! 显然,如果 P(i,j) =1,则点 i 到点 n 的最短路径的第一步
      是 i - - > j,否则就不是。由此,我们就可方便的确定出最短路径;
End
* * * * * * * * * * * * * * * * * * * * * * * * * * * * * * * * * * * * * * * * * * * * *
```

第二步,单击 Lingo 菜单下的 Solver 菜单项(或点击  也可),对模型进行求解。其结果如图 8-5 所示。

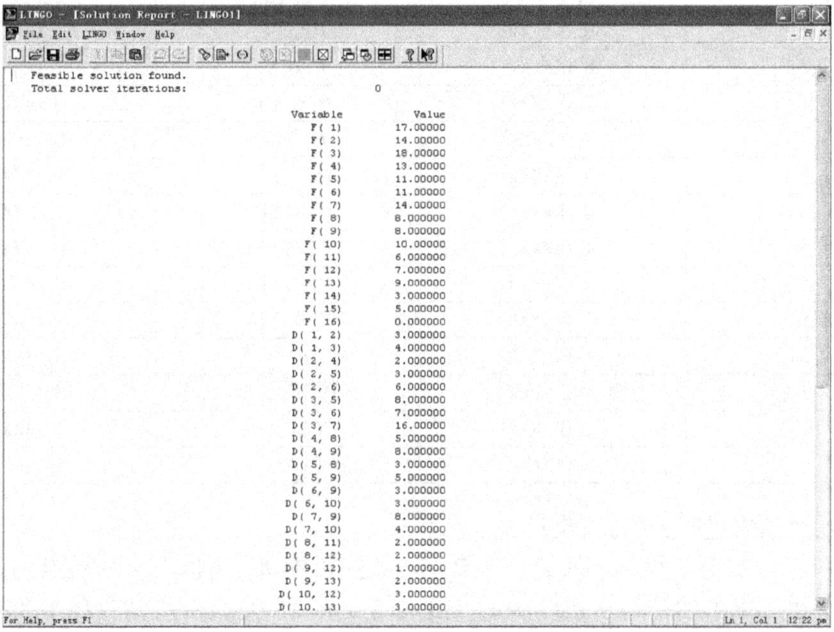

图　8-5

下面是其详细结果(表 8-11):

Feasible solution found.

Total solver iterations:　　　0

表 8-11

Variable	Value	Variable	Value
N	13.000000	$D(8,12)$	5.000000
$F(1)$	17.000000	$D(9,11)$	6.000000
$F(2)$	13.000000	$D(9,12)$	2.000000
$F(3)$	15.000000	$D(10,11)$	1.000000
$F(4)$	12.000000	$D(10,12)$	3.000000
$F(5)$	10.000000	$D(11,13)$	4.000000
$F(6)$	8.000000	$D(12,13)$	3.000000
$F(7)$	9.000000	$P(1,2)$	1.000000
$F(8)$	7.000000	$P(1,3)$	0.000000
$F(9)$	5.000000	$P(2,4)$	0.000000
$F(10)$	5.000000	$P(2,5)$	1.000000
$F(11)$	4.000000	$P(2,6)$	0.000000
$F(12)$	3.000000	$P(3,5)$	0.000000
$F(13)$	0.000000	$P(3,6)$	1.000000
$D(1,2)$	4.000000	$P(3,7)$	0.000000
$D(1,3)$	5.000000	$P(4,8)$	1.000000
$D(2,4)$	2.000000	$P(4,9)$	0.000000
$D(2,5)$	3.000000	$P(5,8)$	0.000000
$D(2,6)$	6.000000	$P(5,9)$	1.000000
$D(3,5)$	8.000000	$P(6,9)$	1.000000
$D(3,6)$	7.000000	$P(6,10)$	0.000000
$D(3,7)$	7.000000	$P(7,9)$	0.000000
$D(4,8)$	5.000000	$P(7,10)$	1.000000
$D(4,9)$	8.000000	$P(8,11)$	1.000000
$D(5,8)$	4.000000	$P(8,12)$	0.000000
$D(5,9)$	5.000000	$P(9,11)$	0.000000
$D(6,9)$	3.000000	$P(9,12)$	1.000000
$D(6,10)$	4.000000	$P(10,11)$	1.000000
$D(7,9)$	8.000000	$P(10,12)$	0.000000
$D(7,10)$	4.000000	$P(11,13)$	1.000000
$D(8,11)$	3.000000	$P(12,13)$	1.000000

第三步,对结果进行分析,得出结论。

$F(1),\cdots,F(13)$分别显示了从$P_1,\cdots,P_{13}$点到终点的距离,可以看出从始点到终点的最短距离为17,与手工求解的结果一样。$D(i,j)$显示的是P_i到P_j的距离,如"$D(1,2)4.000000$"表示从点P_1到点P_j的距离为4,这些值是在模型初始化时进行设定的。$P(i,j)$显示的是从某点到终点的最短路径中是否过P_i到P_j的路径,如"P(1,2)1.000000"表示从某点到终点的最短路径过P_1与P_j的路径,注意这里的某点不一定是始点。由此可以得出结论,某点到终点的最短路径分别为:

$$P_1 \to P_2 \to P_5 \to P_9 \to P_{11} \to P_{13};$$

$$P_3 \to P_6 \to P_9 \to P_{11} \to P_{13};$$

$$P_4 \to P_8 \to P_{11} \to P_{13};$$
$$P_7 \to P_9 \to P_{11} \to P_{13};$$
$$P_{12} \to P_{13}。$$

根据表 8-10 城市和点的对应关系即可推出图 8-4 所示的各最短路径。

练习题

8-1　用动态规划求解以下网络(图 8-6)从 A 到 F 的最短路径,路径上的数字表示距离。

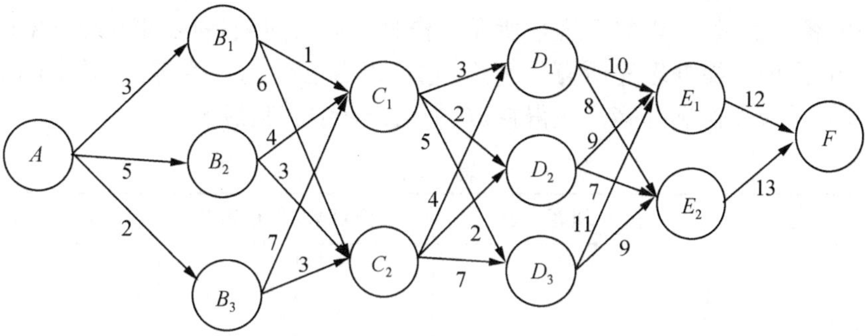

图　8-6

8-2　用动态规化方法求解下列问题。

(1) $\max z = x_1^2 x_2 x_3^3$

$$\text{s.t.} \begin{cases} x_1 + x_2 + x_3 \leqslant 6 \\ x_i \geqslant 0, i = 1,2,3 \end{cases}$$

(2) $\max z = 5x_1 - x_1^2 + 9x_2 - 2x_2^2$

$$\text{s.t.} \begin{cases} x_1 + x_2 \leqslant 5 \\ x_i \geqslant 0, i = 1,2 \end{cases}$$

(3) $\min z = 3x_1^2 + 4x_2^2 + x_3^2$

$$\text{s.t.} \begin{cases} x_1 x_2 x_3 \geqslant 9 \\ x_i \geqslant 0, i = 1,2,3 \end{cases}$$

(4) $\max z = 10x_1 + 22x_2 + 17x_3$

$$\text{s.t.} \begin{cases} 2x_1 + 4x_2 + 3x_3 \leqslant 20 \\ x_i \geqslant 0,且为整数, i = 1,2,3 \end{cases}$$

8-3　某人在每年年底要决策明年的投资与积累的资金分配。设开始时,他可利用的资金常数为 C,年利率为 $\alpha(\alpha > 1)$。在 i 年里若投资 y_i 所得到的效益用函数 $g_i(y_i) = by_i$(b 为常数)来表示,试分别用后向算法和前向算法来建立某人 n 年里获得最大收益的动态规划模型。

8-4　设某台新设备的年收益及年均维修费、更新净费用如表 8-12 所示,试确定今后 5 年内的更新策略,使总收益最大。设折扣因子为 $\alpha(0 \leqslant \alpha \leqslant 1)$,表示一年后的单位收益价值相当于现年的 α 单位。

表　8-12　(单位:万元)

项目 \ 役龄	0	1	2	3	4	5
效益 $r_k(t)$	5	4.5	4	3.75	3	2.5
维修费 $u_k(t)$	0.5	1	1.5	2	2.5	3
更新费 $c_k(t)$	0.5	1.5	2.2	2.5	3	3.5

8-5 用动态规划求解以下背包问题：

（1）$\max z = 12x_1 + 22x_2 + 15x_3$

$$\text{s.t.}\begin{cases}2x_1 + 3x_2 + 2x_3 \leqslant 10 \\ x_1, x_2, x_3 \geqslant 0 \text{ 且为整数}\end{cases}$$

（2）$\max z = 17x_1 + 72x_2 + 35x_3$

$$\text{s.t.}\begin{cases}10x_1 + 41x_2 + 20x_3 \leqslant 50 \\ x_1, x_2, x_3 \geqslant 0 \text{ 且为整数}\end{cases}$$

8-6 某咨询公司有10个工作日可以去处理四种类型的咨询项目,每种类型的咨询项目中待处理的客户数量、处理每个客户所需工作日数以及所获得的利润如表8-13所示。显然该公司在10天内不能处理完所有的客户,它可以自己挑选一些客户,其余的请其他咨询公司去做,该公司应如何选择客户使得在10个工作日中获利最大?

表 8-13

咨询项目类型	待处理客户数	工作日数/每个客户	利润/每个客户
1	4	1	2
2	3	3	8
3	2	4	11
4	2	7	20

8-7 某公司为主要电力公司生产大型变压器,由于电力公司采取预定方式购买,为确保需求,该公司为新一年前四个月制订一项生产计划,这四个月的需求如表8-14所示。

该公司最大生产能力每月4台,生产成本随着生产数量而变化,每月生产时调试费为4万元,生产成本见表8-15。

每台变压器在仓库中由这个月存到下个月的存储费用为1万元,仓库的最大容量为3台,另外,知道在年初时库存1台变压器,要求在4月30日仓库的存量为0。试问该公司应如何制订生产计划,使得这四个月的生产成本和存储总费用最少?

表 8-14

月份 n	需求量(台)d_n
1	2
2	4
3	1
4	3

表 8-15

生产数量	生产成本(万元)
1	5
2	7
3	9
4	10

8-8 某公司计划研制三种新产品A、B、C。每种新产品在一年内研制不成功的概率与投入该产品的研制费用有关,有关数据如表8-16。设总的研制经费为3万元。试求三个项目研制费用的分配方案,使这三个产品研制全不成功的概率为最小。

表 8-16 (单位:万元)

产品	A	B	C
1 万元	0.40	0.60	0.80
2 万元	0.20	0.40	0.50
3 万元	0.15	0.20	0.30

8-9 某公司有 5 台设备,分配给所属 A、B、C 三个工厂。各工厂获得不同的设备台数所能产生效益(万元)的情况如表 8-17。求最优分配方案,使总效益最大。

表 8-17

工厂 \ 台数	0	1	2	3	4	5
A	0	10	15	20	23	25
B	5	17	20	22	23	24
C	7	12	15	18	20	23

8-10 资源分配问题。某公司有资金 10 万元,当投资于项目 $i(i=1,2,3)$ 的投资额为 x_i 时,其收益分别为 $g_1(x_1)=4x_1$,$g_2(x_2)=9x_2$,$g_3(x_3)=2x_3^2$,问应如何分配投资数额才能使总收益最大?

8-11 某企业有某种机器 1 000 台,可以在高、低两种不同负荷下进行生产。在高负荷下生产时,每台机器的产品年产量为 8 单位,机器的完好率为 0.7;在低负荷下生产时,每台机器的产品年产量为 5 单位,机器的完好率为 0.9。问在每年开始时应如何将完好机器在两种生产方式下进行分配,可使 4 年的总产量最大?

8-12 某商店在未来的 4 个月里,准备利用它的一个仓库来专门存放某种商品,仓库最多能存放这种商品 1000 单位。假定该商店每月只能出卖仓库现有的货,当商店在某月购货时,下月初才能到货。预测该商品未来 4 个月的买卖价格如表 8－18 所示。假定商店在 1 月初开始经销时,仓库存有该商品 500 单位。试问若不计库存费用,该商店应如何制订 1 月至 4 月的订购与销售计划,以使预期获利最大?

表 8-18

月份	购买单价(元)	销售单价(元)
1	10	12
2	9	8
3	11	13
4	15	17

第九章

图与网络分析

知识目标

1. 理解图与网络的基本概念。
2. 掌握树与最小生成树的概念及求最小树的算法。
3. 掌握求解最短路的 Dijkstra 算法。
4. 掌握求网络最小费用最大流的算法。
5. 掌握欧拉图与中国邮递员问题的解法。

技能目标

1. 能够运用破圈法和避圈法求最小生成树。
2. 能够运用 Dijkstra 算法求解最短路问题。
3. 能够运用标号算法求解网络最大流问题。
4. 能够运用奇偶点图上作业法求解中国邮递员问题。

引导案例

18 世纪的哥尼斯堡(Königsberg)是东普鲁士的一座城市,有一条名为普雷格尔(Pregel)的河流经该城,河中有两个小岛,两岸与两岛之间有七座桥相连,如图 9-1 所示。当时那里的居民热衷于这样一个话题:能否从某一地点(岛或岸)出发,通过每座桥一次且仅一次,最后回到原来的出发点?城中没有人能找出这样的走法,但又不能证明走法不存在,这就是著名的“七桥难题”。1736 年欧拉(Euler)发表了一篇题为“依据几何位置的解题方法”的论文,解决了哥尼斯堡七桥问题。欧拉把图 9-1 抽象为图 9-2,用 A、B、C、D 四点分别表示两岸和两岛,两点间的连线表示连接它们的桥梁。因此,问题转化为能否从 A、B、C、D 中任一点出发,通过每条边一次且仅一次,最后回到原出发点。欧拉证明了这样的路径是不存在的,并给出了问题的一般结论。欧拉率先解决了这一问题,故称此类问题为欧拉回路问题。

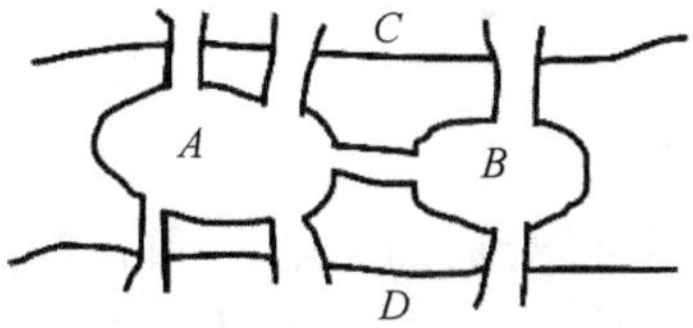

图 9-1　七桥问题

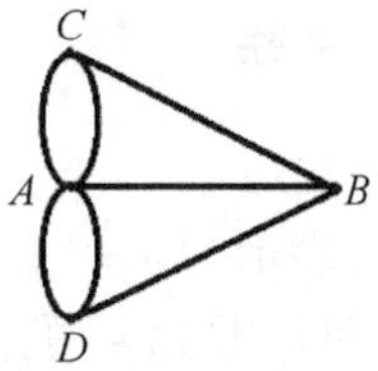

图 9-2　抽象的七桥问题

图论是运筹学的一个分支，是研究自然科学、工程技术、经济管理以及社会问题的一个重要的数学工具。20 世纪中期以来，由于交通运输、企业管理、军事、计算机和通信网络等方面的需要，特别是电子计算机的出现与普及，图论及其应用的研究发展十分迅速，已被广泛地应用于计算机、管理科学、物理学、化学、控制论、信息论等各个领域。本章将介绍图论的基本知识及其在网络分析中的应用。

第一节　图与网络的基本概念

一、图的概念

在生产和日常生活中，会经常碰到各种各样的图，如组织结构图、游览图、比赛对阵图、公路或铁路交通图、管网图等。图表明一些研究对象和这些对象之间的相互联系，如交通图是表明一些城镇之间的道路沟通情况。图论中的图是上述各种类型图的抽象和概括，它用点表示研究对象，用边表示这些对象之间的联系。至于点的相对位置及边的曲直长短，都是无关紧要的。下面介绍有关图的基本概念。

1. 无向图

一个（无向）图是由点集 $V=\{v_i\}$ 和 V 中元素的无序对的一个集合 $E=\{e_k\}$ 所构成的二元组，记为 $G=(V,E)$，其中 V 中的元素 v_i 称为顶点或结点，E 中的元素 e_k 称为边。

2. 有向图

若图中边 (v_i,v_j) 的端点是有序的，即表示以 v_i 为始点，v_j 为终点，这种有向边也称为弧（arc）。有向图就是由点集 V 和弧集 A 所构成的二元组，记为 $D=\{V,A\}$。

3. 赋权图

设图 G 的任意一条边或弧 (v_i,v_j) 均有一个数 w_{ij} 与之对应，w_{ij} 称为边或弧 (v_i,v_j) 的权，这样的图称为赋权图，可记为 $G=(V,E,W)$ 或 $D=(V,A,W)$。

4. 网络

给定一个连通的赋权图 G 或赋权有向图 D，在点集 V 中指定两个点，一个称为发点（或源），记为 v_s，一个称为收点（或汇），记为 v_t，其余的点称为中间点。每一条弧或边上的权称为弧或边的容量，通常把这种规定了发点、收点及弧的容量的图称为网络。也有人认为网络就是赋权图或赋权有向图。

二、点边的关联

1. 端点、关联边

若有边 e 可表示为 $e=\{v_i,v_j\}$，则称 v_i 和 v_j 为 e 的两个端点，而 e 是 v_i 和 v_j 的关联边。如图 9-3 中，v_2 和 v_4 是边 e_4 的两个端点，e_4 为 v_2 和 v_4 的关联边；v_4 和 v_5 是边 e_6 的两个端点，e_6 是 v_4 和 v_5 的关联边。

2. 相邻

若 v_i 和 v_j 与同一条边相关联，则称 v_i 和 v_j 相邻。如图 9-3 中，v_4 和 v_5 均与 e_6 相关联，所以 v_4 和 v_5 相邻。若边 e_i 与 e_j 具有一个公共的端点，则称 e_i 与 e_j 相邻。如图 9-3 中，e_5 和 e_6 有一个公共的端点 v_4，e_5 和 e_6 相邻。

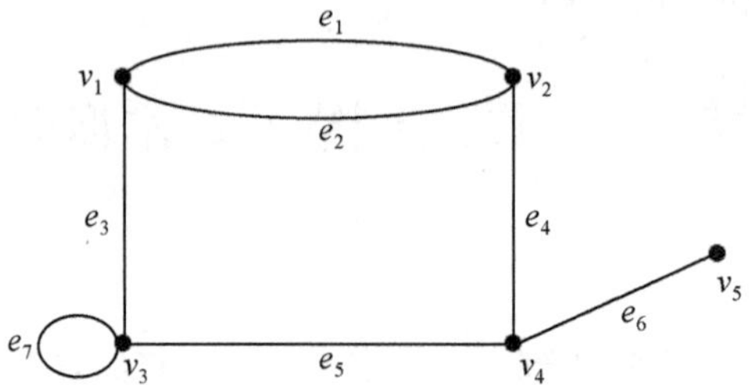

图 9-3　点边的关联

3. 环

若边 e_i 的两个端点相互重合，则称 e_i 为环（自回路）。在图 9-3 中，e_7 即为一个环。

4. 多重边

两个点之间多于一条边的，称为多重边。如图 9-3 中的 e_1，e_2。有向图中两点之间有不同方向的两条有向边不属于多重边。

5. 点的次（度）

在图 $G=\{V,E\}$ 中，与点 v_i 相关联的边的数目称为点 v_i 的次或度（degree），记为 $d(v_i)$。在图 9-3 中，$d(v_1)=3$，$d(v_3)=4$，$d(v_5)=1$。次为奇数的点称为奇点，如 v_1、v_2、v_4 和 v_5；次为偶数的点称为偶点，如 v_3。次为"1"的点称为悬挂点，如 v_5；次为"0"的点称为孤立点。约定环在其对应顶点上次为 2。

在任何图中，顶点的次数与边数有如下性质：

（1）$\sum\limits_{i=1}^{n} d(v_i)=2m$（其中 n 为 G 中顶点数，m 为边数）。

（2）次为奇数的顶点必为偶数个。

如在图 9-3 中，顶点的次数之和为 14，恰为边数的 2 倍。

在有向图中，以 v_i 为始点的边数称为点 v_i 的出次，记为 $d^+(v_i)$；以 v_i 为终点的边数称为点 v_i 的入次，记为 $d^-(v_i)$。显然 $d(v_i)=d^+(v_i)+d^-(v_i)$，且 $\sum\limits_i d^+(v_i)=\sum\limits_i d^-(v_i)$。

三、连通与回路

1. 链

链(chain)是一个相关联的点和边的交替序列。边不重复的链称为简单链,边和点均不重复的链称为初等链。例如在图9-3中,$\{v_1,e_1,v_2,e_2,v_1,e_3,v_3,e_5,v_4,e_6,v_5\}$是简单链,$\{v_1,e_1,v_2,e_4,v_4,e_6,v_5\}$是初等链。

2. 连通

设v_i和v_j为图G中的两个点,若存在从v_i到v_j的链,则称点v_i和v_j是连通的。如果图G中的任意两点间至少有一条链相连,则称G为连通图,否则称为不连通图。

3. 圈

链的首尾重合便构成圈,简单链的首尾重合构成简单圈,初等链的首尾重合构成初等圈。

对于有向图可以类似于无向图定义链和圈、简单链和简单圈、初等链和初等圈,此时不考虑边的方向。而当链(圈)上的边方向相同时,称为路(回路)。

对于无向图来说,路与链、回路与圈意义相同。

四、简单图、完全图与二部图

1. 简单图

无环、无多重边的图称为简单图。如图9-4中(a)、(b)、(c)都是简单图,而前面的图9-2和图9-3不是简单图。

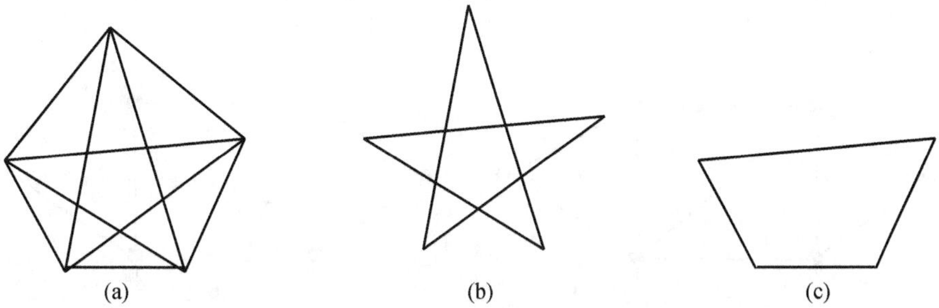

图9-4　简单图、完全图与二部图

2. 完全图

任意一对顶点均相邻的简单图称为完全图。图9-4中的(a)是完全图,而(b)、(c)不是完全图。

3. 二部图

如果图$G=\{V,E\}$的点集V能被分成两个不相交的子集V_1和V_2,使得同一子集中的任何两点均不相邻,则称此图为二部图(也称偶图或二分图)。如图9-4中(c)即为二部图。

五、子图与生成图

图$G_1=\{V_1,E_1\}$,$G_2=\{V_2,E_2\}$,若$V_1\supset V_2$,$E_1\supset E_2$,则称图G_2是G_1的子图。如图9-4

中的(c)即为(a)的子图。

图 $\boldsymbol{G}_1=\{V_1,E_1\}$,$\boldsymbol{G}_2=\{V_2,E_2\}$,若 $V_1=V_2$,$E_1\supset E_2$,则称图 G_2 是 G_1 的生成图(又称支撑图、部分图)。如图 9-4 中的(b)即为(a)的生成图。

第二节 最 小 树

一、树的概念与性质

无圈且连通的无向图称为树,可简记为 $T=\{V,E\}$。树中的边称为枝,树中的悬挂点(次为 1)称为叶,次大于 1 的点称为分枝点。显然树是简单图。

树图具有一些重要的性质:

(1) 对于顶点一定的图而言,树是边数最少的连通图。从树中去掉任一边就不连通。

(2) 树中任意两顶点间有且仅有一条链。

(3) 具有 n 个顶点的树的边数 $m=n-1$。

(4) 任意一棵树,至少存在两个悬挂点。

(5) 树无圈,但每加一新边即得唯一的一个圈。

由于具有上述特殊性质,树是结构最简单但又十分重要的图,在自然科学和社会科学的许多领域都有广泛的应用。

二、图的生成树

如果树 T 是图 G 的一个生成图,则称树 T 是图 G 的生成树。如图 9-5 中的(b)即为(a)的生成树。

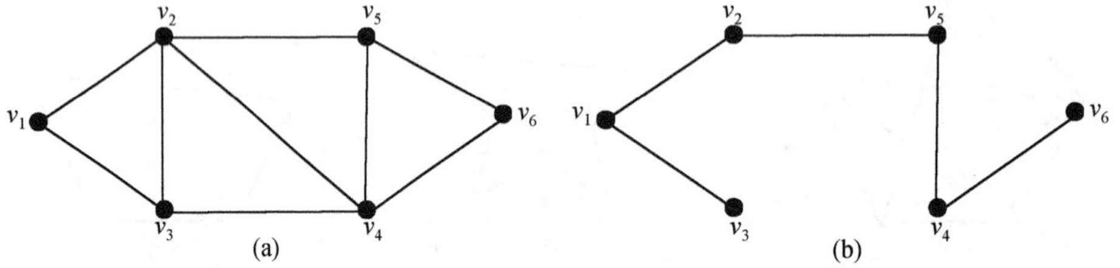

图 9-5 图的生成树

图 G 存在生成树的充分必要条件是 G 是连通图。但是一个连通图的生成树并不唯一,这就为实践中生成树的优化提供了前提和空间。

三、最小生成树

设连通图 $G=\{V,E\}$ 的每条边上有非负权。一棵生成树所有树枝上权的总和,称为这个生成树的权。具有最小权的生成树称为最小生成树(也称最小支撑树),简称最小树。其数学模型为:

$$W(T^*)=\min_{(v_i,v_j)\in T}\sum w_{ij} \tag{9.1}$$

最小生成树在经济管理领域具有重要的应用价值,许多网络问题都可以归结为最小树问题。例如,设计长度最小的电网使若干村庄实现“村村通”;设计线路最短的宽带网使有关用户都能上网,等等。下面介绍求最小树的两种算法。

1. 破圈法

在连通图 G 中任意选取一个回路,从该回路中去掉一条权数最大的边(如果权数最大的边不唯一,则任意选取其中一条)。在余下的图中,重复这一步骤,直至得到一个不含回路的连通图(有 n 个顶点 $n-1$ 条边),该连通图便是最小生成树。

2. 避圈法(Kruskal 算法)

首先将图中的所有边按权的大小从小到大进行排列,在确保不出现回路的前提下,将依次排列的边逐一绘出;若在增加某条边时出现了回路,则排除该边并继续寻找下一条边。

例 9-1　图 9-6 中的点 v_1 至 v_6 分别代表 6 个村镇,点之间的连线代表各村镇间的道路情况,连线旁的数字(权)代表各村镇间的距离。若要求沿道路架设电线,使上述村镇全部通上电,应如何架设使总的线路长度最短?

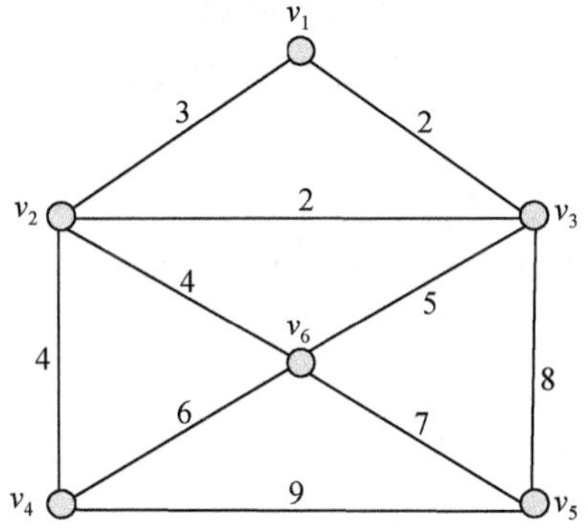

图　9-6

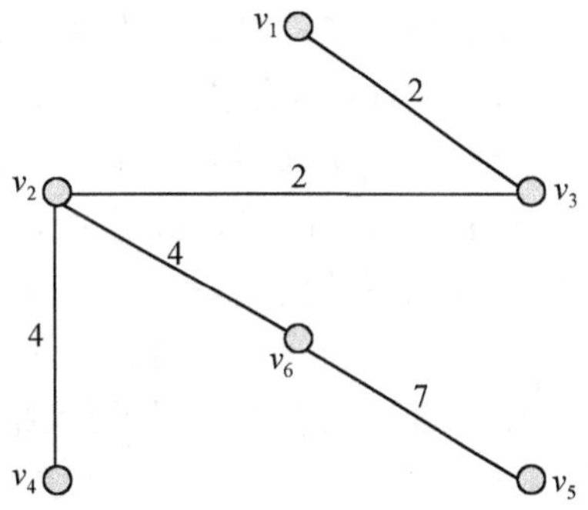

图　9-7

解　因要使上述村镇全部通上电,所以点 v_1 至 v_6 各点之间必须连通;此外图中不能存在回路,否则从回路中去掉一条边仍然连通,即含有回路的路径一定不是最短线路。故架设长度最短的线路就是从图 9-6 中寻找一棵最小生成树。

用“破圈法”求最小生成树时,从图 9-6 中任取一回路,如 $v_4—v_5—v_6—v_4$,去掉最大权边 (v_4,v_5),得到一个生成图;继续在生成图中任取一回路,如 $v_3—v_5\to v_6\to v_3$,去掉最大权边 (v_3,v_5),得到另一个生成图。以此类推,最终得如图 9-7 所示的最小生成树,它的权为 19。

用“避圈法”时,从图 9-6 中的所有边按权从小到大排列,然后按照边的顺序依次取定 (v_1,v_3)、(v_2,v_3)、(v_2,v_4)、(v_2,v_6)、(v_5,v_6),即可得到最小生成树。

第三节　最短路问题

最短路问题是网络理论中的经典问题,很多网络优化问题如管道铺设、设备更新、线路选择等都可以借助这一模型进行分析。前文曾介绍了一类特殊最短路问题(驿马车问题)的动态规划解法,但某些最短路问题构造动态规划基本方程较困难,而图论方法则比较直观有效。

一般来说,最短路问题是在给定的图中寻找出任意两点之间路长最短的一条路径。这里的路长是路径上边或弧的权数之和，在实际问题中，可以是距离、时间、费用等。下面分别介绍求解图中任意一点到其他各点最短路的 Dijkstra 算法和求解图中所有点之间最短路的 Floyd 算法。

一、Dijkstra 算法

该算法是由荷兰科学家 E. W. Dijkstra 于 1959 年提出的，可用于求解无负权网络中指定点到其余各点的最短路问题。算法的基本思路基于以下原理：若序列 $\{v_1, v_2, \cdots, v_j, \cdots, v_n\}$ 是从 v_1 到 v_n 的最短路，则序列 $\{v_1, v_2, \cdots, v_j\}$ 必为从 v_1 到 v_j 的最短路。可见 Dijkstra 算法的原理与动态规划中的最优化原理是一致的。

用 Dijkstra 算法求最短路问题时，运算过程中对每个点记录一个数，称为点的标号。标号分为两种：T 标号（临时性标号）与 P 标号（永久性标号）。从第一个点 v_1 开始，逐步向外探寻最短路。给 v_i 点 P 标号时，表示从 v_1 到 v_i 点的最短路权，v_i 的标号不再改变。给 v_i 点 T 标号时，表示从 v_1 到 v_i 点的最短路权上界的估计。凡没有得到 P 标号的点都有 T 标号。标号法每一步都是把某一 T 标号点改为 P 标号，对于有 n 个顶点的图，至多经过 $n-1$ 步，就可以求出从始点到各点及终点的最短路。具体步骤如下：

（1）给 v_1 以 P 标号，$P(v_1)=0$，其余各点给 T 标号，且 $T(v_i)=+\infty$。

（2）若 v_i 点为刚得到 P 标号的点，考虑 T 标号点 v_j，$(v_i, v_j) \in E$，(v_i, v_j) 的权为 d_{ij}。对 v_j 的 T 标号进行如下的更改：

$$T(v_j) = \min\{T(v_j), P(v_i) + d_{ij}\} \tag{9.2}$$

（3）比较所有具有 T 标号的点，把最小者改为 P 标号，即：

$$T(v_{j0}) = \min\{T(v_j)\} \tag{9.3}$$

当存在两个以上最小者时，可同时改为 P 标号。若全部点均为 P 标号则停止，否则以 v_{j0} 代 v_i，返回（2）。各点的 P 标号即为 v_1 点到该点的最短路长。

例 9-2 在图 9-8 中，求 v_1 点到 v_6 点的最短路。

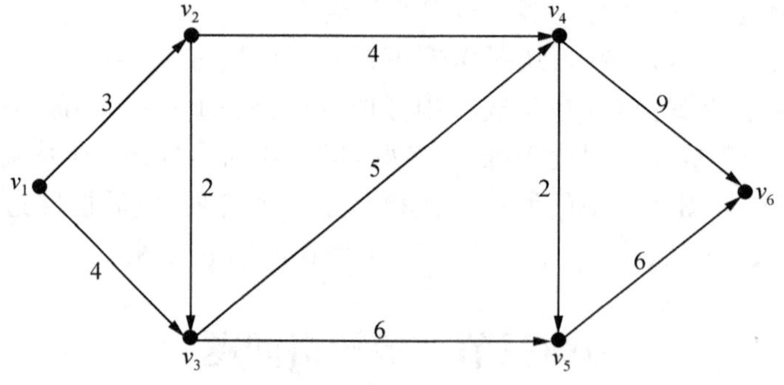

图 9-8

解 （1）首先给 v_1 以 P 标号，$P(v_1)=0$，给其余所有点 T 标号，且 $T(v_i)=+\infty$。

（2）由于边 (v_1, v_2)，(v_1, v_3) 属于 E，且 v_2, v_3 为 T 标号，修改这两个点的标号：

$$T(v_2) = \min[T(v_2), P(v_1) + d_{12}] = \min[+\infty, 0+3] = 3$$

$$T(v_3) = \min[T(v_3), P(v_1) + d_{13}] = \min[+\infty, 0+4] = 4$$

(3) 比较所有 T 标号,$T(v_2)$最小,所以令 $P(v_2)=3$,并标记路径(v_1,v_2)。

(4) v_2 为刚得到 P 标号的点,考察边(v_2,v_3),(v_2,v_4)的端点 v_3,v_4:

$$T(v_3)=\min[T(v_3),P(v_2)+d_{23}]=\min[4,3+2]=4$$

$$T(v_4)=\min[T(v_4),P(v_2)+d_{24}]=\min[+\infty,3+4]=7$$

(5) 比较所有 T 标号,$T(v_3)$最小,所以令 $P(v_3)=4$,并标记路径(v_1,v_3)。

(6) 对刚得到 P 标号的点 v_3,考察边(v_3,v_4),(v_3,v_5)的端点 v_4,v_5:

$$T(v_4)=\min[T(v_4),P(v_3)+d_{34}]=\min[7,4+5]=7$$

$$T(v_5)=\min[T(v_3),P(v_3)+d_{35}]=\min[+\infty,4+6]=10$$

(7) 比较所有 T 标号,$T(v_4)$最小,所以令 $P(v_4)=7$,并标记路径(v_2,v_4)。

(8) v_4为刚得到 P 标号的点,考察边(v_4,v_5),(v_4,v_6)的端点 v_5,v_6:

$$T(v_5)=\min[T(v_5),P(v_4)+d_{45}]=\min[10,7+2]=9$$

$$T(v_6)=\min[T(v_6),P(v_4)+d_{46}]=\min[+\infty,7+9]=16$$

(9) 比较所有 T 标号,$T(v_5)$最小,所以令 $P(v_5)=9$,并标记路径(v_4,v_5)。

(10) 对刚得到 P 标号的点 v_5,考察边(v_5,v_6)的端点 v_6:

$$T(v_6)=\min[T(v_6),P(v_5)+d_{56}]=\min[16,9+6]=15$$

(11) 因只有一个 T 标号 $T(v_6)$,令 $P(v_6)=15$,并标记路径(v_5,v_6),计算结束。

全部计算结果见图 9-9,v_1到 v_6之最短路为 $v_1 \to v_2 \to v_4 \to v_5 \to v_6$,路长 $P(v_6)=15$,同时得到 v_1点到其余各点的最短路,如图 9-9 中的双箭线所示。

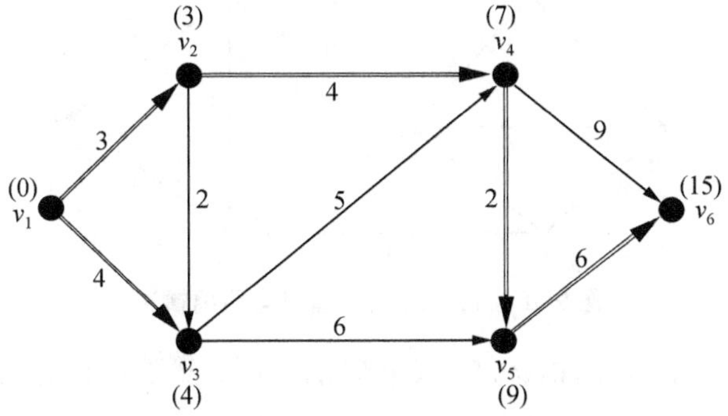

图 9-9

对于无向图来讲,如果 v_i与 v_j之间有边相关联,说明 v_i与 v_j之间可以互达。如果 v_i与 v_j之间有多重边相关联,可以仅保留权数最小的边,去掉其他的边,就可以用 Dijkstra 算法求无向图的最短路问题。

二、Floyd 算法

Floyd 算法也称 Floyd-Warshall 算法,是一种矩阵迭代算法,可用于计算赋权连通图中所有结点之间的最短路。有负权无负回路的最短路问题也可以用 Floyd 算法求解。

设 d_{ij}为图中两点 v_i与 v_j之间的距离,当 v_i与 v_j不相邻时,令 $d_{ij}=\infty$;当 i 与 j 相等时,有 $d_{ii}=d_{jj}=0$。于是可得图的边权矩阵 $\boldsymbol{D}^{(0)}=\{d_{ij}\}$,$\boldsymbol{D}^{(0)}$表明从 v_i点直接到达 v_j点的距离。因为从 v_i点到点 v_j的最短路不一定是直接到达的,可能有一个、两个或更多的中间点。先考虑 v_i

与 v_j 之间有不超过一个中间点的情况，v_i 点到 v_j 点的最短距离应为：

$$\min_k\{d_{ir}+d_{rj}\}\quad(r=1,2,3,\cdots,n)\tag{9.4}$$

为此可以构造一个新的矩阵 $\boldsymbol{D}^{(1)}$，令 $\boldsymbol{D}^{(1)}$ 中的元素 $d_{ij}^{(1)}=\min\limits_r\{d_{ir}+d_{rj}\}$，则矩阵 $\boldsymbol{D}^{(1)}$ 给出了网络中任意两点之间至多有一个中间点时的最短距离。

在 $\boldsymbol{D}^{(1)}$ 的基础上再构造矩阵 $\boldsymbol{D}^{(2)}$，令 $\boldsymbol{D}^{(2)}$ 中的元素 $d_{ij}^{(2)}=\min\limits_k\{d_{ik}^{(1)}+d_{kj}^{(1)}\}$，则矩阵 $\boldsymbol{D}^{(2)}$ 给出了网络中任意两点之间至多有 (2^2-1) 个中间点时的最短距离。

一般地，若定义 $d_{ij}^{(k)}=\min\limits_r\{d_{ir}^{(k-1)}+d_{rj}^{(k-1)}\}$，则矩阵 $\boldsymbol{D}^{(k)}$ 给出了网络中任意两点之间至多有 (2^k-1) 个中间点时的最短距离。由于图的顶点数为 n 时中间点至多有 $n-2$ 个，所以迭代计算的次数 k 应满足 $2^{k-1}-1\leqslant n-2\leqslant 2^k-1$，于是有：

$$k-1\leqslant\frac{\lg(n-1)}{\lg 2}\leqslant k$$

即：

$$k=\left(\frac{\lg(n-1)}{\lg 2}\right)+1\tag{9.5}$$

如果计算过程中出现了 $\boldsymbol{D}^{(m)}=\boldsymbol{D}^{(m-1)}$，$m<k$，计算也可以结束，矩阵 $\boldsymbol{D}^{(m)}$ 中的各元素即为各点间的最短距离。

例 9-3 某地有 7 个自然村，各村庄间的道路与距离情况如图 9-10 所示，求所有各村庄之间的最短路程。

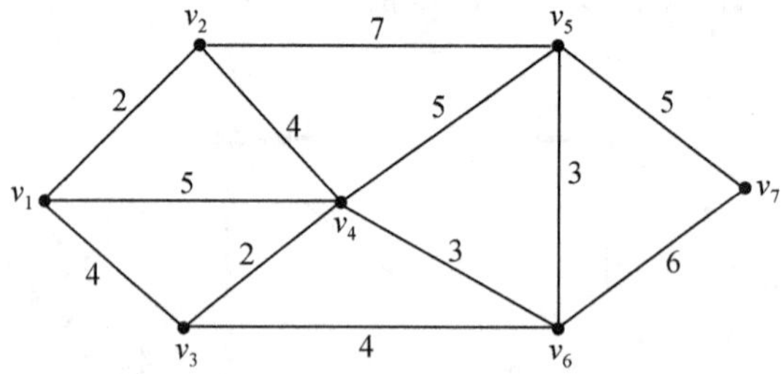

图 9-10 各村庄间的道路与距离情况

解 图 9-10 中有 7 个顶点，由(9.5)式可知，用 Floyd 算法解此题时最多迭代次数 $k=3$，即最多计算到 $\boldsymbol{D}^{(3)}$。

$$\boldsymbol{D}^{(0)}=\begin{bmatrix}0&2&5&4&\infty&\infty&\infty\\2&0&\infty&4&7&\infty&\infty\\4&\infty&0&2&\infty&4&\infty\\5&4&2&0&5&3&\infty\\\infty&7&\infty&5&0&3&5\\\infty&\infty&4&3&3&0&6\\\infty&\infty&\infty&\infty&5&6&0\end{bmatrix},\quad \boldsymbol{D}^{(1)}=\begin{bmatrix}0&2&4&5&9&8&\infty\\2&0&6&3&7&7&12\\4&6&0&2&7&4&10\\5&4&2&0&5&3&9\\9&7&7&5&0&3&5\\8&7&4&3&3&0&6\\\infty&12&10&9&5&6&0\end{bmatrix}$$

$$D^{(2)}=\begin{bmatrix}0&2&4&5&9&8&14\\2&0&6&4&7&7&12\\4&6&0&2&7&4&10\\5&4&2&0&5&3&9\\9&7&7&5&0&3&5\\8&7&4&3&3&0&6\\14&12&10&9&5&6&0\end{bmatrix},\quad D^{(3)}=\begin{bmatrix}0&2&4&5&9&8&14\\2&0&6&4&7&7&12\\4&6&0&2&7&4&10\\5&4&2&0&5&3&9\\9&7&7&5&0&3&5\\8&7&4&3&3&0&6\\14&12&10&9&5&6&0\end{bmatrix}$$

$\boldsymbol{D}^{(3)}=\boldsymbol{D}^{(2)}$，所以 $\boldsymbol{D}^{(3)}$ 中的元素 $d_{ij}^{(3)}$ 就是图 9-10 中点 v_i 与 v_j 之间的最短路长。

三、最短路的应用举例

例 9-4　某企业生产需要使用一台设备，每年年初决策者都面临是继续使用旧设备，还是购置新设备的选择。若购置新设备，旧设备就完全报废（忽略残值），购置新设备需支付一定的购置费，但可使维修费有所下降。已知该设备在各年初的价格预测值以及不同使用时间下的设备维修费用如表 9-1 所示。问如何制订一个五年的设备更新计划，使五年支付的购置费和维修费的总和最少？

表 9-1　设备基本情况　　（单位：万元）

年份	1	2	3	4	5
购置费	20	20	21	21	22
使用年数	0—1	1—2	2—3	3—4	4—5
维修费	5	7	10	14	20

解　可供选择的设备更新方案显然很多。例如每年年初都更新设备，5 年合计购置费用为 104 万元，维修费用为 25 万元（每年 5 万元），则 5 年支付的总费用为 129 万元。再如第 1 年年初购置一台新设备，一直使用到第 5 年年底，则支付的购置费是 20 万元，支付的维修费是 56 万元，总费用为 76 万元。以上两个极端的情况已显示不同的设备更新策略将对应不同的总费用支出。

确定最优设备更新策略的方法有很多种，其中化为最短路问题来求解是一种较直观的方法，如图 9-11 所示。

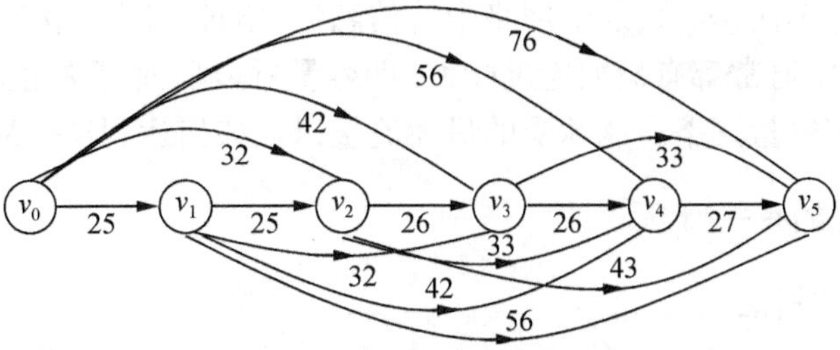

图 9-11　化为最短路问题求解

用点 v_i 代表第 i 年年末（$i=0,1,2,3,4,5$），v_0 代表第 1 年年初。从 v_i 到 v_j 画一条弧，弧 (v_i,v_j) 表示在第 i 年购进设备并一直使用到第 j 年年末。每条弧的权可按已知数据计算出来;例如,弧(v_0,v_3)代表第0年(即第1年年初)购进一台新设备(支付购置费20万元),一直使用到第3年年底(支付维修费5+7+10=22万元),故(v_0,v_3)上的权数为42。所以制订一个最优的设备更新计划的问题就等价于寻求从v_0到v_5的最短路问题。按求解最短路的计算方法,可以求得最短路{v_0,v_2,v_5}和{v_0,v_3,v_5},即有两个最优方案:一个方案是在第1年、第3年年初各购置一台新设备;另一个方案是在第1年、第4年年初各购置一台新设备,5年支付的总费用均为75万元。

例9-5 假设在例9-3的问题中,当地政府欲在7个村庄中选1个作为校址,建一所中心小学,以解决学龄儿童就学问题。已知v_1至v_7各村的小学生人数分别为40、50、30、70、60、50和20。问中心小学建在哪个村可使小学生上学时走的总路程最短?

解 在最短路的基础上,求中心小学建在不同村庄时的总路程(人公里)。将$D^{(3)}$中第i行各元素乘以v_i村庄的小学生人数,即可得到小学建在不同村庄时,v_i村的小学生上学单程所走的路程。由此可以得到表9-2。

表 9-2

	v_1	v_2	v_3	v_4	v_5	v_6	v_7
v_1	0	80	160	200	360	320	560
v_2	100	0	300	200	350	350	600
v_3	120	180	0	60	210	120	300
v_4	350	280	140	0	350	210	630
v_5	540	420	420	300	0	180	300
v_6	400	350	200	150	150	0	300
v_7	280	240	200	180	100	120	0
合计	1 790	1 550	1 420	1 090	1 520	1 300	2 690

表9-2中每一列的合计数代表了中心小学建于该村时各村小学生上学单程所走的总路程,由于v_4列的合计数最小,中心小学应建于v_4村。

第四节 最大流问题

网络最大流问题是网络理论及应用中的一个重要问题。许多网络系统包含有流量的问题,例如,交通网中有车流、人流,通信网络中有信息流,给排水网络中有水流,金融系统有资金流,等等。这类网络通常都有最大通过能力(即容量)限制,故可称之为容量网络。许多网络流问题主要是确定容量网络所能承受的最大流量以及如何达到这个最大流量。

一、最大流问题的有关概念

1. 最大流问题的提法

设有容量网络$D=(V,A,C)$,其中$C=\{c_{ij}\}$,c_{ij}为弧(v_i,v_j)上的容量(非负的权数)。D中有一个发点v_s和一个收点v_t,$f=\{f_{ij}\}$为D上通过的一个流,f_{ij}为弧(v_i,v_j)上的流量。应如何安排f_{ij},可使网络D上的总流量W最大?

2. 可行流

称满足下列条件的流 f 为可行流，即

(1) 容量限制条件：对于每一个弧 $(v_i,v_j)\in E$，有 $0\leqslant f_{ij}\leqslant c_{ij}$。

(2) 结点平衡条件：对于发点 v_s，有 $\sum_{(v_s,v_j)\in A} f_{sj} - \sum_{(v_j,v_s)\in A} f_{js} = W$

对于收点 v_t，有 $\sum_{(v_t,v_j)\in A} f_{tj} - \sum_{(v_j,v_t)\in A} f_{jt} = -W$

对于中间点，有 $\sum_{(v_i,v_j)\in A} f_{ij} - \sum_{(v_j,v_i)\in A} f_{ji} = 0$

可见最大流问题实质上是一个线性规划问题，上述两个条件相当于问题的约束条件，目标是使网络 D 上的总流量 W 最大，而可行流就是该线性规划问题的可行解。这里介绍求网络最大流的一种比单纯形法更直观、更简便的方法。

对网络的某一可行流 $f=\{f_{ij}\}$，$f_{ij}=c_{ij}$ 的弧称为饱和弧，$f_{ij}<c_{ij}$ 的弧称为非饱和弧。$f_{ij}=0$ 的弧称为零流弧，$f_{ij}>0$ 的弧则为非零流弧。

3. 割集及其容量

如果把 D 的点集 V 分成两个非空集合 $S,\bar{S}(S\cup\bar{S}=V,S\cap\bar{S}=\phi)$，使 $v_s\in S,v_t\in\bar{S}$，则弧集 $(S,\bar{S})$ 称为 D 的割集（又称截集），记作 $(S,\bar{S})$。割集 $(S,\bar{S})$ 中所有始点属于 S 而终点属于 $\bar{S}$ 的弧的容量之和，称为这个割集的容量（又称截量），记为 $C(S,\bar{S})$。

由于 V 的分解方法不同，因此割集就不相同，对应的割集容量也不相同，其中容量最小的称为最小割集，简称最小割。

二、最大流最小割定理

若 μ 为网络中从 v_s 到 v_t 的一条链，规定 μ 的方向为从 v_s 到 v_t，μ 上的弧凡与 μ 方向相同的称为前向弧（即正向弧），凡与 μ 方向相反的称为后向弧（即逆向弧），其集合分别用 μ^+ 和 μ^- 表示。f 是一个可行流，如果满足：

$$\begin{cases}0\leqslant f_{ij}<c_{ij} & (v_i,v_j)\in\mu^+\\ 0<f_{ij}\leqslant c_{ij} & (v_i,v_j)\in\mu^-\end{cases}$$

则称 μ 为从 v_s 到 v_t 的（关于 f 的）一条可增广链。

在任何网络中，关于流量与割集的容量之间的关系有下述定理：

定理 9.1　设 f 为网络 $D=(V,E,C)$ 的任一可行流，流量为 $W(S,\bar{S})$ 的任一割集，则有 $W\leqslant C(S,\bar{S})$。

定理 9.1 表明，网络中任一可行流的流量都不会超过任一割集的容量。如果网络上的一个可行流 f^* 和网络中的一个割集 $(S^*,\bar{S}^*)$，满足条件 $W(f^*)=C(S^*,\bar{S}^*)$，那么 f^* 一定是 D 上的最大流，而 $(S^*,\bar{S}^*)$ 一定是 D 的最小割集。从而有如下的定理：

定理 9.2　（Fold-Fulkerson 最大流最小割定理）在任何网络中，从 v_s 到 v_t 的最大流的流量等于最小割集的容量。

推论　可行流 f 是最大流的充分必要条件是：不存在从 v_s 到 v_t（关于 f）的一条可增广链。

三、求最大流的标号算法

求最大流的标号算法一般采用 Fold-Fulkerson 算法：设网络中已有一个可行流 f（如果 D

中没有给出可行流f,可以根据可行流的两个条件设定一个初始可行流,也可将零流设为初始可行流),标号算法分为两步:第一步是标号过程,目的是寻找可增广链并确定流量调整量;第二步是调整过程,沿可增广链调整流量。交替进行这两步就可以得到网络的最大流及最小割。

1. 标号过程

采用双标号方式,第1个标号表示该结点的标号来自何处,第2个标号表示流量的最大允许调整量。

(1) 给发点v_s标号$(0,+\infty)$。

(2) 取一个已标号的点v_i,对于v_i,一切未标号的邻接点v_j按下列规则处理:

① 如果弧$(v_i,v_j)\in A$且$f_{ij}<c_{ij}$,则给v_j标号(v_i,δ_j),其中$\delta_j=\min(c_{ij}-f_{ij},\delta_i)$;

② 如果弧$(v_j,v_i)\in A$且$f_{ji}>0$,则给v_j标号$(-v_i,\delta_j)$,其中$\delta_j=\min(f_{ji},\delta_i)$。

(3) 重复步骤(2),直到收点v_t被标号或标号过程无法进行下去,则标号结束。

若v_t被标号,则存在一条可增广链,转调整过程;若v_t未被标号,而标号过程无法进行下去,这时的可行流就是最大流。

2. 调整过程

根据已标号点的第1个标号回溯找出从发点到收点的可增广链μ(μ的前向弧和后向弧分别用μ^+和μ^-表示),便可对可增广链μ上弧的流量进行调整,调整量为v_t的第2个标号δ_t。

(1) 令$$f'_{ij}=\begin{cases}f_{ij}+\delta_t & (v_i,v_j)\in\mu^+\\ f_{ij}-\delta_t & (v_i,v_j)\in\mu^-\\ f_{ij} & (v_i,v_j)\notin\mu\end{cases}$$

(2) 去掉所有标号,回到第一步,对可行流重新标号。

例9-6 用Fold-Fulkerson标号算法求图9-12所示网络的最大流,弧旁的一对有序数是(c_{ij},f_{ij})。

解 (1) 首先给发点v_s标号$(0,+\infty)$。

(2) 与已标号点v_s相邻的未标号点有v_1和v_2。其中(v_s,v_1)是前向饱和弧,所以v_1不符合标号条件;(v_s,v_2)是前向非饱和弧,所以v_2点得到标号$(v_s,3)$,其中$\delta_2=\min\{\delta_s,c_{s2}-f_{s2}\}=\min\{+\infty,9-6\}=3$。

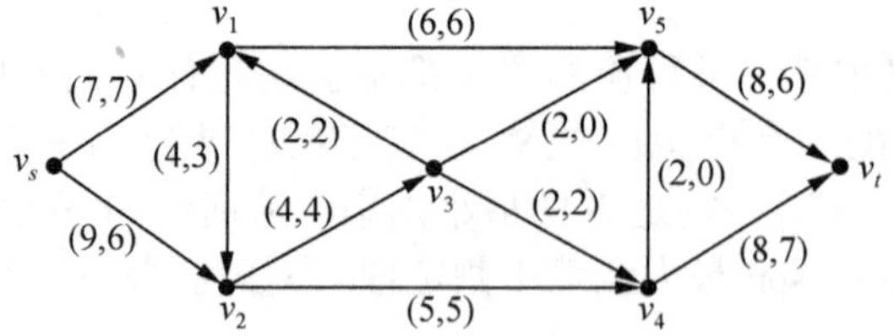

图 9-12

(3) 与已标号点v_2相邻的未标号点有v_1、v_3和v_4,其中v_3和v_4不符合标号条件;只有(v_2,v_1)是后向非零流弧,所以v_1得到标号$(-v_2,3)$。

(4) 与已标号点v_1相邻的未标号点有v_3和v_5,因为(v_1,v_3)是后向非零流弧,所以v_3得到标号$(-v_1,2)$,其中$\delta_3=\min\{\delta_2,f_{31}\}=\min\{3,2\}=2$。

(5) 与已标号点 v_3 相邻的未标号点有 v_4 和 v_5,其中(v_3,v_5)是前向非饱和弧,所以 v_5 点得到标号$(v_3,2)$。

(6) 与已标号点 v_5 相邻的未标号点有 v_4 和 v_t,其中(v_5,v_t)是前向非饱和弧,v_t 得到标号$(v_5,2)$。

因为收点 v_t 得到了标号,所以得到了一条增广链:$v_s \to v_2 \leftarrow v_1 \leftarrow v_3 \to v_5 \to v_t$,如图 9-13 所示。接下来转到调整过程。

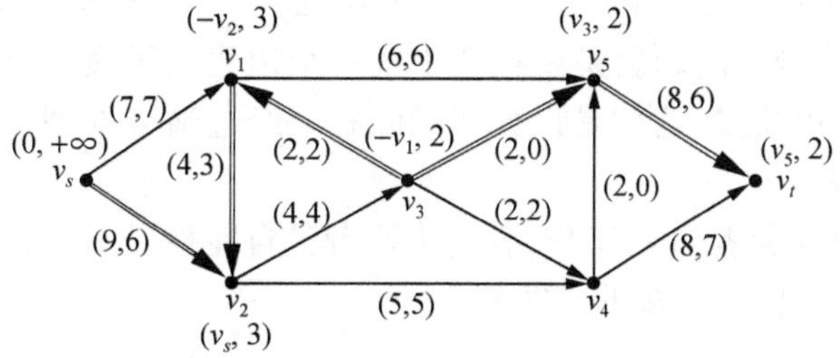

图 9-13

(7) 在此条增广链上,前向弧流量增加“2”,后向弧流量减少“2”。结果见图 9-14。

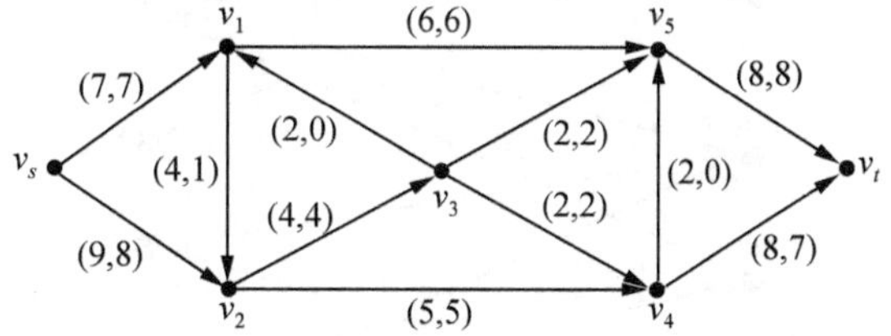

图 9-14

去掉所有的标号,从发点 v_s 开始重新进行标号。给发点 v_s 标号$(0,+\infty)$,给 v_2 标号$(v_s,1)$,给 v_1 标号$(-v_2,1)$,至此标号过程无法进行下去,而收点 v_t 未得到标号,说明图 9-15 中已不存在可增广链。所以图 9-14 中的流即为网络的最大流,流量为 15。

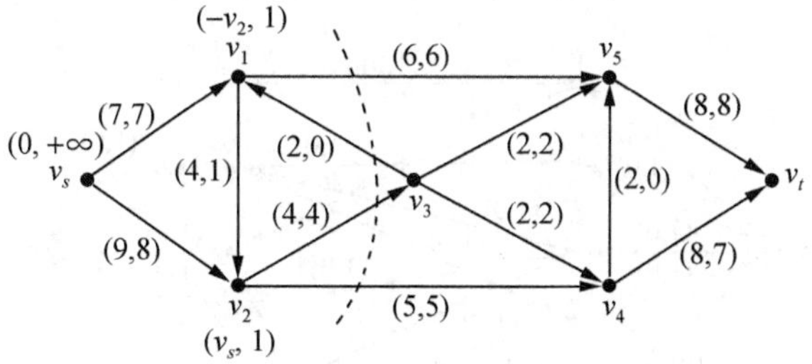

图 9-15

在图 9-15 中,以已标号点 v_s,v_2,v_1 作为点集 S,其余未标号点为点集 $\bar{S}$,则弧集$(S,\bar{S})$即为网络的一个最小割集,其容量为 $C(S,\bar{S})=c_{15}+c_{23}+c_{24}=15$。

对于多发点、多收点网络的最大流问题,可以虚设一个公共发点 v_s 和一个公共收点 v_t,用容量足够大(不小于与其相邻的弧的容量之和)的弧分别联结 v_s 与各发点、v_t 与各收点,即可按单发点、单收点最大流问题求解。

四、最大流应用举例

考虑工作分派问题。有 m 个人和 n 项工作,每个人各能胜任其中某几项工作。假设每项工作只需一人做、每人只做一项工作,怎样分派才能使尽量多的工作有人做、更多的人有工作?

这个问题可以用图描述,用 $u_1,u_2,\cdots,u_m$ 表示 m 个人,$v_1,v_2,\cdots,v_n$ 表示 n 项工作,边 (u_i,v_j) 表示第 i 个人能胜任第 j 项工作。用点集 U 表示 $\{u_i\}$,点集 Y 表示 $\{v_j\}$,这样就得到了一个二部图。上述的工作分派问题就是要在图中找一个边集的子集,使得集中任何两条边没有公共端点,且边数尽可能多,这就是最大匹配问题。经过适当处理,可以将最大匹配问题用解最大流的方法求解。

例 9-7 设有 5 位求职者,5 项工作,各位求职者各自能胜任工作的情况如图 9-16 所示,要求设计一个就业方案,使尽量多的人能就业。

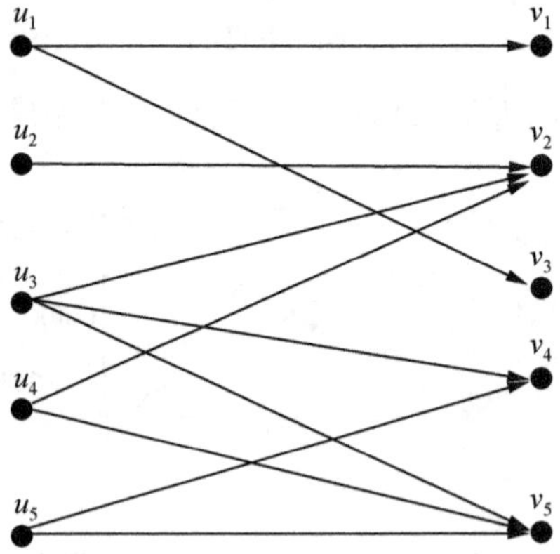

图 9-16

解 虚设发点 s、收点 t,并用弧将其与代表人及工作的点相连,每条弧上 (c_{ij},f_{ij}) 均是 $(1,0)$,便形成了一个单发点、单收点的最大流问题,如图 9-17 所示。

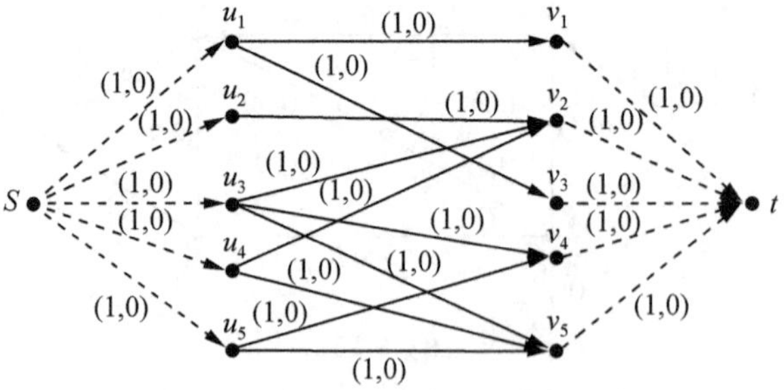

图 9-17

按求最大流的标号算法找最大流,调整后得到的网络最大流之一如图 9-18 所示。故最多可以安排四个人就业。

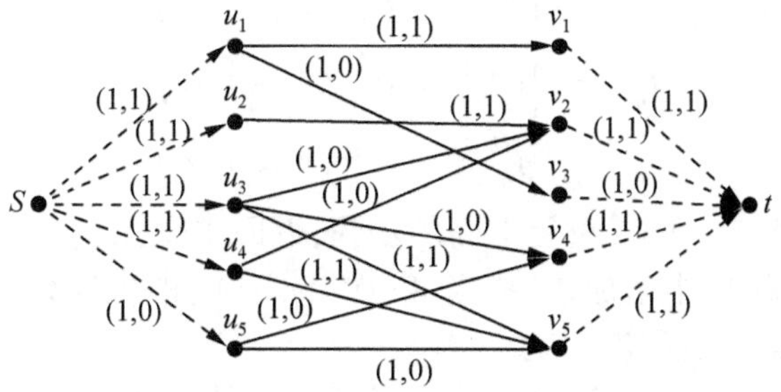

图　9-18

第五节　最小费用流问题

前面讨论的网络最大流问题只考虑了流量大小,没有考虑流的费用。但在实际问题中,不仅要考虑流量,还要考虑流在网络输送过程中的费用问题,这就是网络的最小费用流问题。

最小费用流问题的一般提法是:容量网络 D 每条弧(v_i,v_j)除了已给出容量 c_{ij}外,还给出了单位流量的费用 $d_{ij}(d_{ij}>0)$,记为 $\boldsymbol{D}=(V,A,C,d)$。求 $\boldsymbol{D}$ 的一个可行流 $\boldsymbol{f}=\{f_{ij}\}$,使得流量 $W(f)=w_0$,且总费用最小。

当要求 f 为最大流时,此问题即为最小费用最大流问题。

最小费用最大流问题的常用算法有两种:

1. 原始算法

先用最大流算法求出最大流,然后根据费用,在流量平衡的前提下通过调整弧的流量,使总费用减少。调整后,得到一个新的最大流。然后,在这个新流的基础上继续调整,直至无调整可能,便得到最小费用最大流。这一思路的特点是保持问题的可行性(始终保持最大流),向最优推进。

2. 对偶算法

首先给出零流作为初始流,流的费用为零,当然费用是最小的。然后寻找一条发点至收点的可增广链中费用最小的链 μ^*,沿最小费用可增广链 μ^* 调整可行流 f,得到的新可行流 f^* 也是流量为 $W(f^*)$的所有可行流中的最小费用流。依次类推,当 f^* 是最大流时,就是所要求的最小费用最大流。这一算法思路的特点是保持解的最优性(每次得到的新流都是费用最小的流),而逐渐向可行解靠近(直至最大流时才是一个可行解)。这里仅介绍第二种算法。

用对偶算法求最小费用最大流问题的步骤为:

(1) 取零流为初始可行流,$f^{(0)}=\{0\}$。

(2) 一般地,如果在第 $k-1$ 步得到最小费用流 $f^{(K-1)}$,则构造图 $L(f^{(k-1)})$。

(3) 在图 $L(f^{(k-1)})$中,寻求从 v_s 到 v_t 的最短路。若不存在最短路,则 $f^{(K-1)}$ 就是最小费用最大流,停止计算;否则转至步骤(4)。

(4) 如果存在最短路,则在可行流 $f^{(k-1)}$ 的图中得到与此最短路相对应的可增广链 μ,在可增广链 μ 上,对 $f^{(K-1)}$ 进行调整,调整量为:

$$\theta = \min[\min_{\mu^+}(c_{ij}-f_{ij}^{(k-1)}),\min_{\mu^-}(f_{ij}^{(k-1)})]$$

令
$$f_{ij}^{(k)}=\begin{cases}f_{ij}^{(k-1)}+\theta & (v_i,v_j)\in\mu^+\\ f_{ij}^{(k-1)}-\theta & (v_i,v_j)\in\mu^-\\ f_{ij}^{(k-1)} & (v_i,v_j)\notin\mu\end{cases}$$

则得到新可行流 $f^{(k)}$。对 $f^{(k)}$ 重复上面的步骤，返回步骤(2)。

在上述算法的步骤(4)中增加条件"当 $W(f^{(k)})=w_0$ 时停止计算"，则上述算法也可用于求指定流量为 w_0 时的最小费用流问题。

用手工的方式解最小费用流问题比较繁琐，这里不再举例。本章第七节将举例介绍如何用 WinQSB 软件解最小费用最大流问题。

第六节　欧拉回路与中国邮递员问题

一、欧拉回路

连通图 G 中，若存在一条路(链)，遍历每边一次且仅一次，则称这条路为欧拉路径(链)。若存在一个回路(圈)，遍历每边一次且仅一次，则称这个回路(圈)为欧拉回路(圈)。具有欧拉回路的图称为欧拉图。本章开始时提到的哥尼斯堡七桥问题就是要在图中寻找一条欧拉回路(圈)。

考察图 9-2，不重复地走过每边各一次又回到起点，就要求起点"有去有回"，即有偶数条关联边；对于其他的中间点，也要求"有进有出"，也是有偶数条关联边。所以要想实现题意要求的走法，图中的每个点都必须有偶数条关联边，即所有点的次都为偶数。显然图 9-2 中的所有 4 个点均为奇点，不是欧拉图。所以题意要求的走法不存在。

对于连通图的遍历问题，有以下的一般性结论：

无向连通图 G 是欧拉图，当且仅当 G 中无奇点。

无向连通图 G 有欧拉路径(链)，当且仅当 G 中恰有两个奇点。

有向连通图 G 是欧拉图，当且仅当它每个顶点的出次等于入次。

七桥问题类似于一种称为"一笔画问题"的游戏。给出一个图形，要求判断是否可以"笔不离纸"且不重复地一笔画出。一种是要求从一点开始经过每边一次且仅一次并回到原开始点，另一种是要求从一点开始经每边一次且仅一次到另一点停止。这两种情况可以分别用欧拉回路及欧拉路径来判断。如在图 9-19 中，(a)中无奇点，可以一笔画出并回到原开始点；(b)中有 2 个奇点，可以一笔画出，但要从一个奇点开始到另一奇点结束；(c)中有 4 个奇点，无法一笔画出。

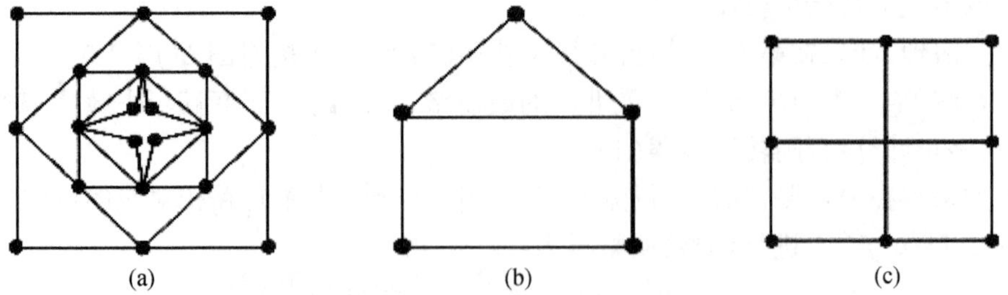

图　9-19

二、中国邮递员问题

一个邮递员从邮局出发,走遍他负责投递的每一条街道,再返回邮局。应走什么样的路线,才能使路程最短?这一问题是由我国学者管梅谷于1962年首先提出的,故国际上称之为中国邮递员问题。如果用边表示街道,用点表示街道交汇的路口,则中国邮递员问题等同于在一个赋权连通图中,求一条过每边至少一次且总权最小的回路。

若图中无奇点,则是欧拉图,显然沿欧拉回路(圈)可以不重复地走遍所有街道回到出发位置。如果图中有奇点,每边只走一次又回到出发点是不可能的。如果要回到原地就得走些重复路,也就是在原来的街区图上添加一些重复边,使有奇点的图转换成无奇点的欧拉图,并使总路程最短。由于图中原有的边都是必走的,总路程的长短取决于所添加的重复边的长度。要使所增加的重复边的长度最短,应满足如下两个条件:① 图中的每一条边至多有一条重复边。② 图中每一个回路(圈)的重复边的权数之和小于或者等于该回路(圈)总权的一半。

基于上述两个条件,管梅谷提出了中国邮递员问题的一种解法,称为"奇偶点图上作业法",算法步骤如下:

(1) 找出图 G 中的所有的奇点(如无奇点,则是欧拉图,找出欧拉回路即可),把它们两两配成对,而每对奇点之间必有一条通路,把这条通路上的所有边都加上重复边,这样得到的新连通图必无奇点。

(2) 如果任何边上的重复边多于一条,则可去掉多余的重复边,使得其重复边至多为一条,图中的顶点仍全部都是偶点。

(3) 检查图中的每一个圈,如果每一个圈的重复边的总长不大于该圈总长的一半,则已经求得最优方案。如果存在一个圈,重复边的总长大于该圈总长的一半时,则进行调整:将这个圈中的重复边去掉,再将该圈中原来没有重复边的各边加上重复边,其他各圈的边不变,返回步骤(2)。

例 9-8 用奇偶点图上作业法求解图 9-20 所示的中国邮递员问题。

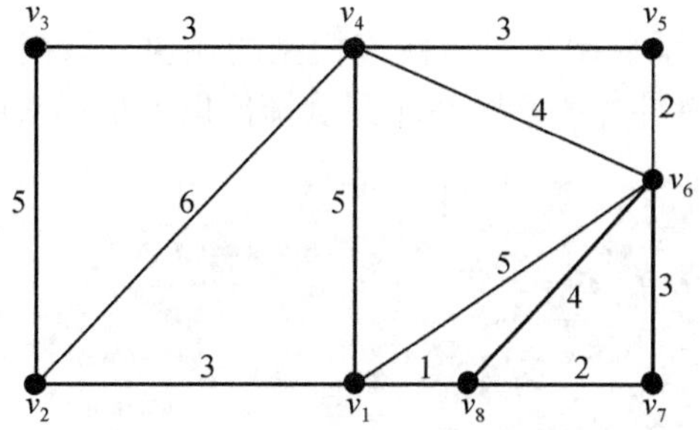

图 9-20

解 首先检查图 9-20 中有无奇点。显然图中存在 v_2、v_4、v_6、v_8 4 个奇点,所以必须添加重复边,将奇点两两配对,每对奇点间选一条路,使这条路上均为二重边,则图中的所有点均可转化为偶点,如图 9-21 所示。

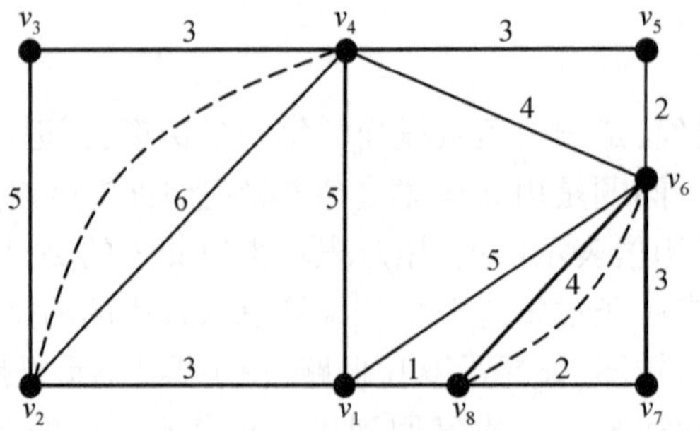

图 9-21

图中虚线即为配对奇点间的连线，它实际上是邮递员重复走的路线。检查各个回路，可以发现在回路$\{v_2、v_4、v_6、v_8、v_1, v_2\}$中出现了重复边的权(10)大于回路总权(18)的一半，因此将这个圈中的重复边去掉，再将该圈中原来没有重复边的各边加上重复边，如图 9-22 所示。

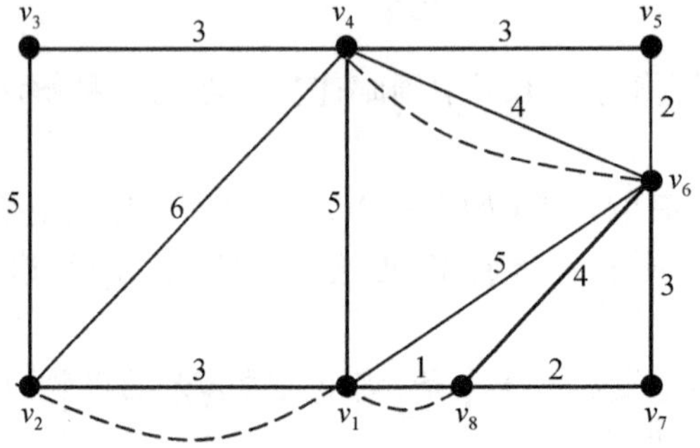

图 9-22

图 9-22 已满足最短投递路线条件，所以邮递员沿此图的边（包括虚线）所走的任一欧拉回路即为最优投递路线。

第七节 用 WinQBS 软件解网络模型

在 WinQBS 软件中，子程序 NET 是解网络模型的模块。该模块可解 7 种网络模型，见图 9-23。这里仅介绍 WinQBS 软件解最短路问题、最大流问题及最小费用最大流问题的操作步骤。

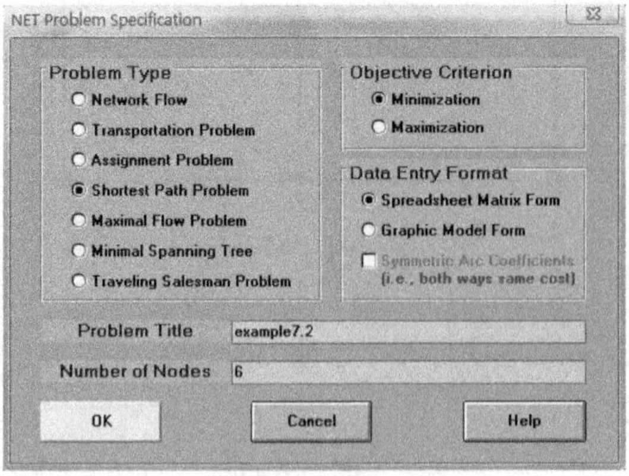

图 9-23

一、最短路问题

结合本章第三节中的例 9-2 来说明。运行 NET 子程序,进入图 9-23 所示的模型选择菜单,选择 Shortest Path Problem,输入标题和结点数,完毕后单击“OK”弹出数据输入窗口(见图 9-24),按弧的方向输入各条弧的权(无向边需要输入两次,化成正反两条弧)。

From \ To	Node1	Node2	Node3	Node4	Node5	Node6
Node1		3	4			
Node2			2	4		
Node3				5	6	
Node4					2	9
Node5						6
Node6						

图　9-24

数据输入完成后,点击“Solve and Analyze”,系统提示选择图的始点和终点,默认结点 1 是始点,最后一个结点是终点。选毕后单击“Solve”,输出结果如图 9-25 所示。

	From	To	Distance/Cost	Cumulative Distance/Cost
1	Node1	Node2	3	3
2	Node2	Node4	4	7
3	Node4	Node5	2	9
4	Node5	Node6	6	15
	From Node1	To Node6	=	15
	From Node1	To Node2	=	3
	From Node1	To Node3	=	4
	From Node1	To Node4	=	7
	From Node1	To Node5	=	9

图　9-25

点击工具栏上的“Result”,在下拉菜单中选“Graghic Solution”,则会显示始点到各点的最短路径,如图 9-26 所示。

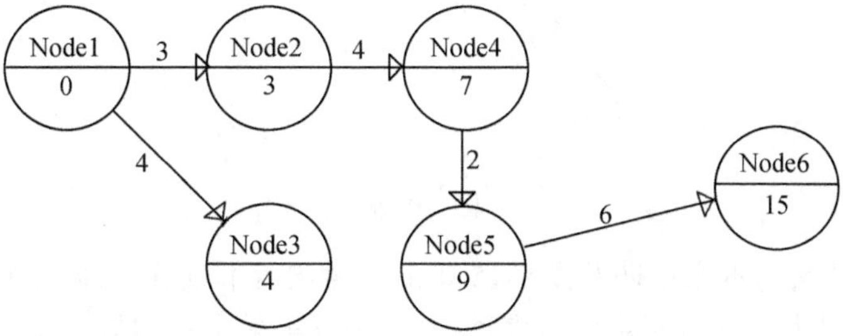

图　9-26

二、最大流问题

结合本章第四节中的例 9-6 来说明。在图 9-23 所示的模型选择菜单中,选择 Maximal Flow Problem,输入标题和结点数,完毕后单击“OK”后弹出数据输入窗口。此时可以根据需要从系统菜单选择“Edit”修改结点名称(如将结点名称改为与例 9-6 中的名称一致),见图 9-27。

From \ To	Vs	V1	V2	V3	V4	V5	Vt
Vs		7	9				
V1			4			6	
V2				4	5		
V3		2			2	2	
V4						2	8
V5							8
Vt							

图 9-27

接下来按弧的方向输入各条弧的容量。数据输入完成后,点击“Solve and Analyze”,按系统提示选择图的始点和终点,选毕后单击“Solve”,显示结果输出窗口,如图 9-28 所示。

	From	To	Net Flow		From	To	Net Flow
1	Vs	V1	6	6	V3	V4	2
2	Vs	V2	9	7	V3	V5	2
3	V1	V5	6	8	V4	Vt	7
4	V2	V3	4	9	V5	Vt	8
5	V2	V4	5				
Total	Net Flow	From	Vs	To	Vt	=	15

图 9-28

点击工具栏上的“Result”,在下拉菜单中选“Graghic Solution”,则会显示始点到各点的最短路径,如图 9-29 所示。

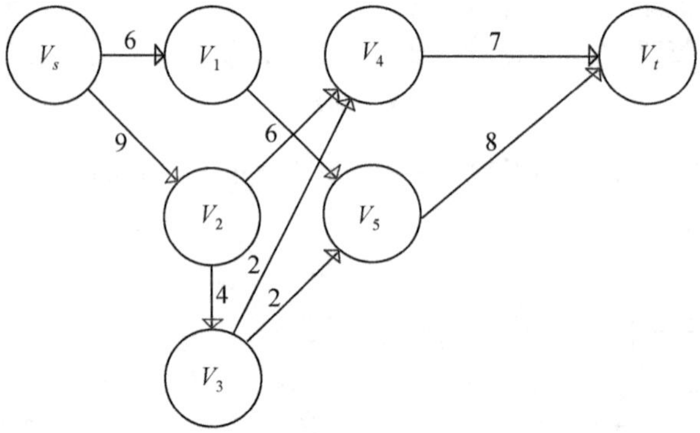

图 9-29

将图 9-29 中的解与本章第四节图 9-15 中的解对比后不难看出,两个解不同但最大流量相同,这说明实现最大流的方案可以有多种,这就为寻求最小费用最大流提供了可能。

三、最小费用最大流问题

下面结合例 9-9 来说明用 WinQBS 的 NET 子程序解最小费用最大流问题的操作步骤。

例 9-9 用 WinQBS 软件求图 9-30 所示网络的最小费用最大流。弧旁括号外、括号内的数字分别为单位流量费用和容量。

解 (1) 运行 WinQBS 软件的 NET 子程序,进入图 9-30 所示的模型选择菜单,选择

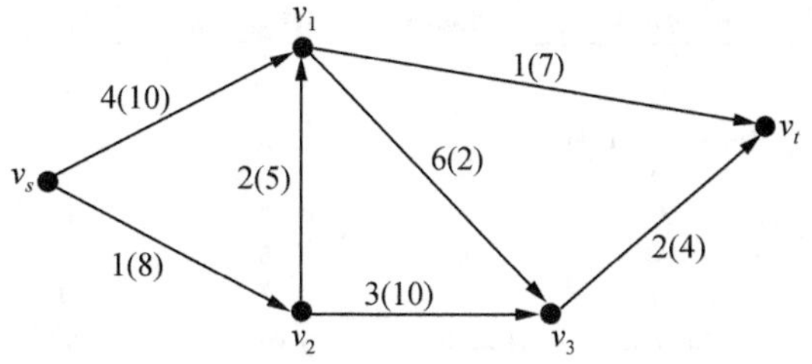

图　9-30

Network Flow, Minimization, Gragh ModelForm,输入标题和结点数 5,单击“OK”后弹出图形输入界面。

(2) 在图形输入界面单击“Edit”,在下拉菜单中选“Node”,右端出现图 9-31 所示的编辑界面。在该界面依次输入结点数据:在 Node Name 的对话框中输入结点名称,在 Location 的对话框中输入结点位置,系统提供 10 行 10 列的方格表供选择。例如将结点 v_s 放在第 2 行第 1 列,则输入“2,1”。在 Capancity 对话框中输入结点容量,网络的发点输入以该点为始点的所有弧的容量之和,中间点容量为零,收点输入以该点为终点的所有弧的容量之和的相反数。每完成一个结点的数据输入后单击“OK”。

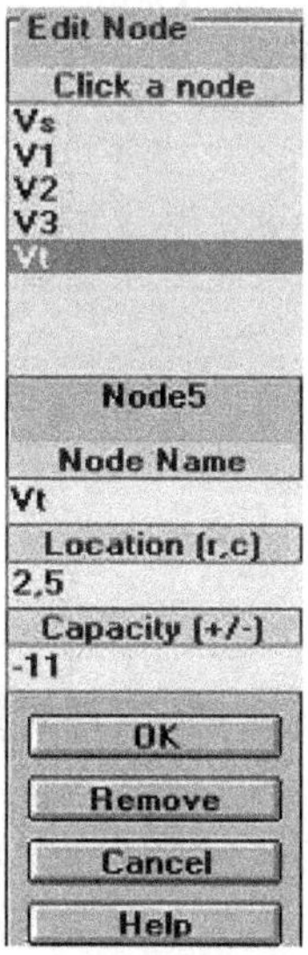

图　9-31

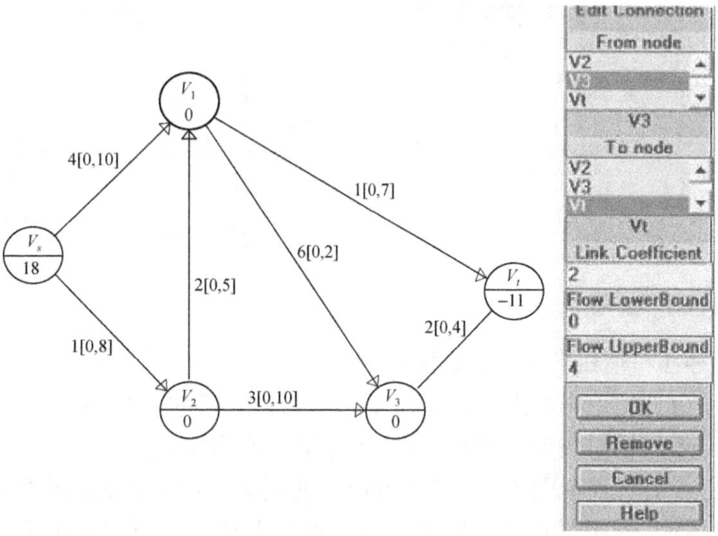

图　9-32

(3) 单击“Edit”→“Arc/Connection/Link”,右端出现图 9-32 所示的编辑界面,在该界面编辑结点间的连接关系。例如,在图 9-30 中,$(v_3, v_t) \in G$,则在“From Node”的对话框中选中 v_3,在“To Node”的对话框中选中 v_t,在“Link Coefficient”对话框中输入弧 (v_3, v_t) 的单位流量费用 2,在 Flow Upper Bound 对话框中输入弧 (v_3, v_t) 的容量 4,单击“OK”完成该弧的编辑。所有弧的连接关系及数据编辑完后得到图 9-32 左端所示的网络图。图中弧旁括号外的数字是弧的单位流量费用,括号内的数字是弧的流量下界(0)和上界(c_{ij})。

(4) 单击“Solve and Analyze”,得到图 9-33 所示的求解结果,表明图 9-29 中网络的最小费用最大流的流量为 11,费用为 55。

	From	To	Flow	Unit Cost	Total Cost	Reduced Cost
1	Vs	V1	3	4	12	0
2	Vs	V2	8	1	8	-1
3	Vs	Unused_Supply	7	0	0	0
4	V1	Vt	7	1	7	-2
5	V2	V1	4	2	8	0
6	V2	V3	4	3	12	0
7	V3	Vt	4	2	8	0
	Total	Objective	Function	Value =	55	

图 9-33

(5) 单击"Result",在下拉菜单中选 Graghic Solution,输出以图的方式显示的求解结果(弧旁的数字是通过该弧的流量,流量为零的弧未显示),见图 9-34。

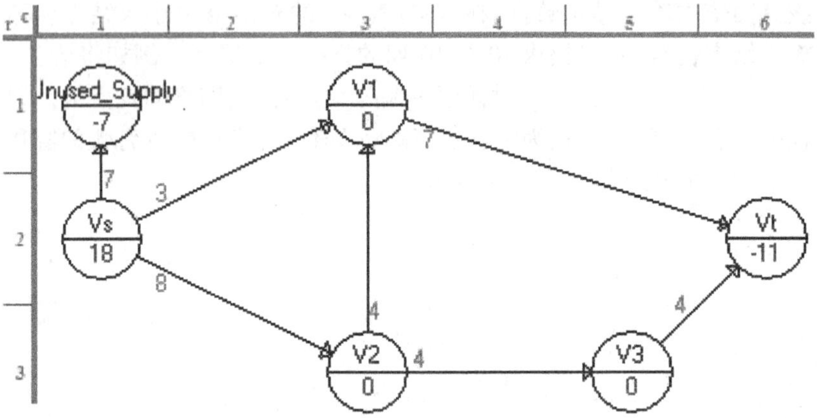

图 9-34

练 习 题

9-1 判断下列说法是否正确。

(1) 图论中的图不仅反映了研究对象之间的关系,而且是真实图形的写照,因而对图中点与点的相对位置、边的长短曲直等都要严格注意。

(2) 在连通图 G 中,其权数最大的边必不包含在其最小生成树内。

(3) 连通图 G 的生成树是取图 G 的点和 G 的所有边组成的树。

(4) Dijkstra 算法要求边的长度非负。

(5) Dijkstra 算法是求最大流的一种算法。

(6) 最小割集等于最大流量。

(7) 最大流问题是网络中找一条从发点到收点的路,使得通过这条路的流量最大。

(8) 割集中弧的流量之和称为割集的容量。

(9) 网络中任一可行流的流量不超过任一割集的容量。

(10) 网络可行流的流量等于每条弧上的流量之和。

9-2　求图 9-35 的最小生成树。

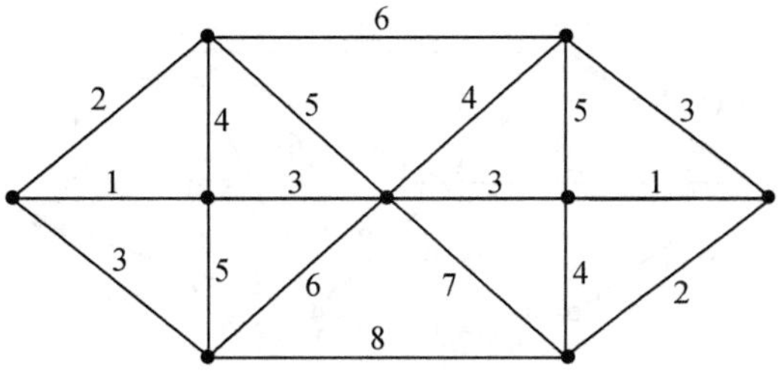

图　9-35

9-3　在图 9-36 的网络中,求点 S 到点 T 的最短路。

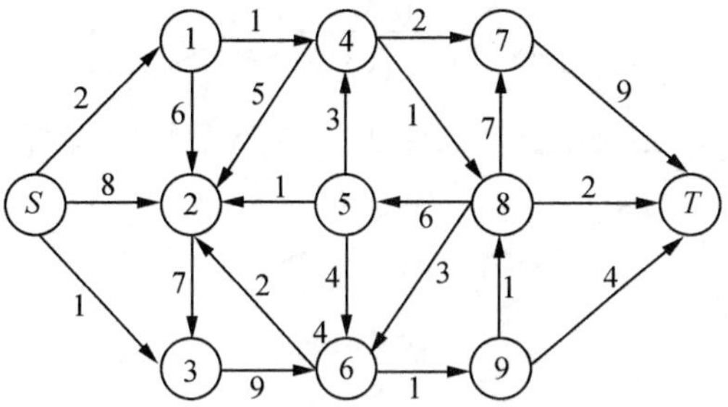

图　9-36

9-4　在图 9-37 中,求结点 1 到结点 6 的最短路。

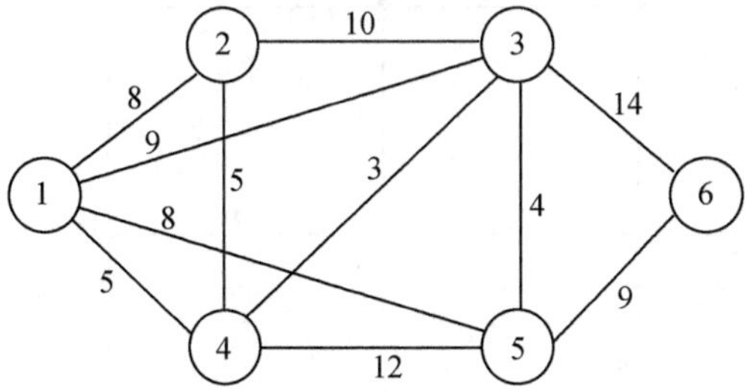

图　9-37

9-5　已知七个村之间的道路交通情况如图 9-38 所示,结点旁的数字为每个村可出售的余粮数量,边旁的数字为两村间的路长。现要为这七个村设一个粮食收购站,试问应建在何村,可使七个村运粮的总运输量最小。

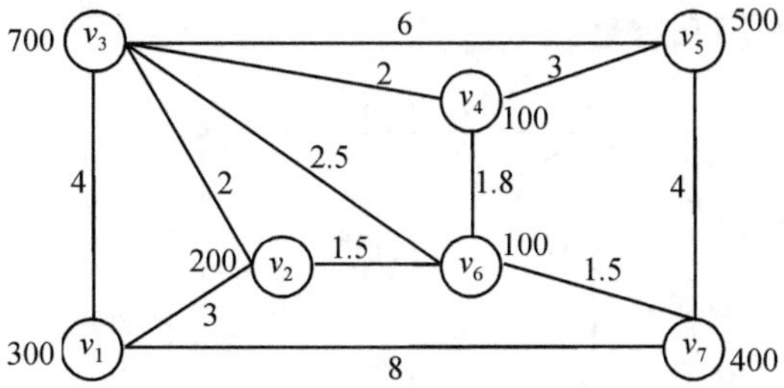

图　9-38

9-6 求图 9-39 所示网络的最大流与最小割集，弧旁数字为(c_{ij},f_{ij})。

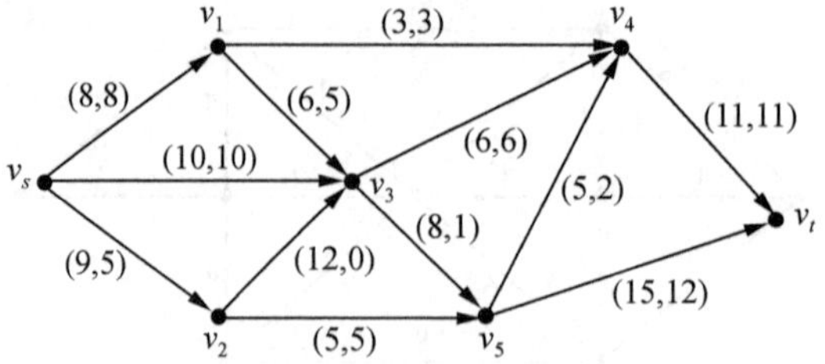

图 9-39

9-7 求图 9-40 所示网络的最大流与最小割集，弧旁数字为(c_{ij},f_{ij})。

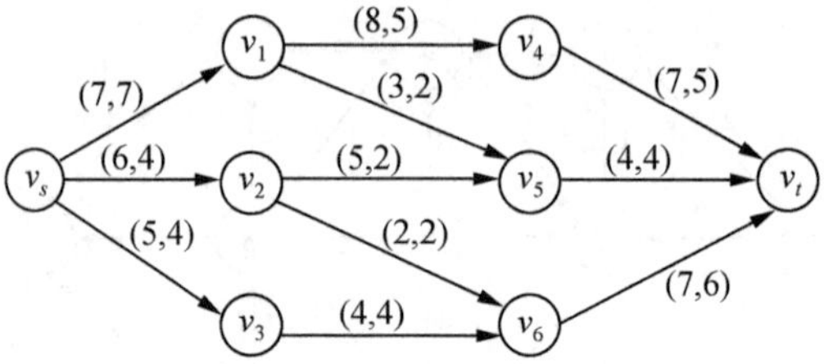

图 9-40

9-8 邮递员投递区域的街道分布如图 9-41 所示，图中边旁的数字为街道长度。试为邮递员设计一条最佳的投递路线，使其完成投递任务并返回邮局(v_1)所经历的路线最短。

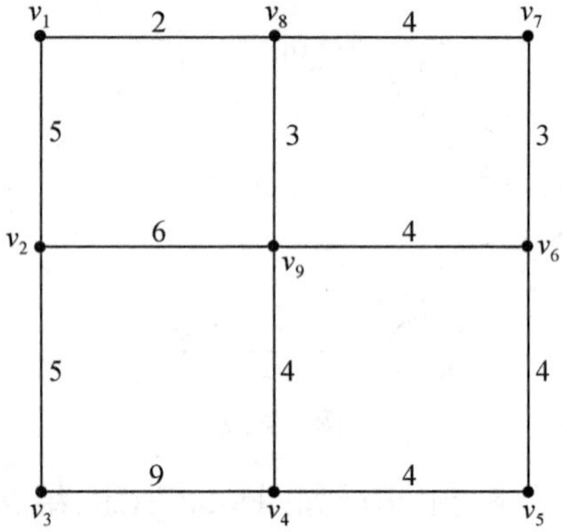

图 9-41

9-9 用 WinQBS 软件求图 9-42 所示网络的最小费用最大流。弧旁括号外、括号内的数字分别为弧的单位流量费用和容量。

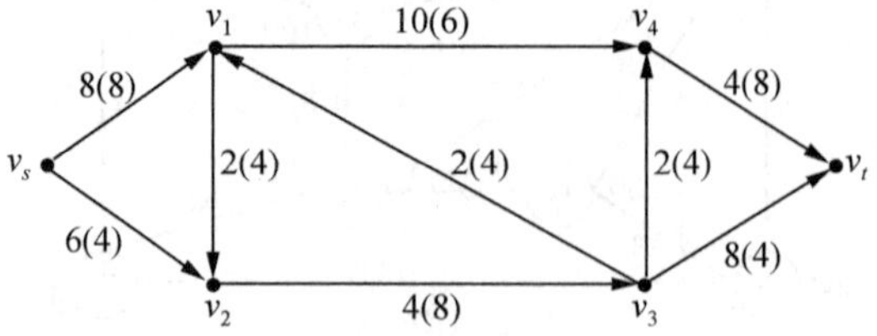

图 9-42

第十章

排队论、存储论与对策论

知识目标

1. 理解排队系统的基本概念和主要数量指标,了解常用的两种分布。
2. 理解排队模型的特征和状态概率,掌握主要运行指标的算法和意义。
3. 掌握存储问题的基本概念,了解存储问题的主要模型。
4. 掌握各类存储模型的最优存储策略。
5. 理解对策论的基本概念与要素,了解矩阵对策的基本定理。
6. 掌握矩阵对策的特征和基本模型。

技能目标

1. 能够对单服务台及多服务台排队系统进行效率分析。
2. 能够运用线性规划方法求解矩阵对策问题。

引导案例

佳华家电公司客户服务部的工作是根据客户的服务要求安排公司服务人员为客户提供服务。在工作中客服人员发现,客户的服务要求具有某种随机性,有时十分密集,以至于公司的服务人员应接不暇,不能及时为客户提供服务而引起顾客抱怨;当公司增加了服务人员配置后却又发现,在一些时间里很少有客户提出服务要求,导致服务资源闲置。客户服务部主管希望通过研究找出客户服务要求到达的某种分布规律,据此恰当地配置公司的服务资源,以便兼顾客户服务的需要和公司服务资源的利用效率。这个问题属于随机服务系统的优化问题。实际上除了客户服务系统外,企业经营管理中还有不少问题都具有随机性,如物资供应与消耗、产品需求与销售、竞争对手的策略运用,等等。本章将要介绍的就是处理随机型问题的几种运筹学模型和方法。

第一节　排　队　论

排队是日常生活和生产中经常遇到的现象。例如,上、下班搭乘公共汽车,顾客到银行存取款,病人到医院看病,旅客到售票处购买车票,机动车去加油站加油等就常常出现排队和等待现象。除了上述有形的排队之外,还有“无形”排队现象。此外排队的不一定是人,也可以是物。例如,生产线上的在制品等待加工,因故障停止运转的机器等待工人修理,码头的船只等待装卸货物,要起降的飞机等待跑道等。当要求服务的对象的数量超过服务机构的服务员(台)数量时就会出现排队现象。增加服务设施能减少排队现象,但这样一来势必要增加服务资源投入并相应增加服务费用,有时还会出现闲置浪费。研究排队问题,就是要把排队的时间控制在一定的限度内,在提高服务质量、减少顾客排队时间与提高服务设施利用率、降低服务成本之间取得平衡,找到最适当的解决方案。排队论(queuing theory)就是研究各种随机服务系统的规律性以解决相应排队系统的最优设计和控制问题的科学。

排队论起源于1909年丹麦电话工程师A. K. 爱尔朗(A. K. Eelang)等人对电话服务系统的研究。以后排队论陆续应用于陆空交通、机器管理、水库设计和可靠性理论等方面。在百余年的历史中,排队论无论在理论研究还是应用上都有了长足进展。由于在电子计算机上进行数字模拟技术的发展,排队论已成为解决工程设计和管理问题的有力工具。本节将介绍排队论的一些基本知识,以及两个最常见的排队模型。

一、排队系统的基本概念

(一) 排队系统

一般在一个排队(随机服务)系统中总是包含一个或若干个“服务设施”,有许多“顾客”进入该系统要求得到服务,服务完毕后即自行离去。倘若顾客到达时,服务系统空闲着,则到达的顾客立即得到服务,否则顾客将排队等待服务或离去。

实际的排队系统虽然多种多样,但有以下共同特征:① 有请求服务的人或物,即顾客;② 有为顾客服务的人或物,即服务员或服务台;③ 顾客到达系统的时刻以及为每位顾客提供服务的时间这两项中至少有一项是随机的,因而整个排队系统的状态也是随机的。

一般的排队系统通常都由下述三个基本组成部分(如图10-1)。

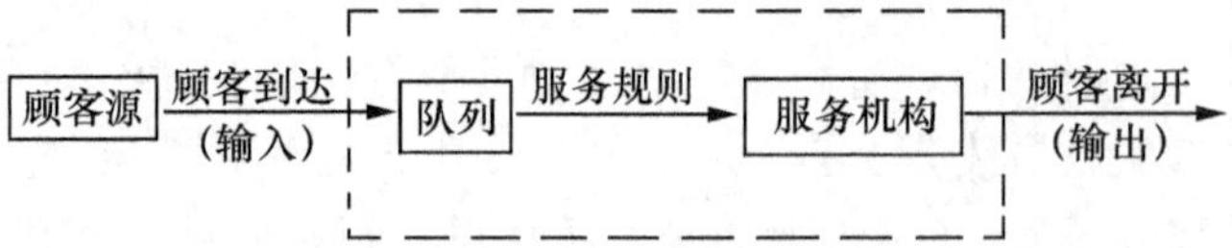

图10-1　排队(随机服务)系统

1. 输入过程

是指要求服务的顾客是按怎样的规律到达排队系统的过程,有时也称为顾客流。一般可以从三个方面来描述一个输入过程。

(1) 顾客源,即顾客总体数。顾客源可以是有限的,也可以是无限的。例如,到售票处购票的顾客总数可以认为是无限的,而工厂内停机待修的设备则是有限的总体。

(2) 顾客到达方式,即顾客是单个还是成批到达系统的。顾客到银行办理存取款业务是顾客单个到达的例子。在库存问题中如将原材料进货或产品入库视为顾客,那么这种顾客则是成批到达的。

(3) 顾客流或顾客相继到达时间间隔的概率分布。顾客流的概率分布一般有泊松分布(泊松流)、定长分布、二项分布、爱尔朗分布等若干种。

2. 排队规则

排队规则分为等待制、损失制和混合制三种。当顾客到达时,所有服务机构都被占用,则顾客排队等候,即为等待制。在等待制中,为顾客进行服务的次序可以是先到先服务,或后到先服务,或是随机服务和有优先权服务(如医院接待急救病人)。如果顾客来到后看到服务机构没有空闲立即离去,则为损失制。有些系统因留给顾客排队等待的空间(系统容量 K)有限,因此超过所能容纳人数的顾客必须离开系统,这种排队规则就是混合制。不难看出,损失制和等待制可视为混合制的特殊情形,如记 s 为系统中服务台的个数,则当 $K=s$ 时,混合制即成为损失制;当 $K=\infty$ 时,混合制即成为等待制。

3. 服务机制

服务机制可以从以下三方面来描述:

(1) 服务台数量及构成形式。从数量上说,服务台有单服务台和多服务台之分。

(2) 服务方式。这是指在某一时刻接受服务的顾客数,它有单个服务和成批服务两种。如公共汽车一次就可装载一批乘客就属于成批服务。

(3) 服务时间的概率分布。一般来说,在多数情况下,对每一个顾客的服务时间是一随机变量,其概率分布有负指数分布、定长分布、K 阶爱尔朗分布、一般分布(所有顾客的服务时间都是独立同分布的),等等。

(二) 排队系统模型的分类

为了区别各种排队系统,根据输入过程、排队规则和服务机制的变化对排队模型进行描述或分类,可以给出很多排队模型。为了方便对众多模型的描述,英国数学家 D. G. 肯德尔(D. G. Kendall)提出了一种目前在排队论中被广泛采用的“Kendall 记号”,完整的表达方式通常用到 6 个符号并取如下格式:

$$X/Y/Z/A/B/C$$

各符号的意义如下:

X——表示顾客流或顾客相继到达的时间间隔分布,常用 M 表示,到达过程为泊松过程或到达时间间隔为负指数分布;D 表示定长输入;E_k 表示 k 阶爱尔朗分布;G 表示一般相互独立的随机分布;GI 表示一般相互独立的时间间隔的分布。

Y——表示服务时间分布,所用符号与表示顾客到达间隔的时间分布相同。

Z——表示服务台个数,“1”表示单个服务台,“s”($s>1$)表示多个服务台。

A——表示系统容量限制。如系统有 K 个等待位子,则当 $K=0$ 时为损失制,说明系统不允许等待;$K=\infty$ 时为等待制系统;K 为有限整数时,表示为混合制系统。默认为 ∞ 。

B——表示顾客源,分有限(N)与无限(∞)两种,默认为 ∞ 。

C——表示服务规则,常用 FCFS 表示先到先服务;LCFS 表示后到先服务;PR 表示优先权服务的排队规则。默认为 FCFS。

例如:某排队问题为 $M/M/s/\infty/\infty$/FCFS,则表示顾客到达为泊松流;服务时间为负指数分布;有 $s(s>1)$个服务台;系统等待空间容量无限(等待制);顾客源无限,采用先到先服务规则。该问题也可简记为 $M/M/s$。

(三) 排队系统的主要数量指标

研究排队系统的目的是通过了解系统运行的状况,对系统进行调整和控制,使系统处于最优运行状态。因此,首先需要弄清系统的运行状况。描述一个排队系统运行状况的主要数量指标有:

(1) 队长。队长是指系统中的顾客数(排队等待的顾客数与正在接受服务的顾客数之和)。

(2) 排队长(队列长)。是指系统中正在排队等待服务的顾客数。

(3) 等待时间。从顾客到达时刻起到他开始接受服务止这段时间称为等待时间。

(4) 逗留时间。从顾客到达时刻起到他接受服务完成止这段时间称为逗留时间(即等待时间与服务时间之和)。

上述数量指标一般都是和系统运行的时间有关的随机变量,求这些随机变量的瞬时分布一般是很困难的。为了分析上的简便,并注意到相当一部分排队系统在运行了一定时间后,都会趋于一个平衡状态(或称稳态)。在平衡状态下,队长的分布、等待时间的分布和忙期的分布都和系统所处的时刻无关,而且系统初始状态的影响也会消失。因此本节中将主要讨论与系统所处时刻无关的稳态性质,即统计平衡性质。

对于一般的排队系统运行情况的分析,通常是在给定输入与服务条件下,通过求解平衡条件下系统状态为 n(有 n 个顾客)的概率 P_n,再计算其主要的运行指标,如:① 系统中顾客数(队长)的期望值 L 或 L_s;② 排队等待的顾客数(排队长)的期望值 L_q;③ 顾客在系统中全部时间(逗留时间)的期望值 W 或 W_s;④ 顾客排队等待时间的期望值 W_q。

二、Poisson 流和负指数分布

当分析某个排队系统时,首先要研究它属于哪类模型,因此要根据实测的数据研究顾客流(或顾客到达间隔时间)的分布和服务时间的分布。这里介绍最常见的两种分布。

(一) 泊松流

泊松(Poisson)流又叫做最简单流,它是从一定时间内到达顾客数的概率分布角度来刻划输入过程的。设 $N(t)$为在$[0,t)$时间内到达排队系统的顾客数,若 $N(t)=n$ 的概率为

$$P\{N(t)=n\}=p_n(t)=\frac{(\lambda t)^n \mathrm{e}^{-\lambda t}}{n!}\quad (n=0,1,2,\cdots) \tag{10.1}$$

其中 $\lambda>0$,则称输入过程为以 λ 为参数的泊松流。

设 $E\{N(t)\}$表示在$[0,t)$内到达的顾客数的期望值,则

$$E\{N(t)\}=\sum_{n=0}^{\infty} np_n(t)=\sum_{n=1}^{\infty} n\frac{(\lambda t)^k}{n!}\mathrm{e}^{-\lambda t}=(\lambda t)\sum_{n=1}^{\infty}\frac{(\lambda t)^{n-1}}{(n-1)!}\mathrm{e}^{-\lambda t}=(\lambda t)\mathrm{e}^{\lambda t}\mathrm{e}^{-\lambda t}=\lambda t$$

由此得到 $\lambda=E\{N(t)\}/t$。可见 λ 的意义为单位时间内到达顾客数的期望值,即平均到达率。

(二) 负指数分布

由概率论可知,如果随机变量 T 服从参数为 $\mu(\mu>0)$的负指数分布,则其分布函数为

$$F_T(t) = 1 - e^{-\mu t}, \quad t \geq 0 \tag{10.2}$$

密度函数为

$$f_T(t) = \mu e^{-\mu t}, \quad t \geq 0 \tag{10.3}$$

T 的期望值为

$$E(T) = \int_0^{\infty} t f_T(t)\,dt = \int_0^{\infty} t\mu e^{-\mu t}\,dt = \frac{1}{\mu}$$

若顾客到达的间隔时间服从参数 λ 的负指数分布，即平均到达率为 λ，则 $1/\lambda$ 表示顾客到达平均间隔时间。若对一个顾客的服务时间服从参数 μ 的负指数分布，则 $1/\mu$ 表示一个顾客的平均服务时间，而 μ 就表示单位时间平均完成服务的顾客数，称为平均服务率。

可以证明，顾客到达间隔时间为负指数分布（参数 λ），与输入过程为泊松流（参数 λ）是等价的。所以，在排队模型的记号中都用 M 表示。负指数分布具有以下重要性质：设对顾客的服务时间 T 服从参数为 μ 的负指数分布。在对某一个顾客的服务已经进行了一定时间的条件下，这个顾客的剩余的服务时间仍服从以 μ 为参数的负指数分布。输入过程为泊松流，服务时间为负指数分布的排队模型是实际上使用最广泛、数学处理最简单的模型，所以在排队论中有着重要的作用。下面简单介绍几种常见的排队系统模型。

三、单服务台排队模型 *M/M/1*

（一）系统处于稳态时的状态概率

$M/M/1/\infty/\infty$/FCFS/模型的特征是输入过程为泊松流，服务时间服从负指数分布，单个服务台；队列容量无限，顾客源数量无限，服务规则是先到先服务。这是一类最常见的排队模型。设平均到达率为 λ，平均服务率为 μ，并设 $\lambda < \mu$（否则队列将排至无限远而使系统不能达到稳态）。

对于负指数分布系统可以通过图 10-2 所示的状态转移图来求得系统处于稳态时的状态概率 P_n（系统有 n 个顾客的概率）。

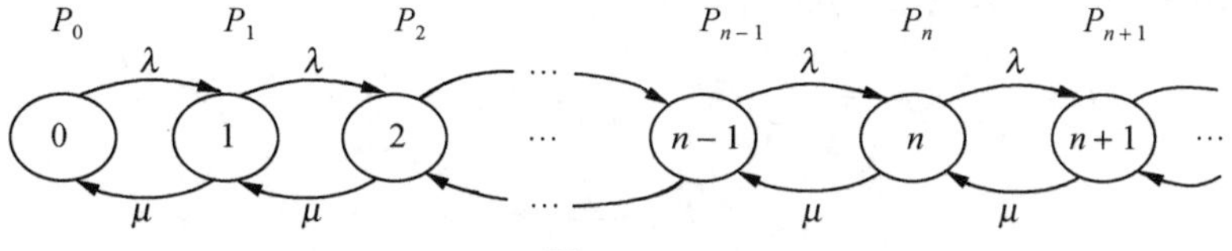

图　10-2

在图 10-2 中，圆圈中的数字表示系统的状态（顾客数），箭头表示从一个状态到另一个状态的转移。当系统处于稳态时，对于每个状态来说，转入率应该等于转出率（稳态下"流入 = 流出"）。例如对于状态 0，平衡方程为

$$\mu P_1 - \lambda P_0 = 0 \tag{10.4}$$

对于状态 $n(n \geq 1)$，转入率是 $\lambda P_{n-1} + mP_{n+1}$，而转出率是 $\lambda P_n + mP_n = (\lambda + m)P_n$，因此有

$$\lambda P_{n-1} + \mu P_{n+1} - (\lambda + \mu)P_n = 0, \quad n = 1,2,\cdots \tag{10.5}$$

由式（10.4）和式（10.5）可以递推求解 $P_1, P_2, \cdots, P_n, \cdots$

$$
\begin{aligned}
P_1 &= \frac{\lambda}{\mu}P_0 \\
P_n &= \left(\frac{\lambda}{\mu}\right)^n P_0 \quad (n = 1,2,\cdots)
\end{aligned}
\tag{10.6}
$$

由 $\sum_{n=0}^{\infty} P_n = 1$，得到

$$\left[1 + \frac{\lambda}{\mu} + \left(\frac{\lambda}{\mu}\right)^2 + \cdots + \left(\frac{\lambda}{\mu}\right)^n + \cdots\right]P_0 = 1$$

令 $\lambda/\mu = \rho$，称 ρ 为服务强度，则

$$P_0 = \frac{1}{1 + \rho + \rho^2 + \cdots + \rho^n + \cdots}$$

当 $\rho \geqslant 1$ 时，级数发散，不存在稳态解。当 $0 \leqslant \rho < 1$ 时，级数收敛，这时有

$$P_0 = \frac{1}{\frac{1}{1-\rho}} = 1 - \rho \tag{10.7}$$

代入式(10.6)，得到

$$P_n = \left(\frac{\lambda}{\mu}\right)^n P_0 = \rho^n(1-\rho) \quad (n = 1,2,\cdots) \tag{10.8}$$

式(10.7)和式(10.8)可以统一表示为

$$P_n = \rho^n(1-\rho) \quad (n = 0,1,2,\cdots) \tag{10.9}$$

P_0为系统的状态为0的概率，即空闲率。由式(10.7)可看出 $\rho = (1 - P_0)$ 是系统中至少有一个顾客的概率，也就是服务台处于繁忙状态的概率，因而 ρ 表明了服务机构的服务强度或利用率。

(二) 系统的主要运行指标

以式(10.8)为基础可以算出系统的运行指标。

1. 系统中顾客的平均数(平均队长 L 或 L_s)

$$L = \sum_{n=0}^{\infty} np_n = \sum_{n=1}^{\infty} n\rho^n - \sum_{n=1}^{\infty} n\rho^{n+1} = \sum_{n=1}^{\infty} \rho^n = \frac{\rho}{1-\rho}$$

或者

$$L = \frac{\lambda}{\mu - \lambda} \tag{10.10}$$

2. 平均排队长(平均队列长 L_q)

$$
\begin{aligned}
L_q &= \sum_{n=1}^{\infty} (n-1)p_n = \sum_{n=1}^{\infty} np_n - \sum_{n=1}^{\infty} p_n \\
&= L - \rho = \rho L
\end{aligned}
\tag{10.11}
$$

3. 顾客在系统中的平均逗留时间(W 或 W_s)

可以证明，$M/M/1$ 系统在稳态下顾客的逗留时间 W 服从参数为 $\mu - \lambda$ 的负指数分布，即

$$P\{T > t\} = e^{-(\mu-\lambda)t} \quad (t \geqslant 0)$$

于是

$$W = E(T) = \frac{1}{\mu - \lambda} \tag{10.12}$$

4. 顾客在系统中的平均等待时间 W_q

顾客的等待时间为逗留时间与服务时间之差，所以平均等待时间为

$$W_q = W - \frac{1}{\mu} = \frac{\rho}{\mu - \lambda} = \frac{\rho^2}{\lambda(1-\rho)} \tag{10.13}$$

由式(10.10)和式(10.12)容易看出，平均队长 L 与平均逗留时间 W 具有如下关系

$$L = \lambda W \tag{10.14}$$

同样，由式(10.11)和式(10.13)，可得到平均排队长 L_q 与平均等待时间 W_q 具有关系

$$L_q = \lambda W_q \tag{10.15}$$

式(10.14)和式(10.15)称为 Little 公式，是排队论中的重要公式。可以证明，在很宽的条件下，Little 公式都是成立的。

四、多服务台并列排队模型 M/M/s

M/M/s 模型是指输入过程为泊松流，服务时间服从负指数分布，单队、多服务台(服务台数为 s)并列的排队系统。

(一) 系统处于稳态时的状态概率

设顾客平均到达率为 λ，系统中各个服务台的工作是相互独立且平均服务率相同，即 $\mu_1 = \mu_2 = \cdots = \mu_s = \mu$，于是整个服务机构的平均服务率为 $s\mu$(当 $n \geqslant s$ 时)或 $n\mu$(当 $n < s$ 时)。当顾客到达时，若有空闲的服务台马上得到服务，否则便排成一个队列等待。图 10-3 是 *M/M/s* 模型运作的示意图。

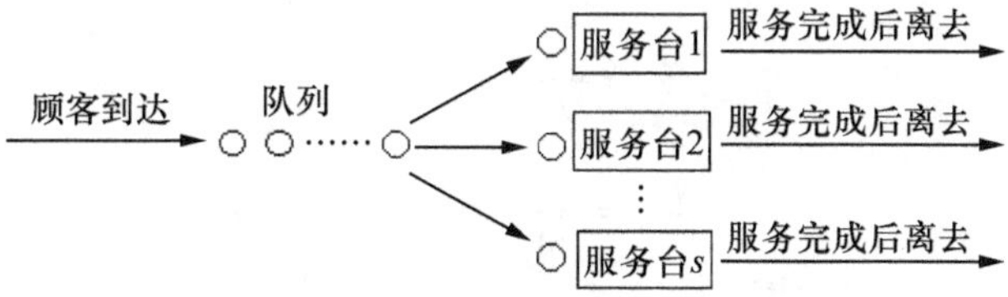

图 10-3　单队列、多服务台并列排队系统

令 $\rho = \frac{\lambda}{s\mu}$，只有 $\rho = \frac{\lambda}{s\mu} < 1$ 时才不会排成无限的队列，称 ρ 为这个系统的服务强度或服务机构的平均利用率。

M/M/s 系统的服务速率与系统中的顾客数有关。当系统中的顾客数 n 不大于服务台个数，即 $1 \leqslant n \leqslant s$ 时，系统中的顾客全部在接受服务，这时系统的服务速率为 $n\mu$；当系统中的顾客数 $n > s$ 时，正在接受服务的顾客数仍为 s 个，其余顾客在队列中等待，这时系统的服务速率为 $s\mu$。图 10-4 是系统处于稳态时的状态转移图。

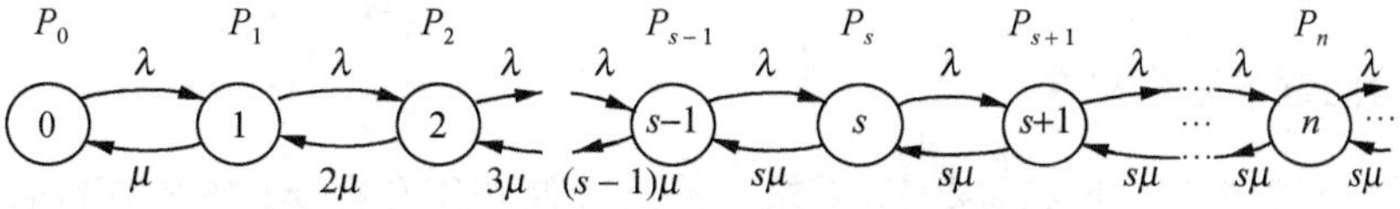

图 10-4　*M/M/s* 系统稳态时的状态转移图

由状态转移图可以得到 *M/M/s* 系统的稳态概率方程：

对状态 0：　　$\lambda P_0 = \mu P_1$

对状态 1： $$\lambda P_0 + 2\mu P_2 = (\lambda + \mu) P_1$$

……

对状态 s： $$\lambda P_{s-1} + s\mu P_{s+1} = (\lambda + s\mu) P_s$$

……

对状态 n： $$\lambda P_{n-1} + s\mu P_{n+1} = (\lambda + s\mu) P_n$$

……

由上述各式递推以及 $\sum_{n=0}^{\infty} P_n = 1$，可以解得

$$P_0 = \left[\left(\sum_{n=0}^{s-1} \frac{(\lambda/\mu)^n}{n!} \right) + \frac{1}{s!} \left(\frac{\lambda}{\mu} \right)^s \left(\frac{1}{1-\rho} \right) \right]^{-1} \tag{10.16}$$

$$P_n = \begin{cases} \dfrac{\lambda^n}{\mu^n n!} P_0 & 1 \leqslant n \leqslant s \\ \dfrac{\lambda^n}{\mu^n s! s^{n-s}} P_0 & n > s \end{cases} \tag{10.17}$$

（二）系统的主要运行指标

用与单服务台系统同样的方法，可以得到 $M/M/s$ 系统的运行指标：

$$L_q = \frac{\lambda^s \rho P_0}{\mu^s s! (1-\rho)^2} \tag{10.18}$$

$$L = L_q + \frac{\lambda}{\mu} \tag{10.19}$$

$$W = \frac{L}{\lambda} \tag{10.20}$$

$$W_q = \frac{L_q}{\lambda} \tag{10.21}$$

第二节　存　储　论

存储论（inventory theory）又称库存理论，是运筹学的一个发展较早的重要分支。它主要是研究如何用数学方法对企业的存储系统运营成本进行数量分析，以确定最优的存储水平，使总的运营费用最小。所以，费用分析是存储论研究的基本方法。存储量因需求而减少，通过补充而增加。在一个存储问题中主要考虑的问题就是需求（供应）量的多少以及何时需求（供应）的问题，按照这两个参数的确定性或随机性，将存储模型分为确定型存储模型与随机型存储模型两大类。

一、存储问题的基本概念

存储问题通常包括以下基本要素：需求、补充、存储费用和存储（补充）策略。

（一）需求

存储的目的是满足需求，无论是何种需求都使企业存储量减少，可通过调查、统计、预测等方法了解和掌握需求的规律。需求有各种不同的形式。根据需求的时间特征可分为间断

的需求和连续的需求，如顾客对某些时令商品的需求是间断的，但对于一般日用消费品的需求则是连续的。根据需求量的数量特征可分为确定性需求和随机性需求，如供应商按照供货合同每月提供一定数量的产品给用户，那么这种需求是确定的，而在一般的销售活动中，顾客对商品的需求都是具有某种概率分布特征的随机需求。另外还可根据需求量的变动特征分为均匀的需求和非均匀的需求，如自动装配线对零部件的需求是均匀的，而一个城市对用电量的需求则随着季节发生着不均匀的变化。

（二）补充

通过对货物的补充弥补因需求而不断减少的存储，可以通过外部订购或内部生产两种方式获得。如果采用从其他工厂进行外部订购的方式，那么从订购到货物入库（或货物到达）往往需要一段时间，这段时间被称为拖后时间。也就是说，为了保证存储能够得到及时补充，必须提前一段时间订货，因此这段时间也被称为订货提前期。若拖后时间是确定的常数，那么订货提前期取拖后时间即可保证货物按时入库；若拖后时间是随机性的，则订货提前期一般可取拖后时间的期望值。因此外部订购必须掌握拖后时间的统计规律性。如果采用企业内部生产，拖后时间又可理解为生产时间，为了满足需求，必须考虑生产速度 P（即单位时间的生产量）一般不能低于需求速度 R（即单位时间的需求量），否则，存储必将出现短缺而影响需求。从另一个角度讲，内部生产对存储的补充往往是连续和均匀的，而外部订购一般是一次性的。

（三）存储费用

费用分析是存储论研究的基本方法，实际计算时，常用一个存储周期内的总费用或单位时间平均费用来衡量。经常考虑的费用项目有存储费、订货费、生产费、缺货费等，但在实际计算或对比时，对于不同存储策略中相同的费用是可以省略的。

（1）订货费。其构成有两类：一类是货物的成本，如货款、运费、加工成本等，它与订货（或生产）数量有关，可通过单价与数量计算得出；另一类是订购一次货物所需的订购费用，如手续费、差旅费、生产准备费等，它与订货次数有关，而与订货数量无关，经常可以认为是一个常量。

（2）存储费。包括存储货物所需的资金积压造成的损失（利息、保险等）、货物因存储而造成的损失（陈旧、变质、损耗、降价等）以及仓库使用费、货物维修费，一般和物资存储数量以及时间成比例。

（3）缺货费。存储不能满足需求而造成的损失，如失去销售机会的损失，停工待料的损失，延期交货的额外支出，对需求的损失赔偿等。当不允许缺货时，可将缺货费做无穷大处理。

一般来说，在进行费用分析时不必考虑所存储货物的价格。但有时由于订购的批量大，物资的价格有一定的优惠折扣；在生产企业中，如果生产批量达到一定的数量，产品的单位成本往往也会降低，这时进行费用分析时，就需要考虑物资的价格因素。

（四）存储策略

所谓存储策略，是指决定对存储何时进行补充以及补充数量多少的方案。下面是一些比较常见的存储策略。

（1）t-循环策略。总是每隔一个固定的时间 t，补充一个固定的存储量 Q。

（2）(s,S)策略。连续盘点，一旦存储量 $x<s$ 时补充存储，补充量 $Q=S-x$，而存储量 x

$\geqslant s$ 时不补充。其中 s 是判断补充与否的临界值,S 是存储上限或称最大存储量。

(3) (t,s,S)混合策略。每隔一个固定的时间 t 检查存储量 x。当 $x \geqslant s$ 时不补充,$x < s$ 时补充,补充量 $Q = S - x$。

在确定存储策略时,首先是把实际问题抽象为数学模型。在形成模型的过程中,尽量简化条件,只要模型能够反映问题的本质既可;然后对模型用数学方法加以实际检验,得出数量结论,若结论与实际不符,则要对模型中心加以研究和修改。

(五) 常用符号说明

在讨论存储模型前,首先对一些常用符号的含义做必要的说明。

C:单位时间平均运营费用(或称单位时间平均费用)。一般包括单位物品单位时间保管费用 C_1;单位物品单位时间缺货损失 C_2;订购费用(外部订购)或生产准备费用(内部生产)C_3。

D:物品总需求量。

R:单位时间物品需求量(或称需求速度、需求率)。

P:单位时间物品生产量(或称生产速度、生产率),对于随机模型则为概率 $P(r)$。

K:物品单价(外部订购)或单位物品成本费用(内部生产)。

Q:订货量(外部订购)或生产量(内部生产),Q^* 表示最优订货(生产)量。

其中 Q 和 C_3都是对应于一次订购(或生产)而言的。

二、确定型存储模型

(一) 模型 1:不允许缺货,且一次到货

基本假设:

(1) 缺货费无限大(即不允许缺货);

(2) 当存储量降至零时,可以立刻得到补充(即一次到货或拖后时间很短);

(3) 需求量是均匀、连续的,单位时间内需求量 R 是常数;

(4) 每次订货量(生产量)Q 不变,订购费用(生产准备费用)C_3不变。

该模型是存储论中一种最基本的确定性存储模型,又称为经济批量订购模型(economic order quantity,EOQ),最早由 F. W. Harris 于 1915 年提出。由于是一次到货,该模型比较适合于外部订购。

根据以上假设,模型 1 存储状态的变化情况可用图 10-5 表示。

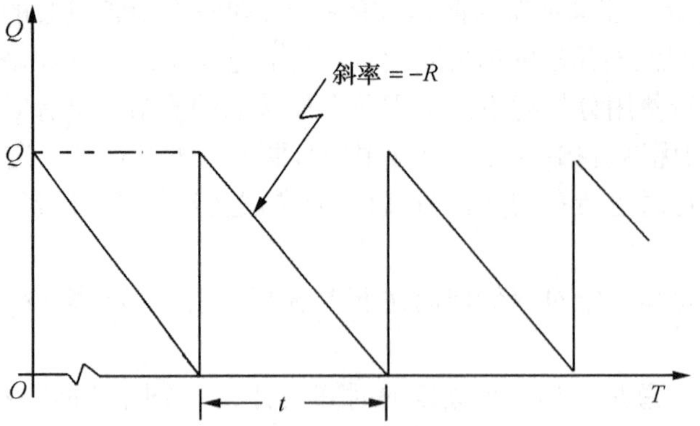

图 10-5

由于不允许缺货,建立本模型时可以不考虑缺货费用。因此,需要均衡存储和订购两种费用,使得在满足需求的情况下,总运营费用最小的方案,才是最佳采购策略。

由图10-5可知,在需求速度 R 已知的情况下,订购量 Q 必须和运营周期 t 内的需求量相等,因此有 $Q=Rt$。在运营周期 t 时间内,货物将随需求输出而减少,存储费用应该按照平均存储量计算,平均存储量为:

$$\frac{1}{t}\int_0^t RT\mathrm{d}T = \frac{1}{2}Rt$$

平均存储费用 = 平均存储量 × 单位保管费用 $=\frac{1}{2}C_1Rt$,而平均订购费用 $=\frac{C_3}{t}$,平均货物成本费用 $=\frac{KRt}{t}=KR$。

单位时间平均运营费用函数:

$$C(t)=\frac{1}{2}C_1Rt+\frac{C_3}{t}+KR \tag{10.22}$$

其中 K,R,C_1,C_3 是已知常数。

令

$$\frac{\mathrm{d}C(t)}{\mathrm{d}t} = \frac{1}{2}RC_1 - \frac{C_3}{t^2} = 0$$

可以推得:

$$t^* = \sqrt{\frac{2C_3}{C_1R}} \tag{10.23}$$

即每隔 t^* 订购一次可使平均运营费用最小。同时可得最佳订购数量:

$$Q^* = Rt^* = \sqrt{\frac{2C_3R}{C_1}} \tag{10.24}$$

式(10.24)称为最优经济批量(EOQ)公式,也称平方根公式。由于 t^* 和 Q^* 都与 K 无关,此后在费用函数中略去 KR 这项费用,也可以说是不考虑货物价格的变动(立刻得到补充),货物本身的成本费用在确定订购策略时可暂时忽略。将式(10.22)改写为

$$C(t) = \frac{1}{2}C_1Rt + \frac{C_3}{t} \tag{10.25}$$

将 t^* 代入式(10.25),可得:

$$C(t^*) = \frac{1}{2}RC_1\sqrt{\frac{2C_3}{C_1R}} + C_3\sqrt{\frac{C_1R}{2C_3}} = \sqrt{\frac{1}{2}C_1C_3R} + \sqrt{\frac{1}{2}C_1C_3R} = \sqrt{2C_1C_3R}$$

即最低平均运营费用:

$$C^* = \sqrt{2C_1C_3R} \tag{10.26}$$

(二) 模型2:不允许缺货,备货需要一定时间

模型2的假设条件,除了备货(拖后)需要有一定时间外,其他假设条件与模型1相同。模型2比较适合通过内部生产补充存储的情况,也称为经济生产批量模型。当企业以内部生产作为补充手段时,通常是按一定的生产速度 P 来补充库存的,同时要求供给率(或生产

速度)P 一定大于需求速度 R,否则必将导致供不应求而造成重大损失。

模型 2 存储状态的变化规律如图 10-6 所示。

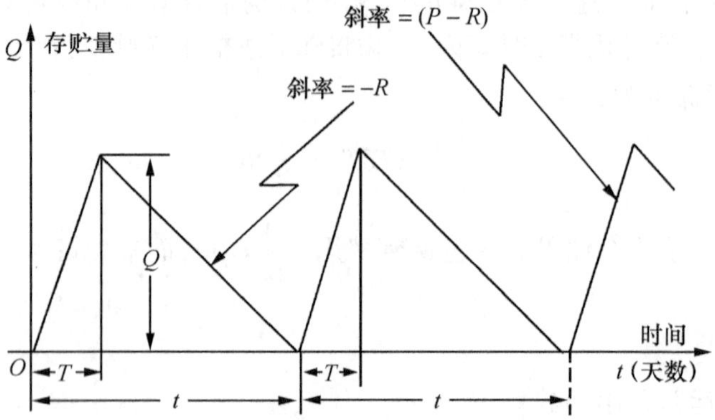

图 10-6

如图 10-6 所示,仍以 t 为运营周期,以 T 为进货周期(或称入库期)。那么在 $[0,T]$ 区间内,存储以 $(P-R)$ 的速度增加,在 T 时刻达到最大存储总量 $S=(P-R)T$,在 $[T,t]$ 区间内以速度 R 减少直至降为 0。生产批量 $Q=T\times P$,且 $TP=Rt$,可求出 $T=Rt/P$。

平均存储量 $=\frac{1}{2}(P-R)\frac{Rt}{P}$,代入式(10.25)可推出模型 2 的单位时间平均运营费用函数:

$$C(t)=\frac{1}{2}(P-R)\frac{Rt}{P}C_1+\frac{C_3}{t} \tag{10.27}$$

则最佳运营周期:

$$t^*=\sqrt{\frac{2C_3}{C_1R}}\sqrt{\frac{P}{P-R}} \tag{10.28}$$

最佳生产批量:

$$Q^*=Rt^*=\sqrt{\frac{2C_3R}{C_1}}\sqrt{\frac{P}{P-R}} \tag{10.29}$$

最低运营费用:

$$C^*=\sqrt{2C_1C_3R}\sqrt{\frac{P-R}{P}} \tag{10.30}$$

与模型 1 的最优存储策略公式相比,模型 2 的式(10.28)、式(10.29)多了一个 $\sqrt{\frac{P}{P-R}}$ 因子,当生产率 P 很大,即 $P\to+\infty$ 时,$\frac{P}{P-R}\to 1$,此时模型 2 变成模型 1,两组公式完全相同。因此模型 1 是模型 2 当 $P\to+\infty$ 时的特例。

(三) 模型 3:允许缺货,且一次到货

模型 1 和模型 2 都假设需求必须及时得到满足,但在某些情况下,若缺货对客户的需求影响不大,除了支付少量缺货赔偿费之外,无其他损失,那么允许缺货是可取的。一般情况下,若为了达到不允许缺货而增加的费用大于因缺货而造成的损失费用,那么就应该允许缺货。

和模型 1 相比,只需把假设 1 改为:"允许缺货,单位缺货费用为 C_2"即可,其他假设条件不变。

模型 3 存储状态变化规律如图 10-7 所示。

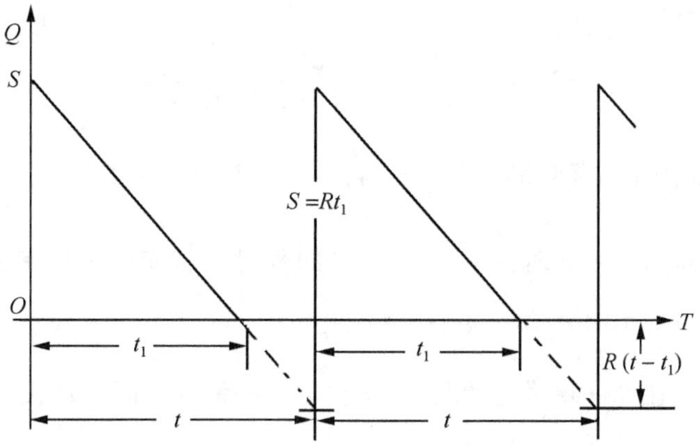

图　10-7

仍以 t 为运营周期，运营周期 t 可以分为有货期 t_1 和无货期 $t-t_1$ 两个阶段。在运营周期初始时刻，即所订购货物到达时，首先必须补足前一阶段无货期所短缺的货物，然后才能入库。因此真正入库部分 S 并不是订购批量 $Q=Rt$ 的全部，即 $S<Q$，且 S 为订货运到后的最大存储量。在$[0,t_1]$存储量随着需求过程均匀减少，直至库存为零，易知 $S=Rt_1$，即 $t_1=S/R$，然后是无货期，由于需求是连续和均匀的，因此至无货期结束，下一批订货到达时，共计短缺货物量为 $R(t-t_1)$。

由于本模型允许缺货，考虑到缺货成本，可推出模型 3 的单位时间平均运营费用函数：

$$C(t,S)=\frac{1}{t}\left[\frac{1}{2}C_1St_1+C_3+\frac{1}{2}R(t-t_1)^2C_2\right] \tag{10.31}$$

将 $t_1=\frac{S}{R}$ 代入式(10.31)，消去 t_1 得：

$$C(t,S)=\frac{1}{t}\left[\frac{C_1S^2}{2R}+C_3+\frac{C_2(Rt-S)^2}{2R}\right] \tag{10.32}$$

令：

$$\frac{\partial C}{\partial S}=\frac{1}{t}\left[\frac{C_1S}{R}-\frac{C_2(Rt-S)}{R}\right]=0$$

$$\frac{\partial C}{\partial t}=\frac{1}{t^2}\left[\frac{C_1S^2}{2R}+C_3+\frac{C_2(Rt-S)^2}{2R}\right]+\frac{1}{t}C_2(Rt-S)=0 \tag{10.33}$$

解方程组(10.33)，当 $R\neq0,t\neq0$ 时，可得：$S=\frac{C_2Rt}{C_1+C_2}$

$$t^*=\sqrt{\frac{2C_3}{C_1R}}\sqrt{\frac{C_1+C_2}{C_2}} \tag{10.34}$$

那么可得最佳订购批量和最少费用：

$$Q^*=Rt^*=\sqrt{\frac{2C_3R}{C_1}}\sqrt{\frac{C_1+C_2}{C_2}} \tag{10.35}$$

$$C^* = \sqrt{2C_1C_2R}\sqrt{\frac{C_2}{C_1+C_2}} \tag{10.36}$$

最大存储量公式：

$$S^* = \frac{C_2Rt^*}{C_1+C_2} = \sqrt{\frac{2C_3R}{C_1}}\sqrt{\frac{C_2}{C_1+C_2}} \tag{10.37}$$

与模型 1 的公式相比，模型 3 的式(10.34)、(10.35)多了一个$\sqrt{\frac{C_1+C_2}{C_2}}$因子。当单位缺货损失 C_2 无穷大，即 $C_2 \to +\infty$ 时，$\frac{C_1+C_2}{C_2} \to 1$，此时模型 3 就变成了模型 1，两组公式完全相同。因此模型 1 是模型 3 当 $C_2 \to +\infty$ 时的特例。

由于$\frac{C_1+C_2}{C_2}>1$，在允许缺货的情况下，两次订购的最佳时间 t_0 延长了，但同时每次订购的最佳数量增加了。而且单位缺货损失越小，订购间隔时间越长，经济批量越大。

由式(10.35)、(10.36)还可以推出 t_0 时间内的最大缺货量 B^*：

$$B^* = Q^* - S^* = \sqrt{\frac{2C_3R}{C_1}}\sqrt{\frac{C_1+C_2}{C_2}} - \sqrt{\frac{2C_3R}{C_1}}\sqrt{\frac{C_2}{C_1+C_2}}$$

$$= \sqrt{\frac{2C_3R}{C_1}}\left(\sqrt{\frac{C_1+C_2}{C_2}} - \sqrt{\frac{C_2}{C_1+C_2}}\right) = \sqrt{\frac{2C_1C_3R(C_1+2C_2)}{C_2(C_1+C_2)}}$$

(四) 模型 4：允许缺货，备货需要一定时间

本模型是模型 2 和模型 3 的综合，即同时对模型 1 的假设条件 1 和 2 进行修改：

(1) 允许缺货，单位缺货费用为 C_2。

(2) 分批到货，以一定的供应率 P 补充库存。

其他条件不变。

模型 4 的存储变化可以用图 10-8 表示。

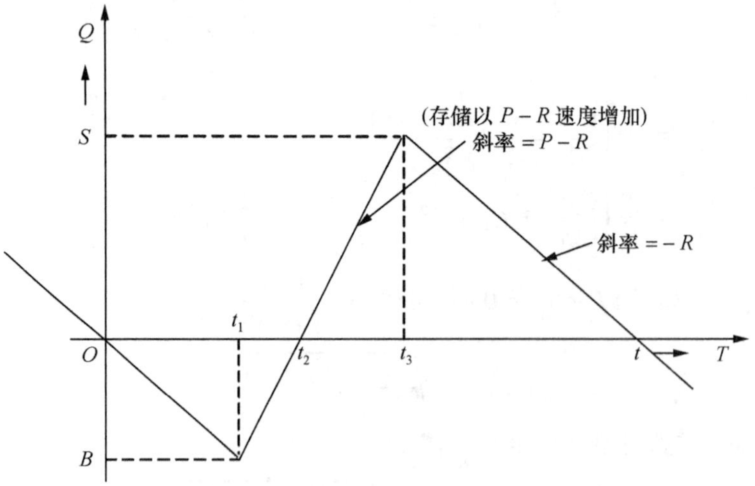

图 10-8

仍以 t 为一个运营周期,则整个周期可以分为 4 个时间区间。

$[0,t_1]$:为缺货期,该阶段没有生产,需求却仍在继续,因此最大缺货量 $B^* = Rt_1$。

$[t_1,t_2]$:为缺货补足期,由于 $P>R$,除满足需求外,补足$[0,t_1]$的缺货,但存储仍为 0。

$[t_2,t_3]$:已补足缺货,存储量开始以 $P-R$ 的速度增加,t_3时达到最大存储量 S_0。

$[t_3,t]$:t_3时停止生产,存储量以需求速度 R 减少,至 t 时存储恢复为零,开始进入缺货期。

通过图 10-8,易知:

(1) 总的缺货时间为$[0,t_2]$,最大缺货量 $B^* = Rt_1$,或者 $B^* = (P-R)(t_2-t_1)$,可以推出 $t_1 = \frac{R-P}{P}t_2$。那么缺货费用为:$\frac{1}{2}C_2Rt_1t_2 = \frac{1}{2}C_2R\left(\frac{R-P}{P}\right)t_2^2$。

(2) 总不缺货时间为$[t_2,t]$,最大存储量 $S^* = R(t-t_3)$,或者 $S^* = (P-R)(t_3-t_2)$,可以推出 $t_3 = \frac{R}{P}t + \left(1-\frac{R}{P}\right)t_2$。那么保管费用为:$\frac{1}{2}C_1R(t-t_3)(t-t_2) = \frac{1}{2}C_1R\left(\frac{R-P}{P}\right)(t-t_2)^2$。

由以上分析,可建立模型 4 的单位时间平均运营费用函数:

$$
\begin{aligned}
C(t,t_2) &= \frac{1}{t}\left[\frac{(P-R)R}{2P}C_1(t-t_2)^2 + C_3 + \frac{(P-R)R}{2P}C_2t_2^2\right] \\
&= \frac{(P-R)R}{2Pt}\left[C_1(t-t_2)^2 + C_2t_2^2\right] + \frac{C_3}{t} \\
&= \frac{(P-R)R}{2P}\left[C_1t - 2C_1t_2 + (C_1+C_2)\frac{t_2^2}{t}\right] + \frac{C_3}{t} \qquad (10.38)
\end{aligned}
$$

分别对时间参数 t 和 t_2求偏导数,并令偏导数为零,可得:

$$
\begin{cases}
\frac{\partial C}{\partial t} = \frac{(P-R)R}{2P}\left[C_1 - (C_1+C_2)\frac{t_2^2}{t^2}\right] - \frac{C_3}{t^2} = 0 \\
\frac{\partial C}{\partial t_2} = \frac{(P-R)R}{2P}\left[-2C_1 + 2(C_1+C_2)\frac{t_2}{t}\right] = 0
\end{cases} \qquad (10.39)
$$

由方程组(10.39)解得:

$$
t_2 = \frac{C_1}{C_1+C_2}t, \quad t = \sqrt{\frac{2C_3}{C_1R}}\sqrt{\frac{P}{P-R}}\sqrt{\frac{C_1+C_2}{C_2}} \text{(可记为 } t^* \text{)}
$$

由于 $P>R$,即 $P-R>0$,依据数学分析知识,可以断定函数 $C(t,t_2)$ 在点$\left(t^*,\frac{C_1t^*}{C_1+C_2}\right)$取得最小值。

$$
C^* = C\left(t^*,\frac{C_1t^*}{C_1+C_2}\right) = \sqrt{2C_1C_3R}\sqrt{\frac{P-R}{P}}\sqrt{\frac{C_2}{C_1+C_2}} \qquad (10.40)
$$

相应地,我们得到最佳生产周期:

$$
t^* = \sqrt{\frac{2C_3}{C_1R}}\sqrt{\frac{P}{P-R}}\sqrt{\frac{C_1+C_2}{C_2}} \qquad (10.41)
$$

最优经济批量:

$$
Q^* = Rt^* = \sqrt{\frac{2C_3R}{C_1}}\sqrt{\frac{P}{P-R}}\sqrt{\frac{C_1+C_2}{C_2}} \qquad (10.42)
$$

最大缺货量：

$$B^* = Rt_1 = \frac{R(P-R)}{P}t_2 = \sqrt{\frac{2C_3R}{C_2}}\sqrt{\frac{P-R}{P}}\sqrt{\frac{C_1}{C_1+C_2}} \tag{10.43}$$

最大存储量：

$$S^* = R(t^* - t_3) = R\left(t^* - \frac{R}{P}t^* - \frac{P-R}{P}t_2\right) = R\left(\frac{P-R}{P}t^* - \frac{P-R}{P}\frac{C_1}{C_1+C_2}t^*\right)$$

$$= R\frac{P-R}{P}\frac{C_1}{C_1+C_2}t^* = \sqrt{\frac{2C_3R}{C_1}}\sqrt{\frac{P-R}{P}}\sqrt{\frac{C_2}{C_1+C_2}} \tag{10.44}$$

由公式(10.41)、(10.42)可知，若生产速度 $P \to +\infty$，则模型 4 就变成了模型 2；若缺货费用 $C_2 \to +\infty$，则模型 4 就变成了模型 3；当 $P \to +\infty$ 和 $C_2 \to +\infty$ 同时成立，则模型 4 成为最简单的模型 1。由此可见，模型 4 是确定性存储模型中最具普遍意义的一种模型。

对这四个模型的最优存储策略加以比较，我们可以看出，根据模型假设条件不同，各个模型的最优存储周期参数 t_0 之间有着明显的规律性。因子 $\left(\frac{C_1+C_2}{C_2}\right)$ 对应了是否允许缺货的假设条件，因子 $\left(\frac{R-P}{P}\right)$ 对应了补充是否需要时间的假设条件。

（五）模型 5：价格有折扣的存储模型

在上述 4 种模型中，都假设单位物品的成本费用 K 是固定不变的，与确定最优存储策略 t^* 和 Q^* 无关。但是在日常的经济生活中，物品的单价 K 往往与购买数量 Q 有关，即当一次订购超过一定数量时，购货量越多商品价格越低，称之为批量折扣。为简便起见，模型 5 的假设条件除了含有这样的价格刺激机制外，其他条件均与模型 1 相同。

因此，在一个运营周期 t 内，模型 5 对应的平均运营费用应该是订货量 Q 的函数，由于 $Q = Rt$，仍以 t 为决策变量，构造费用函数：

$$C(t) = \frac{1}{2}C_1Rt + \frac{C_3}{t} + RK(Rt) \tag{10.45}$$

其中：$K(Q)$ 或者说 $K(Rt)$ 为批量折扣价格函数。通常 $K(Q)$ 为订货量的分段函数，其一般形式为：

$$K(Q) = K_i, \quad 当 Q_{i-1} \leqslant Q < Q_i < +\infty, \quad i = 1,2,3,\cdots,n \tag{10.46}$$

也可以写成以下时间 t 的函数形式：

$$K(t) = K_i, \quad 当\frac{Q_{i-1}}{R} \leqslant t < \frac{Q_i}{R} < +\infty, \quad i = 1,2,3,\cdots,n \tag{10.47}$$

考察以下费用曲线（见图 10-9）可以看出，三条平均费用曲线 $C^{(1)}, C^{(2)}, C^{(3)}$ 之间仅相差一个常数。在不考虑曲线定义域的情况下，根据微积分求极值的方法，各曲线在 t^* 处取得最小值。但是直观感觉在区间 $\left[\frac{Q_{i-1}}{R}, \frac{Q_i}{R}\right]$ 中，$C^{(1)}\left(\frac{Q_{i-1}}{R}\right) < C^{(2)}(t^*) < C^{(3)}\left(\frac{Q_i}{R}\right)$，也就是说有可能 $C^{(3)}\left(\frac{Q_i}{R}\right)$ 最小。

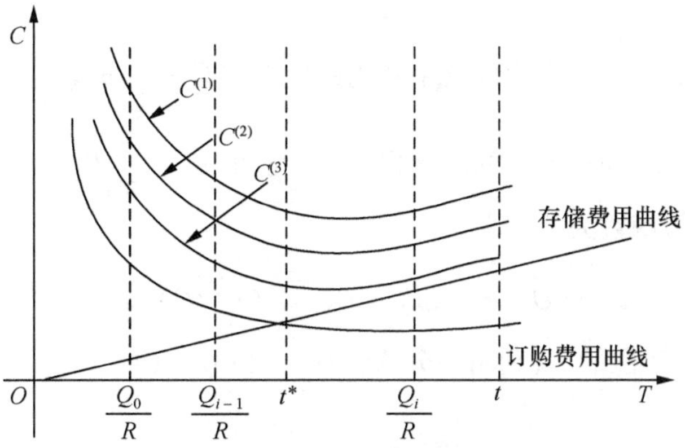

图 10-9　运营费用曲线图

根据以上分析，确定在有折扣情况下的存储策略的步骤如下：

(1) 先利用 EOQ 公式求出经济批量 $Q^* = \sqrt{\frac{2C_3R}{C_1}}$（不考虑定义区间），并确定 Q^* 落在哪个区间。

(2) 当 Q^* 处在折扣价最高区间$[Q_{n-1} \leqslant Q^* < Q_n]$时，$Q^*$ 即为最优订货批量。

(3) 当 Q^* 处在某一折扣价最高区间（含无折扣区间）$[Q_{k-1} \leqslant Q^* < Q_k]$时，订购批量值是使费用函数即式(10.45)取值最小者：

$$C^* = \min\{C(Q^*), C(Q_{k-1}), C(Q_k), C(Q_{k+1}), \cdots, C(Q_n)\}$$

三、随机型存储模型

在实际应用中，大多数的需求是不能事先确定的，但是各种需求出现的统计规律，即概率分布应该是能够掌握的。在这种情况下，为制定存储策略所建立的模型就是随机型存储模型。

由于随机变量根据其取值可分为离散型随机变量和连续型随机变量，建立随机型存储模型也要从这两种情形入手加以讨论。根据每次生产或订购的货物是在本期处理完毕还是可以在下期继续使用，存储模型可分为单周期存储模型和多周期存储模型。

（一）模型 6：单周期随机存储模型

单周期存储模型是指在一个运营周期中只能提出一次订货或生产，发生缺货时不允许再次订货，到周期结束时，即使有余货也要一次性处理完毕，或降价销售或报废扔掉。季节性和易变质的产品，如季节性服装、食品、报纸等，都适合利用单周期存储模型制定存储策略。

基本假设：

(1) 产品需求量 r 是离散型随机变量，其概率分布为 $P(r)$，且 $\sum_{r=0}^{+\infty} P(r) = 1$。

(2) 周期内订货量 Q 一定，可以瞬间一次性补充。

(3) 单位存储费用为 C_1，每次订购费用为 C_3。

(4) 供大于求时，单位进货过量产生的滞销费用为 h；供不应求时，单位进货不足产生的

缺货损失为 C_2。

当供大于求，即 $r<Q$ 时，产生的滞销费用的期望值是：$\sum_{r=0}^{Q} h(Q-r)P(r)$。

当供不应求，即 $r>Q$ 时，产生的缺货损失的期望值是：$\sum_{r=Q+1}^{\infty} C_2(r-Q)P(r)$。

那么，总损失期望函数为：

$$C(Q) = h\sum_{r=0}^{Q}(Q-r)P(r) + C_2\sum_{r=Q+1}^{\infty}(r-Q)P(r) + C_1Q + C_3 \tag{10.48}$$

由于订货量 Q 是离散的，现利用差分 $\Delta C(Q) = C(Q+1) - C(Q)$ 近似求极值的方法求解，其中：

$$\begin{aligned}
C(Q+1) &= h\sum_{r=0}^{Q+1}(Q+1-r)P(r) + C_2\sum_{r=Q+2}^{\infty}(r-Q-1)P(r) + C_1(Q+1) + C_3 \\
&= h\sum_{r=0}^{Q}(Q+1-r)P(r) + h[Q+1-(Q+1)]P(Q+1) \\
&\quad + C_2\sum_{r=Q+1}^{\infty}(r-Q-1)P(r) - C_2[Q+1-(Q+1)]P(Q+1) + C_1Q + C_1 + C_3 \\
&= h\sum_{r=0}^{Q}(Q-r)P(r) + h\sum_{r=0}^{Q}P(r) + C_2\sum_{r=Q+1}^{\infty}(r-Q)P(r) - C_2\sum_{r=Q+1}^{\infty}P(r) \\
&\quad + C_1Q + C_1 + C_3 \\
&= h\sum_{r=0}^{Q}(Q-r)P(r) + C_2\sum_{r=Q+1}^{\infty}(r-Q)P(r) + C_1Q \\
&\quad + h\sum_{r=0}^{Q}P(r) - C_2\sum_{r=Q+1}^{\infty}P(r) + C_1 + C_3 \\
&= C(Q) + h\sum_{r=0}^{Q}P(r) - C_2\left[1 - \sum_{r=0}^{Q}P(r)\right] + C_1 \\
&= C(Q) + (h+C_2)P(r \leqslant Q) - C_2 + C_1
\end{aligned}$$

由 $\frac{\Delta C}{\Delta Q}=0$，所以：$\Delta C(Q) = C(Q+1) - C(Q) = (h+C_2)P(r\leqslant Q) - C_2 + C_1 = 0$

得到：

$$P(r \leqslant Q) = \frac{C_2 - C_1}{h + C_2} \tag{10.49}$$

式(10.49)中，记 $N = \frac{C_2 - C_1}{h + C_2}$，可称为损益转折概率，与固定订货费用无关。一般地，我们可以此来确定最佳订货量 Q^*。具体做法是：先计算出 N 的值，然后把需求量按从小到大的顺序排列，并递次计算累积概率，当累积概率刚刚达到或超过 N 的需求量时即可作为最佳订货量 Q^*。

和模型 6 相比，只需改变一下假设 1 的条件，将需求量 r 视为服从概率密度函数为 $f(r)$ 分布的连续型随机变量，且 $\int_0^{\infty} f(r)\,\mathrm{d}r = 1$，我们同样可以建立连续随机需求的单周期存储模型，只不过费用函数要用连续随机变量的期望值表达式。

即总损失期望函数为：

$$C(Q) = h\int_0^Q (Q - r)f(r)\,\mathrm{d}r + C_2\int_Q^\infty (r - Q)f(r)\,\mathrm{d}r + C_1 Q \tag{10.50}$$

对式(10.50)求关于 Q 的一阶导数，并令其等于0，分析过程同模型6，可得到

$$\int_0^Q f(r)\,\mathrm{d}r = \frac{C_2 - C_1}{h + C_2} \tag{10.51}$$

由式(10.51)确定 Q，即可作为最佳订货量 Q^*。如果随机变量 r 服从正态分布 $N(u,\delta)$，查正态分布表，即可获得 Q 值。

（二）模型7：多周期随机存储模型

在多周期的模型中，由于前一周期的余货可以存储到下一个周期继续使用，其费用不包括机会成本，而只考虑缺货损失、订货费和存储费。由于需求是随机的，不能准确知道周期的长度，也无法准确确定再订货点的时间。因此需要近似采用(s,S)策略或者(t,s,S)混合策略来构建多周期随机存储模型。

1. 需求为离散变量的(s,S)策略的随机存储模型

该模型的假设条件，除了没有周期限制（条件2）以外，其余同模型6。由于期初有存储量 x，根据(s,S)策略，订货量 $Q = S - x$，要确定最大存储量 S 和再订货点 s，首先仍然采用损失期望值最小原则来确定最大存储量 S。

总损失期望函数为：

$$C(S) = h\sum_{r=0}^{S}(S - r)P(r) + C_2\sum_{r=S+1}^{\infty}(r - S)P(r) + C_1(S - x) + C_3 \tag{10.52}$$

根据模型6的求解过程，利用式(10.52)得到求取最大存储量的损益转折概率 N，同式(10.49)，继而求出最大存储量 S^*。

应该注意到，这里 S^* 的确定与再订货点 s 无关。根据再订货点的意义，当期初存储量点 $x = s$ 时，不订货所造成的损失应当不超过订货所造成的损失期望值，因此有

$$\begin{aligned} & h\sum_{r=0}^{s}(s - r)P(r) + C_2\sum_{r=s+1}^{\infty}(r - s)P(r) \\ & \quad \leqslant h\sum_{r=0}^{S^*}(S^* - r)P(r) + C_2\sum_{r=S^*+1}^{\infty}(r - S^*)P(r) + C_1(S^* - s) + C_3 \end{aligned}$$

即

$$\begin{aligned} & h\sum_{r=0}^{s}(s - r)P(r) + C_2\sum_{r=s+1}^{\infty}(r - s)P(r) + C_1 s \\ & \quad \leqslant h\sum_{r=0}^{S^*}(S^* - r)P(r) + C_2\sum_{r=S^*+1}^{\infty}(r - S^*)P(r) + C_1 S^* + C_3 \end{aligned} \tag{10.53}$$

当 $s = S^*$ 时，式(10.53)显然成立，所以满足该式的 s 是一定存在的，选择使式(10.53)成立的最小 s 为 s^*，则 s^* 为(s,S)存储策略的再订货点 s。

2. 需求为连续变量的(s,S)策略的随机存储模型

和上述模型相比，只需改变一下假设条件，将需求量 r 视为服从概率密度函数为 $f(r)$ 分

布的连续型随机变量,且 $\int_0^{\infty} f(r)\,\mathrm{d}r = 1$,同样可以建立连续随机需求的多周期(s,S)策略存储模型,只不过费用函数要用连续随机变量的期望值表达式。

即总损失期望函数为:

$$C(S) = h\int_0^S (S-r)f(r)\,\mathrm{d}r + C_2\int_S^{\infty}(r-S)f(r)\,\mathrm{d}r + C_1 S + C_3 \tag{10.54}$$

对式(10.54)求关于 S 的一阶导数,并令其等于0,分析过程同前,可得到

$$\int_0^S f(r)\,\mathrm{d}r = \frac{C_2 - C_1}{h + C_2} \tag{10.55}$$

由式(10.55)确定 S,即可作为最大存储量 S^*。如果随机变量 r 服从正态分布 $N(u,\delta)$,查正态分布表,即可获得 S^* 值。

然后再利用式(10.56)求得满足 $s \leqslant S^*$ 的再订货点 s^*。

$$\begin{aligned} & h\int_0^s (s-r)f(r)\,\mathrm{d}r + C_2\int_s^{\infty}(r-s)f(r)\,\mathrm{d}r + C_1 s \\ & \leqslant h\int_0^{S^*}(S^*-r)f(r)\,\mathrm{d}r + C_2\int_{S^*}^{\infty}(r-S^*)f(r)\,\mathrm{d}r + C_1 S^* + C_3 \end{aligned} \tag{10.56}$$

由于式(10.56)计算过程较为复杂,可以考虑在一定置信水平下的不缺货或缺货在某一确定数量上,确定再订货点 s^*。例如,在某一时段内出现缺货的概率为 α,即出现不缺货的概率为 $1-\alpha$。这里的置信水平即为服务水平。

假设随机变量 r 服从正态分布 $N(u,\delta)$,由概率知识可知:

$$P\left(\frac{s-u}{\delta} \leqslant \frac{r-u}{\delta}\right) = 1 - \alpha$$

查概率表可得

$$\phi\left(\frac{s-u}{\delta}\right) = 1 - \alpha$$

记 $\beta_{1-\alpha} = \dfrac{s-u}{\delta}$,则,$s = u + \delta\beta_{1-\alpha}$ 为满足服务水平的再订货点。

第三节 对 策 论

一、对策论概述

(一) 对策的概念

在现实生活中,普遍存在着对抗性、斗争性或竞争性的现象,如日常生活中的下棋、打牌、赛球,乃至政治、经济和军事等。我们把具有这种现象的问题统称为对策问题,把有关对策问题的理论统称为对策论(games theory,GT),亦称博弈论。对策现象的一个共同特点是:参加斗争的各方具有完全不同的利益和目标。为了达到各自的利益和目标,各方必须充分考虑和估计对手可能采取的各种行动方案,并针锋相对地选择对自己最有利或最合理的方案。对策论就是专门研究对策现象中各方是否存在最合理的行动方案以及如何找到合理的行动方案的数学理论和方法。简单地说,对策论是研究决策主体在给定信息结构下如何决

策以最大化自己的效用，以及不同决策主体之间决策的均衡。

对策论是研究具有斗争或竞争性质现象的数学理论和方法，已成为运筹学的一大分支，在生产管理、商业经营、国际谈判、军事斗争、体育竞赛等众多领域有着广泛的应用。特别是计算机的出现，使得其应用更加广泛和深入。

（二）对策的分类

为了便于研究不同的对策问题，可将对策现象根据不同的方式进行分类。通常的分类方式有：

（1）根据参加对策的局中人的数目，可以分为二人对策和多人对策。如“田忌赛马”中为两个局中人，故属于二人对策。“战国纷争”、“三国鼎立”则属于多人对策。

（2）根据各局中人赢得函数值的代数和（赢者为正，输者为负）是否为零，将对策分为零和对策与非零和对策。

（3）根据局中人策略集中的策略数目分类可分为有限对策和无限对策。

（4）根据局中人参与对策时相互间的关系分类，可分为主从对策和平等对策，而平等对策又可分为协商对策和对抗对策；在多人对策中，还可分为结盟对策与不结盟对策，而结盟对策又可分为联合对策和合作对策；等等。

（5）根据对策的数学模型的类型可分为矩阵对策、连续对策、微分对策、阵地对策、随机对策等。

在众多对策模型中，占有重要地位的是二人有限零和对策，这类对策又称为矩阵对策。矩阵对策是到目前为止在理论研究和求解方法方面都比较完善的一类对策，而且这类对策的研究思想和理论结果又是研究其他类型对策模型的基础。因此，本章主要介绍矩阵对策的基本理论和方法。

（三）对策问题的三要素

为了对对策问题进行数学上的分析，必须建立对策问题的数学模型，称为对策模型。不论对策模型在形式上有何不同，一般都必须包括以下三个基本要素。

1. 局中人

参与对策并有切身利益关系与决策权的个人或集体，称为局中人（players）。对策论有个前提，即局中人都是聪明的理性人。因此，人与自然灾害的斗争、动植物界的生存竞争，均不属于对策论研究的对策现象。

2. 策略集

每个局中人为了自身利益所能采取的对付其他局中人的方法或措施等，称为该局中人的策略。每个局中人所有策略构成的集合，成为该局中人的策略集（strategies）。如在“田忌赛马”典故中如果用（上、中、下）表示以上马、中马、下马依次参赛，那么它就是一个完整的行动方案，即为一个策略。可见齐王和田忌各自都有六个策略（3！个）：（上、中、下）、（上、下、中）、（中、上、下）、（中、下、上）、（下、上、中）、（下、中、上）。

3. 赢得函数（支付函数）

一个对策中，每位局中人所出策略形成的一对策略称为一个局势。当一个局势出现后必然会有一个竞争结局，把这种竞争结局用数量来表示，就称为赢得函数或支付函数（payoff function），即每个局中人的赢得或损失，如金钱的损益、效用等。

一般地,当对策问题中的局中人、策略集合和赢得函数这三个要素确定后,一个对策模型也就确定了。

二、矩阵对策的基本模型

矩阵对策就是二人有限零和对策,指只有两个局中人;每个局中人都只有有限个策略可供选择;在任一局势下,两个局中人的赢得之和总是等于零,即双方的利益是激烈对抗的。"田忌赛马"就是一个矩阵对策的例子。齐王和田忌各有六个策略,一局结束后,齐王的所得即为田忌的损失,反之亦然。

在二人有限零和对策中,设以甲方、乙方表示两个局中人;以 S_1,S_2 分别表示甲方、乙方的策略集,有

$$\boldsymbol{S}_1 = \{\alpha_1,\alpha_2,\cdots,\alpha_m\},\quad \boldsymbol{S}_2 = \{\beta_1,\beta_2,\cdots,\beta_n\} \tag{10.57}$$

其中 $\alpha_i(i=1,2,\cdots,m)$,$\beta_j(j=1,2,\cdots,n)$ 分别表示甲方、乙方的策略,二者构成 $m\times n$ 个局势:

$$(\alpha_i,\beta_j),\quad (i = 1,2,\cdots,m;j = 1,2,\cdots,n) \tag{10.58}$$

设以 a_{ij} 表示甲方关于局势 (α_i,β_j) 的赢得,则一切 a_{ij} 构成一个矩阵

$$\boldsymbol{A} = (a_{ij})_{m\times n}$$

称为甲方的赢得矩阵。

由于甲、乙双方赢得总和恒为0,因此甲方的赢得矩阵 $\boldsymbol{A}$ 亦即乙方的损失矩阵。而 $-\boldsymbol{A} = (-a_{ij})_{m\times n}$ 即为乙方的赢得矩阵。而二人有限零和对策的基本要素可由一个矩阵 A 给定,故约定俗成称之为矩阵对策。

矩阵对策的基本模型为 $\boldsymbol{G} = \{\boldsymbol{S}_1,\boldsymbol{S}_2,\boldsymbol{A}\}$,其中 $\boldsymbol{A}$ 规定为甲方的赢得矩阵。

$$\boldsymbol{A} = \begin{bmatrix} a_{11} & a_{12} & \cdots & a_{1n} \\ a_{21} & a_{22} & \cdots & a_{2n} \\ \cdots & \cdots & \cdots & \cdots \\ a_{m1} & a_{m2} & \cdots & a_{mn} \end{bmatrix}$$

在"田忌赛马"的例子中,不难看出齐王的赢得表为表10-1。

表 10-1　齐王的赢得表

田忌的策略 / 齐王的赢得值 / 齐王的策略	$[\beta_1]$ 上 中 下	$[\beta_2]$ 上 下 中	$[\beta_3]$ 中 上 下	$[\beta_4]$ 中 下 上	$[\beta_5]$ 下 中 上	$[\beta_6]$ 下 上 中
α_1(上、中、下)	3	1	1	1	1	−1
α_2(上、下、中)	1	3	1	1	−1	1
α_3(中、上、下)	1	−1	3	1	1	1
α_4(中、下、上)	−1	1	1	3	1	1
α_5(下、中、上)	1	1	−1	1	3	1
α_6(下、上、中)	1	1	1	−1	1	3

赢得矩阵为：

$$A=\begin{bmatrix}3&1&1&1&1&-1\\1&3&1&1&-1&1\\1&-1&3&1&1&1\\-1&1&1&3&1&1\\1&1&-1&1&3&1\\1&1&1&-1&1&3\end{bmatrix}$$

三、矩阵对策的基本定理

定理 10.1　设 $\boldsymbol{G}=\{\boldsymbol{S}_1,\boldsymbol{S}_2;\boldsymbol{A}\}$ 为一矩阵对策，其中 $\boldsymbol{S}_1=\{\alpha_1,\alpha_2,\cdots,\alpha_m\}$，$\boldsymbol{S}_2=\{\beta_1,\beta_2,\cdots,\beta_n\}$，$\boldsymbol{A}=(a_{ij})_{m\times n}$。若有 $\max\limits_i\min\limits_j a_{ij}=\min\limits_j\max\limits_i a_{ij}$ 成立，记其值为 V_G，则称 V_G 为该对策的值，称使上式成立的纯局势(α_{i^*},β_{i^*})为 G 在纯策略意义下的解（或平衡局势），称 α_{i^*} 和 β_{i^*} 分别为局中人甲方和乙方的最优纯策略。

例 10-1　求解矩阵对策 $\boldsymbol{G}=\{\boldsymbol{S}_1,\boldsymbol{S}_2;\boldsymbol{A}\}$，其中 $\boldsymbol{A}=\begin{bmatrix}-6&1&-8\\3&2&4\\9&-1&-10\\-3&0&6\end{bmatrix}$

解　因为这是一个竞争性决策问题，每方在决策时都应考虑对方可能采用的策略。由 A 可以看出，甲方的最大赢得是 9，他就得选取纯策略 α_3。由于假定乙方也是理智的，他就应考虑到甲方打算出 α_3 的心理，便准备以 β_3 来对之，使自己的收益最大化，达到 10。甲方当然也会猜到乙方的这种心理，故转而出 α_4 来对付，使乙方得不到 10，自己得到 6……所以，如果双方都不想冒险，也都不存在侥幸心理，而是考虑到双方必然会设法使自己所得最大化，就应该从各自可能出现的最不利的情形中选择一个最有利的来作为决策的依据，即所谓的理性行为，这也是对策双方实际上可以接受并采取的一种稳妥的方法。在实际决策中，甲方会这样考虑：当自己采用策略 α_i 时，乙方必然选用使乙方支出最小（或收益最大）的策略 β_j，即应有 $a_{ij^*}=\min\limits_j a_{ij}$。甲方当然希望使自己获利最大，故甲方的最优策略 α_i 应满足：$a_{i^*j^*}=\max\limits_i a_{ij^*}=\max\limits_i\min\limits_j a_{ij}=2$。

再看乙方的决策，乙方则认为：当我方采用策略 β_j 时，甲方必然选用使得甲方获得收入最大（或损失最小）的策略 α_i，即应有 $a_{i^*j}=\max\limits_i a_{ij}$。乙方当然希望使自己的支出最小，故乙方选用的策略 β_{j^*} 应满足：$a_{i^*j^*}=\min\limits_j a_{i^*j}=\min\limits_j\max\limits_i a_{ij}=2$。

上述分析表明局中人甲方和乙方的理性行为分别是选择 α_2 和 β_2，此时甲方的赢得值和乙方的损失值的绝对值相等。甲方得到了其预期的最小赢得 2，而乙方也不会给甲方带来比 2 更多的收益，相互的竞争使对策出现了一个平衡局势(α_2,β_2)，这个局势是双方可以接受的，且对双方而言都是一个最稳妥的结果。因此，α_2 和 β_2 应分别为甲方和乙方的最优纯策略。

定理 10.2　矩阵对策 $\boldsymbol{G}=\{\boldsymbol{S}_1,\boldsymbol{S}_2;\boldsymbol{A}\}$ 在纯策略意义下有解的充要条件是：存在纯局势(α_{i^*},β_{j^*})，使得对任意的 i 和 j 有：

$$a_{ij^*} \leqslant a_{i^*j^*} \leqslant a_{i^*j}, \quad i = 1,\cdots m; j = 1,\cdots n \tag{10.59}$$

从例 10-4 中可以看出,矩阵 **A** 中的平衡局势(α_2,β_2)对应的元素 $a_{22}=2$,既是其所在行的最小元素,又是其所在列的最大元素,即有:

$$a_{i2} \leqslant a_{22} \leqslant a_{2j}, \quad i = 1,2,3,4; j = 1,2,3 \tag{10.60}$$

定理 10.3 具有鞍点的对策:设 $f(x,y)$ 为一个定义在 $x \in \boldsymbol{A}$ 及 $y \in \boldsymbol{B}$ 上的实值函数,如果存在 $x^* \in \boldsymbol{A}, y^* \in \boldsymbol{B}$,有 $f(x,y^*) \leqslant f(x^*,y^*) \leqslant f(x^*,y)$,则称$(x^*,y^*)$为函数 f 的一个鞍点,即矩阵对策 $\boldsymbol{G}$ 在纯策略意义下有解,且 $V_G = a_{i^*j^*}$ 的充要条件为 $a_{i^*j^*}$ 是矩阵 **A** 的一个鞍点。

例 10-2 设 A、B 两人博弈,各自均拥有三个策略 α_1、α_2、α_3 和 β_1、β_2、β_3,收益矩阵如表 10-2 所示。试求 A、B 各自的最优策略及对策值。

表 10-2

	β_1	β_2	β_3	min
α_1	6	2	8	2
α_2	9	4	5	④
α_3	5	3	6	3
max	9	④	8	

解 从局中人 A 开始考虑,根据最大最小定理,当他选取策略 α_1 时,最坏结局(即收入最少)为 $\min(6,2,8)=2$;当选取策略 α_2 时,最坏结局为 $\min(9,4,5)=4$;当选取策略 α_3 时,最坏结局为 $\min(5,3,6)=3$。从以上三个可能的最坏结果中找出一个最好的,因此有 $v_a = \max(2,4,3)=4$。

对于局中人 B 也依据最大最小定理,有 $v_b = \min\limits_j \max\limits_i a_{ij} = \min(9,4,8)=4$。以上详细求解过程如表 10-2 所示。因为 $v_a = v_b = 4$,故上述对策为具有鞍点的决策。从表 10-2 可以看到,当 A 采用策略 α_2 时,对 B 来说最优选择就是策略 β_2,否则他的损失会最大;反过来当 B 选择策略 β_2 时,策略 α_2 是 A 的最优选择,因为不选 α_2 他的赢得将会减少。由此当对策重复进行时,双方将坚持使用 α_2 和 β_2 的策略不变,故称这类对策具有纯策略解,对策值 $v = v_a = v_b = 4$。

定理 10.4 任何矩阵对策 $\boldsymbol{G} = \{\boldsymbol{S}_1, \boldsymbol{S}_2; \boldsymbol{A}\}$ 在混合策略意义下肯定有解。

四、矩阵对策的解法

矩阵对策的解法很多,通常有图解法、方程组法、线性规划法。其中最核心、最常用的是线性规划法,我们通过一个例子对这种方法进行阐述。

例 10-3 求解矩阵对策 $\boldsymbol{G} = \{\boldsymbol{S}_1, \boldsymbol{S}_2; \boldsymbol{A}\}$,其中

$$\boldsymbol{A} = \begin{bmatrix} 1 & -4 & 2 \\ -3 & 2 & 0 \\ 0 & 0 & 4 \end{bmatrix}$$

解 为该对策 $\boldsymbol{G}$ 构建一个 LP 模型(P_1):

$$\max v$$

$$\text{s. t.}\begin{cases}x_1-3x_2\geqslant v\\-4x_1+2x_2\geqslant v\\2x_1+4x_3\geqslant v\\x_1+x_2+x_3=1\\x_1,x_2,x_3\geqslant 0\end{cases}$$

$v=v_1-v_2$,标准化,并按两阶段法引入人工变量 x_7,化为典式

$$\max w=-x_7$$

$$\text{s. t.}\begin{cases}v_1-v_2-x_1+3x_2+x_4=0\\v_1-v_2+4x_1-2x_2+x_5=0\\v_1-v_2-2x_1-4x_3+x_6=0\\x_1+x_2+x_3+x_7=1\\v_1,v_2,x_1,x_2,x_3,x_4,x_5,x_6,x_7\geqslant 0\end{cases}$$

用两阶段法求解得:

$$\begin{aligned}\boldsymbol{X}^*&=(0,0,1)^{\mathrm{T}},\\\boldsymbol{Y}^*&=\mu(4/5,1/5,0)^{\mathrm{T}}+(1-\mu)(2/5,3/5,0)^{\mathrm{T}}\\&=(0.4+0.4\mu,0.6-0.4\mu,0)^{\mathrm{T}},\quad \mu\in[0,1]\\\boldsymbol{V}^*&=0\end{aligned}$$

练习题

10-1 某服务亭只有一名服务员,顾客按泊松分布到达,平均每小时 4 人;服务时间服从负指数分布,平均每人 6 分钟。求:① 系统空闲的概率;② 有 3 名顾客的概率;③ 至少有 1 名顾客的概率;④ 平均的顾客数;⑤ 平均逗留时间;⑥ 平均等待的顾客数;⑦ 平均的等待时间;⑧ 顾客逗留 15 分钟以上的概率。

10-2 某机关文书室有 3 名打字员,每名打字员每小时能打 6 份普通公文,公文平均到达率为 15 份/小时。假设该室为 $M/M/s/\infty$ 系统。试求 3 名打字员都忙于打字的概率及该室主要运行指标。

10-3 某储蓄所有两名营业员,一名负责存款,一名负责取款,两人的服务时间均服从指数分布,平均服务时间都是 3 分钟/人。存款、取款顾客均按泊松分布到达,平均每小时分别到达 16 人、14 人。试求:① 存款、取款各自的平均等待时间;② 若每个营业员兼营两种业务,则存款、取款的等待时间有何变化?

10-4 某工厂拟生产某产品 30 000 个,该产品中有个元件需要向元件厂订购。每次订购费用 50 元,该元件订购价为每只 0.5 元,全年保管费用为购价的 20%。

(1) 试求该工厂今年对该元件的最佳存储策略及费用。

(2) 如明年拟将这种产品的产量提高一倍,则所需元件的订购批量应比今年增加多少?定购次数又为多少?

10-5 设某工厂月需甲零件 1 000 个,该厂每月生产 3 000 个,每次生产准备费用为 500 元,每个零件每月的保管费用为 0.25 元,求每次生产的最佳批量 Q^* 和最低费用 C^*。

10-6 市场对某企业产品的年需求量为 18 万件,企业生产准备费用为 1 500 元,每件产品月保管费 2 元。若企业不能按时供货,则每件产品月缺货费用为 5 元,产品重新生产出来以后可以补足。求生产经济批量 Q^*、最大缺货量 B_0及最佳生产间隔时间 t_0。

10-7 某厂为了满足生产需要,定期向外单位订购一种零件,该零件平均需求量为 100 个,每天的零件保管费用为 0.02 元,订购一次费用为 100 元,每天供应量 200 个,允许缺货,每个零件每天的缺货损失是 0.08 元。求最佳订购量 Q^*、订购间隔时间 t^*、最优缺货量 B^*、单位时间总费用 C^*。

10-8 某电器维修部使用一种零件的订购价格为每件 26 元,每年每个零件的保管费用为 1 元,单位缺货费用为 80 元,每次订货费 30 元,年需求量的概率分布如表 10-3 所示。试求每年(s,S)存储策略。

表 10-3

需求量 r 件/年	40	50	60	70	80
概率 $P(r)$	0.2	0.3	0.3	0.1	0.1

10-9 设某货物的需求量在 17 件至 26 件之间,已知需求量 r 的概率分布如表 10-4 所示,并知其成本为每件 5 元,售价为每件 10 元,处理价为每件 2 元。问应进货多少,能使总利润的期望值最大。

表 10-4

需求量	17	18	19	20	21	22	23	24	25	26
概率 $P(r)$	0.12	0.18	0.23	0.13	0.10	0.08	0.05	0.04	0.04	0.03

10-10 某商店准备订购一批圣诞树迎接节日,据历年经验,其销量服从正态分布,$\mu=200,\delta^2=300$。每棵圣诞树售价为 25 元,进价为 15 元。如果卖不出去,则节后其残值基本为 0。试回答:

(1) 该商店应进多少棵圣诞树,使其利润的期望值最大?

(2) 如果商店按销售量的期望值 200 棵进货,则其利润的期望值为多少?

(3) 如果商店按(1)计算的数字进货,则未能销售出去的圣诞树的期望值为多少?

10-11 某航空公司在 A 市到 B 市的航线上用波音 737 客机执行飞行任务。已知该机有效载客为 138 人。按照民用航空有关条例,旅客因有事或误机,机票可免费改签一次,此外也有在飞机起飞前退票的。为避免由此发生的空座损失,该航空公司决定每个航班超量售票(即每班售票 $138+S$)。但由此会发生持票登机旅客多于座位数的情况,这种情况下,航空公司规定,对超员旅客愿意改乘本公司后续航班的,机票免费(即退回原机机票);若换乘其他航空公司航班的,按照票价的 150% 退款。据统计前一类顾客占超员旅客的 80%,后一类占 20%。又据该公司长期统计,每个航班旅客退票和改签发生的人数 i 概率 $P(i)$ 如表 10-5 所示,试确定该航空公司从 A 市到 B 市的航班每班应多售出机票张数 S,使预期的获利最大。

表 10-5

人数 i	0	1	2	3	4	5	6	7	8
$P(i)$	0.18	0.25	0.16	0.06	0.06	0.04	0.03	0.02	0.01

第十一章

运筹学的其他方法

知识目标

1. 了解非线性规划的基本概念和相关理论,掌握非线性规划问题的模型特点。
2. 熟练掌握 K-T 条件的应用方法。
3. 理解制约函数法的基本思想,掌握内点法和外点法。
4. 掌握风险型决策的原理及不确定型决策的常用准则。
5. 了解数据包络分析的基本原理,掌握其求解方法。
6. 了解模糊规划的原理和方法。
7. 了解启发式算法的主要特点。

技能目标

1. 能够运用直接法和解析法求解无约束极值问题。
2. 能够运用盈亏分析法求解确定型决策问题。
3. 能够用 K-T 条件分析约束极值问题。
4. 能够运用决策树法求解风险型决策问题。

第一节　非线性规划

一、非线性规划基本概念

非线性规划(nonlinear programming,NLN)研究具有非线性构成函数的优化问题,是运筹学中相对活跃的重要研究分支。

（一）非线性规划问题与模型

非线性规划问题的一般模型如下：

$$(\text{NLP})\quad \begin{aligned}&\min f(X)\\ &\text{s.t.}\begin{cases}h_i(X)=0, & i=1,\cdots,m\\ g_j(X)\geqslant 0, & j=1,\cdots,m\end{cases}\\ &\text{其中 } X=(x_1,\cdots,x_n)^{\mathrm{T}}\end{aligned}\tag{11.1}$$

记 $D=\{X\in R^n \mid h_i(X)=0, g_i(X)\geqslant 0\}$，则(NLP)也可以表示为：

$$\min_{X\in D} f(X)\tag{11.2}$$

其中 D 称为(NLP)的约束集或可行域。

当 $D=R^n$ 时，(NLP)称为无约束极值问题；当 $D\neq R^n$ 时，(NLP)称为约束极值问题。

（二）相关概念

1. 极小点与极小值

设 $f(X)$ 为定义在 n 维欧氏空间 E_n 的某一区域 R 上的 n 元实函数（可记为 $f(X):R\subset E_n\to E_1$，对于 $X^*\in R$，如果存在某个 $\varepsilon>0$，使所有与 X^* 的距离小于 ε 的 $X\in R$（即 $X\in R$ 且 $\|X-X^*\|<\varepsilon$），都有 $f(X)\geqslant f(X^*)$，则称 X^* 为 $f(X)$ 在 R 上的局部极小点，$f(X^*)$ 为局部极小值。

若对于所有 $X\neq X^*$ 且与 X^* 的距离小于 ε 的 $X\in R$，都有 $f(X)>f(X^*)$，则称 X^* 为 $f(X)$ 在 R 上的严格局部极小点，$f(X^*)$ 为严格局部极小值。

设 $f(X)$ 为定义在 En 的某一区域 R 上的 n 元实函数，若存在 $X^*\in R$，对所有 $X\in R$ 都有 $f(X)\geqslant f(X^*)$，则称 X^* 为 $f(X)$ 在 R 上的全局极小点，$f(X^*)$ 为全局极小值。若对于所有 $X\in R$ 且有 $X\neq X^*$，都有 $f(X)>f(X^*)$，则称 X^* 为 $f(X)$ 在 R 上的严格全局极小点，$f(X^*)$ 为严格全局极小值。

2. 梯度

若 $f(X)$ 在 X_0 的邻域内有连续一阶偏导数，则称 $f(X)$ 在 X_0 点对 n 个变元的偏导数组成的向量为 $f(X)$ 在 X_0 的梯度，记为 $\nabla f(X_0)$，即：

$$\nabla f(X_0)=\left[\frac{\partial f(X_0)}{\partial x_1},\cdots,\frac{\partial f(X_0)}{\partial x_n}\right]^{\mathrm{T}}\tag{11.3}$$

3. 二次型

二次型是 $X=(x_1,x_2,\cdots,x_n)^{\mathrm{T}}$ 的二次齐次函数：

$$\begin{aligned}f(X)&=a_{11}x_1^2+2a_{12}x_1x_2+\cdots+2a_{1n}x_1x_n+a_{22}x_2^2+2a_{23}x_2x_3+\cdots\\&\quad+2a_{2n}x_2x_n+\cdots+a_{nn}x_n^2\\&=\sum_{i=1}^{n}\sum_{j=1}^{n}a_{ij}x_ix_j=\boldsymbol{X}^{\mathrm{T}}\boldsymbol{A}\boldsymbol{X}\end{aligned}$$

$a_{ij}=a_{ji}\boldsymbol{A}$ 为 $n\times n$ 对称矩阵。若 $\boldsymbol{A}$ 的所有元素均为实数，则为实二次型。

一个二次型唯一对应一个对称矩阵，反之，一个对称矩阵也唯一确定一个二次型。

二次型正定的充要条件，是它的矩阵的左上角各阶主子式都大于零。二次型负定的充要条件，是它的矩阵的左上角各阶主子式都负、正相间。

4. 海塞阵

若 $f(X)$ 在 X_0 的邻域内有连续二阶偏导数,则称 $f(X)$ 在 X_0 点对 n 个变元两两组合的二阶偏导数组成的矩阵为 $f(X)$ 在 X_0 的海塞阵,记为 $H(X_0)$,即:

$$\boldsymbol{H}(X_0)=\left[\frac{\partial^2 f(X_0)}{\partial x_i \partial x_j}\right]_{n\times n}=\begin{bmatrix}\frac{\partial^2 f(X_0)}{\partial x_1^2} & \cdots & \frac{\partial^2 f(X_0)}{\partial x_1 \partial x_n}\\ \vdots & \ddots & \vdots \\ \frac{\partial^2 f(X_0)}{\partial x_n \partial x_1} & \cdots & \frac{\partial^2 f(X_0)}{\partial x_n^2}\end{bmatrix} \tag{11.4}$$

(三) 极值的条件

对于无约束极值问题,可以利用微积分的知识给出局部极值点的条件。将 $n(n>1)$ 元函数 $f(X)$ 与一元函数 $f(X)$ 的极值条件加以对比并归纳如表 11-1 所示。

表 11-1

X_0(或 x_0)是极小点	必要条件	充分条件
一元函数 $f(x)$	$f'(x_0)=0$	$f'(x_0)=0$,且 $f''(x_0)>0$
n 元函数 $f(X)$	$\nabla f(X_0)=0$	$\nabla f(X_0)=0$,且 $H(X_0)>0$

注:$H(X_0)>0$ 表示海塞阵正定。如果一个方阵的各阶主子式均大于零,则可以判定方阵是正定的。

(四) 凸规划

1. 凸函数:$f(X)$ 是定义在凸集 D 上且满足对任意 $X_1,X_2\in D,\alpha\in[0,1]$ 有:$f(\alpha X_1+(1-\alpha)X_2)\leqslant \alpha f(X_1)+(1-\alpha)f(X_2)$,则称该函数为凸函数。若不等式中严格不等号成立,则称 $f(X)$ 为严格凸函数。

判断一个可导函数 $f(X)$ 是否是凸函数的方法:一元函数 $f(X)$ 的二阶导数大于等于零或多元函数 $f(X)$ 的海塞阵半正定。

2. 凸规划:在非线性规划模型(NLP)中,若目标函数 $f(X)$ 为凸函数,$f(X)$ 全是凹函数,则称(NLP)是一个凸规划。

凸规划具有以下性质:① 约束集是凸集;② 最优解集是凸集;③ 任意局部最优解也是全局最优解;④ 若目标函数是严格凸函数,且最优解存在,则其最优解是唯一的。

二、无约束极值问题

一般模型:
$$\min_{X\in R^n} f(X)$$

求解:当 $f(X)$ 可微时,可应用极值条件求解,但往往得到一个非线性的方程组,求解十分困难。因此,一般采用迭代的方法,称为下降类算法。

(一) 下降类算法的基本步骤与算法收敛性

1. 基本思想

基本思想是使 $f(X)$ 逐步下降,逐渐趋近其最小值。迭代方式是从一个初始点 X_0 出发,选取某一搜索方向,沿该方向搜索到下一个点 X_1。若达到与最优解误差的精度要求,则停止,否则再沿该点的某一方向 P_1 搜索下一个点 X_2。

2. 下降迭代算法

对于极小化问题,我们要求由选取的某一算法所产生的解的序列$\{X^{(k)}\}$,其对应的目标函数值$f(X^{(k)})$应是逐步减小的,即要求:

$$f(X^{(0)}) > f(X^{(1)}) > f(X^{(2)}) \cdots > f(X^{(k)}) > \cdots$$

具有这种性质的算法称为下降迭代算法。

3. 基本步骤

(1) 选取初始点X_0,令$k:=0$,确定精度$\varepsilon>0$;

(2) 对于点$X^{(k)}$,计算$\nabla f(X)$,若$\|\nabla f(X^{(k)})\|<\varepsilon$,则停止,得到近似最优解$X^{(k)}$,否则转至(3);

(3) 从$X^{(k)}$出发,确定搜索方向$P^{(k)}$;

(4) 沿$P^{(k)}$方向搜索,即由$X=X^{(k)}+\lambda P^{(k)}$确定搜索步长$\lambda_k$,得到下一个点$X^{(k+1)}=X^{(k)}+\lambda_k P^{(k)}$,令$k:=k+1$,转至(2)。

注:不同的搜索方向,就形成了不同的算法,不同的算法所产生的点列收敛于最优解的速度也不一样。

4. 一维搜索

在许多算法中,步长的选定是由使目标函数值沿搜索方向下降最多(在极小化问题中)为依据的,即沿射线$X^{(k)}+\lambda P^{(k)}$的极小,即选取λ_k,使

$$f(X^{(k)}+\lambda_k P^{(k)}) = \min f(X^{(k)}+\lambda P^{(k)}) \tag{11.5}$$

由于这一工作是求以λ为变量的一元函数$f(X^{(k)}+\lambda P^{(k)})$的极小点$\lambda_k$,故称这一过程为(最优)一维搜索或线搜索,由此确定的步长称为最佳步长。

5. 搜索方向

定理 11.1 设目标函数$f(X)$具有连续一阶偏导数,$X^{(k+1)}$按下述规则产生:

$$f(X^{(k)}+\lambda_k P^{(k)}) = \min f(X^{(k)}+\lambda P^{(k)}), \quad X^{(k+1)} = X^{(k)}+\lambda_k P^{(k)}$$

则有:

$$\nabla f(X^{(k+1)})P^{(k)} = 0 \tag{11.6}$$

即,一维搜索中,在搜索方向上所得最优点处的梯度和该搜索方向正交。

6. 终止迭代准则

因真正的极值点事先并不知道,故在实用上只能根据相继两次迭代得到的计算结果来判断是否已达到要求,从而建立终止迭代计算的准则。常用的终止迭代准则有:

(1) 根据相继两次迭代结果的绝对误差。

$$\|X^{(k+1)}-X^{(k)}\| \leqslant \varepsilon_1, \quad |f(X^{(k+1)})-f(X^{(k)})| \leqslant \varepsilon_2$$

(2) 根据相继两次迭代结果的相对误差。

$$\frac{\|X^{(k+1)}-X^{(k)}\|}{\|X^{(k)}\|} \leqslant \varepsilon_3, \quad \frac{|f(X^{(k+1)})-f(X^{(k)})|}{|f(X^{(k)})|} \leqslant \varepsilon_4$$

(3) 根据函数梯度的模足够小。

$$\|\nabla f(X^{(k)})\| \leqslant \varepsilon_5$$

求解非线性规划问题的迭代法,关键是如何求出每步的搜索方向$p(k)$及步长λ。确定$p(k)$及λ的途径不同,会导致不同的寻优方法。其中可分两大类,一类在迭代中需用到函数

的一阶导数(梯度)或二阶导数,称为“解析法”,另一类不用函数的导数值,称为“直接法”。通常,“直接法”速度较慢,但由于不用函数导数值,使得十分复杂的函数极值问题可以得到解决。

(二) 直接法

1. 分数法(斐波那契法)

分数法(斐波那契法)主要利用斐波那契数列来进行寻优。

斐波那契数列如表 11-2 所示。

表　11-2

n	0	1	2	3	4	5	6	7	8	9	10	11	12	…
F_n	1	1	2	3	5	8	13	21	34	55	89	144	233	…

斐波那契数列的特点:

$$\begin{cases} F_n = F_{n-1} + F_{n-2} \\ F_0 = F_1 = 1 \end{cases} \tag{11.7}$$

分数法(斐波那契法)的计算步骤:

(1) 给出精度 ε,由 $\frac{1}{F_n} < \varepsilon$,确定满足不等式的最小的 F_n,从数列表中找出对应的 n;

(2) 由 $\frac{F_{n-1}}{F_n}$ 的比例在给定区间 $[a,b]$ 中对称地取点 $t_1 = a + \left(1 - \frac{F_{n-1}}{F_n}\right)(b-a)$ 和 $t_1' = a + \frac{F_{n-1}}{F_n}(b-a)$,比较 $f(t_1)$ 和 $f(t_1')$,去掉 $\max\{f(t_1), f(t_1')\}$ 相应点以外的区间,得到新区间 $[a_1, b_1]$;

(3) 在 $[a_1, b_1]$ 中按 $\frac{F_{n-2}}{F_{n-1}}$ 的比例取点 t_2(与区间中所剩的点对称),比较 $f(t_2)$ 和 $\min\{f(t_1), f(t_1')\}$,去掉较大者对应点以外的区间,得到新区间 $[a_2, b_2]$;

(4) 在 $[a_2, b_2]$ 中按 $\frac{F_{n-3}}{F_{n-2}}$ 的比例取点 t_3 再比较、再缩短,直到取完 $\frac{F_1}{F_2}$,最后的小区间 $[a_{n-1}, b_{n-1}]$ 中的任意一点可作为 t^* 的近似值。

(5) 当进行到最后一步时,取

$$\begin{cases} t_{n-1} = \frac{1}{2}(a_{n-2} + b_{n-2}) \\ t_{n-1}' = a_{n-2} + \left(\frac{1}{2} + \varepsilon\right)(b_{n-1} - a_{n-2}) \end{cases} \tag{11.8}$$

以函数值较小者为近似极小值点,相应的函数值为近似极小值,并得最终区间为 $[a_{n-1}, t_{n-1}']$ 或 $[t_{n-1}, b_{n-2}]$。

2. 0.618 法(黄金分割法)

0.618 法(黄金分割法)主要利用黄金分割点的特点进行寻优。其基本思想与斐波那契法类似,只是每次取点的比例不是利用斐波那契数例,而是定值 0.618,即每次区间内两点的位置均在新区间长度的 0.382 和 0.618 处。

（三）解析法

1. 梯度法

梯度法是最早的求解无约束多元函数极值的数值方法，早在 1847 年就已由柯西（Cauchy）提出。它是导出其他更为实用、更为有效的优化方法的理论基础。因此，梯度法是无约束优化方法中最基本的方法之一。

（1）基本思想

怎样选取 p_k 可使 $f(X)$ 下降最快？即使 $f(X_k+\lambda P_k)-f(X_k)<0$ 且左边差额尽量大。

设 $f(X)$ 有连续的二阶偏导数，则有泰勒展开式 $f(X_k+\lambda P_k)-f(X_k)\approx\lambda\nabla f(X_k)^{\mathrm{T}}P_k$。

由于 $\lambda>0$，应使 $\nabla f(X_k)^{\mathrm{T}}P_k=\|\nabla f(X_k)\|\cdot\|P_k\|\cos\theta<0$。

其中 θ 为向量 $\nabla f(X_k)$ 和 P_k 的夹角。为使上式成立，应使 $\theta>\frac{\pi}{2}$，又为使 $f(X_k+\lambda P_k)-f(X_k)$ 的绝对值尽量大，应使 $\cos\theta=-1$，即 $\theta=\pi$，故 $P_k=-\nabla f(X)$，即在 X_k 点得负梯度方向是使 $f(X)$ 下降最快的方向。

以负梯度作为搜索方向 P_k 的下降类算法称为梯度法或最速下降法。

（2）近似最佳步长

为了得到下一个近似极小点，在选定了搜索方向之后，还要确定步长。

设 $f(X)$ 存在连续的二阶偏导数，则有泰勒展开式：

$$f(X_k+\lambda P_k)\approx f(X_k)+\nabla f(X_k)^{\mathrm{T}}\lambda P_k+\frac{1}{2}\lambda^2 P_k^{\mathrm{T}}H(X_k)P_k$$

对 λ 求导，并令导数为 0，得

$$\frac{\mathrm{d}f}{\mathrm{d}\lambda}\approx\nabla f(X_k)^{\mathrm{T}}P_k+\lambda P_k^{\mathrm{T}}H(X_k)P_k=0$$

解得：

$$\lambda=\frac{-\nabla f(X_k)^{\mathrm{T}}P_k}{P_k^{\mathrm{T}}H(X_k)P_k}\tag{11.9}$$

上式即为 λ_k 的近似值最佳步长公式。

（3）一般步骤

① 选取初始点 X_0，令 $k=0$，确定精度 $\varepsilon>0$；

② 对于点 X_k，计算 $\nabla f(X_k)$，若 $\|\nabla f(X_k)\|<\varepsilon$，则停止计算，得到近似最优解 X_k，否则转③；

③ 取 $P_k=-\nabla f(X_k)$，沿 P_k 进行一维搜索，得到 λ_k 和下一个点 $X_{k+1}=X_k+\lambda_k P_k$；

④ 计算 $\nabla f(X_{k+1})$，置 $k=k+1$，转至②。

2. 牛顿法

（1）牛顿方向

设 $f(X)$ 有连续的二阶偏导数，由泰勒展开式，$f(X)$ 可近似表示为

$$f(X)=f(X_k)+\nabla f(X_k)^{\mathrm{T}}(X-X_k)+\frac{1}{2}(X-X_k)^{\mathrm{T}}H(X_k)(X-X_k)$$

从而

$$\nabla f(X)=\nabla f(X_k)+H(X_k)(X-X_k)\tag{11.10}$$

当 f 为二次函数时，上式为精确表达式。

取 X_{k+1} 使 $f(X)$ 达到极小，应有 $\nabla f(X_{k+1})=0$，即

$$\nabla f(X_k)+H(X_k)(X_{k+1}-X_k)=0$$

当 $H(X_k)$ 可逆，可解得

$$X_{k+1}=X_k-H(X_k)^{-1}\nabla f(X_k) \tag{11.11}$$

记 $P_k=-H(X_k)^{-1}\nabla f(X_k)$，称为牛顿方向。

对于正定二次函数 $f(X)$，采用牛顿方向作为搜索方向，步长取 1，从任意点 X_k 出发一步即可得极小点。对于一般函数 $f(X)$，在一定条件下，也可采用牛顿方向，所形成的算法称为牛顿法。

（2）一般步骤

① 选取初始点 X_0，令 $k=0$，确定精度 $\varepsilon>0$；

② 对于点 X_k，若 $\|\nabla f(X_k)\|<\varepsilon$，则停止，否则转至③；

③ 取 $P_k=-H(X_k)^{-1}\nabla f(X_k)$，由 $\min\limits_{\lambda} f(X_k+\lambda P_k)$ 求出 λ_k 和 $X_{k+1}=X_k+\lambda_k P_k$；

④ 计算 $\nabla f(X_{k+1})$，置 $k=k+1$，转至②。

当一维搜索是精确的时，牛顿法为二阶收敛。

牛顿法的优点是收敛速度快，但有时会出现进行不下去的情况。如当维数较高时，计算海塞矩阵的逆工作量太大。这时可采用其他方法，如共轭梯度法、变尺度法等。

三、约束极值问题

约束极值问题的一般模型有以下两种形式：

$$(\mathrm{NLP})\begin{cases}\min f(X)\\ g_j(X)\geqslant 0 \quad (j=1,2,\cdots,l)\end{cases} \tag{11.12}$$

$$(\mathrm{NLP})\begin{cases}\min f(X)\\ h_i(X)=0 \quad (i=1,2,\cdots,m)\\ g_j(X)\geqslant 0 \quad (j=1,2,\cdots,l)\end{cases} \tag{11.13}$$

（一）基本概念和性质

1. 起作用约束

对于点 $X_0\in D$，在 X_0 点等于零的约束称为对 X_0 起作用的约束，在 X_0 点不等于零的约束称为对 X_0 不起作用的约束。

在点 X_0 起作用的约束包括全体等式约束 $h_i(X)=0, i=1,\cdots,m$ 和满足 $g_i(X_0)=0, j\in J\subset\{1,\cdots,l\}$ 的不等式约束 $g_i(X_0)\geqslant 0(j\in J)$。其几何意义是位于这些约束的边界上。

在 X_0 不起作用的约束包括 $g_i(X_0)>0$ 的不等式约束。其几何意义是位于这些约束的内部。

2. 可行方向

方向 $P\in R_n$ 在点 $X_0\in D$ 称为是可行的，是指存在正数 λ_0，使对一切 $\lambda\in[0,\lambda_0]$ 都有 $X_0+\lambda P\in D$。

记 $J=\{j\mid g_i(X_0)=0, 1\leqslant j\leqslant l\}$，即所有起作用约束下标的集合。

如果 P 为 X_0 点的可行方向，则存在 $\lambda_0>0$，使对任意 $\lambda\in[0,\lambda_0]$，有：

$$g_j(X_0+\lambda P)\geqslant g_i(X_0)=0,\quad j\in J \tag{11.14}$$

两边求导，有：$\left.\dfrac{\mathrm{d}g_j(X_0+\lambda P)}{\mathrm{d}\lambda}\right|_{\lambda=0}=\nabla g_i(X_0)^{\mathrm{T}}P\geqslant 0,\quad j\in J$

可以证明，只要 P 满足 $\nabla g_i(X_0)^{\mathrm{T}}P>0(j\in J)$，即可保证它为 X_0 点的可行方向。

3. 下降方向

设 $X_0\in R_n$，对某一方向来说，若存在实数 $\lambda_0'>0$，使对一切 $\lambda\in[0,\lambda_0']$，都有

$$f(X_0+\lambda P)<f(X_0) \tag{11.15}$$

就称 P 为 X_0 点的一个下降方向。

由泰勒公式，有：$f(X_0+\lambda P)=f(X_0)+\lambda\nabla f(X_0)^{\mathrm{T}}P+o(\lambda)$。

当 $\lambda>0$ 足够小时，$\nabla f(X_0)^{\mathrm{T}}P<0\Rightarrow f(X_0+\lambda P)<f(X_0)$。

因此，只要 P 满足 $\nabla f(X_0)^{\mathrm{T}}P<0$，即可保证它为 X_0 点的下降方向。

4. 可行下降方向

若 X_0 点的某一方向 P，既是该点的可行方向，又是该点的下降方向，就称它为这个点的可行下降方向。

由可行下降方向的定义，某方向 P 在 X_0 点若满足：

$$\begin{cases}g_j(X_0+\lambda P)\geqslant 0 & (j=1,\cdots,l)\\ f(X_0+\lambda P)-f(X_0)<0\end{cases} \tag{11.16}$$

则 P 是 X_0 的可行下降方向。

即只要有 $\begin{cases}\nabla g_j(X_0)^{\mathrm{T}}P>0\\ \nabla f(X_0)^{\mathrm{T}}P<0\end{cases}$，便保证 P 是可行下降的。

此条件可作为可行下降方向判断的充分条件。

（二）最优性条件（Kuhn-Tucker 条件，简称 K-T 条件）

库恩–塔克（Kuhn-Tucker）条件是非线性规划领域中最重要的理论成果之一，具有很重要的理论价值。

对于 NLP 模型（11.12），K-T 条件表述为：设 X^* 是 NLP 问题的局部极小点，函数 $f(X)$ 和 $g_j(X)(j=1,\cdots,l)$ 在点 X^* 处有连续一阶偏导数，而且 X^* 处的所有起作用约束梯度线性无关，则存在不全为零的数 $u_1^*,u_2^*,\cdots,u_l^*$，使

$$\begin{cases}\nabla f(X^*)-\sum\limits_{j=1}^{l}u_j^*\nabla g_j(X^*)=0\\ u_jg_j(X^*)=0,\quad j=1,2,\cdots,l\\ u_j\geqslant 0,\quad j=1,2,\cdots,l\end{cases} \tag{11.17}$$

这个条件称为 K-T 条件，满足这个条件的点称为 Kuhn-Tucker 点。

对于 NLP 模型（11.13），K-T 条件可表述为：若 X^* 是 NLP 问题的局部极小点，且 X^* 处的所有起作用约束梯度 $\nabla h_i(X^*)(i=1,2,\cdots,m)$ 和 $\nabla g_j(X^*)(j\in J)$ 线性无关，则存在向量 $\Gamma=(\gamma_1^*,\gamma_2^*,\cdots,\gamma_m^*)^{\mathrm{T}}$ 和 $M^*=(u_1^*,u_2^*,\cdots,u_l^*)^{\mathrm{T}}$ 使下述条件成立：

$$\begin{cases}\nabla f(X^*) - \sum_{i=1}^{m} \gamma_i^* \nabla h_i(X^*) - \sum_{j=1}^{l} u_j^* \nabla g_j(X^*) = 0 \\ u_j g_j(X^*) = 0, \quad j = 1,2,\cdots,l \\ u_j \geqslant 0, \quad j = 1,2,\cdots,l \end{cases} \tag{11.18}$$

$\gamma_1^*, \gamma_2^*, \cdots, \gamma_m^*$ 和 $u_1^*, u_2^*, \cdots, u_l^*$ 称为广义拉格朗日(Lagrange)乘子。

K-T 条件是确定某点为最优点的必要条件。只要是最优点,且此处起作用约束的梯度线性无关,就必须满足这一条件。但一般来说它并不是充分条件,因而,满足这个条件的点不一定就是最优点。可是,对于凸规划,K-T 条件不但是最优点存在的必要条件,它同时也是充分条件。

例 11-1　利用 K-T 条件求解下面的非线性规划。

$$\min f(X) = (x-3)^2$$
$$\text{s.t.} \quad 0 \leqslant x \leqslant 5$$

解　原问题可写为:

$$\min f(X) = (x-3)^2$$
$$\text{s.t.} \begin{cases} g_1(X) = x \geqslant 0 \\ g_2(X) = 5 - x \geqslant 0 \end{cases}$$

因为 $f''(X) = 2 > 0, g_1''(X) = g_2''(X) = 0$

故 $f(X)$ 解为凸函数,$g_1(X)$ 和 $g_2(X)$ 均为凹函数,此问题为凸规划。

$$\nabla f(X) = 2(x-3), \quad \nabla g_1(X) = 1, \quad \nabla g_2(X) = -1$$

K-T 条件表达式为:

$$\begin{cases} 2(x-3) - \gamma_1 + \gamma_2 = 0 \\ \gamma_1 x = 0 \\ \gamma_2(5-x) = 0 \\ \gamma_1, \gamma_2 \geqslant 0 \end{cases}$$

为解此方程组,可分几种情况考虑:

(1) $\gamma_1 \neq 0$ 且 $\gamma_2 \neq 0$,无解;

(2) $\gamma_1 \neq 0$ 且 $\gamma_2 = 0$,解得 $x = 0, \gamma_1 = -6$,不是 K-T 点;

(3) $\gamma_1 = 0$ 且 $\gamma_2 \neq 0$,解得 $x = 5, \gamma_2 = -4$,不是 K-T 点;

(4) $\gamma_1 = \gamma_2 = 0$,解得 $x = 3$,满足约束,是 K-T 点。

此问题为凸规划,故 $x^* = 3$ 是最优解,相应最优值为 $f(x^*) = 0$。

(三) 制约函数法

制约函数法的基本思想是将约束与目标组合在一起,化为无约束极值问题求解。主要有两种方法:内点法和外点法。内点法也叫罚函数法,它是从可行域的内部逐步逼近最优解。外点法也叫障碍函数法,它是从可行域的外部逐步逼近最优解。

1. 外点法

外点法的关键是基于(NLP)构造一个新的目标函数 $P(X,M)$,称为罚函数。

对于非线性规划：(NLP) $\begin{cases}\min f(X), \quad X\in R\subset E_n \\ R=\{X\mid g_j(X)\geqslant 0(j=1,2,\cdots,l)\}\end{cases}$

构造罚函数：

$$P(X,M)=f(X)+M\sum_{j=1}^{l}[\min(0,g_j(X))]^2 \tag{11.19}$$

对于含有等式约束和不等式约束的一般非线性规划问题，构造罚函数：

$$P(X,M)=f(X)+M\sum_{j=1}^{l}[\min(0,g_j(X))]^2+M\sum_{i=1}^{m}h_i^2(X) \tag{11.20}$$

外点法求解的一般步骤：

(1) 选取初始罚因子 $M_1>0$，令 $k=1,\varepsilon>0$；

(2) 对于 M_k，求解无约束极值问题 $\min P(X,M_k)$，得 X_k；

(3) 若 X_k 满足可行性的精度要求

$$|h_i(X_K)|\leqslant\varepsilon \quad (i=1,\cdots,m), \quad g_j(X_k)\geqslant-\varepsilon \quad (j=1,\cdots,l)$$

则停止，X_k 即为(NLP)的近似最优解，否则，取 $M_{k+1}>M_k$，置 $k=k+1$，转至②。

用罚函数法求解非线性规划时，可先求出 $P(X,M)$ 的驻点，然后令 $M\to+\infty$。

2. 内点法

内点法(也称障碍函数法)与外点法不同，它要求迭代过程始终在可行域内进行。改造后的目标函数(称为障碍函数)具有这种性质：在可行域 R 的内部与边界面较远的地方，其值与原函数值尽可能相近；而在接近边界面时可以达到任意大的值。如果把初始迭代点取在可行域内部(严格内点)，在进行无约束极小化时，这样的函数就会像屏障一样阻止迭代点到 R 的边界上去，而使迭代过程始终在可行域内部进行。

障碍函数的形式有多种，常用的有以下两种形式：

$$\bar{P}(X,r_k)=f(X)+r_k\sum_{j=1}^{l}\frac{1}{g_j(X)} \tag{11.21}$$

$$\bar{P}(X,r_k)=f(X)-r_k\sum_{k=1}^{l}\lg(g_j(X)) \tag{11.22}$$

式中右端的第二项称为障碍项，r_k 称为障碍因子。

迭代过程中，随着 $r_1>r_2>\cdots>r_k>0$，就会逼近极小点。

障碍函数法的迭代步骤：

(1) 取第一个障碍因子 $r_1>0$，允许误差 $\varepsilon>0$，并令 $k=1$；

(2) 构造障碍函数；

(3) 在 R_0 内进行无约束极小化；

(4) 检查是否满足收敛准则：$r_k\sum_{j=1}^{l}\dfrac{1}{g_j(X)}\leqslant\varepsilon$ 或 $\left|r_k\sum_{j=1}^{l}\lg(g_j(X))\right|\leqslant\varepsilon$

如满足，则停止；否则，取 $r_{k+1}<r_k$，转至③。

第二节　决　策　论

一、概述

决策(decision making)是一种对已知目标和方案的选择过程,当人们已知确定需实现的目标是什么,根据一定的决策准则,在供选方案中做出决策的过程。诺贝尔奖获得者西蒙认为,管理就是决策,他认为决策是对稀有资源备选分配方案进行选择排序的过程。学者 Gregory 在《决策分析》中提及,决策是对决策者将采取的行动方案的选择过程。

随着计算机和信息通信技术的发展,决策分析的研究也得到极大的促进,随之产生了计算机辅助决策支持系统(decision support system),许多问题在计算机的帮助下迎刃而解,在一定程度上代替了人们对一些常见问题的决策分析过程。

(一) 决策的定义

决策分析问题主要涉及以下几个重要概念:决策、决策目标、决策准则、决策属性、科学决策过程和决策系统。

1. 决策

狭义的决策认为决策就是做决定,单纯强调最终结果;广义的决策认为将管理过程的行为都纳入决策范畴,决策贯穿于整个管理过程中。

2. 决策目标

决策者希望达到的状态,工作努力的目的。一般而言,在管理决策中决策者追求的当然是利益最大化。

3. 决策准则

决策判断的标准,备选方案的有效性度量。

4. 决策属性

决策方案的性能、质量参数、特征和约束,如技术指标、重量、年龄、声誉等,用于评价它达到目标的程度和水平。

5. 科学决策过程

任何科学决策的形成都必须执行科学的决策程序,决策最忌讳的就是决策者拍脑袋决策,只有经历过“预决策—决策—决策后”三个阶段,才有可能产生科学的决策。

6. 决策系统

状态空间、策略空间、损益函数构成了决策系统。

(1) 状态空间:不以人的意志为转移的客观因素,设一个状态为 S_i,有 m 种不同状态,其集合记为:

$$S = \{S_1, S_2, S_3, \cdots, S_m\} = \{S_i\}, \quad i = 1, \cdots, m$$

其中 S 称为状态空间,S 的元素 S_i 称为状态变量。

(2) 策略空间:人们根据不同的客观情况,可能做出主观的选择,记一种策略方案为 U_j,有 n 种不同的策略,其集合为:

$$U = \{u_1, u_2, u_3, \cdots, u_n\} = \{u_j\}, \quad j = 1, \cdots, n$$

其中 U 称为策略空间,U 的元素 U_j 称为决策变量。

(3) 损益函数:当状态处在 S_i 情况下时,人们做出 U_j 决策,从而产生损益值 V_{ij},显然 V_{ij} 是 S_i,U_j 的函数,即:

$$V_{ij} = v(S_i, u_j),\quad i = 1,2,\cdots,m;\ j = 1,2,\cdots,n$$

当状态变量是离散型变量时,损益值构成的矩阵叫损益矩阵。

$$(V_{ij})_{m\times n} = \begin{bmatrix} v(S_1,U_1) & v(S_1,U_2) & \cdots & v(S_1,U_n) \\ v(S_2,U_1) & v(S_2,U_2) & \cdots & v(S_2,U_n) \\ \vdots & \vdots & \vdots & \vdots \\ v(S_m,U_1) & v(S_m,U_2) & \cdots & v(S_m,U_n) \end{bmatrix}$$

上述三个主要元素组成了决策系统,决策系统可以表示为三个主要元素的函数:

$$D = D(S,U,V) \tag{11.23}$$

人们将根据不同的判断标准原则,求得实现系统目标的最优(或满意)决策方案。

(二) 决策的分类

决策按照不同的标准有不同的分类。

1. 按照决策的重复程度分类

(1) 程序化决策:又称规范化决策或重复性决策,是对经常重复发生的问题,依照经验和方法,按照例行的程序进行的决策。

(2) 非程序化决策:又称一次性决策,是对不经常出现、涉及面广、情况复杂的问题,缺乏常规的经验和方法,需要依赖决策者的经验进行的一种决策。

2. 按照决策问题具备的条件和决策的可能程度分类

(1) 确定型决策:确定性决策是在稳定(可控)条件下进行的决策,每一方案只有一个确定的结果,方案的选择结果直接取决于对各方案结果的直接比较。

(2) 风险型决策:自然状态有两种或两种以上,各种自然状态出现的概率已知的决策问题。

(3) 不确定型决策:自然状态有两种或两种以上,各种自然状态出现的概率无法测定的决策问题。

(4) 竞争型决策:研究决策主体在利益相互影响的环境中策略的选择问题(在市场经济条件下,竞争型决策有着重要的意义)。

3. 按照决策目标与使用方法分类

(1) 定量决策:定量决策又称计量决策。

(2) 定性决策:定性决策又称非计量决策。

二、确定型决策

确定型决策是指决策的未来状态是已知的,只需从备选的决策方案中,挑选出最优方案。分为线性盈亏分析和非线性盈亏分析,其中线性盈亏分析主要有设备更新决策、自制与外购决策和生产规模的最优决策。

1. 线性盈亏决策

线性盈亏决策是对企业总成本和总收益的变化做线性分析的一种方法,目的是掌握企业经营的盈亏界限,找出使盈亏平衡的产销量水平,确定企业的最优生产规模,使企业获得最大的经济效益。

总收益:$TR = P \cdot Q$

总成本:$TC = F + C_v \cdot Q$

总利润 = 总收益 - 总成本　$L = TR - TC = P \cdot Q - F - C_v \cdot Q$

总利润等于零的点称为盈亏平衡点。记盈亏平衡点的销售量为 Q_0,则由 $L=0$,有 $P \cdot Q - F - C_v \cdot Q_0 = 0$,得到:$Q_0 = \dfrac{F}{P - C_v}$

2. 线性盈亏决策举例

例 11-2　设备更新决策

企业生产某种产品,在设备更新前,其产品的售价为 15 元,单位产品可变成本为 7 元,每月固定成本费用为 3 200 元。如果更新设备,则每月需增加固定成本 600 元,但由于先进设备的引进,单位可变成本降为 5 元。

试做出决策,该企业是否应更新设备?

盈亏分析:

设 F_1,F_2 分别表示设备更新前后的固定成本;

C_{v1},C_{v2}分别为设备更新前后的单位产品可变成本;TC_1,TC_2 为设备更新前后的总成本;

Q 为产品产销量;P 为产品售价;TR 为总收入。

则有:$TR = PQ$

设备更新前的总成本为:$TC_1 = F_1 + C_{v1} \cdot Q$

设备更新后的总成本为:$TC_2 = F_2 + C_{v2} \cdot Q$

当 $Q > Q_2$ 时,$TR - TC_2 > TR - TC_1$,设备更新后的盈利比更新前大,应更新设备。

当 $Q < Q_3$ 时,$TC_2 > TC_1$,设备更新后的成本比更新前大,不更新设备。

当 $Q_3 < Q < Q_2$ 时,应视具体情况而定。若收效甚微,可不更新设备。

计算:

$$Q_1 = \frac{F_1}{P - C_{v1}} = \frac{3\,200}{15 - 7} = 400(\text{件}),\quad Q_2 = \frac{F_2}{P - C_{v2}} = \frac{3\,800}{15 - 5} = 380(\text{件})$$

$$Q_3 = \frac{F_2 - F_1}{C_{v1} - C_{v2}} = \frac{600}{7 - 5} = 300(\text{件})$$

结论:$Q > 380$ 件时,应更新设备。

$Q < 300$ 件时,应保留设备。

$300 < Q < 380$ 件时,应根据实际情况考虑。

例 11-3　自制与外购决策

某厂需用某种设备 Q_0 台,若外购每台价格为 P 元,自制需固定成本 F 元,每台可变成本为 C 元($C < P$),为了节约费用,该厂应外购还是自制这种设备?试做出决策。

分析　外购总成本:$TC_1 = PQ$　自制总成本:$TC_2 = F + CQ$

当 $TC_1 = TC_2$ 时,得到:$Q_e = \dfrac{F}{P - C_v}$

结论 当 $Q < Q_e$ 时,设备应外购;当 $Q > Q_e$ 时,设备应自制;当 $Q = Q_e$ 时,外购与自制均可。

3. 非线性盈亏举例

例 11-4 某企业假定在可能的生产水平范围内生产某种产品,经过预算,不同的产量,其成本变化如表 11-3 和表 11-4 所示。其中产量为 50—70 台时,售价为 300 元/台;产量为 75—85 台时,售价为 285 元/台;试为该企业确定盈利范围和最大盈利生产产量。

表 11-3 产量—成本表

产量(台)	固定成本(元)	可变成本(元)
50	12 000	4 300
55	12 000	5 200
60	12 000	6 000
65	12 000	6 800
70	12 000	7 700
75	12 000	8 700
80	12 000	10 800
85	12 000	13 500

表 11-4 各种不同产量的总成本与总收益

产量(台)	固定成本(元)	可变成本(元)	总成本(元)	总收入(元)	盈亏(元)
50	12 000	4 300	16 300	15 000	-1 300
55	12 000	5 200	17 200	16 500	-700
60	12 000	6 000	18 000	18 000	0
65	12 000	6 800	18 800	19 500	700
70	12 000	7 700	19 700	21 000	1 300
75	12 000	8 700	20 700	21 375	675
80	12 000	10 800	22 800	22 800	0
85	12 000	13 500	25 500	24 225	-1 275

结论:

当 $Q_1 = 60$ 时,$Q_2 = 80$ 为盈亏平衡点,盈亏值为 0。

当 $60 < Q < 80$ 时,TR > TC,企业盈利;盈利区间为(60,80)。

当 $Q < 60$,$Q > 80$ 台时,TR < TC,企业亏本。

当 $Q = 70$ 时,最大盈利为 1 300 元。

三、不确定型决策

1. 基本概念

不确定型决策是指决策者对未来事件有一定程度的了解,决策者知道未来事件将出现 n 种自然状态,但决策者不知道这 n 种自然状态发生的概率。决策时只能凭借决策者的经验、判断和估计。

在非确定决策中,各种决策环境是不确定的,所以对于同一个决策问题,用不同的方法求值,将会得到不同的结论;在现实生活中,对于同一个决策问题,由于决策者的偏好不同,处理相同问题时的原则方法也会有不同。

不确定型决策基本概念中主要涉及状态空间、策略空间、损益函数等,这在前面已有所解释。

2. 非确定型决策常用的准则

常用的非确定型准则有五种:悲观准则,乐观准则,折衷法、实用主义准则,等可能性准则,最小机会损失(后悔)准则。

(1) 悲观主义准则

悲观主义准则(最大最小决策准则,maxmin)属于保守型或避险型的决策准则。当决策者面临的情况不明以及决策错误可能造成很大的经济损失时,他处理问题就会采取谨慎的态度。

决策方法:从每一个决策方案可能出现的最坏的结果出发,再从中选择一个最好的结果。

决策值计算公式为:$v^* = \max\limits_i \{ \min\limits_j a_{ij} \}$。

(2) 乐观主义准则

乐观主义准则(最大最大决策准则,maxmax)是一种趋险型决策准则。使用该准则的决策者对待风险的态度是乐观的,当他面临情况不明的策略问题时,他绝不放弃任何一个可能获得最好结果的机会,以优中选优的态度来选择他的决策策略。

决策方法:从每一个决策方案可能出现的最好的结果出发,再从中选择一个最好的结果。

计算公式为:$v^* = \max\limits_i \{ \max\limits_j a_{ij} \}$。

(3) 折中法

折中法准则(现实主义准则,Hurwicz criterion)是介于悲观主义准则和乐观主义准则之间的一个准则,其特点是对客观状态的估计既不完全乐观,也不完全悲观,而是把这两种决策准则给予综合,采用一个乐观系数 $\alpha \in [0,1]$ 来反映决策者对状态估计的乐观程度。

决策方法:决策者给出乐观系数 α,$\alpha \in [0,1]$。按下式对决策方案进行折中:

$$H(a_i) = \alpha \max_j \{a_{ij}\} + (1-\alpha) \min_j \{a_{ij}\} \tag{11.24}$$

计算公式为:$v^* = \max\limits_{a_j \in A} H(a_j)$

$\alpha \to 0$ 则说明决策者越接近悲观;$\alpha \to 1$ 则说明决策者越接近乐观。

(4) 等可能性决策准则

等可能性决策准则(equal likelihood criterion)的基本思想是将各种可能出现的状态"一视同仁",即认为它们出现的机会都是平等的。因此每个行动方案的收益值可以平均地加以计算,从中选择平均收益最大的方案作为比较满意的方案。

计算公式为:

$$v^* = E(A_i^*) = \max_{i=1}^{m} \{E(A_i)\} = \max_{i=1}^{m} \left(\frac{1}{n} \sum_{j=1}^{n} a_{ij} \right) \tag{11.25}$$

(5) 最小机会损失决策准则

最小机会损失决策准则(后悔值决策准则,minimax regret criterion)又称最小遗憾值决策准则或Savage决策准则。其基本思想是在决策中当某一状态可能出现时,决策者必然要选择使收益最大的方案,但如果决策者由于决策失误而没有选择使收益最大的方案,便会感到遗憾或后悔。所以在决策中应尽量减少决策后的遗憾,使决策者不后悔或少后悔。

具体计算过程:

第一步,编制机会损失表 $a'_{ij} = \{\max\limits_{i=1}^{m}\{a_{ij}\} - a_{ij}\}$;

第二步,找出每个方案的最大机会损失 Z_i:$Z_i = \max\limits_{j=1}^{n}\{a'_{ij}\}$;

第三步,选择最小的机会损失值:$Z_l^* = \min\limits_{i}\{Z_i\}$,对应的方案即为决策方案。

在不确定性决策中,是因人因地因时选择决策准则的,但在实际中当决策者面临不确定性决策问题时,他首先是获得有关各事件发生的信息,使不确定性决策问题转化为风险决策。

四、风险型决策

对于风险型决策由于已知其状态变量出现的概率分布,决策时就需要比较各策略的期望值来选择最优策略,下面简单介绍常用的最大期望收益决策法、最小机会损失决策法、后验概率法和决策树法。

1. 最大期望收益决策法(EMV)

在实际问题中,决策者对将要发生的事件的概率值有一些信息资料,从中可以估计出各个事件发生的概率。这样根据各个事件的概率就能够计算出各策略的期望收益值,并从中选择最大的期望值所对应的策略作为最优策略,这就是最大期望收益决策法。

在决策矩阵中,各元素代表收益值,若各事件发生的概率为 p_j,而各行动方案的期望值为 $E(d_i) = \sum\limits_j a_{ij}P_j(i = 1,2,\cdots n)$,从期望收益值中选取最大值 $\max E(d_i)$,它对应的行动方案就是决策应选策略。

2. 最小机会损失决策法(EOL)

若损益矩阵中的各元素代表"策略—事件"对应的机会损失值,若各事件发生的概率为 p_j,则各策略的期望损失值为 $E(d_i) = \sum\limits_j a_{ij}P_j(i = 1,2,\cdots,n)$,然后从这些期望损失值中选取最小者即 $\min E(d_i)$,则它对应的行动方案就是决策应选的方案。

3. 利用后验概率的方法及信息价值

在处理风险型决策问题的期望值方法中,决策者耗费了一定的经费进行调研,获得了各个事件发生的概率 $P(S_j)$,称这些概率为先验概率。因为不确定性经常是由于信息的不完备造成的,决策的过程实际上是一个不断收集信息的过程,当信息足够完备时,决策者便不难做出最后决策。因此,当收集到一些有关决策的进一步信息 B 后,对原有各种状态出现概率的估计可能发生变化。变化后的概率记为 $P(S_j|B)$,这是一个条件概率,表示在得到追加信息 B 后对原概率 $P(S_j)$ 的修正,故称为后验概率。由先验概率得到后验概率的过程称为概率修正,决策者事实上经常是根据后验概率进行决策的。

追加信息的获取一般应有助于改进对不确定性决策问题的分析。为此,需要解决两方面的问题:① 如何根据追加信息对先验概率进行修正,并根据后验概率进行决策;② 由于获取信息通常要支付一定的费用,这就产生了一个需要将有追加信息情况下可能的收益增加值同为获得信息所支付的费用进行比较,当追加信息可能带来的新收益大于信息本身的费用时,才有必要去获取新的信息。因此,通常把信息本身能带来的新的收益称为信息的价值。

4. 决策树法

以上讨论的风险型决策问题是单步决策问题,但在复杂的决策问题中常会遇到多步决策问题,即每走一步选择了一个决策方案后,可能有 m 种不同的事件发生。而每种事件发生后要进行下一步决策又有 n 个策略可供选择。如此下去需要相继做出一系列决策,这种决策过程称为序列决策。描述序列决策的有用工具就是决策树法。用决策树来进行决策,具有分析思路清晰、决策结果形象明确的特点。

决策树就是借助图与网络中的“树”来模拟决策,即把各种自然状态(及其概率)、各个行动方案用点和线连接成“树图”,再进行决策。

运用决策树法的基本步骤如下:

(1) 画出决策树。画决策树的过程就是对未来可能发生的各种事件进行周密思考预测的过程。把这些情况用树状图表示出来,先画决策点,再找方案分枝和方案点,最后画出概率分枝。

(2) 由专家估计法或用试验数据推算出概率值,并把概率写在概率分枝的位置上。

(3) 计算损益期望值,由树梢开始从右向左的顺序进行,用期望值法计算,若决策目标是盈利最大,则比较各分枝,取期望值最大的分枝,对其他分枝进行修剪。

第三节 数据包络分析

一、概述

1. 数据包络分析的源起

数据包络分析是线性规划模型的应用之一,常被用来衡量拥有相同目标的运营单位的相对效率。

数据包络分析是一种基于线性规划的用于评价同类型组织(或项目)工作绩效相对有效性的特殊工具手段。这类组织例如学校、医院、银行的分支机构、超市的各个营业部等,各自具有相同(或相近)的投入和相同的产出。衡量这类组织之间的绩效高低,通常采用投入产出比这个指标,当各自的投入产出均可折算成同一单位计量时,容易计算出各自的投入产出比并按其大小进行绩效排序。

但当被衡量的同类型组织有多项投入和多项产出,且不能折算成统一单位时,就无法算出投入产出比的数值。例如,大部分机构的运营单位有多种投入要素,如员工规模、工资数目、运作时间和广告投入,同时也有多种产出要素,如利润、市场份额和成长率。在这些情况下,很难让经理或董事会知道,当输入量转换为输出量时,哪个运营单位效率高,哪个单位效率低。

因而,需采用一种全新的方法进行绩效比较。这种方法就是 20 世纪 70 年代末产生的数据包络分析(DEA)。DEA 方法处理多输入特别是多输出的问题的能力是具有绝对优势的。

1978 年,著名运筹学家、美国得克萨斯大学教授 A. Charnes 及 W. W. Cooper 和 E. Rhodes 发表了一篇重要论文《决策单元的有效性度量》(*Measuring the Efficiency of Decision Making Units*),刊登在权威的《欧洲运筹学杂志》上。正式提出了运筹学的一个新领域:数据包络分析,其模型简称 C^2R 模型。该模型用以评价部门间的相对有效性(因此被称为 DEA 有效)。

DEA 模型是直接使用输入、输出数据建立非参数的经济数学模型。

2. 数据包络分析的应用现状

DEA 的优点吸引了众多的应用者,应用范围已扩展到美国军用飞机的飞行、基地维修与保养,以及陆军征兵、城市、银行等方面。目前,这一方法应用的领域正在不断地扩大。它也可以用来研究多种方案之间的相对有效性(例如投资项目评价);研究在做决策之前去预测一旦做出决策后它的相对效果如何(例如建立新厂后,新厂相对于已有的一些工厂是否为有效)。DEA 模型甚至可以用来进行政策评价。

二、数据包络分析模型简介

DEA 是使用数学规划(包括线性规划、多目标规划、具有锥形结构的广义最优化、半无限规划、随机规划等)模型,评价具有多个输入特别是多个输出的"部门"或"单位"(称为"决策单元",简记为 DMU)间的相对有效性(称为 DEA 有效)。

实际上"效率"或"相对有效性"的概念也是指产出与投入之比,不过是加权意义之下的产出投入比。

根据对各 DMU 观察的数据判断 DMU 是否为 DEA 有效,本质上是判断 DMU 是否位于可能集的"生产前沿面"上。

1. 基本概念

在 DEA 中一般称被衡量绩效的组织为决策单元(decision making unit,DMU)。

设:n 个决策单元$(j=1,2,\cdots,n)$

每个决策单元有相同的 m 项投入(输入)$(i=1,2,\cdots,m)$;

每个决策单元有相同的 s 项产出(输出)$(r=1,2,\cdots,s)$;

x_{ij}—第 j 决策单元的第 i 项投入;

y_{rj}—第 j 决策单元的第 r 项产出;

衡量第 j_0 决策单元是否 DEA 有效。

简言之,DEA 方法就是评价多指标投入和多指标产出决策单元相对有效性的多目标决策方法。为了说明 DEA 模型的建模思路,我们看下面的例子。

例 11-5 假设有五个生产任务相同的工厂,每个工厂都有两种投入和一种产出,各厂具体情况如表 11-5 所示。如何判定这五个工厂谁的生产情况好一点呢?

表　11-5

工厂(DMU)	A	B	C	D	E
投入 1	10	5	1	3	1
投入 2	17	1	1	2	2
产出	120	20	6	24	10

为了便于比较,现把五个 DMU 的各项投入和产出按比例算好,使其产出相同,这样就可以只比较投入了,如表 11-6 所示。

表　11-6

工厂(DMU)	A	B	C	D	E
投入 1	10	30	20	15	12
投入 2	17	6	20	10	24
产出	120	120	120	120	120

2. C^2R 模型及其基本性质

(1) C^2R 模型

设有 n 个部门(企业),称为 n 个决策单元,每个决策单元都有 p 种投入和 q 种产出,分别用不同的经济指标表示。这样,由 n 个决策单元构成的多指标投入和多指标产出的评价系统,可以用表 11-7 和表 11-8 表示。

表　11-7

权重	决策单元		1	2	…	n
v_1	投入项目	1	x_{11}	x_{12}	…	x_{1n}
v_2		2	x_{21}	x_{22}	…	x_{2n}
…		…	…	…	…	…
v_p		p	x_{p1}	x_{p2}	…	x_{pn}

表　11-8

1	2	…	n	决策单元		权重
y_{11}	y_{12}	…	y_{1n}	1	产出项目	u_1
y_{21}	y_{22}	…	y_{2n}	2		u_2
…	…	…	…	…		…
y_{q1}	y_{q2}	…	y_{qn}	q		u_q

设:n 个决策单元($j=1,2,\cdots,n$);

每个决策单元有相同的 p 项投入(输入)($i=1,2,\cdots,p$);

每个决策单元有相同的 q 项产出(输出)($r=1,2,\cdots,q$);

x_{ij}—第 j 决策单元的第 i 项投入;

y_{rj}—第 j 决策单元的第 r 项产出。

设投入指标和产出指标的权系数向量分别为 $V(v_1,v_2,\cdots,v_p)^{\mathrm{T}}$,$U=(u_1,u_2,\cdots,u_q)^{\mathrm{T}}$。

对每一个决策单元 k,定义一个效率评价指标:

$$h_k = \frac{u_1 \cdot y_{1k} + \cdots + u_q \cdot y_{qk}}{v_1 \cdot x_{1k} + \cdots + v_p \cdot x_{pk}} = \frac{\sum_{j=1}^{q} u_j \cdot y_{jk}}{\sum_{i=1}^{p} v_i \cdot x_{ik}}, \quad k = 1,2,\cdots,n \tag{11.26}$$

即效率指标 h_k 等于产出加权之和除以投入加权之和,表示第 k 个决策单元多指标投入和多指标产出所取得的经济效率。

可以适当地选择权系数 U、V,使得 $h_k \leqslant 1$。

现在,建立评价第 k_0 个决策单元相对有效性的 C^2R 模型。

设第 k_0 个决策单元的投入向量和产出向量分别为:

$$X_0 = (x_{1k_0}, x_{2k_0}, \cdots, x_{pk_0})^{\mathrm{T}}, \quad Y_0 = (y_{1k_0}, y_{2k_0}, \cdots, y_{qk_0})^{\mathrm{T}}$$

效率指标 $h_0 = h_{k0}$,在效率评价指标 $h_k \leqslant 1 (k = 1,2,\cdots,n)$ 的约束条件下,选择一组最优权系数 U 和 V,使得 h_0 达到最大值,构造优化模型(分式规划):

$$\mathrm{Max} h_0 = \frac{\sum_{j=1}^{q} u_j \cdot y_{jk_0}}{\sum_{i=1}^{p} v_i \cdot x_{ik_0}} = \frac{u_1 \cdot y_{1k_0} + u_2 \cdot y_{2k_0} + \cdots + u_q \cdot y_{qk_0}}{v_1 \cdot x_{1k_0} + v_2 \cdot x_{2k_0} + \cdots + v_p \cdot x_{pk_0}}$$

$$\text{s. t.} \begin{cases} \dfrac{\sum_{j=1}^{q} u_j \cdot y_{jk}}{\sum_{i=1}^{p} v_i \cdot x_{ik}} = \dfrac{u_1 \cdot y_{1k} + u_2 \cdot y_{2k} + \cdots + u_q \cdot y_{qk}}{v_1 \cdot x_{1k} + v_2 \cdot x_{2k} + \cdots + v_p \cdot x_{pk}} \leqslant 1 \quad (k = 1,2,\cdots,n) \\ u_j, v_i \geqslant 0, \quad j = 1,2,\cdots,q; i = 1,2,\cdots,p \end{cases} \tag{11.27}$$

上述模型中 x_{ik}, y_{rk} 为已知数(可由历史资料或预测数据得到),v_i, u_j 为变量。模型的含义是以权系数 v_i, u_j 为变量,以所有决策单元的效率指标 h_0 为约束,以第 k_0 个决策单元的效率指数为目标,即评价第 k_0 个决策单元的生产效率是否有效,是相对于其他所有决策单元而言的。

记 $\boldsymbol{X}_k = (x_{1k}, x_{2k}, \cdots, x_{pk})^{\mathrm{T}}, \boldsymbol{Y}_k = (y_{1k}, y_{2k}, \cdots, y_{pk})^{\mathrm{T}}$,则有矩阵形式($\bar{\boldsymbol{P}}$)

$$\mathrm{Max} h_0 = \frac{\boldsymbol{U}^{\mathrm{T}} \cdot \boldsymbol{Y}_0}{\boldsymbol{V}^{\mathrm{T}} \cdot \boldsymbol{X}_0}$$

$$\text{s. t.} \begin{cases} \dfrac{\boldsymbol{U}^{\mathrm{T}} \cdot \boldsymbol{Y}_k}{\boldsymbol{V}^{\mathrm{T}} \cdot \boldsymbol{X}_k} \leqslant 1 \quad (k = 1,2,\cdots,n) \\ \boldsymbol{U}, \boldsymbol{V} \geqslant 0 \end{cases} \tag{11.28}$$

接下来,作 Charnes-Cooper 变换,转化为一个等价的线性规划模型。

令:

$$\boldsymbol{t} = \frac{1}{\boldsymbol{V}^{\mathrm{T}} \cdot \boldsymbol{X}_0}, \quad \boldsymbol{t} \cdot \boldsymbol{V} = \boldsymbol{\omega}, \quad \boldsymbol{t} \cdot \boldsymbol{U} = \boldsymbol{\mu}$$

则:

$$\frac{\boldsymbol{U}^{\mathrm{T}} \cdot \boldsymbol{Y}_0}{\boldsymbol{V}^{\mathrm{T}} \cdot \boldsymbol{X}_0} = \boldsymbol{t} \cdot \boldsymbol{U}^{\mathrm{T}} \cdot \boldsymbol{Y}_0 = (\boldsymbol{t} \cdot \boldsymbol{U})^{\mathrm{T}} \cdot \boldsymbol{Y}_0 = \boldsymbol{\mu}^{\mathrm{T}} \cdot \boldsymbol{Y}_0$$

$$\frac{\boldsymbol{U}^{\mathrm{T}}\cdot\boldsymbol{Y}_k}{\boldsymbol{V}^{\mathrm{T}}\cdot\boldsymbol{X}_k}=\frac{\boldsymbol{t}\cdot\boldsymbol{U}^{\mathrm{T}}\cdot\boldsymbol{Y}_k}{\boldsymbol{t}\cdot\boldsymbol{V}^{\mathrm{T}}\cdot\boldsymbol{X}_k}=\frac{(\boldsymbol{t}\cdot\boldsymbol{U})^{\mathrm{T}}\cdot\boldsymbol{Y}_k}{(\boldsymbol{t}\cdot\boldsymbol{V})^{\mathrm{T}}\cdot\boldsymbol{X}_k}=\frac{\boldsymbol{\mu}^{\mathrm{T}}\cdot\boldsymbol{Y}_k}{\boldsymbol{\omega}^{\mathrm{T}}\cdot\boldsymbol{X}_k}\leqslant 1$$

即

$$\boldsymbol{\omega}^{\mathrm{T}}\cdot\boldsymbol{X}_k-\boldsymbol{\mu}^{\mathrm{T}}\cdot\boldsymbol{Y}_k\geqslant 0$$

$$\boldsymbol{\omega}^{\mathrm{T}}\cdot\boldsymbol{X}_0=(\boldsymbol{t}\cdot\boldsymbol{V})^{\mathrm{T}}\cdot\boldsymbol{X}_0=\boldsymbol{t}\cdot\boldsymbol{V}^{\mathrm{T}}\cdot\boldsymbol{X}_0=\frac{\boldsymbol{V}^{\mathrm{T}}\cdot\boldsymbol{X}_0}{\boldsymbol{V}^{\mathrm{T}}\cdot\boldsymbol{X}_0}=1$$

则

$$(P):\mathrm{Max}V_p=\boldsymbol{\mu}^{\mathrm{T}}\cdot\boldsymbol{Y}_0$$

$$\text{s.t.}\begin{cases}\boldsymbol{\omega}^{\mathrm{T}}\cdot\boldsymbol{X}_k-\boldsymbol{\mu}^{\mathrm{T}}\cdot\boldsymbol{Y}_k\geqslant 0\quad(k=1,2,\cdots,n)\\ \boldsymbol{\omega}^{\mathrm{T}}\cdot\boldsymbol{X}_0=1\\ \boldsymbol{\omega},\boldsymbol{\mu}\geqslant 0\end{cases}\tag{11.29}$$

展开可写为：

$$\mathrm{Max}V_p=y_{1k_0}\mu_1+y_{2k_0}\mu_2+\cdots+y_{qk_0}\mu_q$$

$$\text{s.t.}\begin{cases}-(x_{11}\cdot\omega_1+\cdots+x_{p1}\cdot\omega_p)+(y_{11}\cdot\mu_1+\cdots+y_{q1}\cdot\mu_q)\leqslant 0\\ \quad\cdots\cdots\cdots\cdots\\ -(x_{1n}\cdot\omega_1+\cdots+x_{pn}\cdot\omega_p)+(y_{1n}\cdot\mu_1+\cdots+y_{qn}\cdot\mu_q)\leqslant 0\\ x_{1k_0}\cdot\omega_1+\cdots+x_{pk_0}\cdot\omega_p=1\\ \omega_i,\mu_j\geqslant 0,\quad i=1,2,\cdots,p;\ j=1,2,\cdots,q\end{cases}\tag{11.30}$$

其对偶规划为：

$$\mathrm{Min}V_D=\theta$$

$$\text{s.t.}\begin{cases}(x_{11}\cdot\lambda_1+\cdots+x_{1n}\cdot\lambda_n)\leqslant x_{1k_0}\cdot\theta\\ \quad\cdots\cdots\cdots\cdots\\ (x_{p1}\cdot\lambda_1+\cdots+x_{pn}\cdot\lambda_n)\leqslant x_{pk_0}\cdot\theta\\ y_{11}\cdot\lambda_1+\cdots+y_{1n}\cdot\lambda_n\geqslant y_{1k_0}\\ \quad\cdots\cdots\cdots\cdots\\ y_{q1}\cdot\lambda_1+\cdots+y_{qn}\cdot\lambda_n\geqslant y_{qk_0}\\ \lambda_k\geqslant 0,\quad k=1,2,\cdots,n;\ \theta\text{为自由变量}\end{cases}\tag{11.31}$$

为了方便计算，我们引入剩余变量和松弛变量

$$\boldsymbol{S}^-=(s_1^-,s_2^-,\cdots,s_p^-)^{\mathrm{T}},\quad \boldsymbol{S}^+=(s_1^+,s_2^+,\cdots,s_q^+)^{\mathrm{T}}$$

将不等式约束化为等式约束，得

$$(D):\mathrm{Min}V_D=\theta$$

$$\text{s.t.}\begin{cases}\sum_{k=1}^{k}X_k\cdot\lambda_k+\boldsymbol{S}^-=\theta\cdot X_0\\ \sum_{k=1}^{n}Y_k\cdot\lambda_k-\boldsymbol{S}^+=Y_0\\ \lambda_k\geqslant 0,\quad k=1,2,\cdots,n;\ \boldsymbol{S}^+,\boldsymbol{S}^-\geqslant 0\end{cases}\tag{11.32}$$

3. 构建DEA模型的思路

衡量某一决策单元j_0是否DEA有效——是否处于由包络线组成的生产前沿面上,先构造一个由n个决策单元组成(线性组合成)的假想决策单元。如果该假想单元的各项产出均不低于j_0决策单元的各项产出,它的各项投入均低于j_0决策单元的各项的各项投入,即有:

$$\sum_{j=1}^{n} \lambda_j y_{rj} \geqslant y_{rk0} \quad (r = 1,2,\cdots,q)$$

$$\sum_{j=1}^{n} \lambda_j x_{ij} \leqslant E x_{ij0} \quad (i = 1,2,\cdots,p,E < 1)$$

$$\sum_{j=1}^{n} \lambda_j = 1,\ \lambda_j \geqslant 0 \quad (j = 1,2,\cdots,n)$$

则说明j_0决策单元不处于生产前沿面上。

第四节 模 糊 规 划

普通线性规划其约束条件和目标函数都是确定的,但在一些实际问题中,约束条件可能带有弹性,目标函数可能不是单一的,必须借助模糊集的方法来处理。

模糊线性规划是将约束条件和目标函数模糊化,引入隶属函数,从而导出一个新的线性规划问题,它的最优解称为原问题的模糊最优解。

一、模糊线性规划的形式及求解

1. 模糊线性规划的标准形式

设模糊线性规划的标准形式为:

$$(1)\begin{cases}\min f = t_0(\boldsymbol{x}) \\ \text{s.t.}\begin{cases} t_i(\boldsymbol{x}) = b_i \\ \boldsymbol{x} \geqslant 0\end{cases}\end{cases} \quad \boldsymbol{x} = \begin{bmatrix} x_1 \\ x_2 \\ \vdots \\ x_n \end{bmatrix}$$

解(1),求出f_0。

$$\begin{matrix} t_0(x) = c_1x_1 + c_2x_2 + \cdots + c_nx_n \\ t_i(x) = a_{i1}x_1 + a_{i2}x_2 + \cdots + a_{in}x_n \end{matrix}, \quad i = 1,2,\cdots,m$$

若约束条件带有弹性,即右端常数b_i可能取$(b_i - d_i, b_i + d_i)$内的某一个值,这里的$d_i > 0$,它是决策人根据实际问题选择的伸缩指标。这样的规划称为模糊线性规划。

2. 模糊线性规划的求解

把约束条件带有弹性的模糊线性规划记为:

$$(2)\begin{cases}\min f = t_0(x) \\ \text{s.t.}\begin{cases} t_i(x) = [b_i, d_i], \quad i = 1,2,\cdots,m \\ x \geqslant 0\end{cases}\end{cases}$$

其中,模糊的原因是因为这里的$\boldsymbol{x}$是一个模糊数构成的向量,d_i是伸缩指标,若要使某个模糊约束条件尽可能满足,只需将其伸缩指标降低直至为0。

$t_i(x)=(b_i,d_i)$表示当 $d_i=0$(普通约束)时,$t_i(x)=b_i$;当 $d_i>0$(模糊约束)时,$t_i(x)$取(b_i-d_i,b_i+d_i)内的某一个值。

请注意模糊线性规划(2)与普通线性规划

$$(3)\begin{cases}\min f=t_0(x)\\ \text{s.t.}\begin{cases}b_i-d_i\leqslant t_i(x)\leqslant b_i+d_i\\ x\geqslant 0\end{cases}\end{cases}\text{的区别}$$

解(3)求出f_1,从而 $d_0=f_0-f_1$。下面将约束条件和目标函数模糊化。

将(2)中带有弹性的约束条件 $d_i>0$ 的隶属函数定义为:

$$A_i(x)=1-\frac{|t_i(x)-b_i|}{d_i},\quad b_i-d_i\leqslant t_i(x)\leqslant b_i+d_i$$

而将(2)中普通约束条件($d_i=0$)的隶属函数定义为 $A_i(x)=1,t_i(x)=b_i$。

其图形如图 11-1 所示。

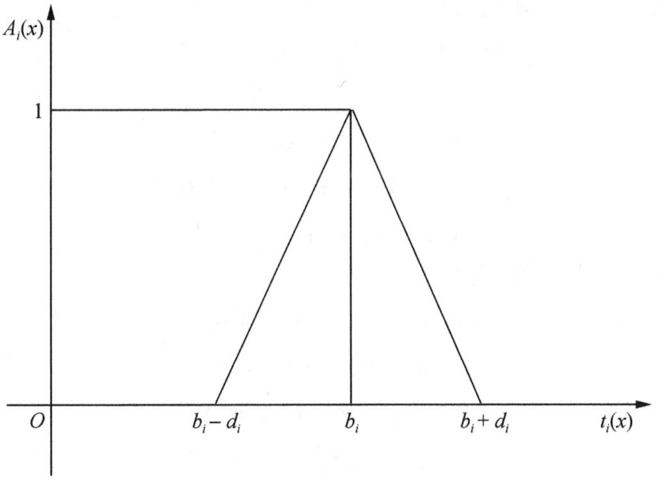

图　11-1

由 $A_i(x)$定义可知,$\forall\lambda\in[0,1]$,有

$$A_i(x)\geqslant\lambda\Leftrightarrow d_i\lambda-d_i\leqslant t_i(x)-b_i\leqslant d_i-d_i\lambda\quad(i=1,2,\cdots,m)$$

设普通线性规划(1)和(3)的最优值分别为f_0,f_1,记 $d_0=|f_0-f_1|$,则 $d_0>0$,它为模糊线性规划(2)中目标函数的伸缩指标,d_0 也可由决策人确定。

定义模糊线性规划(2)中目标函数的隶属函数为:

$$G(x)=\frac{f_0-t_0(x)}{d_0},\quad f_0-d_0\leqslant t_0(x)\leqslant f_0$$

由 $G(x)$定义可知,$\forall\lambda\in[0,1]$,$G(x)\geqslant\lambda\Leftrightarrow t_0(x)+d_0\lambda\leqslant f_0$。

要求模糊线性规划(2)的模糊最优解 x^*,则要求使所有约束条件及目标函数的隶属函数尽可能达到最大,即求 x^* 满足 $A_i(x)\geqslant\lambda$ 及 $G(x)\geqslant\lambda$,且使 λ 达到最大值,相当于求解普通线性规划问题(4)。

$$(4)\begin{cases}\max\lambda \\ \text{s. t.}\begin{cases}t_0(x)+d_0\lambda\leqslant f_0 \\ d_i\lambda-d_i\leqslant t_i(x)-b_i\leqslant d_i-d_i\lambda \\ x\geqslant 0\end{cases}\end{cases}$$

设普通线性规划(4)的最优解为 x^*，则模糊线性规划(2)的模糊最优解为 x^*，最优值为 $t_0(x^*)$，所以，求解模糊线性规划(2)相当于求解普通线性规划(1)、(3)、(4)。

此外，需要补充两点说明：

① 若要使某个模糊约束条件尽可能满足，只需将其伸缩指标降低直至为0。

② 若模糊线性规划(2)中的目标函数为求最大值，或模糊约束条件为近似大(小)于等于，其相应的隶属函数可类似地写出。

二、模糊线性规划举例

例 11-6 求解模糊线性规划问题。

$$\max f=x_1-4x_2+6x_3$$

$$\text{s. t.}\begin{cases}x_1+x_2+x_3\leqslant[8,2] \\ x_1-6x_2+x_3\geqslant[6,1] \\ x_1-3x_2-x_3=[-4,0.5] \\ x_1,x_2,x_3\geqslant 0\end{cases}$$

解 (1) 解普通线性规划问题

$$\max f=x_1-4x_2+6x_3$$

$$\text{s. t.}\begin{cases}x_1+x_2+x_3\leqslant 8 \\ x_1-6x_2+x_3\geqslant 6 \\ x_1-3x_2-x_3=-4 \\ x_1,x_2,x_3\geqslant 0\end{cases}$$

得最优解为 $x_1=2, x_2=0, x_3=6$

最优值为 $f=38$。

(2) 解普通线性规划问题

$$\max f=x_1-4x_2+6x_3$$

$$\text{s. t.}\begin{cases}x_1+x_2+x_3\leqslant 8+2=10 \\ x_1-6x_1+x_3\geqslant 6-1=5 \\ x_1-3x_2-x_3\leqslant -4+0.5=-3.5 \\ x_1-3x_2-x_3\geqslant -4-0.5=-4.5 \\ x_1,x_2,x_3\geqslant 0\end{cases}$$

得最优解为 $x_1=2.75, x_2=0, x_3=7.25$

最优值为 $f=46.25$。

(3) $f_0=38, d_0=46.25-38=8.25$

解普通线性规划问题

$$\max \lambda$$

$$\text{s.t.}\begin{cases}x_1-4x_2+6x_3-8.25\lambda \geqslant 38\\ x_1+x_2+x_3+2\lambda \leqslant 10\\ x_1-6x_2+x_3-\lambda \geqslant 5\\ x_1-3x_2-x_3+0.5\lambda \leqslant -3.5\\ x_1-3x_2-x_3-0.5\lambda \geqslant -4.5\\ x_1,x_2,x_3,\lambda \geqslant 0\end{cases}$$

得模糊最优解为 $x_1=2.375, x_2=0, x_3=6.625, \lambda=0.5$,模糊最优值为 $f=42.125$。

第五节 启发式算法

一、概述

1. 定义

启发式算法:一个基于直观或经验构造的算法,在可接受的花费(指计算时间、占用空间等)下给出待解决优化问题每一个实例的一个可行解,该可行解与最优解的偏离程度事先不一定可以预计。

启发式算法是一种技术,这种技术使得在可接受的计算费用内去寻找最好的解,但不一定能保证所得解的可行性和最优性,甚至大多数情况下,无法阐述所得解同最优解的近似程度。

元启发式算法:启发式算法的改进,随机方法与局部搜索算法相结合。

2. 启发式与元启发式算法的优势

(1) 有些复杂的优化问题可能还没有找到最优算法,即使存在,由算法复杂性理论,得知它们的计算时间是无法接受或不实际的。

(2) 一些启发式算法可用在最优算法中,如在分支定界算法中,可用启发式算法估界。

(3) 简单易行,比较直观;易被使用者接受。

(4) 速度快,在适时控制中非常重要。

(5) 多数情况下,程序简单,因此易于修改。

3. 启发式与元启发式算法的分类

启发式与元启发式算法主要有以下几种类型:遗传算法;模拟退火算法;粒子群算法;禁忌搜索;神经网络。

本章中主要以遗传算法为例介绍管理运筹学中启发式算法的原理及应用。

二、遗传算法

(一) 遗传算法概述

1. 遗传算法的基本思路

首先是对优化问题的解进行编码,此处,我们称一个解的编码为一个染色体,组成编码的元素称为基因。编码的目的主要是优化问题解的表现形式并用于之后遗传算法中的计算。

其次是适应函数的构造和应用。适应函数基本上依据优化问题的目标函数而定。当适应函数确定以后,自然选择规律是以适应函数值的大小决定的概率分布来确定哪些染色体适应生存,哪些被淘汰。生存下来的染色体组成种群,形成一个可以繁衍下一代的群体。

再次是染色体的结合。双亲的遗传基因结合通过编码之间的交配(crossover)达到下一代的产生。新一代的产生是一个生殖过程,它产生了一个新解。

最后是变异。新解产生过程中可能发生基因变异,变异使某些解的编码发生变化,使解有更大的遍历性。

2. 生物遗传概念在遗传算法中的对应关系

生物遗传概念在遗传算法中的对应关系如表 11-9 所示。

表 11-9

生物遗传概念	遗传算法中的作用
适者生存	在算法停止时,最优目标值的解有最大的可能被留住
个体	解
染色体	解的编码(字符串,向量等)
基因	解中每一分量的特征(如各分量的值)
适应性	适应函数解
群体	选定的一组解(其中解的个数为群体的规模)
种群	根据适应函数值选取的一组解
交配	通过交配原则产生一组新解的过程
变异	编码的某一个分量发生变化的过程

3. 遗传算法举例

例 11-7 用遗传算法求解 $f(x)=x^2, 0\leqslant x\leqslant 31$ 的最大值,x 为整数。

解 一个简单的表示解的编码是二进制编码,由于变量的最大值是 31,因此可以采用 5 位数的二进制码,如 10000→16 11111→31 01001→9 00010→2。

以上的 5 位字符串称为染色体,每一个分量称为基因,每个基因有两种状态 0 或 1。模拟生物进化,首先要产生一个群体,可以随机取 4 个染色体组成一个群体,如 $x_1=(00000)$, $x_2=(11001)$, $x_3=(01111)$, $x_4=(01000)$。群体有 4 个个体,适应函数可以依据目标函数而定,如适应函数 $\text{fitness}(x)=f(x)=x^2$。于是

$$\text{fitness}(x_1)=0 \qquad \text{fitness}(x_2)=25^2$$

$$\text{fitness}(x_3)=15^2 \qquad \text{fitness}(x_4)=8^2$$

定义第 i 个个体入选种群的概率为:

$$p(x_i) = \frac{\text{fitness}(x_i)}{\sum_j \text{fitness}(x_j)} \tag{11.33}$$

于是,适应函数值大的染色体个体的生存概率自然较大。若群体中选4个个体成为种群,则极有可能竞争上的是 $x_2=(11001)$,$x_2=(11001)$,$x_3=(01111)$,$x_4=(01000)$。若它们结合,采用如下的交配方式,称为简单交配。

$$\left.\begin{aligned} x_2 &= (11 \mid 001) \\ x_3 &= (01 \mid 111) \end{aligned}\right\} \to \begin{aligned} y_1 &= (11 \mid 111) \\ y_2 &= (01 \mid 001) \end{aligned}$$

$$\left.\begin{aligned} x_2 &= (11 \mid 001) \\ x_4 &= (01 \mid 000) \end{aligned}\right\} \to \begin{aligned} y_3 &= (11 \mid 000) \\ y_4 &= (01 \mid 001) \end{aligned}$$

即交换第二个位置以后的基因,得到 y_1,y_2,y_3 和 y_4。若 y_4 的第一个基因发生变异,则变成 $y_4=(11001)$,从而求得问题的最大值。

(二) 简单遗传算法

1. 简单遗传算法的基本步骤

(1) 选择编码策略,即编码基因串,如编码为 $A=a_1a_2\cdots a_n$ 表示 A 为一个 n 维实向量。

(2) 群体初始化,产生一个由确定长度特征字符串组成的初始群体,确定群体规模 N,然后从可能的特征串空间中随机选取 N 个 n 维向量 $A_i,i=1,2,\cdots,N$,组成初始群体 $H_0=\{A_1^0,A_2^0,\cdots,A_N^0\}$。

(3) 定义适应度函数 $f(A_i^t)$,并由 $f(A_i^t)$ 求得群体中每个串的适应值,其中 t 为进化代数。$f(A_i^t)$ 能够评价特征串空间中任一 n 维向量的最优化程度,此过程即是所谓的"选择"(select)过程。

(4) 应用"适者生存"原则选择进化方案,即具有高适应值的特征字符串应以更大的概率被选择繁殖到下一代中。具体复制概率为:

$$p_i^t = f(A_i^t) \Big/ \sum_{i=1}^{N} f(A_i^t) \tag{11.34}$$

由于高适应值的特征字符串更容易被选中并复制到下一代中,适应值较高的特征字符串将在下一代中产生更多的子代,但复制无法检测到特征字符串空间中的新的点。

(5) 对由(4)选中的特征字符串再执行"交换"和"变异"操作,以便在群体中引入新的特征字符串。

交换(crossover)是以概率 p_c 交换两个父代个体间对应的分量,交换概率控制群体中个体被交换的比率。交换概率值越高,引入群体中新的特征字符串就越多,但其值也不能过大,因为过大时,解的分裂破坏速度将大于对解的利用速度。

变异(mutation)是以概率 p_m 改变特征字符串上的某一位字符。变异仅为探索遗传物质的次要算子,它能防止遗传算法过早地收敛到局部最优解。同样其值也不能取得过大,因为若取值过大将使遗传算法变为一种纯粹无目的的搜索算法。

(6) 反复迭代执行步骤(3)至步骤(5),直到满足终止准则,最后确定运算结果特征字符串,并将其作为最优解。通常收敛准则可定义为:

$$\left| \frac{u^*(G+1) - u^*(G)}{u^*(G)} \right| \leqslant \varepsilon$$

其中 $u^*(G)$ 为第 G 代最佳个体的适应度，其分量可以定义为：

$$u_k = \begin{cases} \dfrac{F_k}{F_{\max} + F_{\min}}, & \text{若目标函数是求最大值} \\ 1 - \dfrac{F_k}{F_{\max} + F_{\min}}, & \text{若目标函数是求最小值} \end{cases}$$

式中，F_x 为第 $k(1,2,\cdots,N)$ 个个体所对应的目标函数值，$F_{\max}$，$F_{\min}$ 分别对应着目标函数值的最大值和最小值，u_k 为第 k 个个体的适应值。明显地，其值越大，该个体的性能越好。

2. 简单遗传算法的关键问题

(1) 解的编码和解码。遗传算法的基础工作之一是解的编码，只有在编码之后才可能有其他的计算。

(2) 初始群体的选取和计算中群体的大小。一般采用随机产生初始群体或通过其他方法先构造一个初始群。通过其他方法构造的初始群体可能会节省进化的代数，但也能过早地陷入局部最优群体中。我们称过早地陷入局部最优群中的现象为早熟(premature)现象，群体中个体的个数称为群体维数，群体的维数越大其代表性越广泛，最终进化到最优解的可能性越大。

(3) 适应函数的确定。一般情况，适应函数同目标函数相关，以保证较优的解有较大的生存机会。

(4) 三个算子。遗传算法的三个算子是：种群选取、交配和变异(突变)。

3. 遗传算法的优势

(1) 遗传算法适合数值求解那些带有多参数、多变量、多目标和在多区域但连通性较差的 NP-hard 优化问题。遗传算法是一个有普适性的方法，对目标函数的性质几乎没有要求，甚至都不一定要显式地写出目标函数。遗传算法所具有的特点是记录一个群体，它可以记录多个解，而不同于局部搜索、禁忌搜索和模拟退火仅仅是一个解，这多个解的进化过程正好适合多目标优化问题的求解。

(2) 遗传算法在求解很多组合优化问题时，不需要有很强的技巧和对问题有非常深入的了解。

(3) 遗传算法同求解问题的其他启发式算法有较好的兼容性。

参 考 文 献

[1] Hillier F S, Lienemen G J, Introduction to Management Science, Mc Graw-Hill. Inc, 2001.
[2] S. Axsaer, Using the Deterministic EOQ Formula in Stochastic Inventory Control, Management Science, 42 (1996).
[3] Frederick S Hiller, Gerald J. Lieberman, Introduction to Operations Research (Sixth Edition), McGraw-Hill, 1995.
[4] 胡运权. 运筹学基础及应用(第4版). 北京: 高等教育出版社, 2004.
[5] 刁在筠,等. 运筹学. 北京: 高等教育出版社, 2001.
[6] 卢开澄. 单目标、多目标与整数规划. 北京: 清华大学出版社, 1999.
[7] 甘应爱,等. 运筹学. 北京: 清华大学出版社, 1990.
[8] 钱颂迪. 运筹学. 北京: 清华大学出版社, 2005.
[9] 吴祁宗. 运筹学与最优化方法. 北京: 机械工业出版社, 2003.
[10] 韩伯棠. 管理运筹学. 北京: 高等教育出版社, 2010.
[11] 李荣均. 运筹学. 广州: 华南理工大学出版社, 2003.
[12] 程里明, 吴江, 张玉林. 运筹学模型与方法教程. 北京: 清华大学出版社, 2006.
[13] 叶向. 实用运筹学——上机实验指导及习题解答. 北京: 中国人民大学出版社, 2007.
[14] 韩大卫. 管理运筹学. 大连: 大连理工大学出版社, 2000.
[15] 徐士钰. 运筹学. 南京: 东南大学出版社, 1990.
[16] 洪文, 吴本忠. 最优化软件及其应用. 北京: 北京大学出版社, 2001.
[17] 胡运权, 郭耀煌. 运筹学教程. 北京: 清华大学出版社, 2004.
[18] 韩伯棠. 管理科学(运筹学), 北京: 机械工业出版社, 2000.
[19] 李宗元. 运筹学ABC——成就、信念与能力. 北京: 经济管理出版社, 2000.
[20] 徐光辉. 运筹学基础手册. 北京: 科学出版社, 1999.
[21] 胡运权. 运筹学基础及应用. 哈尔滨: 哈尔滨工业大学出版社, 1998.
[22] 薛声家, 左小德. 管理运筹学. 广州: 暨南大学技术出版社, 2009.
[23] 王立欣. 运筹学常用软件综述. 科技情报开发与经济, 2009, 19(26).
[24] 胡运权. 运筹学习题集(第三版). 北京: 清华大学出版社, 2002.
[25] 运筹学教材编写组. 运筹学. 北京: 清华大学出版社, 1990.
[26] 马振华. 现代应用数学手册(运筹学与最优化卷). 北京: 清华大学出版社, 1998.
[27] 谢金星, 薛毅. 优化建模与LINGO/LINDO软件. 北京: 清华大学出版社, 2006.
[28] 徐玖平、胡知能、王瑞. 运筹学(I类). 北京: 科学出版社, 2004.
[29] 徐玖平、胡知能、王瑞. 运筹学(II类). 北京: 科学出版社, 2004.
[30] 何坚勇. 运筹学基础. 北京: 清华大学出版社, 2002.
[31] 姚恩瑜、何勇、陈仕平. 数学规划与组合优化. 浙江: 浙江大学出版社, 2002.

[32] Frederick S. Hillier. Introduction to Operations Research. 北京：机械工业出版社，1999.
[33] 寇玮华，晏秋，等. 管理运筹学. 成都：西南交通大学出版社，2010.
[34] 曹勇，周晓光、李宗元. 应用运筹学. 北京：经济管理出版社，2008.
[35] 徐玖平，胡知能. 运筹学——数据·模型·决策. 北京：科学出版社，2009.
[36] 韩中庚. 实用运筹学：模型、方法与计算. 北京：清华大学出版社，2007.
[37] 徐选华，何晓洁. 运筹学(第二版)，北京：湖南人民出版社，2007.
[38] 蔡海涛，徐选华. 运筹学典型例题与解法. 北京：国防科技大学出版社，2004.
[39] 张伯生. 运筹学. 北京：科学出版社，2008.
[40] H. P. Williams. 数学规划模型建立与计算机应用. 国防工业出版社，1991.
[41] Charles P. B. Quantitative Analysis for management. 北京：机械工业出版社，1999.
[42] 陈宝林. 最优化理论与算法. 北京：清华大学出版社，1998.

教辅申请说明

北京大学出版社本着“教材优先、学术为本”的出版宗旨，竭诚为广大高等院校师生服务。为更有针对性地提供服务，请您按照以下步骤通过**微信**提交教辅申请，我们会在 1~2 个工作日内将配套教辅资料发送到您的邮箱。

◎扫描下方二维码，或直接微信搜索公众号“北京大学经管书苑”，进行关注；

◎点击菜单栏“在线申请”—“教辅申请”，出现如右下界面：

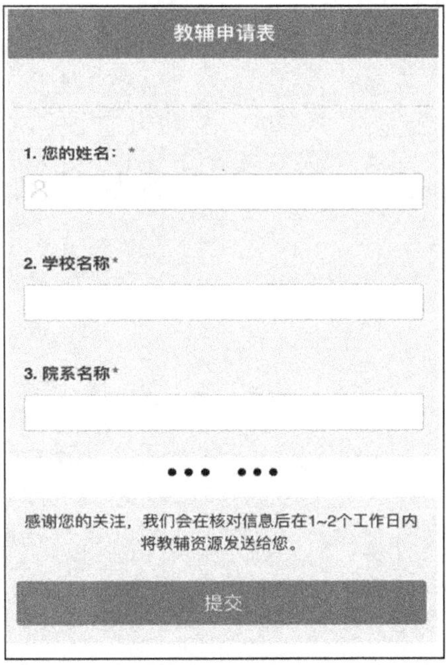

◎将表格上的信息填写准确、完整后，点击提交；

◎信息核对无误后，教辅资源会及时发送给您；
如果填写有问题，工作人员会同您联系。

温馨提示：如果您不使用微信，则可以通过以下联系方式（任选其一），将您的姓名、院校、邮箱及教材使用信息反馈给我们，工作人员会同您进一步联系。

联系方式：

北京大学出版社经济与管理图书事业部
通信地址：北京市海淀区成府路 205 号，100871
电子邮箱：em@pup.cn
电　　话：010-62767312 /62757146
微　　信：北京大学经管书苑（pupembook）
网　　址：www.pup.cn